财务学原理

（第二版）

罗福凯　徐璟娜　主　编
张　波　朱　炜　副主编

U0823296

中国财经出版传媒集团
中国财政经济出版社

图书在版编目（CIP）数据

财务学原理／罗福凯，徐璟娜主编．--2版．--北京：中国财政经济出版社，2020.9

ISBN 978-7-5095-9990-7

Ⅰ.①财… Ⅱ.①罗… ②徐… Ⅲ.①财务管理 Ⅳ.①F275

中国版本图书馆 CIP 数据核字（2020）第 160318 号

责任编辑：武志庆　　　　责任印制：党　辉

封面设计：智点创意

财务学原理（第二版）

CAIWUXUE YUANLI

中国财政经济出版社 出版

URL：http：//ckfz. cfeph. cn

E-mail：cfeph@ cfeph. cn

社址：北京市海淀区阜成路甲 28 号　邮政编码：100142

营销中心电话：010-88191537

天猫网店：中国财政经济出版社旗舰店

网址：https：//zgczjjcbs. tmall. com

北京密兴印刷有限公司印刷　各地新华书店经销

787×1092 毫米　16 开　21.25 印张　527 000 字

2020 年 9 月第 2 版　2020 年 9 月北京第 1 次印刷

定价：69.00 元

ISBN 978-7-5095-9990-7

（图书出现印装问题，本社负责调换）

本社质量投诉电话：010-88190744

打击盗版举报热线：010-88191661　QQ：2242791300

第二版前言

《财务学原理》（第一版）2018 年出版以后，来自教育界和学术界对该教材的评论和赞赏，使我们很受鼓舞。因此，我们决定修订再版《财务学原理》。

为了提高教材质量和方便教学使用，作者仔细研究了来自全国各地大学教授们的建议和意见，专门召开了山东省部分高校财务管理专业“财务学原理”课程主讲教师教材教学研讨会，对第一版每一章内容均有适当修订，并增加了现金流量原理、资本预算的性质及其规则两章内容。同时，我们着手编写教师备课与学生习题解答合一的财务学原理教学师生手册。

本教材第二版由中国海洋大学管理学院、青岛大学商学院、山东财经大学会计学院的财务专业教师共同编写，第一版各章作者均参加了第二版内容的写作和修订工作。各位老师重新思考了财务学原理的精神实质，对原有内容有增有减。第二版各章作者分别是：第一章罗福凯，第二章王贞洁，第三章杜媛，第四章罗福凯，第五、第六章张波，第七章樊培银、罗福凯，第八章刘睿智，第九、第十章徐璟娜，第十一章程六兵，第十二、第十三章罗福凯、朱炜。最后，由主编罗福凯、徐璟娜对教材内容进行审核、修订和定稿。

教材是课程之本。教师的讲义和教案以课本为依据。学生获得专业知识以理解教材内容、完成教材的作业习题并考试及格为基本标志。教材是教学活动最重要的工具。编写教材既是教者的基本职责，也是教学过程的必要环节。财务管理专业本科生“财务学原理”课不能简单用“财务管理基础”或者“财务学基础”替代。财务学原理既包含财务基础范畴和专业基础知识，也包括财务公理、定理和操作规则。“财务学原理”是“公司财务”“财务分析”“资产价值评估”“财务计量经济学”“数量财务”和“财务工程”等专业课程的理论渊源和理论基础，而非财务专业各门课程的简要知识概述。如同会计学专业有会计原理、物理专业有物理学原理一样，财务学专业也有财务原理。财务学是由资本、价值、套利、收益、风险、选择权等财务基础范畴及其衍生的一些财务公理、定理和规则形成的跨期配置资本的学问。因此，本教材第一章和第二章分别解释财务基础范畴和财务系统及其理论假设，从第三章解释资本开始，至第四、五、六、七、八、九、十章，依次阐述各基础范畴及其定理规则；第十一章是财务媒介，第十二章是财务机构，第十三章是整个教材的总结。本教材努力做到律例兼备，通俗易懂。遵循有教无类和因材施教以及教研合一理念。教材每章开头都是案例分析。这些例子不是信手拈来的实例，而要满足一定条件——内含财务思想和财务基础范畴，具有一般代表性。"财务学原理"实质是阐述财务学理论的一般性、财务思想及其理念，目的是培养学生财务管理的理性思维和财务悟性，提高学生的财务直觉能力。

第二版的修订写作具有研究性质。我们由衷感谢各章原作者、参与讨论的专家学者，以及编辑老师的鼎力支持。特别感谢青岛大学孙菁副教授，青岛科技大学刘树艳教授，山东科技大学张月玲教授、刘立华教授，山东财经大学田彩英教授，山东农业大学赵伟教授，青岛理工大学杨爱义教授的热情指导。中国海洋大学和山东财经大学的许多老师及研究生参与了写作。王京博士、李启佳博士，陈辰、丁一、闫平、刘婧、亚琨、汤倩等博士研究生，以及单谭谭、王燕文等硕士生参与了书稿讨论，并承担绘图、画表、做练习题和检验实例等工作，陈辰博士承担了书稿排版工作。青岛爱海教育科技股份公司给予了宝贵支持。这是本教材第二版修订和出版的重要推动因素。本教材的写作参考了许多著作，这些著作帮助我们加深理解财务学。对此，我们表达最诚挚的谢意。

我国"财务学原理"教材的编写工作起步较晚。本教材编写的主要依据是经济学和中国特色社会主义制度，以及作者对财务理论发展规律、教学规律、师生情况和社会经济实践的认识。编写教材是一项费时耗力的科研工作，每个章节的编写在实现之前都是艰辛的工作。尽管作者反复研究教材内容，但社会经济发展迅猛，作者经常是在无知中摸索。中国传统文化和经济发展史蕴含很多财务原理，许多传统财务原理我们日用而不知，需要学者整理、归纳和发现。像第一版一样，尽管我们努力工作，但因学术研究能力有限和理解财务原理的深浅程度不同，教材第二版也一定会存在许多需要改进之处，如财务实例的选取、质量及其可检验性，某些章节的表述和编写方式，以及学生的研究等，我们还需做许多探索、推敲和改进。

我们希望兄弟大学财务管理专业试用该教材。大家可根据各自培养目标和师生情况适当增减教材内容。期望同行老师对这本《财务学原理》（第二版）提出修订和改进意见，共同为学生讲好"财务学原理"课。联系方式：oucfm@ouc. edu. cn，请读者来信指教。

本教材编写组

2020 年 5 月 1 日

目　录

第一章

什么是财务学

第一节　两个有趣的财务故事

了解财务学真相，回答什么是财务学真谛，描述财务学原理，并非易事。这涉及人们对经济活动中财务现象、财务活动和财务学机制的理解，以及对财务学教学任务的把握。那么，究竟什么是财务呢？我们从两个有趣的故事开始讲起。

一、第一个故事的描述与评论

（一）故事内容

著名经济学家李维森教授在2009年3月份讲述了一个自己亲身经历的事情。

那是2003年5月初的一天，上海复旦大学世界经济系的15位老师前往合肥市指导单考班的硕士研究生。出发前，系办公室分别查阅上海至合肥的火车时刻表和上海至合肥的汽车时刻表，并经过预算和分析可知，乘火车前往，时间不甚合适，费用比较高。那时候没有高铁，火车上的设施和卫生条件也比较差。若选择长途汽车，乘车地点则有上海长途汽车南站、徐家汇客运站和巴士高速客运等多个车站，而且时间也不是十分合适，几位老教授感到很不便利；重要的是每人200元的车费，行驶近7个小时才能抵达合肥。如果租用旅行社一辆小型商务车，费用不足2000元（含租赁费、汽油费、司机食宿等），符合成本收益原则，乘车时间和地点由系办公室自定。重要的是，途中便于老教授下车小憩，沿途可以自定停留和适当观光。于是，系里选择租车前往。

租车于早上8点载15位老师从复旦大学门口出发，开出上海，前往合肥。李维森教授坐在车中前面的一个座位上，其斜对面就是司机师傅。李教授的座位很好，既可以观赏窗外江南水乡风景，又可看到司机师傅的一举一动。李维森教授清楚地记得，司机师傅是一位40岁出头的中年人，操一口地道上海话，李教授一句也听不懂。当汽车行驶约3小时快到江阴市时，李教授注意到，司机师傅一手掌控方向盘，另一只手从口袋里掏出一包香烟，并娴熟地从烟盒里抽取一支叼在嘴上。对于经常开长途汽车的人而言，这是一件很平常的事——抽烟提神。但奇怪的事情发生了：约3分钟过去了，师傅没有点烟；5分钟过去了，师傅还没有点烟；15分钟、20分钟时间又过去了，师傅还是叼着那支香烟，仍没点着。对此，李维森教授实在看不下去了，就用从未曾改过的山东话问：“师傅，你要打火机吗？我这里有。”司机师傅听懂了口音蛮重的山东话，随即使用蛮标准的普通话回答：“不用，我有。谢谢！”师傅继续开他的汽车，嘴角上依旧挂着那只没有点火的香烟。又过了 20 多分钟，那支香烟还是没有被点着。此时，李维森教授更沉不住气了，问道：“你不抽烟，为什么把烟含在嘴上？”师傅答道：“我有烟瘾，但我不能抽烟。因为抽烟不好，会影响车里教授们的身体健康！”师傅的话一出口，李维森教授为之震惊，并且感动不已，心想，这司机师傅很坦诚、很善良，八九不离十是共产党员，否则，哪有这么高的觉悟和自制力。那时，社会上正在开展“共产党员先进性教育”活动。

汽车继续在道路上行驶，并朝着扬州方向飞驰。又过去了一个小时，师傅的那支烟仍然挂在嘴边。李维森教授在感动不已之余，开始用经济学理论分析司机师傅的举动。

李维森教授曾在国外学习和工作十余年，经常会连续开车七八个小时，甚至十多个小时，深知长时间开车的辛劳滋味，更知道抽一支烟对一个长途汽车驾驶员的作用。李维森教授开始了微观经济学分析，自觉不自觉地就想到了均衡，微观经济学通篇不是在讲均衡吗？这均衡、那均衡，局部均衡，一般均衡；静态均衡，动态均衡；纳什均衡，贝叶斯均衡，等等。可是，李维森教授实在算不出来司机师傅选择将香烟含而不点的均衡点在哪里。李教授的思绪在涌动，他认为这均衡点应该是，司机师傅抽支烟对我们车里十多位教授的尼古丁污染的负效用，与司机师傅长时间开车疲劳打瞌睡把车开进路边沟里或者撞车等伤害概率的负效用之比。李教授最终并不确定均衡点在哪里，于是，他转身向系主任华民教授说，“华民兄，我们还是让司机师傅停车抽那支烟吧！我计算了一番，虽然没有算出均衡点在哪里，但直观感觉，相比我们十几位教授的生命安全，师傅抽那支烟给我们带来的尼古丁污染的负效用要小得多。”华民教授点头称是，表示同意。李教授又问同车同事，“我们请师傅点上嘴里的那支烟吧！”大家都表示赞同。可是，这位好心的师傅一路上一直没有点嘴里的那支烟，直到把汽车开到扬州停下来休息。

（二）故事分析和评论

这是一个真实的故事，讲述复旦大学经济系在教学经费不宽裕的情况下，租用汽车，低成本、低风险和高效率地将十余位教授送到外地教学点的经过。若干年之后，李维森教授回到哈佛大学任教时，仍然跟哈佛大学的同事讨论此事。除了他思考的“司机师傅抽支烟对我们车里十多位教授的尼古丁污染负效用，与司机师傅长时间开车疲劳打瞌睡把车开进路边沟里或者撞车等伤害概率的负效用之比”之外，再找不到新的答案。在这里，中国人的“两害相权取其轻，两利相权取其重”的财务理念发挥了作用。李教授甚至怀疑，是自己教过 20 多年的经济学无用，还是自己这位教了 20 多年经济学的教授无用？再后来，李维森教授与同在哈佛大学做访问研究的同事杭行教授论及此事时，杭行教授认为，上海的旅行社和出租车公司对司机的要求很严，不允许在公共场合吸烟，尤其不允许工作期间抽烟。一旦收到客户投诉，将被严厉处罚，甚至丢掉工作。旅行社的制度安排和管理规则，可能不允许汽车司机驾车期间抽烟，这是杭行教授给出的答案。在李维森教授看来，司机师傅嘴里的香烟虽然含而不抽，且烟力大减，但香烟缓解了司机师傅的烟瘾和困顿，使司机师傅抽烟污染空气与疲劳开车易出事故之间找到了平衡点。当然，杭行教授的制度治理解释也有一定道理。李维森教授和杭行教授的分析均基于经济学效用函数理论。负效用指某项事物不但不能给人们带来某种欲望满足，反而带来了不舒适或痛苦。人们对某一商品和劳务适量消费后，欲望会得到满足，从而产生效用。可是，随着消费该种物品或劳务数量的逐渐增多，其得到的效用不一定持续增长。人们吃某一种食物时，最初适量消费会给食用者带来显著效用，当食用者持续不断增加食物量时，就会吃撑。接下来，已不再是欲望满足，而是不舒适或腹胀难受的感觉，此时就产生了负效用。腐坏的食品和废气一类的垃圾也会给人们带来负效用。

笔者认为，从复旦大学世界经济系视角看，之所以选择租用汽车前往合肥教学点，三要考虑安全和便利因素，其次是成本因素。从旅行社或出租车公司接受承租人从上海前往合肥这一订单生意视角看，出租人除了投入人力（司机）、财力（过路费、途中加油费和司机师傅持有少量备用现金）和物力（安排车辆）外，还需要投入一定的企业文化、制度安排等知识资产即无形资产，这单生意才能做成。这是企业资本均衡配置的客观规律所决定的。其中，“投入一定的企业文化、制度安排”包括企业的经营理念、企业信仰、企业使命，以及企业的员工工作守则和工作纪律等。这些要素的投入，属于企业无形资产或知识资产内容。如果没有企业管理制度和员工工作守则的投入，旅行社承接运送十五位教授的这单生意就很难顺利完成。只有人力、财力、物力与知识达到均衡，该长途运输任务才能保质保量完成。假如司机技术很好、车辆质量不好而路上抛锚，或者车辆很好、司机技术不过硬或技术过硬而思想品德不合格，就难以平安顺利地将客户运抵目的地。从财务学角度理解，这是一个合理配置有限资源的问题。

如果从管理会计角度分析，究竟是乘坐火车、汽车好，还是乘坐飞机更经济？或是租车更经济？这需要分别一一测算其成本和收益。测算和分析表明，在安全得到保证的情况下，居住在不同地方的十五位教授乘坐普通绿皮火车、长途汽车的成本支出，远大于向旅行社租车的成本。因此，选择租用旅行社的中小型商务汽车是经济和科学的。但是，复旦大学世界经济系选择租用汽车前往合肥，不仅仅是一个财务经济问题，还涉及安全和福利等因素，因而，单纯使用管理会计方法给出解释，说服力不是十分充足。

理论分析表明，财务学上的“资本均衡配置”原理比“抽烟对教授造成尼古丁污染负效用与司机师傅长时间开车疲劳瞌睡，将汽车开进路边沟里造成伤害概率的负效用之比”，更能准确和全面解释此事。那么，司机师傅嘴里的香烟始终未点的根本原因，究竟是李维森教授的效用均衡、杭行教授的制度严苛，还是本教材作者理解的多要素资本的均衡配置？这只有司机师傅自己清楚，也许连司机师傅自己也难以解释清楚。很可能，我们都是“盲人摸象”。

同学们，你们是如何理解的？建议同学们课外分别从理论经济学、财务学和会计学视角，将此实例再分析一番。请同学们仔细思考前述：“从旅行社或出租车公司接受承租人从上海前往合肥这一订单生意视角看，出租人除了投入人力（司机）、财力（过路费、途中加油费和司机师傅持有少量备用现金）和物力（安排车辆）外，还需要投入一定的企业文化、制度安排等知识资产，即无形资产，这单生意才能做成。这是企业资本均衡配置的客观规律所决定的。……只有人力、财力、物力与知识达到均衡，该长途运输任务才能保质保量完成”。在这里，除了人力、财力、物力和制度知识外，司机师傅的驾驶技术也至关重要。高水平驾驶技术源于长时间高强度训练、学习和经验积累，以及司机师傅驾驶汽车的天分。显然，技术也是一项重要的生产力因素。

二、第二个故事的描述与评论

（一）一则美国的财务故事

这是根据 20 世纪 30 年代初期的资本主义国家经济危机时，美国有 1040 万英亩棉花被全部铲倒在地、密西西比河漂流着大量牛奶，以及巴西有2200万袋咖啡豆烧毁或倒入大海、丹麦屠宰了11700头牲畜的事实，编写的一则故事。

汤姆先生是生活在美国乌有城郊的一位奶牛场主。不知何故，方圆数百里仅有汤姆这一家奶牛场，其奶牛场有2000头奶牛，每月产奶2000吨。这些牛奶供给乌有城的市民和周边农村的农民。牛奶售价是每吨500美元，每吨牛奶的成本是300美元。因此，汤姆一个月可以赚40万美元。

杰瑞是汤姆的小儿子，正在大学读财务专业。时值寒假期间，杰瑞在对当地牛奶市场进行成本和价格调查。这是老师布置的寒假作业，意在巩固课堂上学到的成本收益规则。经过两周的现场调查，杰瑞向父亲指出了他的一个惊人发现："这些年你平均每个月损失130万美元！"

这话让老汤姆很不高兴，并认为这是"危言耸听"。儿子杰瑞说："我反复核实过了，情况的确如此。让我给你解释一下吧。"爸爸应承着："说来听听。""我们每月生产的牛奶卖给乌有城市民1000吨，乡下的农民1000吨。乌有城市民平均收入是乡下农民的2倍多，对这些市民来说，牛奶已经成为生活必需品，并且花在牛奶上的钱占其整个生活支出的比重很小。""这我知道"，汤姆先生继续应承着。杰瑞说："我的市场调查表明，即使奶价翻两番，即每吨2000美元，乌有城市民对牛奶的需求也基本不会下降。"

汤姆了解乌有城居民的收入状况和生活水平，凭多年的经验和生活自觉，他觉得儿子的调查结果很可能是真的。不过他立刻发现了另外一个问题：

"可乡下农民很穷，根据我的经验，每吨500美元，也就是每千克50美分，是他们能够承受的上限，超过这个价格他们就不会买牛奶了。而我们每月的牛奶产量是2000吨，城里只能销掉1000吨，为了全部卖掉这些牛奶，我们只能卖500美元1吨。好在这样每月也能赚40万美元。"

"要是能够卖给城里人2000美元1吨，乡下人500美元1吨就好了。"

"这不可能，乡下人会把我们的牛奶转手卖到城里，2000美元的价格不可能维持。"

"我知道，那为什么你不只卖给城里人呢？2000美元1吨！乡下人我们就不供应了。你想一想，每吨卖500美元，卖2000吨，一个月才赚40万美元；而每吨卖2000美元，虽然只能卖1000吨，可是一个月能赚170万美元。"

"可这个月我们已经生产了2000吨，要是卖2000美元1吨，多余的1000吨难道倒掉不成？""是啊，倒掉很可惜！可是倒掉它们，我们还可以赚140万美元，不倒掉它们，我们就只能赚40万美元。毕竟只有赚钱才是我们的目的，而且你也只能倒掉，否则没人相信你真的会卖2000美元1吨。"

老汤姆知道杰瑞的分析是对的！犹豫再三，他终于痛下决心：倒掉1000吨牛奶！

可能这一决定对他的冲击太大了，他的脑子有点转不过弯来，竟说出了后来自己也觉得颇为可笑的一句话："那以后怎么办？难道要每个月生产2000吨倒掉1000吨吗？"

杰瑞哈哈大笑："怎么会这样！倒掉牛奶只能是这一次，以后我们就不需要生产这么多了，所以倒掉这个月多余的1000吨后，我们接下来宰杀1000头奶牛，辞掉部分工人，把多余的牧场和养牛场租出去，这样每月的生产成本可以降到30万美元，销售收入200万美元，每月纯利润就是170万美元了。"

第二天，汤姆的奶牛场做了一件让人目瞪口呆的事：把1000吨香喷喷的牛奶倒入海中，然后宰杀了1000头奶牛，并且将牛奶的价格翻了两番。自然，汤姆挨了不少骂。可是除了骂，人们也无可奈何，对于穷人来说，唯一的办法就是不喝牛奶了。城里人仍然购买汤姆的牛奶，尽管对这样的大幅涨价也很不满，可也没办法，方圆几百里只有汤姆的一个奶牛场。

（二）美国故事的分析和评论

首先，产生将牛奶倒入大海这种极端事件的根本原因是市场垄断。经济学的观点是，垄断的结果通常是产量及消费量明显低于社会最优水平，而垄断价格却明显高于社会最优水平。杰瑞和汤姆倒掉牛奶，宁可闲置生产能力，也不愿增产降价，其目的是为了维持垄断高价带来的高利润。在我国，电信市场也存在类似情况。我国的电信费是美国的数倍甚至十多倍，我国与美国的通信技术基本相同，我国电信企业的生产成本不应高过美国，我国的劳动力成本低，电信行业运营成本应该低于美国，其昂贵的话费完全是垄断所致。电信公司宁愿闲置一些通信能力，也不愿意降价。虽然我国电信市场不是由一家企业垄断，但其真实状态仍然是一种垄断格局。除了电信企业外，一些企业也存在同样的问题。垄断不仅损失效率，还损害了公平。当然，高端先进技术申请专利就具有垄断含义，但技术专利主要是防止仿制和收不抵支。

其次，差别定价是一种矫正垄断效率损失的市场化手段。差别定价是一家企业在出售一样的产品或服务时，对不同的顾客索取不同的价格的现象，又称价格歧视。例如，同样的飞机座位、同样的宾馆房间，个人订购和团队订购的价格就不一样。差别定价需要满足三个条件：一是企业必须能够自己制定价格而不是被动接受既定的市场价格；二是企业必须清楚消费者分成不同的群体，并且不同群体货币支付能力不同；三是企业必须能够阻止可以支付高价的顾客却支付低价购买商品。满足这三个条件，企业就能实施差别定价，并从中谋取到更高的利润。如果汤姆能够进行差别定价，向市民定出2000美元1吨的价格，而对农民仍然按500美元1吨定价，他的垄断利润最大可以达到190万美元，而且没有损害农民的消费权利。此时，垄断带来的效率损失就小一些了。可是，汤姆无法阻止农民把牛奶倒卖到城中，也就是他不能满足第三个条件，所以他就只能倒掉牛奶。

接近的实例是，某国际知名公司发明了一款激光打印机，打印速度很快，如每分钟打印60页，其生产成本是1000美元。市场调研表明，其客户分为两类：企业、政府或科研机构等机构用户，这些用户很需要这种速度的打印机，他们甚至愿意支付10000美元的价格。第二类用户是个人用户，他们的最高意愿支付是1500美元。因此，对于这家公司来说，如果能向机构用户索取10000美元，而向个人用户索取1500美元，将可以获取最大利润。问题是如何阻止机构用户用1500美元的价格购买，如果做不到这一点，这家公司将不得不放弃个人用户，把价格定在10000美元的高位上。最终，该公司想出了一种办法，他把这种打印机分为两种款型，A型就是上述这种打印速度每分钟60页的打印机，而B型是在A型中加入一个芯片，把打印速度降至每分钟5页！A型价格10000美元，B型价格1500美元，这样就有效地阻止了机构用户支付低价。在我国，许多软件分为专业版和普通版，就是差别定价。

汤姆可以把牛奶做成两种不同质量的产品，譬如说把最新鲜的、有害细菌含量少的牛奶以2000美元1吨的价格卖给那些很在意牛奶质量的城里人，而不新鲜的、细菌含量较多的以500美元1吨的价格卖给农民。这听来不道德，实际上，这是帕累托次优。当然，政府可以使用一些行政手段加以调节和控制。但政府调控的作用具有有限性，法制的作用或法律合约也具有有限作用。经济、政治和法律之间，具有相互替代和互补作用，但作用不是无限的。

最后，在企业财务上，产品利润的高低是多种因素共同作用的结果。财务管理是综合性价值管理。降低产能调整市场供求关系并减少成本支出，是获得高利润的重要财务方式。应注意，产品成本只是价格形成的基础和参数，价格形成的决定因素是产品供求状况。企业降低产品成本非常重要，成本优势是企业的基础优势。企业实现收益最大化，取决于企业家对市场供求关系的预期和判断、产品成本水平、企业资源配置结构，以及产品技术研发支出等多种因素的共同作用。产品技术创新、商业模式创新，以及产品垄断，则是企业获取利润垄断的基础。

三、两个财务故事的启发

第一个故事讲述汽车司机如何安全、低成本、高效率和高质量地将客户运送到目的地，以及司机师傅是如何专心致志地驾驶汽车与乘客共同完成运送任务。在这里，司机师傅是生产劳动者。在多数中国人看来，生产是社会经济中最重要的环节。因此，中国的财务活动也多以生产过程为重心。在司机驾驶车辆运送客户的过程中，仅在途中加油时才可能花费现金，汽车在行驶过程里主要消耗司机师傅的劳动和汽车本身，同时消耗出租公司的一定制度安排和企业文化。只有生产过程中筹集的货币资本供给充足、人力资本和物质资本投入适量，并配置良好的知识资本——司机师傅坚守的敬业工作理念和工作制度，财务活动才能顺利实现。显然，财务活动就是人们在生产过程中有效合理配置各类资本资源的行为。人们在筹集货币资本、投入人力资本和物质资本时，会发生一些经济关系。财务活动中发生的经济关系被称为财务关系。财务管理是基于社会再生产过程中客观存在的财务活动和财务关系而产生的一种经济管理工作。从传统的生产过程看，人们组织财务活动、处理财务关系的行为就是财务管理，财务活动和财务关系均寓于社会再生产过程之中。公司财务经理很关注生产中的技术研发支出强度、现金持有量、员工的生产效率和设备利用率，产品价格、生产规模和销售收入的可持续增长，以及资本周转率和资本收益率。其目标是企业所有者、管理者、生产者和国家都获得相应的收益，实现共同富裕。在某种程度上，由农业大国转变发展起来的中国现代化工业经济体系，其核心是实体经济。中国的财务学属于生产财务学，经济学里的生产理论是中国财务学的主要理论基础。交通运输作业属于实体经济活动，汽车运送旅客的财务现象，由生产理论和要素资本理论来解释比较恰当。

在中国，由于公有制经济制度和天下为公的传统文化原因，财务与生产之间的均衡是企业发展的经济学基础。同供应与需求之间的关系一样，生产活动与财务活动之间的均衡关系也是中国经济发展的极其重要的均衡关系。

第二个故事讲述美国农牧公司业主的儿子——一位财务专业学生如何帮助爸爸从市场流通过程改进公司各类资本配置结构的实例。故事从销售量入手，分析公司的成本和收益，根据成本和收益计算重新制定生产决策。利润最大化是美国公司财务管理的目标。财务专业学生杰瑞和业主汤姆作为假期期间的公司主要员工，其主要精力是调查和研究市场。在美国人看来，市场是社会经济中的最重要领域。因此，美国的财务活动也多以市场交易过程为重心。农牧公司饲养奶牛生产牛奶，其财务活动是分别以城里市民和乡村农民为不同的中心，分别组织财务活动、配置各类资本资源，并处理相应的财务关系。因此，美国的财务活动多以市场交易中心为重心，通过相近的生产要素替代和整合，对资产和产品进行定价，从而获取最大利润。所以，那些具有时间连续特点、空间地点有差别和各类资本投入配置具有不确定性的财务活动，是美国财务管理的主要内容。只要引入时间因素，并且公司与客户的交易存在不同地点，那么，公司财务经理就可以通过设计比较复杂的定价策略，从市场交易中获取最大收益，继而提升公司的市场价值，其目标是股东财富最大化。美国公司财务经理特别关注公司的市场价值、债务期限结构、股票和债券的设计、股票价格，交易合约的有效性和资本预算的动态性或静态性，以及财务风险问题。从美国传统的财务理论看，不论是资本结构理论或筹资理论、投资理论或资本预算理论，还是资本市场均衡理论或资产定价理论，以及公司内部股权治理结构理论，基本上都是以市场流通为基点。在某种程度上，美国的财务学属于市场财务学。经济学里的消费理论是美国财务学的主要理论基础。

同理，由于生产资料私有制经济制度和个人利己主义的传统文化原因，财务与资本消费之间的均衡是美国企业发展的经济学基础。同供应与需求之间的关系一样，消费与财务之间的均衡关系也是美国经济发展极其重要的均衡关系。

理解上述两个财务故事，对于尚未深入系统学习财务学知识的低年级同学而言，并不轻松。

提到财务，初学者通常会想到资产负债表、资本结构和现金流量，以及财务经理等概念。资产负债表是会计报表之一。资产负债表最下面的数据是资产总额，告诉我们企业的账面总财富或资产规模总额，也是企业所有者的全部“家当”。这些资产总额由那些资产构成，就是资产负债表的左边内容，有流动资产、固定资产和无形资产。流动资产是那些持续时间较短的资产，如存货、现金和应收账款，流动资产数额又称营运资本。固定资产是那些持续时间较长的资产，如机器设备和厂房等，无形资产是难以触及或无形状态的资产，如专利技术和商标等，这些无形资产实际上也是固定资产或长期资产。企业的利润主要是靠长期资产赚来的。流动资产是低收益资产或无收益资产。当企业库存现金不是用于购买短期债务和理财产品时，是没有收益的，存货和应收账款在企业内部也不产生收益。于是，人们就会想，企业如何投资长期资产和投资什么样的长期资产？企业各种资产存量及其比例因企业类型的不同而存在差异。对此，可使用资本预算来描述长期资产投资及其管理过程。资产负债表的右边是企业资本的来源构成，分别是短期债务、长期债务和所有者权益。债务与所有者权益的各自存量及其比例就是企业的资本结构。购买公司债务的个人和机构统称债权人，持有公司权益股份的个人和机构统称股东或所有者。公司采取不同的筹资方式会形成不同的资本结构。

财务经理基本上每天都在关注资产负债表。其左边的流动资产减去右边的流动负债，余额就是净运营资本，它表明公司的当日支付能力。支付现金的目的是创造价值。只有当购买所产生的现金高于其成本的资产时，或发行所筹集现金高于其成本的债券、股票和其他财务工具时，企业的财务活动才创造价值。现金流入量减去现金流出量，称为净现金流量。净现金流量不是净营运资本。企业购买原材料增加现金流出，虽然增加了存货，但减少了现金，净营运资本不变。企业财务经理的最基本工作是开展资本预算、筹资和组织净营运资本活动，为公司创造价值。

第二节 财务活动与财务关系

财务学是财务经济学与财务管理学的合一。虽然通过第一节的两个财务故事，我们知道了成本、收益、风险、资产、负债、流动资产、固定资产、净营运资本、现金流量和资本预算，以及财务经理等命题，但什么是财务，财务的本质特征是什么，仍然是一个难以回答的问题。回答该问题的思路主要从财务管理内容出发。财务活动和财务关系是我国财务管理的主要内容。

一、财务活动

古今中外，财务活动由来已久，源远流长。不论是个人理财还是企业财务，首先是准备货币资本，然后制定投资决策，投放资本。并且，投资人或企业要实时根据生产和市场变化开展公司价值评估和资产定价，优化配置各类资本，组织销售收入和现金流入，分配利润。筹资、投资、价值评估、资产定价、优化资本配置，以及分配利润，是企业财务活动的主要内容。

（一）筹资活动与管理

筹资是企业为了满足投资和日常经营用资需要而筹措和集中货币资本的过程。这一过程通常被称为出售资产的过程。货币资本是财务学的逻辑起点。从财务视角看，在商品市场经济社会，办任何事情都需要准备金钱。货币资本主要是生产过程中的现金、银行存款、应收账款，以及易变现的短期有价证券。企业经营活动的正常运行和可持续发展，必须以拥有一定量的货币资本为前提。筹资管理是财务管理的首要环节。

从产权视角出发，企业的货币资本主要有两种性质：股权资本性质和债权资本性质。股权资本又称权益资本是企业通过向投资者直接吸收投资、发行股票、企业内部留存收益等方式所获取的资本，资本提供者——投资人可以是国家政府、企业和个人等。企业筹集股权资本发生的财务关系属于企业所有权关系。投资人的债权资本在筹资方被称为债务资本，它是企业通过向商业银行借款、发行债券、应付账款等方式所获取的资本。企业筹集债务资本发生的财务关系属于企业借贷关系又称债权债务关系，或简称债务关系。企业筹集资本表现为现金流入。企业支付股利、支付利息和偿还借款，以及支付各种筹资费用和采购款项，表现为现金流出。

筹资渠道和筹资方式是企业筹资管理的两个重要概念。前者指筹资者所筹资本的来源和途径。一般地，社会居民的储蓄、商业银行资本、投资公司资本、企业内部资本和政府财政资本等，都是企业筹集资本的重要来源渠道。后者指筹资者筹集资本时所采取的方式和方法。例如，投资人动用个人储蓄、吸收直接投资、企业内部利润留存、发行股票、发行债券、向私人借款、向商业银行借款、应付购货款，以及财务租赁和资产抵押等，都是筹资方式。同一筹资渠道可以采取不同的筹资方式，同一筹资方式也可以适用于不同的资本来源或渠道。

企业筹资管理的基本依据，主要有四个方面。第一，资本结构均衡与企业价值最大化规则。企业筹集货币资本既要考虑资产负债结构的均衡合理，又要考虑资本成本较低和企业价值最大化。资本成本是企业最低收益率的极限。第二，资本安全收回和财务风险承担规则。

在计算资本成本的基础上，考虑企业承担财务风险的能力。同其他经济活动一样，企业筹集资本要发生一些市场调研费用、信息费用和谈判签约手续费，以及支付资本的使用费如股利或利息等。这种筹资过程中的筹集费用和资本使用费用就是资本成本。资本安全收回和财务风险承受能力是企业是否选择筹资的重要依据之一。第三，适量有效需求规则。现金、银行存款和应收账款等货币资本是低收益资本，企业持有量越少越节约。因此，企业筹集货币资本应以科学计算的货币资本需求量为依据。过多或过少持有货币资本，都可能妨害生产和销售。第四，各类资本替代和互补规则。企业的货币资本与人力资本、物资设备资本之间，存在一定的替代和互补关系。在大机器工业时代，企业由于物流系统不够发达、信息不对称和交通运输落后等原因，价值社会分工不发达，往往需要储存很多原材料，这就需要企业经常持有必要的现金持有量。持有现金过多可能会造成浪费，持有现金过少就会影响生产进度。如果增加机器设备投入和机器设备的技术含量，就会节省劳动力。机器设备可以在一定程度上替代人力。人力劳动效率的提升可以适当节省一定量的现金支出。所以，企业的货币资本、人力资本、物质资本和技术资本之间，存在一定的内在替代和互补联系。只有多种资本的配置结构合理均衡时，所需货币资本才是企业需要筹集的资本量。筹资决策是公司财务的核心内容。

（二）投资活动与管理

人们获得货币资本之后，只有投入经营过程才能创造价值，以获得更大的收益。投资是资本持有人将所筹资本投放于经营过程，以此制造产品、经营资产、提供服务而获得利润的财务活动。所以，人们购买资产和服务的行为称为投资。企业建造厂房，增添设备，购买原材料、辅助材料、燃料、动力等，称为实物投资。企业招募、录用、培训、开发人才，称为人力资源投资。企业购买股票、公司债券、国家公债等有价证券的活动称为财务投资或金融资产投资。企业把资本用于专利技术开发、企业文化建设、优质品牌开发的活动称为无形资产投资。根据投资收回期的时间长短，可把投资分为长期投资和短期投资。投资的目的在于保证生产经营过程正常运行，实现资本增值。使用一笔资本购置一项资产称之单项投资，一项资本按不同比例分别投放于两种以上的多种资产上，称为组合投资。投资是人们创造价值的最根本途径。

企业把资本投入生产经营过程到全部收回所经历的时间，称为投资周期或投资收回期，它由建设周期和经营周期两部分构成。在投资周期内，资本始终处于运动状态，并不断改变原有形态，增加企业财富。投资活动产生的收益与投资风险并存；分散投资可以降低风险，资产组合因而成为投资管理的主要内容。

投资是企业可持续发展源泉。投资决策的选择与投资者个人消费偏好无关。投资决策的选择和实施只能以产品或资产市场供求状况及资本收益率为依据。企业高管制定投资决策时，应注意三个问题：一是在社会再生产过程中找到合适的投资机会和新的可供投资的新产品技术；二是管理者能够比较清晰地测算出投资项目的现金流量；三是企业高管应根据合理的决策方法对投资项目进行价值评估。在这里，投资决策方法，被西方人称之为资本预算技术。他们认为，一项科学有用的资本预算技术的本质特征是能够使股东财富实现最大化。对我国而言，我们希望企业的所有者、经营者、生产者和国家与社会均能获得相应合理的收益，实现共同富裕。因此，这种科学合理的投资决策方法，一般具备四个特点：一是投资项目的全部现金流量均考虑在内。二是现金流量以货币资本的机会成本进行贴现；与会计上的财务报告数据不同，这里的现金流量是考虑了时间价值和折现的流量。三是在资本预算技术条件下，被选投资项目是从相互排斥的一组项目里选择的使股东财富达到最大化的项目。四是价值相加原则，即项目的选择是管理者将每一个项目独立于其他项目单独考虑而完成。

随着我国市场经济的深入发展，投资方式和类别越来越多。例如：直接投资、间接投资，短期投资、长期投资，有形资产投资、无形资产投资，独立性投资、相关性投资，互补性投资、互斥性投资，单项投资、组合投资，等等。投资管理的基本内容是投资决策的制定和选择，以及投资结果的分析。投资决策的主要内容包括投资方向和投资对象的选择、市场调查、投资方案的制订、货币资本的准备、投资决策的实施，以及投资结果评估等。

（三）价值评估与管理

投资决策实施之后，企业财务经理应适时跟踪投资项目的建设进度，并对投资项目进行动态价值评估。投资项目的价值评估和企业整体价值评估，都是企业基本的财务活动。与企业的人力资源管理、机器设备管理、技术管理、产品生产管理、市场营销管理等不同，财务管理主要是综合价值管理。企业价值最大化、股东财富最大化和利润最大化，以及企业利益相关者共享收益最大化，都是公司不同的财务经理的工作目标。财务经理评价企业的各项经营决策是否可行，其基本标准就是有利于增加企业价值。

一般地，财务经理会把企业作为一个整体资产进行价值评估和管理。当企业所有者对企业进行转让、并购、出售、重组联营等，就涉及企业价值评估工作。在这种情况下，财务经理要对整个企业的价值进行评估，以便确定企业并购或重组、托管的交易价格。企业的价值如市场购买价格，不是简单地由企业各个单项资产经公允评估后的资产价值和债务的代数和。企业价值不是会计上财务报告上的数值。一个企业的价值或一个企业某项资产的价值，取决于该企业或该企业某项资产的未来时期所带来的现金净流量、时间价值和风险，以及市场贴现率等多因素所决定。所以，企业价值评估并不是对企业各项资产的评估，而是一种对企业资产综合体的整体性和动态性的价值评估。

（四）资本资产定价与管理

一般地，企业的产品价格主要由产品市场的供求关系所决定。我们知道，在物质产品市场上，每个消费者或购买者都具有自己特有的消费偏好，他们按照各自的消费偏好购买商品，全部消费者购买的叠加就形成了市场总需求，与各种不同需求价格相对应的所有市场需求的集合就构成了需求曲线。同样，每个生产者或供应者都按照自己的预期进行生产和销售，全部生产者生产预期的叠加就形成了市场的总供给，而与各种不同的供给价格相对应的所有市场供给的集合就构成了供给曲线。在供给曲线和需求曲线的相交之处，总供给等于总需求，商品市场达到均衡，从而产生市场均衡价格。商品均衡价格的形成，使人们找到了商品市场供求的均衡点。

与物质产品市场相似，在资本市场上，不论资本一级市场还是二级资本产品市场，其每一投资者都拥有自己的效用函数，有自己对各种资本产品的评价标准，投资者按照自己的效用函数和评判标准进行证券投资决策。所有投资者个体投资行为的集合，就构成了资本市场上全部投资者的集体行为。所有投资者的购买集合就形成了资本产品的总需求，而所有投资者的出售集合就形成资本产品的总供给。当总供给等于总需求时，亦即当作为购买一方的投资者把全部资本产品都买下来时，资本市场就实现了均衡。在一般的商品市场上，可用供需曲线的均衡价格来描述供求关系与价格水平，找出商品市场供求的均衡点。而在资本市场上，如何描述资本产品的供求关系及其价格水平？对于预测资本市场行为的投资者来说，那种处理风险条件下的资本资产定价模型、套利定价理论和期权定价模型等，就是要解决这一问题的有效财务管理方法。资本资产定价是一项比较复杂的财务活动，该问题将在“公司财务”课程和“数量财务”课程里做详细讲解。

（五）收入和利润分配的管理

公司财务机构应实时注意现金流入量的情况，精心组织资本回收，实现资本回报。这也是资本时间价值和风险溢酬的客观要求。销售收入是公司财务极其重要的财务指标。世界500强企业的评选，其首项指标就是销售收入。收回资本是保持企业财务活动连续性的前提，资本分布的调整是基础，资本配置是目的，资本分配和规划是手段。

企业出售产品将其价值转化为货币资本，这是企业资本连续不断地顺利运行的基本内容。收回资本是企业把产品和劳务销售出去取得销售收入的财务活动。它包括资本补偿和资本增值两个层次的内容。资本补偿具体表现为：（1）固定资本耗费的收回；（2）劳动对象价值耗费的收回；（3）支付工资与人力资源开发费用的收回；（4）证券投资额的收回；（5）建设企业文化与加快技术进步等无形资产投资的收回等。资本增值则是净现值大于零，表现为投资项目未来现金流入量的现值大于成本现值的差额。实现企业资本的净现值最大化是企业全面管理的一个结果，也是企业财务管理的原则之一。收回资本的财务工作主要包括：（1）研究、制定合理的价格策略；（2）加大市场开发资本投入，科学选择营销方式，创造顾客价值；（3）选择科学的结算方式，制定合理的信用政策，及时收回现金；（4）调整和加大无形资产投资比例，从整体上提高企业综合素质和信用级别，使企业充满生机、活力和后劲。

利润分配政策、股利政策和剩余理论，可统称为利润分配理论。该理论涉及股利率与追加投资收益率、资本预算与资本成本、股票价格与资本结构等重要的财务问题，从而使股利资本分配成为企业的一项重要财务活动。利润分配涉及公司法和财务实务两个方面。法财务是财务学的重要分支。

（六）优化资本配置

根据生产经营过程和资本周转的客观要求，以资本运行全过程为着眼点，对企业资本分布和已收回资本进行重新调整、分配和规划，目的是使企业资本结构配置合理，数量适当。企业对资本进行调整、规划和分配，既涉及筹资、投资、用资、耗资、收资和利润分配等方面，又要处理好各种财务经济关系，因而是一项复杂的财务活动。

经济学认为，在利润最大化目标下，厂商会选择成本最小的要素组合生产。当机器与劳动的相对价格发生变化时，只要技术条件允许，厂商会选择使用相对更便宜的要素替代另一要素，机器与劳动的相互替代取决于技术和机器与劳动价格的相对变化。技术水平是机器与劳动替代的决定性因素。在我国，由于经济发展加速，人力资本相对紧缺，工资率相对利息率加速上升，使得设备与劳动之间出现设备单向替代劳动的情况。但物质资本边际收益递减可能导致经济成长停滞，所以，技术创新被视为企业创新的首选。技术可能具有边际投资收益递增的趋势，可是，技术的增长需要以知识为基础。只有知识资产比较充裕的企业，其技术研发才可能持续发展。这说明，企业收益的持续增长，需要以多种异质资本适量配置组合为前提。如果缺少某一资本，另一种资本就难以发挥作用。如缺少机器，人力就难以发挥应有作用；缺少货币，机器就难以发挥应有作用；缺少知识，技术就难以发挥作用。如果某一资本投入不是适量或足量，那么，该项资本的成本就会大于其收益，发生资本减值。只有各种资本的投入量基本相当，并且每一资本的边际收益率相等或相近时，企业收益才会最大化。

在企业资本总额一定情况下，如果知识资本存量等于或小于零，那么，技术进步难以实现可持续性。技术资本之于知识资本，如同人力资本之于货币资本。如果没有货币资本投入和支付薪酬，企业人力资本就难以形成；同理，如果企业没有独立的技术创新理念、价值观和企业文化，企业的技术就难以独立存在。当企业资本配置集合由人力、财力、物力、技术和知识等五种异质资本构成时，企业收益率会高于企业由人力、财力、物力和技术等四种异质资本构成的资本配置集合收益率。

企业内部各种要素资本的替代和互补是资本配置的基本途径。其前提是企业资本总额既定。当企业总资本规模确定后，财务人员就要将资本总额分散地配置到人力、财力、物力、技术、信息和知识等要素资本上，如果增加某一要素资本，就要同量减少另一要素资本。如同资本结构定理中的股权资本与债务资本，它们是资本总额既定下的相互替代和互补。异质资本的边际替代率是在产量保持不变的条件下，增加一单位某种生产要素可以代替另外一种要素的数量。由于投入生产过程中的生产要素不是完全替代，随着一种生产要素数量的增加，该要素对另外一种要素的边际替代率呈递减现象。要素资本边际替代率之所以递减，在于边际产量递减规律发挥作用。由于边际产量递减，当某种要素增加一单位时，所引起的产量增加量是逐渐减少的。在维持产量不变的条件下，该要素所替代的其他要素数量就会减少。一种产品生产的资本配置要求各要素投入之间有适当的比例，这表明异质要素资本之间的替代存在弹性或限制。

二、财务关系

人们在开展财务活动和财务管理工作中必然会发生一些经济关系，即财务关系。参与财务关系的成员之间存在着竞争、矛盾、冲突和合作，则是财务关系运行过程中的客观现象。财务活动与财务关系形成财务管理的主要内容。财务竞争是一种比赛状态，双方之间保持一定的距离，其竞争目标、竞争利益等方面具有较大的相容性。某些财务竞争虽具有冲突性质，但只要尚未转化为冲突状态，其目标和利益的对抗便是暂时、间接的。这是处理财务关系应把握的尺度。财务合作随着财务关系的产生而形成，随着财务关系的变化而发展。投资者、高级管理者、生产劳动者、政府与金融机构等成员在财务关系中的种种竞争、冲突与合作，是财务关系运行演变的基本表现状态。

在市场经济下，投资人、管理者、生产劳动者、供应商、战略伙伴、社区居民、政府等社会成员，都可成为财务关系成员。这些财务关系成员，一般地，具有一定的经济行为能力，并对其他成员产生影响；具有自身的与其他成员相区别的利益；各成员在财务关系中具有独立的产权组织。财务关系是一个历史的经济范畴。不同的经济发展时期，存在着不同性质特征的财务关系。财务关系是两个或两个以上的财务关系成员之间发生的经济联系。在同一财务关系的不同行为体中，若某一行为体的能力最大、利益最多，并且其组织形式在各行为体中的地位最高，则财务关系便以该行为体为主导，必须妥善处理这一财务关系。可以说，在财务活动和财务关系实务中，有多少个财务关系行为体，就可能产生多少种财务关系。在投资和筹资活动中的财务关系最为活跃。概括地说，财务关系包括：企业同资本所有者之间的财务关系、企业与债权人之间的财务关系、投资者与经营管理者之间的委托代理关系、企业与产业上下游其他企业之间的财务关系、企业与政府之间的财务关系，以及大股东与小股东之间的财务关系，等等。

财务关系成员之间无论表现为竞争、冲突还是合作，参与财务关系的成员之所以都努力维护财务关系的存在和发展，根本原因在于，财务关系成员的各自利益与其各自行为能力和所发挥的作用相联系。一个企业在某一财务关系所得到利益多少，必须与企业在这一财务关系中所发挥的行为能力及所处的身份地位相联系。如果该企业的行为能力发展了，其作用和地位也发生了很大的变化，但它的利益却未得到应有的增长，那么这一财务关系或遭到破坏，或使该企业中途退出财务关系。我们把财务关系成员的利益必然与其行为能力和地位相适应这一内在本质属性称为财务关系的基本变化规律。这条规律就是人们处理财务关系的原则。在坚持财务关系原则的基础上，把握财务活动规律和增加企业文化投资，改进有形资本和无形资本的配置结构，将是有效处理财务关系的重要保证。企业知识资产占资产总额的必要比重是处理财务关系的资产基础。

在现代市场经济中，由于社会生产力的快速发展和资本积累的分散化，以及社会分工的深化，出现了企业所有权和经营权的分离，由此产生了一种重要的财务关系：委托人（Principal）和代理人（Agent）之间的经济关系。投资人和债权人愿意将一定数额的资本提供给企业家经营，投资人和债权人除了承担生产要素成本外，还承担了生产经营过程中一些非生产和非管理上的企业家职务消费、非工作开支、玩忽职守造成的经济损失、没有经营积极性造成的损失等。这些成本都是委托人和代理人之间的财务关系成本，也称为代理成本。它们既有直接的支出，也有间接支出。企业会计核算系统只提供产品成本和销售成本，不提供代理成本信息。当大众创业、万众创新成为一种经济潮流，企业数量、规模和范围持续扩大，企业管理更加复杂，经营决策趋于科学化和专业化，传统上的所有者和经营者合一的业主型企业被所有权和经营权分离的现代公司制企业取代。如何解决委托人和代理人之间的财务关系、降低代理成本，成为企业财务管理急需解决的问题。市场经济中的财务关系，在某种程度上属于公司治理结构问题。企业投资人、高级管理阶层、董事会和公司其他的相关利益人之间的相互关系，形成了企业财务关系的核心。处理好财务关系的关键，在于科学合理做好企业决策者或高级管理者阶层的薪酬安排和激励机制设计。公司治理结构是一套制度安排，用以支配若干在企业中有重大利害关系的团体——投资者（股东和贷款人）、经理人员和职工之间的关系，并从这种联盟中实现经济利益均衡。

三、财务管理的基本原则

如何组织财务活动、处理财务关系，需要遵循一定的基本原则。这些原则建立在长期实验观察和逻辑推理的基础之上。社会制度和文化传统的差异，使人们为人处事的方式存在差异。在我国，组织财务活动和处理财务关系，需要遵循一些财务原则。虽然这些原则可能不是所有财务情境下都能使用的原则，但却是所有经济活动参与者都能接受的原则。

（一）价值跨期转移原则

价值跨时期转移原则又称货币时间价值原则。例如，一笔贷款的简单合约，其道理是一个人把自己的物品或金钱借给了另一个人使用，后者承诺将来偿还。通过这个合约，原本可能一无所有的借债人突然有了金钱或生产工具，而物品或金钱的所有者通过该合约，把现在的资产放到了一台类似“价值跨时间转移机器”里，并且在未来某个合适的日期将自己的资产取回，从而获得更多的资产和收益。这说明，时间在财务合约里发挥着重要的基础性作用。时间就是金钱，今天的一元钱与未来的一元钱内含价值不同。由于货币能够转化为资本并带来收益，因此，今天的一元钱一年后的价值远大于一年后的一元钱价值。所以，今天收到的一元钱，要比一年后收到的一元钱更值钱。人们早收到现金比晚收到现金要划算得多。人们的时间总是同生命联系在一起，任何人都需要生命和时间。物品或金钱所有者的放债行为实际是出售时间的行为，借债人应以支付利息为代价。

人们不论筹资、投资，还是资本配置和收益分配，都要考虑货币时间价值原则，牢记价值跨时期转移的财务机制。例如投资，货币资本投放出去以后会产生现金流入量、流出量和收益，只有把未来各期收益和成本折算成今天的价值，然后将收益与成本相比较，当收益大于成本时，该投资项目才能创造新的财富，因而具有财务意义。应注意，财务上的货币时间价值原则与会计上的历史成本原则、公允价值原则存在很大差别，会计核算有会计分期假设约束。一个会计分期或会计期间是以一个会计年度或少于会计年度的半年、季度和月度为核算单位。财务活动是在不确定情况下跨时期配置资本资源的行为。企业开展财务活动，如果没有遵守价值跨时期转移的财务机制，那么，企业高管不仅难以准确评估未来收益和成本，而且可能造成投资人的资本资产浪费。

货币时间价值原则隐含着两个假设：现金为王的假设，即现金流量比会计利润更重要；财务周期的假设，任何经营活动均有其产生、发展、高峰、衰退和低谷的演化过程，财务活动也具有周期性。长期处于高额收益的经营项目很难找到。因此，企业应根据市场供求变化适时调整财务活动。

（二）风险收益均衡匹配原则

在财务管理工作中，企业不仅要关注收益和成本的比较，更要注意风险问题。企业对经营活动的风险和收益进行权衡匹配，是财务管理的原则之一。企业之所以冒险，原因在于企业拥有或有权利并可以获得额外的高额收益。如果企业不能科学地测算和预期经营活动可能的额外高额收益，企业就不应该去冒险。风险－收益原则就是企业承担风险的能力及其后果与额外的高额收益预期之间的权衡。

应注意，风险不同于不确定性。不确定性的存在是风险发生的必要条件而非充分条件。不确定性是人们从事某一项社会活动的可能结果和每一结果的可能性均不知道。风险则是可能结果和每一结果的可能性均已知道但不肯定的情况。所以，风险是已知事件和意料之内的事情。突发性事件和意料之外的事情，严格地说，属于意外事件，不属于风险。意外事件基本上不可控制；风险可以控制和管理。

在现代市场经济中，风险收益均衡匹配原则又称开发或有权利技术的财务原则。或有权利技术既是人们规避或减少可预见的直接风险的有效工具，也是人们应对或减少未来不确定性的重要工具。人们对未来的不确定性偶然结果达成契约，就会获得或有权利，进而发现和创造价值。或有权利可能是或有股权，也可能是或有债权。或有权利是一种或有求偿权，它是根据未来不确定事项的发生或不发生而定的、要求获得收益的权利。例如，普通股持有人所对应的就是或有求偿权，其股利的发放时间和数量都不是固定的，与市场和公司自身情况相关。积极条款是在债务融资贷款合同中，债权人向借款企业提出的有助于保证贷款按时足额偿还的必要行为条款，属于保护性条款的类别之一。其内容包括定期提供财务报表、定期向债权人汇报有关高级管理人员购买生命保险等事项或某些行为的条款。或有权利使人们能够通过跨时间转移价值或套期保值合约来规避或减少未来的风险，从而获得预期可观收益。

（三）争取成本优势的节约原则

一个企业的竞争优势，从根本上说，是其产品质量和较低的成本支出。只有资本配置和生产安排合理，以及高效率的经营思想和厉行节约的财务理念，才可能形成企业独特的低成本优势。成本优势的节约原则也是我国传统经济文化的客观要求。成本优势与产品设计和技术创新紧密相关。企业只有选择高素质的员工队伍、高科技含量的机器设备、高端的技术研发团队，以及植根于中国大地的优良企业文化，才可能实现低成本的竞争优势。节约就是提高效率和收益。

勤俭节约理念是获得成本优势的知识基础。挥霍浪费、违背经济规律行事和缺少财务知识的财务活动，都是违背勤俭节约理念的行为。我们知道，经济组织的地理位置、已获得优惠政策、运行机制、管理制度、经济规模、经济实力、市场优势、价格优势、产品优势、资源优势、前瞻战略、技术优势、供应链优势、开发和创新能力、技术和装备的水平、员工素质优势、高生产效率和管理效率等方面，都是直接影响企业成本的因素，也是成本优势的来源。发挥和保持成本优势，是降低成本工作的重要任务，也是实现收益领先战略的主要途径。人们不仅要获得生产成本优势，还要获得交易成本优势。前者以技术创新为主要路径，后者以制度创新为主要路径。

任何制度的运行都需要成本。价格机制和产权制度都是市场经济的基础性制度。遵守价格机制和产权制度会避免不必要开支而得到好处，违背或破坏价格机制和产权制度就会付出代价。价格机制和产权制度既是现代市场经济系统得以运行的前提，也是获得成本优势的另一个知识基础。

（四）加速资本周转的流动性原则

资本循环周转属性，源于社会再生产过程发展变化和财务合约的可转让性。企业资本的年周转速度只有大于一次时，才可能有会计收益。当企业的资本总额周转率大于同行业资本平均周转率时，该企业才可能具有一定的财务管理效率。良好的资本周转速度是企业科学组织财务活动的体现。财务人员在分析企业财务报告时，应特别牢记：资本周转速度同成本一样重要甚至更重要。加速资本周转速度的本意是，在资本总额不变的情况下，缩短生产周期，加速资本投入收回，增加资本总额的循环周转，进而提升销售收入。企业需要处于良好的供应链位置，无缝隙地投入原材料和零部件并顺利迅速制造出产品，又迅速销售给用户。整个产品的生产加工和销售时间严格按照合约完成。与此同时，会计和财务机构顺利迅速地完成已收回销售收入的再分配。

企业资本的流动性与收益性和风险紧密相连。只有同时考虑收益性、风险性和流动性，才具有财务意义。过度考虑收益可能带来风险并影响企业资产流动性，过度考虑风险和安全可能会在一定程度上影响收益，而过度讲究流动性就会降低企业收益。营运资本和流动资产虽然流动性较强，但其收益性较低。企业的收益主要由长期资本所创造。因此，企业的资本流动性应主要依靠生产过程中的资本周转速度加快而增加流动性，而非更换经营项目。

充分利用财务合约的可转让性，是企业和个人在不确定情况下，确保资本资产快速流动的基础性途径。财务合约的可转让性是资本市场的基本特征。在规范或完善的资本市场里，任何投资者均有转让财务合约的权利。资本市场的基本作用是使无数投资者可以同时调整他们持有的财务权利的数量，以满足其短期现金需要和储蓄，并且使他们根据自身对未来预期的判断进行风险投资或套期保值。可转让性使人们能够行使与第三方交换合约的权利，极大地提高了财务技术水平。假设你向某个人提供了10万元的贷款，双方约定一年后归还。可是，如果你在一年内急需这笔钱时，你可以再向别人借款，也可以把你持有的贷款合约卖给另外一个人，并告诉你的债务人一年后把钱直接还给你的债权人。这样，你不仅节省了签署第二份贷款合约的麻烦，而且有效地把第一次贷款变成了现金。从你手中购买贷款合约的人可以把这一合约持有到期，也可以在到期前将其卖出。

可见，财务管理的加速资本周转原则或资本流动性原则的基础，是资本市场里的财务合约具有可转让性。所以，加速资本周转的流动性原则也可以称为财务合约可转让性原则。

（五）收益、付出和能力相适应原则

在企业经济活动中，只有付出劳动和金钱，使生产要素转化为资本，并精心科学组织生产要素配置，才可能创造收益，而且收益水平和成本水平要与经营者和所有者的能力相适应。这是企业组织财务活动和处理财务关系的基本原则。企业的成长与发展具有生命周期性质。企业在不同的发展阶段应制订不同的收益规划和成本优势战略。能力在经济学里常被描述成资本资源。一个企业或个人虽然能力很强，但付出规模较小，其收益规模也难以提升。同理，虽然付出很多，但能力有限，其收益增长的可持续性就会受到阻碍。在财务上，收益、能力和付出之间存在相关关系，只有收益、能力和付出之间实现均衡，企业收益才是最优收益。

（六）共享均富原则

企业的性质和企业内部人激励机制问题，使得财务学非常关心企业委托代理关系和财务合约的有效性。企业是所有者委托经营者管理生产的经济组织。所有者与经营者、生产工人、科技研发人员，以及供应商和客户，都是企业的利益攸关者。共同富裕是社会主义经济制度的基本目标。在资本产权清晰、责任分明和现代企业管理制度健全的情况下，企业财务管理目标应与社会经济目标相吻合。企业在追求利润最大化、企业价值最大化和股东财富最大化的基础上，应适当考虑一定的社会责任。财务管理人员应尽可能遵守企业所有者、经营者、普通员工、科技研发人员、国家和客户共享企业发展成果的理念，实现共同富裕。这是我国传统文化和社会主义经济制度的客观要求。

共享均富财务原则的形成，在于企业收益来源于客户、生产劳动者、企业资本所有者和企业经营管理者，以及企业技术研发人员的共同努力的结果。客户对企业收益的作用体现在市场的有效性。市场供求关系和价格的有效性说明企业收益的部分来自客户。

资本主义社会制度的生产资料所有制和核心价值观具有特殊性，其财务原则亦有特殊性。例如，欧美国家主要提倡自利行为原则、双方交易零和博弈原则和分散化原则。其中，自利行为原则是在其他条件相同情况下，财务活动全部参与者均选择利益最大化的行为方式。该原则可以很好地解释现实社会中的各种经济行为。市场经济中的商品交易多数情况下均处于非人格化状态，财务活动参与者获得最大利益是其优先考虑。通过自利行为原则可以推断，一些有竞争力并值得为之的行为经常被采纳。一种行为的价值与最佳选择价值之间的差异就是机会成本。一种财务活动的相对重要性，经常由机会成本表现出来。自利行为原则还可以很好地解释委托代理关系中的道德风险问题。

当人们遵循自利行为原则，依据自身经济利益做出财务决策时，市场交易对象也在按照自己的经济利益行动。此时，财务活动交易多数是零和博弈。一方获利只能建立在另一方付出的基础上。可是，过度坚持自利行为的财务活动者经常会忽视双方交易零和博弈原则。自利行为者有时过分骄傲和不尊重市场交易对象，进而可能做出错误决策。

在欧美人士看来，一个明智的投资者不会将全部财富都投资在一个公司或一个资产项目上。一笔货币资本分成多个部分并在不同时间分别投资在多种不同的资产项目上，可以避免或降低失去全部投资的可能性。分散投资是规避风险的有效方法之一。在中国古代的文化里，也有“狡兔三窟”的理念，这也是分散化原则的体现。总体上，中国人更倾向于合作、集中化和均富理念。

四、财务管理的本质特征

在人类社会早期的生产活动中，财务管理与生产作业管理、客户管理是混合在一起的管理。当货币出现之后，产生了企业和市场，并且有了比较完善的价格机制和产权制度，专业生产供应者和市场需求者可能分离出了少量管理者，其中就包括善于分析事物、对资本和价值比较敏感并且具有相应数学能力的财务专业人员。与工程师不同，财务人员对收益、费用、资本、价值和价格的变动更加敏锐，擅于进行资本投入数量和收益所得的数量计算。现代市场经济中的财务管理已经有别于生产作业管理、人力资本管理、客户管理、会计核算和统计管理，成为一门有自身基础范畴和研究对象的独立的财务学知识。

我们知道，一个企业的全年利润，就是该企业 1 ~ 12 月份各月份利润相加之和。在会计上，把全年各个月的利润加总就是全年利润。在财务上，则是把企业 1 ~ 12 月份各月份利润折现到 1 月份，然后加总，才得出全年利润。因此，财务具有时间价值和风险价值。在性质上，财务管理属于综合性价值管理。由于财务活动和财务关系贯穿于社会再生产过程的各个环节，具有普遍性和综合性；又由于财务数据主要借助于会计数据开展管理工作，加之财务管理的对象主要是资本运动过程，因此，财务学在性质上属于各类资本资源跨期组合配置在一起以创造价值的学问。资本跨期均衡配置可能是财务学的研究对象。综合性、价值计量属性和未来收益属性是财务管理的三个本质特征，价值计量具体地又称之为资产价值评估或资产价值测算。资本管理、价值管理、套利和跨期经营结构调节，风险管理和资本收益共享，将贯穿于财务管理全过程。

究竟什么是财务学，中外财务学者的理解和表示是有差异的。美国一些学者认为，财务是对跨期的不确定现金流量进行定价的科学。该认识基于经济学的市场消费理论和价格理论。自 1776 年斯密经济学以来，价格一直是西方经济学研究的焦点。在消费理论和价格理论基础上，财务人员发现了套利原理或套利机制，以套利作为财务学的基本原理，就形成了资产定价为核心内容的财务学。因此，西方财务学是以生产资料私有制和资本市场为基础的资本消费财务学。资本市场是有组织的有价证券市场和货币市场的总称。有效资本市场为人们提供了把家庭、企业和中介机构的财务活动连接起来的外部经济环境。虽然我国的产品市场、资本市场、人力资源市场和技术市场均有一定的规模，但是，我国学术界对资本市场里的家庭财务活动和财务中介关注不够。本教材认为，由于社会历史和社会制度的差别，我国的财务实际是人们在不确定情况下跨期均衡配置资本资源以创造价值的科学。该认识基于经济学的社会再生产理论和产权理论。自 1978 年我国社会经济改革开放以来，产权开始成为公有制经济学解决各类问题的钥匙。在生产理论和产权理论基础上，财务人员发现了资本均衡配置原理，以资本配置作为财务学的基本原理，就形成了资产投资和资本收益共享为核心内容的财务学。所以，我国的财务学是以生产资料公有制和资本生产为基础的价值创造财务学。这是我国财务管理工作的基本性质。

第三节　财务学名称的来历与职能

一、财务学的历史考察

按照人们在不确定情况下跨期均衡配置资本资源以创造价值的科学表述，我们寻找财务活动的影子和记忆。据有关史书记载，我国历史上著名的姜太公姜尚（约前 1156 ~ 前 1017）、管仲（前 730 ~ 前 645）、范蠡（前 536 ~ 前 448）、端木赐（前 520 ~ 前 456），以及吕不韦（前 292 ~ 前 235）等，都是伟大的经济学家和实业家。例如，会计基础理论研究者在宣传和传播会计理论及其历史时，通常会提到我国古代经济学家管仲在《管子》里的会计论述、历史学家司马迁在《史记·夏本纪》里的会计论述，以及大学问家吴乘权的《纲鉴易知录》等记载：公元前 2198 年，大禹到今浙江绍兴一带视察和召见九州诸侯，对会计进行陈述。司马迁在《史记·夏本纪》中的一段结束语有对大禹的评说："自虞夏时，贡赋备矣。或言禹会诸侯江南，计功而崩，因葬焉，命曰会稽，会稽者，会计也"，即"会计"名称在我国公元前 2198 年就已经出现了。实际上，据郭道扬先生的《会计史研究（第一卷）》（2004），在我国奴隶制经济发展鼎盛的西周时期，独立于会计的财务工作就已经出现。相应地，链接会计与财务的"财计"——"财务会计"开始形成。这一说法，在《管子》《墨子》《吕氏春秋》《吴越春秋》《史记·夏本纪》《纲鉴易知录》等经典文献中，均有论述。可是，"财务"名称的出现比"财货""财用""财聚""财散""财者""财币""本务"等命题晚很多，例如《国语·周语》里有"故天子听政，使公卿至于列士献诗，……民之有口，犹土之有山川也，财用于是乎出，犹其原隰之有衍沃也，衣食于是乎生。口之宣言也，善败于是乎兴，行善而备败，其所以阜财用，衣食者也"；又如《大学》里有"长国家而务财用者，必自小人矣。彼为善之，小人之使为国家，菑害并至。虽有善者，亦无如之何矣！"这里的"务财用者"也不是"财务用者"。又例如，北宋时期宋祁、欧阳修、范镇、吕夏卿等学人合撰《新唐书》里，有"轻财务施"词汇，被理解为轻财而乐善好施。不过，财务活动在历史上早已产生。会计最初被认为是一门记录和反映财务活动的技术。郭道杨教授也认为，即使是古埃及（约前 3000 ~ 前 341），也已出现了独立的财务活动和独立的"财务官"。可是，在我国，人们广泛使用"财务"词汇，则是 1900 年之后的事情。

我国在 1900 年前后，比较重视对西方的研究。那时，从日本传入我国一些传播财务和财政管理的书籍。其中，"财务""财务行政""财务行政通论"等名词被广泛使用，并有"财务行政普通名词就称作会计，就是财政收支和保管的一种形式及程序"。可以看出，在 20 世纪初，会计和财务基本上可以混用。

在我国历史上，尤其是从鸦片战争到五四运动期间，我国曾不止一次地受到侵略，然而中国人民从来没有丧失民族自尊心。鸦片战争的失败，不仅击溃了清政府的军事力量和当时的锁国政策，也动摇了我们的民族自信心和思想意识及传统社会价值观。由此，我国人民开始思考开放和向外部学习。1900 年前后，开始有国外科技、文化、经济等著作传入，如《富国策》，译者汪凤藻，译自 H. Fawcett 的 *Manual of Political Economy*（1863），中译本出版于 1880 年；《富国养民策》，由海关总局税务司于 1886 年出版，译自 W. S. Jevons 的 *Primer of Political Economy*（1873）；《经济原论》，译者朱宝绥，译自 S. M. McVane 的 *Working Principle of Political Economy*，中文译本出版于 1908 年；另一本 R. T. RLY 的 *Outlines of Economics*（1893），由熊崇熙、章勤士合译，命名《经济学概论》，出版于 1910 年。“经济”一词是我国古代“经世济民”的缩略语。因此，我国的经济学有谋划天下大事的含义。该一时期，英文 Economy 一词被我国学者译为富国策、富国学、理财学、生计学、计学、平准学、经济学，以及其他提法。1903 年，京师大学堂聘用日本学者担任讲师，出现了使用“经济学讲义”的提法。逐渐地，经济和经济学被学界所接受。后来，人们发现，农业发展、军械机械的生产、交通工具的改进，以及采矿、修路、造船和规划财政收支，造币和发行，都需要经济学。包括财务在内的经济学，在我国开始成为重要的社会科学。

二、财务的基本职能

在企业和大学的教科书里，许多财务人员或财务学者将自己的工作业务归结为很多方面。诸如：筹集资本以满足和供给生产活动的资本需要，编制筹资决策；编制投资决策，进行投资项目选择，组织和落实投资决策；评估资产价值；负责资本资产定价和企业价值评估；组织收入，分配收益；财务机构负责组织销售收入和现金流量，以及成本补偿和分配利润事项，并且均衡配置企业资本；企业所有权结构治理，等等。财务机构确实负责企业内部产权结构的优化和配置管理，但这些方面都是企业财务人员的基本工作内容。如果从实际工作出发，把这些方面简单地理解成财务职能，也未尝不可，但从科学理论视角进行剖析，将筹资、投资、价值评估、收益分配和所有权结构安排等工作实务描述成财务的职能，就显得肤浅和片面。职能是事物的天然职责功能，业务则是职能发挥作用所产生的现象。

财务的职能含有财务工作的本质职责和本职功能之意。以往，人们把任务、用途和意图等，理解为功能，实际这是不完全科学的。首先，由人的意图规定和解释一个事物的职能，显然有主观决定客观之嫌，这违背客观事物的变化规律。其次，如果按任务和用途的功能观点看，公司财务可以向企业采购人员提供营运资本，就说财务有“提供营运资本”的职能；公司安排财务机构对投资项目事先进行效益评价，就说公司财务有“评价效益”的职能；财务机构执行公司董事会的决议从资本市场上购置其他公司的股份以扩大股权投资收益，就说财务有“投资”职能，若财务机构从股市购置本公司股票的目的是改进公司资本结构，就说财务有“调节资本结构”的职能，如果财务购置本公司股票的目的不是为了改变资本结构，而是阻止股价下滑，就说财务有“控制股价”的职能等，由此看来，不同的企业，对财务机构的不同要求和设计，就有不同的财务功能；甚至，同一财务机构的不同时期，因财务机构负责人不同而使财务具有不同的功能。事实上，财务机构和财务事件的运行结果、功效能力，与财务经理的意图通常总是有差异的，两者不是同一概念。

那么，究竟财务的功能是什么？我们以电风扇为例，人们可能降温使用电风扇，可能为更新室内空气使用电风扇，也可能为干燥物品使用电风扇，还可能为了除湿而使用电风扇，在这些任务和用途中，电风扇并不能独立地、直接地实现使用者的意图，作为一个技术系统的组成要素之一，电风扇只发挥这样一种本职功能：使受其作用的那部分空气流动。这种职能是不随使用者的意图而改变的，而是由电风扇的固有属性决定的。值得注意的是，根据使用者的不同意图，电风扇的安装地点、安装角度、配套装置等方面可以是不同的，这些是电风扇的使用条件。使用条件只能决定客体的功能能否实现，却不能决定客体的功能是否存在。所以，客体的职能是客观存在的，它由客体的固有属性所决定。对于公司财务的职能描述，我们通过观察和研究企业经营系统里的大量财务现象，获取大量有关财务活动变化而使企业经营系统发生改变、企业生命周期阶段发生变化的信息，根据财务系统作用于企业经营系统后的企业反映的各种信息，建立公司财务系统的功能模型。分析公司财务系统的功能模型，并对其进行功能模拟，可以发现财务的职能有哪一些。财务系统是包括市场、中介、服务公司和其他用于实现家庭、企业及政府机构的财务决策的组织机构体系。

分析和讨论之后，综合财务活动内容和财务人员工作实务，可以看出，公司财务的基本职能主要有三个方面：

1. 配置资本，维护企业经营过程持续运行。财务机构向企业生产经营部门提供货币资本以维护生产经营活动持续运行，是财务的基本职能。财务机构向采购人员提供资本购买原材料和设备、对投资项目进行成本和效益评价、向银行借款，以及回购股票阻止股价下跌等，都是财务系统的作业为实现企业目标而改变企业经营现状的职能表达，这些都属于财务组织向生产过程提供资本以维护企业经营过程持续运行的功能。财务职能是财务系统客观存在的不依财务经理的意图而改变的本能。当然，财务职能的实现需要财务机构及其业务系统有序运行，以及财务经理敬业工作等多方面配合。财务跨时间优化和配置资本结构是财务职能发挥作用的结果。企业筹措资本提供给生产过程、将收入中的成本和利润重新分配于生产过程甚至投资活动，都属于财务配置资本的行为表现。

2. 发现价值。财务机构对市场经济里的资产定价，如使用资本资产定价模型、套利定价理论和期权定价模型等，对资产组合的收益和风险进行计量、评估，财务机构参与行业价值链活动，建立财务战略联盟，以及市场订单的开发投资等，都是财务机构及其业务发现有价值资源的功能体现。人们在不确定情况下，跨时期适时配置多种要素资本，可以发现新的价值。企业在筹资、投资、资本配置、收入和收益分配等财务活动各环节，都存在着发现价值职能。在投资人、投资经理和项目公司组成的风险投资游戏里，三方当事人各自财务系统的功能都是发现有价值资源的功能体现。风险投资游戏、资产定价行为、财务战略联盟的选择、价值跨期转移，以及不同筹资决策或者不同投资决策的比较等，是财务发现有价值要素资源功能的典型实例。

3. 创造价值。财务活动能够参与宏观经济系统，并且既是资本市场和国际金融的核心，又是企业内部生产经营过程的重要组成部分。与发现价值职能一样，企业财务活动各环节也存在着创造价值职能。财务机构通过创造现金流量来创造经济价值。财务工作主要服务于生产活动，在满足服务生产的基础上，财务具有独立的系统，其自身可以独立创造价值。财务机构从资本市场上购买股票、债券和基金，吸收新的股东改变公司治理结构，财务机构发明技术资本、信息资本和知识资本等新的财务要素，开发期权工资、定向股票和可转换战略债券等新的财务产品，修改和制定新的财务制度，以及制订新的税收筹划，改进财务机构组织设计，以及试验开发新财务技术等，都可以为公司创造新的现金流量和资源价值。

从财务具有的三个职能可见，财务是人们在经济活动中通过配置资本，发现和创造价值的学问。随着科学技术的迅猛发展和智能化财务管理的兴起，财务技术和财务媒介的不断创新，财务工程将产生出新的财务职能。

第四节 财务学基础范畴与社会制度基础

一、财务学基础范畴

基础范畴犹如一棵大树的根，只有树根健硕和健康生长，树干和枝叶才可能茁壮成长。每一门科学都有自己的基础范畴。只要提到供应和需求、价格、竞争、稀缺、资源配置，以及生产和消费，人们就知道这是经济学的基础范畴。提及复式簿记、权责发生制、账户、报表，业主权益、资产和负债，人们自然会想到会计学。提到作物、种植、土壤、种子、生态和时节，就立刻想到农学。而动植物、微生物、细胞、发育、成长和演化，则是生物学的一些范畴。那么，财务学的基础范畴是什么，则不易回答。

在我国，人们习惯把财务学视为管理学的分支称之财务管理；在欧美国家，人们习惯把财务学视为经济学的分支称其财务经济。财务究竟属于经济学还是管理学，美国人在20世纪70年代也有过激烈的长时间争论。事实上，综观中外财务学发展史，我们会发现，财务学实际上是财务经济学和财务管理学的合一。同其他所有科学一样，财务学的理论系统及其构成也是由三个基本元素组成：（1）基本概念；（2）联系这些概念的判断、基本原理或定律；（3）由这些概念与原理推演出来的逻辑结论即各种具体定理及操作规则等。表现在学术研究上，学者们对基本概念的研究多属于基础研究，对基本原理和定律的研究多属于应用研究；人们对财务学的逻辑结论和具体理论定理的研究，则多属于开发试验研究或操作性研究。

概念是反映事物本质属性的思维形式及其基本组成单位。科学理论的命题和推理工具主要由概念构成。定义是对一种事物的本质特征或一个概念的内涵外延所做的确切表述。使用语言文字或数学模型为某概念确定了内涵和外延，我们说这个概念被定义了。一个没有被定义的财务学名词，我们不能称其为财务学概念，也不可能靠它来命题和推理。财务范畴是财务学概念体系里的作用最持久的核心性基础概念，这些基础财务概念反映财务活动和财务关系的基本性质和最一般规律。它们经历了无数次实践凝练和检验以及理论推演。所以，财务学里的范畴是财务学理论之网的纽结。纲举目张的关键作用主要来自网络纽结。财务学的基础范畴，则是财务学范畴里最基本、最原始的那几个关键的独特范畴。专业之间的差别首先是基础范畴的差别。专业与专业之间的区别，实质是专业研究对象和基础范畴的区别。

财务学的基础范畴，主要有资本、价值、跨期、套利和选择权，以及风险和收益。在这里，财务学上的资本指的是资产的价值及其未来收益的折现值；资本也可以表述为经济过程原始垫支的各种生产要素或资产的价值。价值是资本及其收益折现值的市场价格，即一项资本或资产的基本价值指的是信息充分的投资者在自由竞争的市场上购买该项资本或资产时所需支付的价格。跨期即多个经济时期，一个经济时期通常用一个会计年度表示。套利是人们利用市场供求关系非均衡和价格上的漏洞获取收益的做法。通过套利，人们纠正了市场内在的错误和失衡，使之回归合理。选择权主要是指期权，即未来一定时间的选择权。风险是当人们已经知道经济活动的各种可能结果及其可能性但未确定的状况。风险的实质是已知事件及其结果但不肯定。不确定性是风险产生的必要条件而非充分条件。风险属于意料之内而非意料之外。收益是经济活动收入与成本的差额。资本创造价值，收益来自价值增值。财务学基础范畴的基本原理是财务学原理的基石。人们理解财务学原理应从认识财务基础范畴开始。财务基础范畴既是财务学的根，也是财务学的历史。

如果财务范畴还有主要范畴、次要范畴之分，那么，目前我国财务学的主要范畴实际是基础范畴应用之后形成的一些主要范畴，诸如筹资、投资、资产定价、股利分配、现金流、资本结构、资本配置、价值评估、收益和风险，以及财务活动和财务关系等。而资本预算、资本成本、公司治理、资产评估、财务杠杆、现值、终值，以及并购重组等，可能是财务学的次要范畴。

二、社会制度是社会科学的制度基础

生产资料所有制是经济学、法学和政治学共同关心的问题，公有制在过去的一个世纪里基本上被视作社会主义制度的代名词。当人类进入 21 世纪之后，随着中国改革开放的深入和发展，社会主义经济制度开始被解释为公有制为主体和多种经济成分并存、按劳分配与按生产要素分配相结合的经济制度，从而出现了“中国特色社会主义初级阶段”命题。中国特色社会主义制度是我国政治、经济、文化、科技发展的制度基础，也是我国财务学的社会制度基础。财务管理的社会制度基础也是企业财务管理环境。公有制经济体制、财政政策、货币政策、宏观经济周期，以及国际经济形势等，都是企业财务管理环境。研究和理解中国特色社会主义制度，观察财务管理环境，则是探索公有制经济制度下企业财务管理的前提。

以产权制度为例，公有制产权与私有制产权，其性质和形式均存在差别。产权制度是公司财务的制度基础。如果没有产权制度，商品买卖将无法成交，人们的投资活动就无法进行、所筹资本也无法律保障。产权是经济所有制关系的法律表现形式，它包括财产的所有权、占有权、支配权、使用权、收益权和处置权。产权是对资源的排他占用和使用。产权界定与否，以及如何界定，直接影响到人们的成本和收益。计算成本和收益是人们进行经济决策的基础。当某种资源没有明确的产权归属时，对这一资源加以利用，就可能冒着不能全部获得由使用这一资源而产生的收益的风险。或者说，可能替别人付出了成本。实际上，商鞅曾在其《开赛》篇里讲道：“作为土地财货男女之分，分定而无制不可，故立禁。”“分”即对土地财货的占有关系。“名分”即产权关系。“一兔走，百人逐之，非以兔可分以为百，由名分之未定也。夫卖兔者满市，而盗不敢取，由名分已定也。”——产权已确定。

生产资料所有制决定着一个国家或地区资源归属方式、资本配置结构与生产形态，因此，所有制是决定着一国经济制度的根本。中国选择社会主义制度是中国社会天下为公历史文化及其政治与经济发展的必然结果。我国经过长期的探索和实践，其最终形成的基本经济制度是：公有制为主体，多种所有制经济共同发展的基本经济制度。公有制既是主体也是前提和基础，同时包容非公有制，公私共存发展。在公有制基础上，将市场经济与公有制成功结合在一起，这是我国经济学的重要贡献。我国古人倡导“大道之行，天下为公”的理想得到实现。这种制度安排是中国人在理解市场经济基础上形成的组织行为规范。制度安排的

本质是合约和秩序。合约规范是保证不侵犯他人利益的约束。

产权制度是一种基础性的经济制度，它不仅独自对经济效率产生影响，而且是会计制度、财务制度、资本制度，以及企业制度、市场制度、财政制度等其他许多制度安排的基础。产权既是对资源的排他的占用和使用，也是受制度保护的利益。产权界定与否以及如何界定产权，直接影响到人们的经济活动成本和收益。当某种生产要素没有明确的产权归属时，人们对该生产要素的使用和占有，就可能产生不能全部获得该生产要素收益的风险，或者替别人付出了成本，即外部性（正的或负的）问题。产权制度的出现，就可以将成本或收益的外部性内部化。亦即，可以使经济当事人承担应该承担的成本，或者获得应该得到的收益。

我国的社会制度是中国特色社会主义制度。其主要内容包括人民代表大会的根本政治制度、中国共产党领导的多党合作和政治协商制度、民族区域自治制度和基层群众自治制度的基本政治制度，以及以公有制为主体、多种所有制经济共同发展的基本经济制度和社会主义法律制度。还包括建立在根本政治制度、基本政治制度和基本经济制度基础之上的其他有关政治、经济、文化、科技和教育等制度。坚持中国特色社会主义制度，就是要坚持把根本政治制度、基本政治制度、基本经济制度和其他各方面机制体制有机结合起来，坚持把国家民主制度和基层民主制度结合起来，坚持把党的领导、人民当家作主和依法治国有机结合起来。今天的新时代中国特色社会主义是历史发展的必然结果。众所周知，我国是世界上文明发展最早的国家之一，有近 4000 年的有文字可考历史。我国在华夏大地经历了原始社会、奴隶社会夏朝（约前 2070 ~ 前 1600）和商朝（前 1600 ~ 前 1046），以及从西周（前 1046 ~ 前 771）开始的封建社会（前 1046 ~ 1912），秉承天人合一、天下为公理念，形成了一个多民族的统一国家。可是，鸦片战争曾使我国沦为半殖民地半封建社会，许多志士仁人为中华民族独立和国家富强进行了各种各样的探求和尝试。历经新思想萌发、农民起义、洋务运动、戊戌变法、辛亥革命、新文化运动、新民主主义革命、全民所有制社会主义和有中国特色的社会主义制度等众多不同历史阶段。只有当陈独秀、李大钊和毛泽东等人在对各种主义反复进行比较后，认识到马克思主义才是最先进的主义，创立了中国共产党组织，确立只有社会主义才能救中国的信念，从而最终选择了走俄国十月革命的社会主义道路，领导劳动人民成立了中华人民共和国。中国特色社会主义是科学社会主义理论逻辑和中国社会发展历史逻辑的辩证统一。这“两个逻辑”的辩证统一是把马克思主义普遍原理与中国具体实际相结合，实事求是。中国特色社会主义是遵循科学社会主义的基本原则，依据中国社会发展的历史实践，并使两者有机统一的实践成果。所以，中国的社会制度及其选择是我国经济发展的政治基础。离开了政治基础，经济制度的运行也难以为继。

三、公有制和私有制在经济活动中的各自特征

公有制为主体和许可非公有制经济发展是我国社会主义现代化建设进程中的基本内容。各种所有制经济完全可以在市场竞争中发挥各自优势，相互促进，共同发展。确定社会主义初级阶段基本经济制度的客观依据是：（1）公有制是社会主义经济制度的基础，也是社会主义生产关系的本质特征；（2）我国的生产力水平是多层次、不平衡的，要求有多种所有制经济与之相适应；（3）一切有利于发展社会主义社会的生产力、有利于增强社会主义国家的综合国力、有利于提高人民的生活水平的所有制形式，都可以为社会主义经济发展服

务。显然，社会主义公有制主体地位是由公有制的性质及其作用所决定。公有制经济是由生产关系一定要适应生产力发展的客观规律所决定，具体是由我国的国情所决定。坚持公有制为主体、多种所有制经济共同发展的经济制度，遵循了我国的经济发展规律。所有制状态由一定历史阶段社会生产力发展水平所决定。

社会主义的本质是解放生产力，发展生产力，消灭剥削，消除两极分化，最终达到共同富裕。我国选择社会主义基本经济制度，这是由国际经济环境和国情等历史条件决定的。近现代经济史表明，外国资本主义发展到垄断资本主义，尤其是国家垄断资本主义阶段，早已对发展中国家的经济现代化形成经济霸权主义的限制。因而，当代一般的发展中国家，想走欧美式的资本主义道路，已经失去了外部的优越条件。我国作为发展中国家，要真正独立自主谋发展，靠发展资本主义经济是无法摆脱外国垄断资本主义和经济霸权主义控制的，私有制经济不可能形成坚强的整体性的民族经济合力。只有走社会主义道路，才能保证我国的社会生产力真正独立自主地发展起来。因为，唯有建立并巩固公有制这个经济基础，才能使整个中华民族形成抵挡外国垄断资本主义和经济霸权主义欺负和压制的根本条件，这就是只有社会主义能够救中国的基本道理。1840 年前后的中国和 1949 年之后的中国发展的实践已经表明，正是社会主义经济的根本制度保证了新中国社会生产力的快速发展，增强了中国的经济实力、国防实力和民族凝聚力。

坚持公有制为主体就意味着中国经济发展绝不能搞完全私有化经济。私有化是主要生产资料逐渐归私人所有的过程，其中包括把各种公有制经济通过多种途径转化为私营经济。西方新自由主义经济学派竭力鼓吹私有化（或叫非国有化）的理论根据，一是认为只有私有化才能使市场经济真正发展起来；二是认为私有制经济符合人的利己本性；三是认为公有制经济没有效率。这种理论已被中国的经济发展实践所证伪。近一百年来，公有制经济发展速度和质量的实践总体上优于私有制经济发展。私有制符合人的利己本性属于唯心史观，与我国的天下大同、公而忘私的天下为公思想格格不入，与世界文明发展方向相反。在唯物史观看来，市场经济中的人有利己与利他两重性，哪种属性占主导取决于所有制结构。在公有制基础上发展市场经济，可以产生人们的共同经济理想和劳动凝聚力，调动广大劳动人民的生产积极性和遵守集体理性的自觉性，最终实现比私有制更高的经济效率。1949 年之后的新中国，公有制的平均经济效率明显高于资本主义经济。

所以，公有制在社会主义市场经济中的主要特征是：（1）公有制是社会主义制度存在的基石。公有制与中国传统文化天下为公思想一脉相承，如果没有公有制，中国社会主义制度就难以存在。（2）公有制经济是社会主义市场经济的主体。其具体表现是，公有资产在全社会资产总额里占有数量和质量优势；公有制企业是国民经济发展的主导。（3）公有制保证了生产成果的均衡分配，按劳分配与按生产要素分配相结合，防止两极分化，全社会成员资本产权共同增长，共同富裕。（4）政府和企业通过一定的计划方式有效地弥补市场经济有时过度膨胀或过度萧条的不足。因此，我国社会主义市场经济的主要特征是，公有制经济是根本，共同富裕发展是目的，政府宏观调节控制是手段，对外开放和全球化是发展途径。

应注意，在社会主义初级阶段，过度追求大规模的完全公有制，会忽略人类生活资料私有制的影响作用，并引发生产资料在企业里的产权不够明晰等弊病。此时，集体组织和企业里的生产资料名义上是全体公民所共有，实际上对每一个人来说都不属于自己，于是公有与私有的矛盾很难协调和处理，“大锅饭”现象在所难免，消极怠工、瘦公肥私和鞭打快牛的现象容易发生，从而影响社会主义经济发展的活力。

私有制在社会主义市场经济中也有自己的特征。在恩格斯和毛泽东看来，私有制与社会主义制度的发展方向背道而驰。社会主义制度的最终目标是消灭生产资料私有制，解放生产力和发展公有制经济。目前，私有制在我国社会主义市场经济中的主要特征表现是：（1）尊重人的私产和私人产权包括个人的人力资本产权，尊重个人生活资料的选择权；（2）私有制在一定程度上对公有制有补充和调节作用，弥补公有制的不足；（3）私有制的过度发展容易引起资本集中和经济危机，容易发生分配上的两极分化和经济活动的秩序混乱，从而破坏社会文明发展；（4）生产资料私有制与经济、政治、文化、科技的开放性和社会性相矛盾，私有制容易割裂经济与政治、文化、科学技术之间的联系，不利于调动全社会成员的工作积极性。

四、公有制市场经济制度是中国企业财务管理的制度基础

现在，我国社会主义市场经济制度下，产权制度业已形成。但由于西方产权制度的过度传播和干扰，加之社会主义市场经济是人类社会从未有过的新兴经济制度，使得经济学家对基于公有制的社会主义制度下的产权理论研究不够。社会主义市场经济制度的深入改革和发展，迫切需要先进科学的公有制经济产权理论给予支持和指导。在2000年之后的十余年间，我国政府、企业和社会民间发生了众多侵害公家财产的腐败案件，产权制度落后和激励机制缺失是滋生腐败的重要原因。迄今为止，我国的农村集体组织、城市里的事业单位和国有企业，均有大量资产没有转变为资本。产权制度模糊不清，激励机制也难以奏效。土地是农民的重要资产，该资产的产权属于农村集体所有制组织所有，但由于集体所有制组织的法律规范不完善，使得农村土地产权不明确，农民只能使用土地而不能自由转让土地，更不能作为抵押物换取一些货币资本，因为土地资产尚未转变为农民的资本。产权是资产转变为资本的财务基础。在市场经济里，虽然企业技术研发深受不同的企业制度、市场制度和司法制度的影响，但产权制度是关键。投资者之所以选择科学的财务决策，在于投资者手中的资本产权清晰而确定。近半个多世纪以来，绝大多数的革命性技术创新和原始发明创造，几乎都产生于风险资本资助的创新性企业。这些创新性企业的主要财务特征是产权清晰而确定。产权制度的进步是经济发展的一个重要原因。当然，企业风险资本的自主投入又依赖于发达的金融市场制度和发达的司法制度。

所以，公有制经济制度和中国特色社会主义初级阶段市场经济活动是我国企业财务管理和财务理论的基石。学习和研究财务学原理的前提是学习和理解社会主义经济制度。以公有制经济制度和中国特色社会主义市场经济制度为基础，我国现在实行公司制企业、个人独资企业和合伙企业等三种现代企业制度。其中，公司制企业是按照法律规定，由法定人数以上的投资者出资建立、自主经营、自负盈亏、具有法人资格的经济组织。我国目前的公司制企业分为有限责任公司和股份有限公司两种形式。当企业采用公司制的组织形式时，所有权主体和经营权主体发生分离，所有者只参与和作出有关所有者权益或资本权益变动的理财决策，而日常的生产经营活动和理财活动由经营者进行决策。个人独资企业即为个人出资经营、归个人所有和控制、由个人承担经营风险和享有全部经营收益的企业。以独资经营方式经营的独资企业有无限的经济责任，破产时，借方可以扣留业主的个人财产。合伙企业是由

各合伙人订立合伙协议，共同出资、共同经营、共享收益、共担风险，并对企业债务承担无限连带责任的营利性组织。合伙企业分为普通合伙企业和有限合伙企业。

五、财务环境

公有制、市场经济制度、经济政策、科学技术、文化和教育，以及国际经济与政治形势等，构成了我国企业的财务环境。公有制和天下为公传统文化是我国财务管理的基础性环境，市场经济和经济政策是我国财务管理的经济环境，科学技术、文化和教育是我国财务管理的知识环境，国际经济增长速度、政治形势和全球经济均衡发展状况等则是我国财务管理的海外环境。马克思列宁主义、毛泽东思想、邓小平理论、“三个代表”重要思想、科学发展观、习近平新时代中国特色社会主义思想，以及中国共产党执政，也是我国财务管理的重要思想基础和环境。财务管理实务及其理论的发展不能脱离财务管理环境。

我国传统文化和经济思想史中的义利观，以及现行市场经济制度，是我国企业财务管理的现实环境。我国古代道家、儒家、墨家、法家和释家文化，以及今天的社会主义现代文化，形成财务管理的文化价值取向。

我国的市场经济是一种民主开放的植根于中国文化基础之上的经济活动方式。计划和市场都是社会成员组织经济活动的方式和途径。市场经济可以在不同社会制度下存在和实现，社会主义社会和资本主义社会都可以发展市场经济。开放性、平等性、竞争性、法制性是市场经济的一般特征。资本主义经济和社会主义经济也具备市场经济的一般特征。但市场经济与具体的社会制度结合起来又具有自身独立特征。资本主义市场经济主要特点是生产资料私有制，其目的是满足资本家对利润和财富的追求。社会主义市场经济的主要特点是经济基础为生产资料公有制，其目的是满足全社会成员的公共富裕，以及社会文明的可持续发展。同时，政府的强有力宏观经济调节控制能力也是社会主义市场经济的重要特点之一。

财务环境有大小之分。社会制度、文化传统、法律法规和宏观经济政策等都是财务大环境。企业制度和所有制方式等在某种程度上属于财务小环境。诸如个体工商户企业、集体所有制企业、公司制企业等，都是企业财务活动的重要财务环境。对此，亦有学者将个体企业、合伙企业和公司制企业称为企业的财务环境。我国的个体工商户企业多为民营私人小企业，集体企业则是集体所有制组织成立的企业。公司制企业有股份有限公司和股份有限责任公司之分。在美国，其企业形式除了独资、合伙和公司外，又有投资工具模型企业、会计模型企业和契约模型企业之分。这些都是重要的财务环境。

环境是人类赖以生存和发展的宇宙空间及其全部物质要素的综合体。财务环境是人们从事财务活动和处理财务关系所面临的财务外部世界状况。人们在财务管理工作中，既要勇于清醒面对财务环境，深入理解和认识财务环境，又要适应和善于利用财务环境，还要主动优化和改进财务环境。财务管理的直接财务环境是宏观经济环境，即企业生产经营活动的外部社会经济条件，如社会居民收入和支出水平、消费结构、储蓄和投资状况，经济增长速度和行业发展状况，城市化程度和科技创新水平，以及经济制度等多种因素。熟悉财务环境，首先应了解宏观经济环境，然后再熟悉人们的文化习俗和政治制度。

思考与练习题

一、名词解释

1. 财务范畴　资本　价值　跨期　套利　选择权　风险　收益
2. 激励机制　财务合约　代理问题　有效资本市场　财务系统　财务中介
3. 权益资本　债务资本　短期投资　长期投资　直接投资　间接投资

二、思考题

1. 《管子》著作里的哪些章节蕴含财务理念?
2. 财务活动是如何产生的?
3. 财务基础范畴有哪些，为什么?
4. 财务管理基本原则和职能有哪些?
5. 财务管理师与会计师的工作内容差别有哪些?
6. 什么是财务学，中外财务学有何差别?

三、练习题

1. 列举一个关于生产、销售和资本投入产出的经济案例，说明该案例是财务中的筹资活动、投资活动，还是资本配置活动? 或者是其他财务活动?

2. 从中国证券监督与管理委员会网站下载一至两个上市公司的财务年报，寻找和分析公司财报中的数据，哪些是财务信息，哪些是非财务信息?

3. 请快速回答小企业的财务职能与大型跨国公司的财务职能是否一样?

参考文献

[1] 斯蒂芬 A. 罗斯、伦道夫 W. 威斯菲尔特、杰弗利 F. 杰富，吴世农、沈艺峰、王志强等译:《公司理财》(原书第 8 版)，机械工业出版社 2009 年版。

[2] 韦森:“司机点烟的经济学分析”，载金明善主编《生活中的经济学》，山东人民出版社 2009 年版。

[3] 朱恒鹏:“为何把牛奶倒入大海”，载金明善主编《国是我见》，山东人民出版社 2009 年版。

[4] 沈洪涛、樊莹、罗淑贞:《初级财务管理》，东北财经大学出版社 2008 年版。

[5] 托马斯·E. 科普兰、J. 弗莱德·威斯顿，宋献中主译:《财务理论与公司政策》，东北财经大学出版社 2003 年版。

[6] 罗福凯:《财务学的边界》(第二版)，经济管理出版社 2017 年版。

[7] Stephen A. Ross, Neoclassical Finance. Princeton University Press, 2005.

[8] Robert C. Merton, Continuous - Time Finance. Blackwell Publishers Inc. , 1990.

第二章

财务系统和财务假设

第一节　财务活动的产生

我们通过第一章的阅读得知，财务活动就是人们在生产过程中有效合理地配置各类资本资源的行为。它是企业经营活动中至关重要的活动，也是企业高速运转和持续发展的“血液”和支撑。那么，财务活动产生的原动力来自于哪里呢？我们企图通过现代企业的一个实例来拨开财务活动产生的迷雾，并由此观察经济世界客观存在的财务系统。经济世界纵横交错的众多财务活动形成了社会经济的财务活动。财务活动产生于人类生产活动的需要和剩余资本的利用。

一、实例的描述与评论

（一）实例内容

黄光裕兄弟创办的国美电器股份公司，利用资本市场顺利在香港证券交易所买壳上市。国美电器成功借用的“壳”——京华自动化公司，一家早先从事成衣生产后来主要从事电脑辅助设计系统生产销售和经营物业的企业，其股价长期在低价徘徊。2000 年黄光裕出售自己手中的房产给京华自动化公司从而控制其一部分股权的方式进入壳公司。之后又通过其独资公司认购京华自动化股份，到 2002 年最终拥有京华自动化 85.6% 股份，成为京华自动化的绝对控股股东。根据香港联交所规定，25% 是上市公司公众持股的最低比例。黄光裕及其独资公司持股比例触发无条件收购，即要么独资公司全额收购剩余的公众股使京华自动化退市，要么黄光裕向公众减持股份。为了维持京华自动化公司的上市地位，黄光裕不得不减持股份。为了获得减持套现时的最好卖价，黄光裕再次向京华自动化注入了地产业务，以改变原来的亏损状况，从而使得京华自动化公司逐步剥离了原有计算机辅助设计系统制造及其销售业务，其资产逐步被置换为房地产而成为一家地产公司。2002 年 7 月，京华自动化发布公告正式更名为“中国鹏润”，并在地产、物业等优质资产经营带动下开始扭亏。同时，京华自动化股价大幅上涨，黄光裕成功套现并减持。最终经过 4 年的一系列眼花缭乱的资本运作，京华自动化的股权最终被改造为黄光裕个人持股 66.9%，公众投资者持股 30.1%。

之后，国美电器正式开启借壳上市进程。第一步，资产重组。首先成立一家“北京鹏润亿福网络技术有限公司”（简称鹏润亿福），由黄光裕拥有 100% 股权。然后，国美集团将北京国美公司的资产、负债及相关业务，同国美集团在天津、济南、重庆等地共 18 家公司全部股权装入一家在北京注册的“国美电器有限公司”壳里，由鹏润亿福持有65%股份，黄光裕直接持有国美电器剩余35%股份。第二步，黄光裕把国美电器有限公司转型为一家中外合资企业。先在英属维尔京群岛注册成立一家离岸公司 Ocean Town，黄光裕通过在该地注册的国美控股掌控 Ocean Town。2004年4月20日，鹏润亿福将国美电器有限公司的65%股权转让给 Ocean Town，Ocean Town 持有国美电器有限公司65%股权，国美电器有限公司也由此转型为一家中外合资企业。第三步，中国鹏润收购 Ocean Town 公司。接着，中国鹏润斥资83亿港币收购 Ocean Town 公司，从而持有国美电器有限公司65%股权，实现了国美电器有限公司借壳上市目的。

国美电器有限公司2004年上市，为国美电器的发展搭建了更广阔的融资平台，它在香港资本市场募集了12亿港元。有了充足的货币资本后，国美电器开始加快了规模发展步伐。除开设新门店外，收购区域家电零售企业成为国美电器的一种选择。仅2005年，国美电器就成功收购了哈尔滨黑天鹅、深圳易好家商业连锁公司、武汉中商、江苏金太阳四个家电品牌和全部连锁网络，发展速度势不可挡。2006年获得华平基金投入1 5亿美元后成功收购永乐电器，之后两年先后收购大中电器和山东三联商社。这些收购决策产生了巨大影响。

（二）实例分析和评价

国美电器有限公司成长案例表明，国美电器前后两个阶段主要产生了两项财务活动，分别是借壳上市融资和兼并收购投资。借壳上市和并购行为都是经典的财务战略抉择。

国美选择上市这一项融资活动正是基于满足日常经营用资和扩大经营规模的需要。具有良好发展前景、处于成长期间的公司，一定会产生这种融资动机，进而发生融资这一项财务活动。相反，处于成熟期或者衰退期的企业已经很少或者根本不需要为生产经营补充资产设备等，企业也就很少或者不发生融资活动。如何经济、有效、快速地筹集和融通所需资金，也是每个公司在开展这项融资活动时需要考虑的。

之所以选择借壳上市方式，在于节省时间成本和资本成本。壳资源是我国资本市场形成之后新产生可交易的上市公司资格。它具有很高的稀缺性和收益性。壳资源是上市公司上市交易资格，拥有壳资源的上市公司被称为壳公司。壳资源在二级市场上的价值即为壳资源价值。上市公司壳资源产生于以发行配额制度为核心的证券市场管制，它是政府干预证券市场的结果。壳资源在证券市场制度转轨过程中长期存在，“壳”具有极高的稀缺性和增值性。公有制经济制度中的政府与市场之间的关系决定上市资格供需矛盾，壳资源成为非上市公司的必争之地。在我国企业进入证券市场存在较高准入限制的情况下，上市公司资格成为政府授予的垄断权利。只有那些生存极为艰难的壳公司，才可能出售这种“政府授予的垄断权利”，以换取数额巨大的财务资本，为企业供血造血，走出深渊。

与一般企业相比，上市公司最大的优势是能在证券市场上大规模筹集资金，以此促进公司规模的快速增长。21世纪初，国美电器的最大竞争对手是苏宁电器，两者竞争激烈，国美急需筹集大量的资金发展生产经营活动，使得自己的市场份额不被苏宁电器削减。国美必须到资本市场大规模筹资。对于符合上市要求的企业，IPO是最好的选择，上市和集资可一步到位。但是，上市公司资格是一种稀有资源，国美最终选择借壳上市而非IPO是由其自身条件、股东目标、大规模融资和生产经营需要等多种因素所决定。在香港的壳资源京华自动化成了国美电器上市的最好选择。这样可赶在竞争对手苏宁电器之前抢先上市。因此，在资本市场募集资金，保障国美电器市场经营份额，赶在苏宁电器之前实现迅速扩张。

企业并购的实质是区域经济发展过程中的生产要素重新配置。犹如大鱼吃小鱼、小鱼吃虾是一种生态循环一样，优势企业并购劣势企业也是经济活动生态循环过程。国美在筹集了大量资金、满足了生产活动的需要之后，产生了剩余资本。2004 年国美电器资金雄厚，账面现金及银行结存多达 16.6 亿元。于是，国美电器公司开始开展另外的财务活动以有效地配置这些剩余资本，创造更大的资本价值。国美电器公司选择通过兼并收购的方式获得大规模的扩张。雄厚的资本给企业并购提供了财务支持，提高资本利用效率，提升市场竞争力成为企业的经营目标。通过兼并收购，国美电器公司规模进一步扩张，终端渠道控制力增强，市场势力得以提升，进而获得了更多的来自供应商的收入；领先竞争对手，抢占了更多的优质战略性资源，保持了行业领先地位；规模的扩大形成了规模经济效应，这些都来源于国美对大量剩余资本的有效利用。可见，正是由于国美拥有有效利用剩余资本的条件和需要，才使得它得以进行大量兼并收购等投资活动。

二、国美电器成长实例的启发

实例中描述了国美财务活动中的筹资活动和投资活动是怎样触发和产生的，其实，在任何一个微观经济体中，从最初建立到生命周期终止，都在无时无刻地进行着各种财务活动，包括筹资活动与管理、投资活动与管理、价值评估与管理、资本资产定价与管理、收入和利润分配的管理和优化资本配置等，它们产生的动力和存在的目的都是为了企业的生产经营活动得以顺畅持续地运转、企业的资本得以有效地利用和增值。如果企业的生产经营停滞或者企业没有剩余的资本，那么相应的特定财务活动也就不会发生。

我们再往前追溯，最初财务活动的出现，如奴隶社会的奴隶主庄园经济、封建社会的宫廷经济和地主庄园经济、资本主义社会早期的商人经济和业主的作坊经济中理财活动的萌芽，到如今贯穿于现代企业整个生命周期的财务活动的产生和运行，都来自于经营活动的需要和对剩余资本的利用。因此，财务活动的产生，无论是过去还是现在大多都可以归于此原因。公司财务机构之外的法人财务公司或从事财务活动的投资公司，则是专门从事剩余资本经营的法人企业。严格地，企业集团之外的法人财务公司、投资公司、证券公司、基金公司、保险公司等，都是典型的财务组织机构。这些财务组织机构实际是社会再生产过程的环节之一，其相对独立于物质产品生产过程，并与物质产品生产过程相互联系和相互作用。总体上，财务活动是生产活动的衍生活动，因此，财务活动应保障和服务于生产活动，然后再开展自身的相对独立的财务经营活动。

财务活动是社会经济活动系统的一个分支活动领域。财务系统是组织财务活动和处理财务关系，从而跨时间均衡配置多种异质资本的社会经济子系统。自然界的各种事物都有自己的系统，大到宇宙、小到昆虫，都是一个系统；工业生产和农业生产，城市和农村，各有自己的系统。在科学上，系统是一个封闭的整体。那些能够完成一种或者几种生理功能的多个器官，按照一定的次序组合在一起的结构叫作系统。系统将零散的东西进行有序地整理、编排，形成具有整体性的整体。在数字信号处理的理论中，人们把能加工、变换数字信号的实体称作系统。由于处理数字信号的系统是在指定的时刻或时序对信号进行加工运算，所以，这种系统被看作是离散时间的，也可以使用基于时间的语言、表格、公式、波形四种方法来描述。系统和信号都可以看作是序列。但是，系统是加工信号的机构，这点与信号不同。人们研究、设计和利用系统加工信号，服务人类。除了基于时间的语言、表格、公式、波形等四种描述方法外，描述系统的方法还有符号、单位脉冲响应、差分方程和图形等方法。在社会科学上，系统是由相互作用相互依赖的若干组成部分结合而成的、具有特定功能的有机整体，而且这个有机整体又是它从属的更大系统的组成部分。运动着的若干部分，在相互联系、相互作用之中形成的具有某种确定功能的整体，谓之系统。

三、财务活动的相对独立性

（一）财务活动独立性：芝加哥街区的财务故事

1934 年，美国芝加哥市的一个街区，发生了一则有趣的财务故事：

这是炎热小镇慵懒的一天。太阳高挂，街道人员稀少，生意萧条，每个人都债台高筑，靠信用度日。这时，从外地来了一位有钱的旅客，他进了一家旅馆，拿出一张 1000 元钞票放在柜台，说想先看看房间，挑一间合适的过夜。

就在此人上楼的时候，店主抓起这张 1000 元钞，跑到隔壁屠户那里支付了他欠的肉钱。

屠夫有了 1000 元，仓促横过马路付清了猪农的养猪本钱。猪农拿了 1000 元，出去付了他欠的饲料款。

那个卖饲料的先生，拿到 1000 元赶忙去付清他几天前在对街浴池欠下的按摩钱——经济不景气，当地的服务业也不得不提供信用服务。有了 1000 元，这名按摩师冲到旅馆付了欠下的房钱。

旅馆店主忙把这 1000 元放到柜台上，以免刚才看房的外地旅客下楼时起疑。

此时，那旅客正从二楼走下来，走到旅店服务柜台拿起 1000 元，声称没一间满意的。他把钱收进口袋，走了……

这一天，没有人生产了什么东西，也没有人得到什么东西，可整个街道的债务都清了，大家很开心……跨期债务由一笔闲钱结清。

这个故事告诉了我们一个什么道理？答案：现金是要流通才能产生价值！经济数据只是一个游戏而已。

看得出来，芝加哥街区里的债务链可以离开生产活动自行流动，似乎财务活动可以脱离生产经营而独立运行。应说明，财务系统的独立性具有相对性。如果财务系统脱离了甚至凌驾于生产系统运行，那么，这是一个可怕的开始。

（二）财务系统的相对独立性与超强势状态

在一个完整的经济系统里，至少包含生产系统、流通系统、交换系统、消费系统，以及财务系统。从经济活动参与者视角出发，一个国家和地区的经济系统至少包括城市工业系统、农村农业系统、交通运输系统、国防工程系统，以及民生商业流通系统和资本结算系统等。每个系统都是国家经济系统的组成部分。国家又由政治、经济、文化、科学技术、教育、司法、医疗，以及国土资源等众多系统组成。经济系统只是国家组织结构中的子系统之一。因此，财务系统只是国家经济系统里的一个子系统而已。在整个社会经济系统里，各种经济系统都是一种相对独立的子系统。

如果某一子系统超越了整体社会经济系统而强势独立运行，则必然发生失败。超强势的经济子系统是一种虚拟经济系统。它实际是一种虚假的经济系统。从长期看，脱离整个社会的经济子系统难以为继。1929 年至 1933 年美国发生的经济危机实际上是一场财务系统危机。那时，美国人声称进入新时代。然而，资本主义私有制缺陷及其资本深度脱离物质生产而过度消费挥霍，使其财务系统过于强势，就像一匹脱缰的野马，不仅不能服务于生产，反而发挥破坏生产的作用。1929 年 10 月 22 日《纽约时报》头条“股价还会增长”极其醒目，10 月 21 日纽约证券交易所全天抛售量高达 600 多万股，恐慌情绪蔓延；24 日股市灾难开始，即著名的“黑色星期四”，纽约数家主要银行迅速组成“救市基金”，希望力挽狂澜；10 月 28 日，史称“黑色星期一”，当天道琼斯指数跌幅达 13%；10 月 29 日，史上最著名的“黑色星期二”，道琼斯指数一泻千里。1929 年 10 月 29 日到 11 月 13 日短短的两个星期内，共有 300 亿美元财富消失，这相当于美国在第一次世界大战中的总开支。股灾连锁反应引发经济危机，疯狂挤兑、银行倒闭、工厂关门、工人失业、贫困来临、有组织的抵抗纷纷发生，整个国家陷入混乱。据 1932 年 9 月《幸福》杂志估计，美国有 3400 万成年男女和儿童，占全国总人口的 28% 的人无法维持生计，农村约有 1100 万户人口回到贫困户，城市流浪人口达 200 万人。这一时期出生的儿童身材矮小，后来被称作“萧条的一代”。危机期间，一方面生产过剩，消费紧缩，导致商品积压；另一方面普通美国人却缺衣少食，生活日益贫困。为了维持农产品的价格，农业资本家和大农场主大量销毁“过剩”产品，用小麦和玉米代替煤炭作燃料，把牛奶倒进河里，使这条河变成“银河”。由于人们普遍对未来缺乏信心，导致社会道德进一步沦丧，盗窃、斗殴、凶杀案件层出不穷。

（三）财务活动独立性的进一步评论

物质资料再生产是人类社会赖以生存的经济基础。历史唯物主义认为，世界是物质和意识的统一。其中，物质是第一性的，因为物质是世界的本原，物质决定意识，意识是物质的反映。生命起源和生物进化的理论证明了无机物和有机物是统一的；人类起源和社会发展的理论证明了自然界和人类社会也是统一的。整个物质世界统一于它的客观实在性。照此逻辑，生产决定财务，财务是生产的反映；又由于一个国家的社会经济具有统一性，所以，生产和财务又会各自具有自身的相对独立性。总体而言，我国人民的核心价值观、天人合一的哲学思想，重在关注人与自然世界的和谐关系。我国哲学旨在研究人与自然的关系，关注人与事的状态。我国古代的儒家、道家、墨家、法家等均注重实践性，不会离开实践而抽象谈论理性。现代中国，更是接受了一百余年的马克思主义学说及其在中国的成功实践。西方哲学研究人与上帝的关系，他们认为上帝创造了人和整个物质世界，关注物质状态。现代西方哲学诸学派的一个共同特点是，他们认为“世界是物质的还是精神的”是一个无意义的假问题。中西方哲学的共同之处是都认可世界由物质和精神构成，都认为物质和精神各有其相对独立的系统并且物质与精神相互联系，只是对物质与精神的排序及其本原存在异议。

相对于企业技术研发、产品设计和加工制造等生产活动，企业投资、筹资、定价、配置资本等财务活动也有自身的独立性。物质产品生产与财务管理的关系，犹如人类参与自然界的物质运动和人类参与社会活动的思想活动。从根本上说，物质生产与财务管理不可分割。短时期的相对独立是可行的，但长期深度独立，则生产和财务必然出现问题。通货膨胀、通货紧缩、房地产价格泡沫、资本市场泡沫等，都是财务活动长期过度脱离物质生产活动的恶果。当财务活动过度独立时，资产泡沫、虚假利润、虚拟资本、虚拟经济等都产生了，此时财务系统则是病态和虚假的经济系统。诚然，物质生产活动如果长期过度脱离财务管理，也必然会出现产品供需失衡和经济危机。

财务系统是物质生产活动的价值系统，其稳定性十分重要。当国民经济中存在着一个决定性的财务系统，该财务系统在国民经济发展过程中受到一些小的因素扰动而不会有性质上的改变时，我们称这种财务系统是结构稳定性财务系统。所谓扰动，就是微小的量的改变。当财务系统初始状态受到少量因素的干扰时，其长期趋势不受影响，我们称之为渐近稳定的财务系统。一般地，具有稳定性的决定性财务系统是普遍存在的系统状态。稳定性财务系统的普遍存在，表明按财务规则和财务理论行事就可以赚钱盈利。不稳定的财务系统有时候确实存在于个别企业和经济发展的某一阶段。人们应探索财务系统不稳定状态的起点和财务活动异常的岔点，进而及时调整财务活动。一个企业的财务系统实际是整个国家经济发展财务系统的子系统或分支系统。当大量的企业财务系统不稳定时，整个国民经济财务系统就可能产生不稳定状态。在企业财务系统内部，筹资、投资、用资、资产市场定价和资本均衡配置，以及其收益分配和股权治理结构，均是企业财务系统的子系统，各子系统共同维护结构稳定的企业财务系统健康持续发展。当企业筹资系统十分活跃时，那么企业的投资系统和用资系统也需要活跃起来。企业财务系统内部是一个有序的价值创造系统，各环节在时间和空间上需要有序运行，才能实现财务活动的稳定性。

由生产和市场引发的财务活动及其管理活动，是经济系统里的一个相对独立的子系统，它不同于会计核算活动和金融活动。会计核算活动主要是对已发生的经济活动进行会计确认、计量、记录和报告披露的活动，其基础理论是复式记账原理和权责发生制。一般地，人们将已经发生的经济活动中的有关资产、成本和收益如何记账、转账、报账和提供账务信息的活动称为会计活动。账务核算事项是会计核算的对象，会计学是账学。财务与会计两者之间不可替代。金融学是一门研究货币流通、货币供求关系、货币政策，以及货币材料及其制造的学问。设计制造和发行货币、回笼货币、调整货币流通量、颁布和调整货币政策、汇率、存款准备金率等活动，称为金融活动。财务、会计和金融都是相对各自独立的经济活动。

第二节　社会经济系统中的财务系统

一、现金在国民经济各产业部门中的运行过程

（一）财务系统的定义

货币现金在国民经济中的运行过程是厂商、家庭个人和政府参与社会生产活动的过程，该过程是生产力与生产关系相互作用的过程。传统经济学认为，货币现金是生产经营过程的血液。厂商需要决定生产什么产品、用什么要素以什么方式生产、采取什么方式进行产品分配，从而满足人们的物质需求，进而实现厂商自身利益的最大化。厂商要对各种生产要素进行优化配置，才能形成有效的生产能力，从而生产和提供优质的产品及服务。在这些过程中，货币流动始终伴随着产品和要素的流动而持续运行。社会经济系统里的财务活动是社会经济系统中资本、价值和收益活动的系统，简称财务系统。参与财务系统的经济人，主要是工商实体企业、金融证券基金投资公司、私人和家庭组织等。我国政府作为公有制国家的代表，也是参与财务系统的重要成员。这些财务系统里资本充裕的经济人，可将自己持有的一部分资本分别通过中介机构和市场流向资本紧缺经济人那里，即资本盈余部门的一部分资本通过中介机构和市场流向赤字部门。资本运行方式如图 2－1 所示。

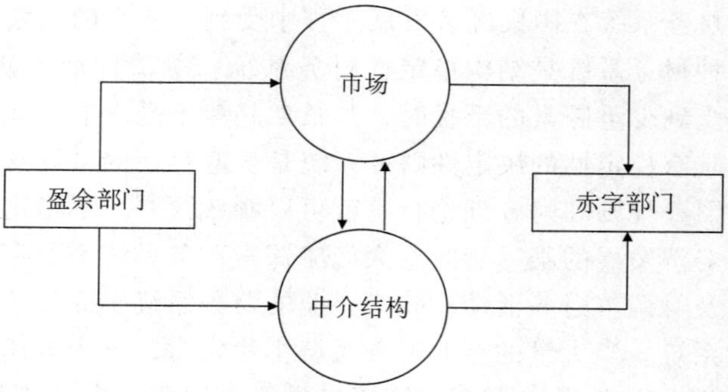

图 2-1　财务系统的资本流动

在图 2-1 里，至少包含这样一些内容：(1) 货币资本充裕的个人和家庭（盈余部门）直接购买资本市场里实体企业（赤字或资本不足部门）发行的股票；(2) 在某些情况下，资本回报率较高和货币资本存量较大的实体企业，直接从资本市场上购买另一有发展潜力的企业股票，以获取更高资本回报率或者增加权益资本；(3) 在很多情况下，商业银行、基金公司、政府或私人的投资公司和经销商或经纪人等中介机构，也会进入财务系统，从事资本经营，从个人和家庭或部分有盈余的中小企业收集货币资本，然后再从资本市场购买实体企业发行的股票。(4) 也有很多货币资本充裕的企业和家庭个人将富裕资本委托中介机构，直接投入那些资本紧缺的实体企业，而不是进入资本市场。

显然，最原始的财务系统至少包含盈余实体企业和个人或家庭、市场、赤字或缺少资本的实体企业和个人或家庭、中介机构或政府等四个财务系统。这些部门是社会再生产过程在社会活动中的分工。其中，盈余或赤字实体企业和个人或家庭财务系统内部有一些明细子财务系统，市场财务系统内部有一些明细子财务系统，中介机构财务系统内部也有一些明细子财务系统。在西方国家，市场和中介机构的财务系统十分发达，这可能源于其消费偏好和经济学效用理论思想。在我国，实体企业组织和家庭组织或个人的财务系统比较发达，这可能源于我国的勤俭节约和储蓄偏好，以及社会再生产的资本理论思想。财务管理工作就是遵循财务管理原则、职能和基本假设，采用科学的财务定理和规则，严格维护财务系统运行秩序良好并创造新的价值。

（二）两部门经济中的货币现金流动

我们考虑最简单明了的情况。设一个社会的经济系统由厂商与家庭两个部门组成，没有政府和对外贸易；所有家庭将其收入全部用于消费支出，没有任何储蓄，所有厂商将其收入全部用于对生产要素的支付，没有企业留存；产品和劳务的相对价格不变。那么，该经济社会中的两部门经济实体之间存在着相互依存的关系。

在这个经济循环中包含着两个市场，一个是生产要素的投入市场，简称要素市场。在要素市场中，由家庭部门向厂商部门提供生产要素（包括人力、财力、物力、技术和知识等），而厂商部门则向家庭支付要素报酬（包括工资、利息、地租和利润等），这就发生了货币的流动，从厂商流向了家庭。这个经济循环的另一个市场是产品商品和服务的产出市场，简称商品市场。在商品市场中，由厂商部门向家庭部门提供各种产品和劳务，而家庭则按照产品与劳务的市场价格向厂商支付消费支出。这个过程中也发生了货币的流动，从家庭直接流向了企业，其中家庭扮演的是消费者的角色，如图 2-2 所示。

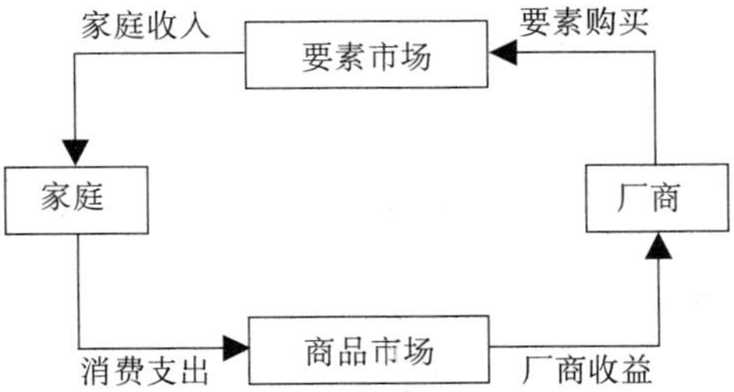

图 2－2 两部门经济中的货币流动

这个经济循环中其实也包含着两个循环：一个是货币流动循环，另一个是实物流动循环。在经济总体均衡的条件下，要素市场的货币流动数量与商品市场的货币流动数量完全相等。并且，无论是货币还是产品都处于不停地流动与循环之中。这是经济学上总供给等于总需求恒等式在财务系统的体现。

在经济循环中，我们常常需要考虑漏出和注入对货币流动的影响。所谓"漏出"就是指经济循环中有部分可贷资金流出，使循环中用于总需求的资金流量减少。在两部门经济中，漏出特指家庭部门将其部分收入用于储蓄。所谓"注入"是指在经济循环中有部分可贷资金流入，使经济系统总循环中用于总需求的资金流量增加。在两部门经济中，注入特指厂商在生产中所获得的追加投资。超过两个部门参与的经济系统，开始复杂起来，但其基本原理是一致的。

（三）三部门经济中的货币现金流动

在三部门经济中，我们要在家庭与厂商的基础上加入政府机构。这样，又会增加货币流通的渠道。在收入方面，政府从两个渠道获得财政收入：一是通过各种税收，这是各国政府获得财政收入的主要渠道；二是通过政府信用向民间借贷，即通过发行政府债券和国库券，获得收入。这两个方式都伴随着货币从家庭、厂商流向政府。应该指出，政府之所以能够这样做，是因为政府有着特殊的权利与信用。在支出方面，政府经常性的财政支出主要有两个方面：一是政府直接购买产品和劳务，称为政府购买支出，这就使得货币从政府流向厂商；二是转移支付方式，中央政府直接支付给某些家庭一些养老金和住房补贴等财政支出，这就使得货币从政府流向家庭，如图 2－3 所示。

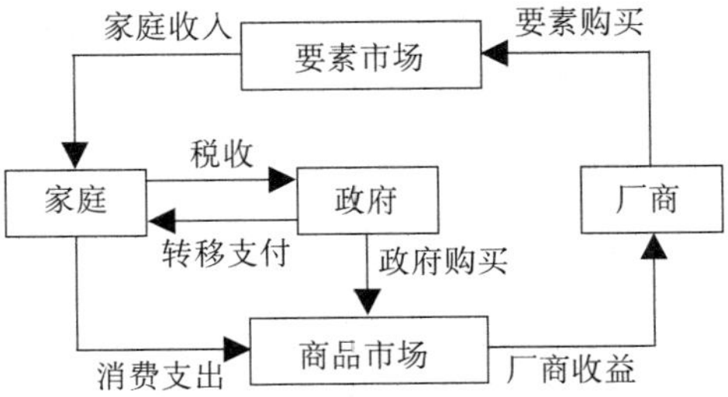

图 2－3 三部门经济中的货币流动

（四）四部门经济中的货币现金流动

当今世界经济是开放经济。对于任何一个国家，只有融入世界经济的大潮之中，才能获得经济发展的机遇和动力。因此，发展对外贸易和对外经济关系应是各国宏观经济活动重要的组成部分。考虑到国际市场的作用，在前面三部门货币流动模型中加入国外经济部门。国外经济部门通过贸易资本流动、劳动力流动与货币资本流动，同国内部门发生联系。如图2－4所示。

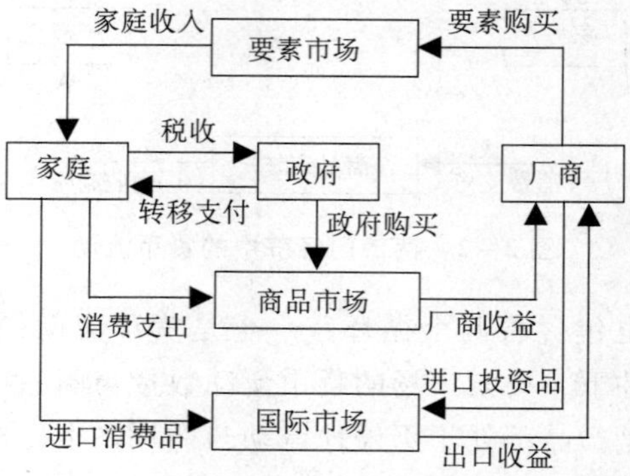

图2－4 四部门经济中的货币流动

国内厂商、家庭与政府购买国外厂商的产品与劳务是进口。进口一般分为消费品进口与投资品进口两部分。消费品进口由国内家庭部门支付，随之发生货币资本从国内家庭部门流向国外。投资品进口由厂商部门支付，随之发生货币资本从国内厂商部门流向国外。国外部门购买国内厂商生产的产品与劳务是出口。这又会使得货币从国外流回国内厂商。当净出口为正时，表明在该时期内国家的产品出口货币流量大于产品进口货币流量；相反，当净出口为负时，表明在该时期内国家的产品出口货币流量小于产品进口货币流量。

二、货币资本在家庭、企业和银行之间的流动过程

在财务系统中，货币资本的流动有一定的规律和流向，即货币资本从资本盈余部门流向资本稀缺部门。

企业进行生产经营和资本运作的资本最终来源是投资者积累的财富。如果我们考虑两者之间的金融市场或金融中介，那么投资者积累的财富流向企业往往涉及三个方面的问题。第一，必须有储蓄资源可以利用。假如一个经济社会的年收入全部用于消费，则无法构成储蓄的剩余。储蓄是资本流动的物质基础，也是资本流动的供给力量。第二，必须有投资需求。没有投资需求，则资本流动失去动力，储蓄就不会转化为实际投资。第三，储蓄转化为投资的渠道。储蓄转化为投资的过程就是资本流动的过程，这个过程往往要利用一定的媒介并经过一定的中间环节，这些环节和媒介可能包括金融市场和银行等金融中介。

（一）储蓄资源

老一辈人，我们的爷爷奶奶及其长辈都喜欢存钱。因为那时人类应对自然灾害的能力比较弱，人们既需要存储金钱，也需要储存粮食。现在，虽然政府承担了储存粮食、物资和金钱的职能，但家庭个人适量的财富储备是必要的。具体来说，家庭成员通过自己的人力资本价值获取收入。从长期看，随着收入的增长，消费支出绝对量也会增长。但消费支出的增长赶不上收入的增长，人们总是把时间和精力主要用于扩大再生产，并且长期秉持量入为出和略有结余的财务理念，加之人类有储蓄的本能偏好，从而存在边际消费倾向递减或边际储蓄倾向递增的规律。任何家庭都需要转移支出。如果一个家庭手头有多余的资本，可能会想先存起来待日后需要时连本带利取出使用。这时，家庭产生储蓄意愿并拥有储蓄能力也就产生

了储蓄资源。除了收入对储蓄发生重要影响外，利率、收入分配制度与方式、社会福利水平、文化传统与社会风险等，也都会对家庭部门的储蓄供给产生一定的影响。

（二）投资需求

企业内部存在一种潜在争取尽可能多的投资“内在冲动”，这是经济主体作为“理性经济人”追求自身利益最大化的必然结论。首先，企业争取到更多的投资，就意味着占有更多的资源，可以更好地满足经营活动和投资活动的需要。其次，这种投资冲动也是企业经理人追求其自身物质利益最大化的内在要求。这是因为投资为企业增长利润总额进而提高经理人的收入提供了一条现实途径。

企业部门的投资需求主要包括重置资本投资需求与新增资本投资需求两大需求。凯恩斯认为，根据资本存量调整原理，新增投资水平是企业意愿资本存量与其实际资本存量之间的差额。因此，决定投资需求的直接因素就取决于企业需要持有和将要持有的资本存量。意愿资本存量与实际资本存量的差额越大，新增资本的投资需求就越旺盛。反之，差额越小，投资需求就越低廉。当意愿资本存量与实际资本存量相等时，便不会产生新增资本的投资需求。

同时，企业的投资需求一定是权衡收益与成本之后的理性决策结果。企业吸收投资所能带来的预期净收益是投资需求的决定因素，而预期净收益的高低同投资内在报酬率紧密相关，投资内在报酬率就是企业增加一笔投资的机会成本，也就等于贴现率，用此贴现率将该资本资产的未来收益折为现值，则该现值等于该资本资产的使用价格，即投资成本。这时若市场利率在投资内在报酬率之下，则用利率去贴现计算的项目净现值一定大于零，此时企业就会存在投资动力；相反，当市场利率高于此投资内在报酬率，则用市场利率贴现计算的项目净现值一定小于零，这时企业就不会有任何投资意愿存在。此外，企业部门的投资需求除了同影响企业投资决策的企业内部行为有关，还同国家的宏观经济政策、经济所处周期的阶段及进出口状况、市场范围等企业外部因素直接相关。

正是因为企业产生源源不断的投资需求，才使得经济社会中的盈余资金有了不断循环产生价值的可能。

（三）储蓄转化为投资的渠道

银行是一种特殊的金融企业，其主要业务是采用吸收存款、发放贷款和代理结算等多种方式，把社会上闲置的货币资金和小额货币节余集中起来，然后以贷款的形式借给需要补充货币的人去使用，银行充当贷款人和借款人的中介。这就为家庭储蓄和企业为满足投资需求进行融资提供了渠道。

家庭储蓄者通过向金融中介机构存款获取利息、购买金融中介机构发行的间接证券（主要是存款单、保险单、金融债券、信托凭证）把自身的资金集中到金融中介手中，金融中介再通过将集中起来的储蓄资金用于向拥有优质投资机会的企业发放贷款、购买企业的直接证券（主要是企业部门发行的各种债券、股票、抵押契约、供款合同等）而使投资者得以融入资金进行投资。储蓄供给与投资需求相结合，最终促进实际投资得以形成。

银行等金融中介大大拓宽了企业融资的渠道，提升了资本利用效率，推动了资本从家庭流向企业的运作过程，如图 2－5 所示。

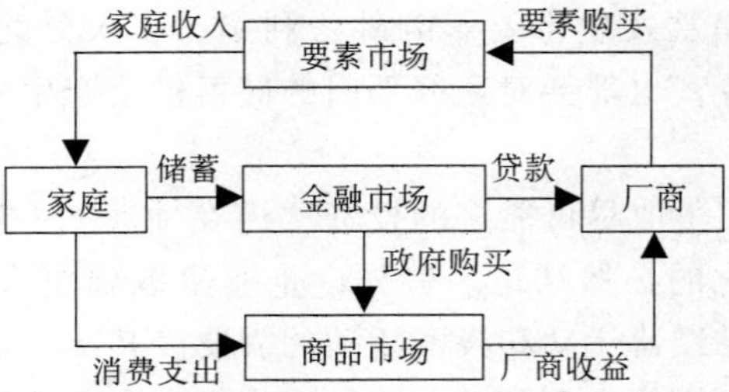

图 2－5 货币资本在家庭、企业和银行之间的流动过程

如果我们再进一步考虑资本从家庭通过金融市场流向企业的过程，可能家庭就不仅充当一个储蓄者，也会通过在金融市场中购买企业的股票、债券等成为一个真正意义上的投资者，进而使货币资本从家庭通过金融市场流向企业。

第三节 财务系统分解与财务活动循环过程

通过前面的学习，我们了解了企业内部发生的财务活动。事实上，在一个企业内部，各项财务活动虽然都在同时进行着，但总体来说可以形成一个有规律有秩序的循环过程。就像本章第一节中的案例一样，国美电器众多股东将经营权委托给当时同是股东的黄光裕，他行使全体股东赋予他的权利，为公司开展融资活动——借壳上市，筹集了大量资金，之后利用剩余资本大规模开展并购的投资活动，极大地增加了股东财富，最终积累的净利润都将根据公司利润分配政策为股东派发股利或者留存公司内部，以进一步扩大生产经营。每一个公司都是基于这样不断循环的财务活动得以持续运转和经营。

下面我们将会具体介绍企业财务活动的循环过程。

一、委托代理合约与政商合约的形成

欧美经济学委托代理理论是现代企业理论的重要组成部分。对委托代理关系的深刻理解是正确认识企业全部现象的基础。同样，委托代理关系也是企业所有财务活动的基础和起点。

现代股份公司的特点之一是企业财产所有权与经营权相分离，公司内部形成委托代理制并形成代理人的经营活动和委托人的支付报酬（货币或非货币的）之间的契约关系。委托人是资产所有者，狭义上就是股权投资者将资产委托给代理人经营而获取最大化的利益，拥有剩余索取权；代理人是资产经营者，通过为委托人获取剩余利润的经营活动来获取一定的报酬，拥有经营权。委托人和代理人通过契约的形式将资产所有权和经营权分离开来，委托代理双方都能从中获利。企业内部形成委托代理关系后，便可以开展投资、筹资、分配等财务活动。委托代理关系会产生代理收益，也会产生代理成本。

代理收益包括：第一，现代公司规模大，内部机制复杂，市场竞争日益激烈，并且股份制公司股权分散，投资者众多。因此，寻找一个具有专业技能和经营能力的代理人来经营众多投资者的资产，并有效地开展进一步的投资、筹资等财务活动，至关重要。没有专业化的

经营，企业将无法运转，即使运转，其交易费用与成本也会增大。第二，为了获得企业规模方面的效率，企业可能需要许多所有者进行合作投资，进而筹集到满足生产需要的资金。但是，这么多的所有者不可能都参与管理，这会带来管理的混乱和低效。因此，将经营权委托给经理人就可以解决这个问题。第三，在不确定的经济环境中，所有者希望通过投资多个企业来分散风险，对自己的财产选择多样化的组合方式。同时，投资者通过选择最佳代理人，使资源流动到能够得到最高回报的地方。在投资组合中，每种证券只占一小部分。没有所有权与管理权的分离，高效率的多样化投资是很难实现的。第四，分离式的结构可以降低获得信息的成本。经理人可以得到关于企业的生产技术、原材料的成本和对其产品的需求等最准确的信息，所有者无须了解企业所需的生产技术和产品的需求情况。这些代理收益都使得企业更好地开展各项财务活动。

然而，委托代理关系会产生道德风险和逆向选择这些问题，进而也会带来相应的代理成本，就是指代理人行为扭曲带来的效率损失和为监督并保证代理人合理行为付出的费用。它包括两个方面：一是风险成本，指代理人的偷懒、不负责任等行为使得委托人的利益不能最大化而带来的损失；二是监督成本，指委托人为限制和监督代理人的行为而支付的费用。这包括因代理人经营行为受到限制而产生的效率损失。一般而言，完整而明晰的契约能约束代理人机会主义行为，降低风险成本，但由此带来效率损失。监督成本越高，代理问题产生的可能性越小，风险成本也就越低；反之则反。所以，应在监督成本和风险成本之间做出选择，使得代理成本总和最小。

不同于欧美私有制企业制度，基于中国传统文化和公有制经济制度，中国企业的财务活动可能始于投资者、经营者和员工与政府机构之间的政商关系。政企合约的形成是中国企业财务活动的起点。

二、投资或购买资产

人们购买资产增加产权称为投资。企业的委托代理关系建立好之后，就可以正常开展各项财务活动。企业为了获得更多的利润以及要适应市场的发展情形，就需要寻找有利的投资环境，增加企业在市场中的价值。企业的投资一般分为两方面：一方面是指对实体资产的投资，如购买土地、厂房、基础设备、原材料与燃料，以及大量的劳动力，称之为企业的内部投资；另一方面是用在企业对外投资中，如企业购买股票、债券、基金，以及并购企业，或者与其他企业进行联合投资，也称之为企业的外部投资。不管是企业实体的内部投资还是对外直接或间接投资，都会给企业带来利润的收入。这些投资所引起的收入和资本增减变动，都需要企业财务管理活动进行调节。

企业在进行投资活动时，其流动资金往往是有限的。企业更倾向于通过银行进行贷款或者别的金融机构进行借款。有时候，企业甚至必须附加性地支付较高利息。因此，企业为了以最小成本投资到最大收益项目，还要考虑该项目的风险大小。经理人和相应财务人员就要从企业价值最大化的角度仔细对各种投资方案进行分析。一方面，分析投资方案时既要考虑现金流向问题又要考虑投资收益的大小，以及投资受益的时间长短；另一方面，还要综合分析投资方案所承担的风险因素，分析市场变化趋势，从而选择最佳方案。这样，既不会投资过度也不会投资不足，从而大大提高企业的投资效率。

在实际工作中，企业往往都有投资项目的评估方法，如净现值法和内部收益法等。这种方法下的投资项目往往可以给股东带来实实在在的财富。若评估结果显示投资方案可行，企业就会产生投资需求，进而会采取措施筹集资金以实施投资项目。在资金充足的情况下，企业会实施投资，进而货币资本会从厂商流入商品市场，一定时间之后，货币资本又会以收益的形式流入企业，最终流入企业的货币资本会超过流出企业的货币资本。

三、筹资或出售资产

人们出售资产筹得货币资本流入量引起产权变动称为筹资。企业在发展过程中，不管是进行日常的生产经营活动，还是扩大经营规模或者进行投资活动，抑或调整不合理的资本结构，都会产生对资金的需求。这就需要不断地从内部和外部筹措公司所需要资金。货币资本各种使用成本及其风险，以及从资本市场上获得资本的效率，在很大程度上左右着公司的筹资决策。公司筹资决策能力的大小也影响着公司投资决策的能力。因此，把握筹资渠道与方式、遵循筹资基本要求，寻找适合公司发展需要的筹资组合尤为重要。

公司筹资渠道是指筹措资金来源的方向与途径，体现着资金的源泉和流量。公司筹资渠道主要有银行信贷资金、非银行金融机构资金、其他法人单位资金、社会个人资金、企业自留资金和外资资金六种。筹资方式是指筹措资金时所采用的具体方法和形式，体现着资金的属性。筹资方式主要有吸收直接投资、发行股票、发行债券、保留盈余、银行借款、商业信用、发行筹资券和租赁八种。筹资渠道和筹资方式之间有密切的关系，一定的筹资方式可能适用于多种筹资渠道，也可能只适用于某一特定的筹资渠道；同一渠道的资金也可能采取不同的筹资方式取得。因此，公司筹资时，应注意两者的合理搭配以提高资金的利用率。

大多数企业容易选择的筹资方式是银行借款。拥有众多家庭储蓄的银行会以贷款的方式将资金提供给满足条件的企业，并收取一定的利息。这时，就发生了货币资本大规模从金融市场流向企业的过程。

同时，经理人在进行筹资决策时也要符合公司筹资的要求。第一，要合理确定资金需要量。制定一个资金的合理界限，使资金筹集量与需求量达到平衡，防止资金不足影响生产经营的发展，也要防止资金过剩，导致资金使用效率降低。第二，要提高资金使用效益。公司筹资时，应根据不同资金需要与筹资政策考虑各种渠道的潜力、约束条件、风险程度，综合考察与分析各种资金成本率和投资收益率，求得最优投资组合，力求以最少的资金成本实现最大的投资收益。第三，要合理确定公司资本结构。公司资本结构一般是由自有资本和借入资本构成。负债的多少要与自有资本和偿债能力要求相适应，既要防止负债过多导致公司财务风险过大、偿债能力过低，又要有效合理地运用负债经营，提高自有资本收益水平。

四、分配利润

企业利用筹资活动获得的资金进行生产经营，或者进行投资活动，均会实现价值增值，产生利润。利润是超过企业所投入成本的那部分剩余资金。它需要按规定的程序在企业股东或员工之间分配。利润的分配主要为三个方面：一是企业要依法缴纳税收。这是每一个企业所要遵守的法律义务。二是企业要按法律规定提取公积金，来弥补企业生产的亏损或扩大生产经营。三是向企业股东分配股利。其中，股利分配涉及股利政策的制定，这就需要经理人进行科学有效的决策。一方面，利润分配多少与公司未来的扩张发展有关；另一方面，利润分配也关系到公司股东福利。企业在进行股利分配时要遵循一些科学有效的规律。

第一，如果公司存在大量有利的投资机会，应该减少股利支付率。由于从外部获得资本要支付承销等费用，成本很高，使用公司内部留存收益比发行新的股票更合算，即预期收益高于投资的资本成本的数额和发放股利之间成反比关系。管理层应该能够预测到今后几年而不仅仅是一年的资金需求，在充分考虑未来投资机会的基础上，结合公司的资本结构和预期的现金收益制定一个股利支付的比率。只有在内部留存的资金用作必要投资后还有剩余的情况下才发放股利。第二，重视股利的信息内涵。投资者往往把股利发放认为是关于公司将要盈利的一种信号，充分利用这种效应往往比管理者做出的盈利将增长的声明更重要，因此公司更应关注的也许是公司的预期盈利能力和这些盈利的风险性，而非股利政策本身。

因此，在企业的经营过程中，企业的经理人和财务工作人员要根据企业的发展状况，制定最适合本企业的股利分配政策。股利分配的过程中，往往也会发生货币资本从企业流向个人、家庭投资者的过程，这可能会提高家庭的储蓄水平，促使货币资本从家庭流向金融市场，进而推动整个货币资本在家庭、企业和银行之间的流动过程。

五、资本配置的重新设计

生产技术的时间次序与个人时间消费偏好是影响企业资本配置的重要因素。财务活动是人们在生产过程中跨时间配置资本的活动。因此，生产过程的技术、时间安排与人们的偏好密切联系。让我们看下面的一个实例及其真相。

（一）财务实例

我们来看一个企业具体是怎样做出一项投资决策的。一个制造业企业经过初步测算分析，现在拟在总装车间增设一条新工艺生产线。其原始投资额定为125万元，其中固定资产投资为100万元，开办费投资为5万元，流动资金投资为20万元。建设期为1年，建设期与购建固定资产有关的资本化利息为10万元。固定资产投资和开办费投资于建设起点投入，流动资金于完工时即第1年未投入。该生产线计划使用期为10年，固定资产按直线法折旧，期满有10万元净残值；开办费自投产年份起分5年摊销完毕。预计投产后第1年获营业利润8万元，以后连续每年递增50%；最后3年每年获利80万元，所得税税率25%；流动资金原始投资于终结点一次收回。那么，企业可以实施这项投资吗？

这个企业采取的投资决策方法是净现值法，即将企业投资期内现金流入流出的数量依次折现到现在的时点并加总得到净现值，若净现值>0，企业可以进行这项投资，反之则不可以。首先就是计算现金流量，包括初始现金流量、营业现金流量和终结现金流量，由于这不是本节的重点，我们在这里不详细说明计算过程。其次就是确定折现率。这里的折现率理论上应该反映所有股东的偏好和他们要求的最低报酬率，然而每一个股东的时间消费偏好和风险偏好都有可能大相径庭，同时考虑他们所有人的要求是不可能的。在这里，企业采取的做法是选取以市场利率为基础的公司资本成本作为折现率，即认为股东选择项目的标准是一样的，不依赖于他们每个人的自然消费禀赋以及偏好关系，以公司资本成本作为折现率算出的净现值>0的投资项目可以弥补他们所付出的成本，因此可以增加他们的股东财富，是他们乐意接受的投资项目。企业的经营者知道，尽管每个股东的偏好不同，但是都会支持最优投资策略，他们在决策时，也就不会和每一个股东商量，这样在经营权与所有权分离的情况下同样可以实现股东财富最大化。事实上，现实中每个企业在投资决策时也都是这么做的。

（二）财务实例评论和分析

这个实例其实是费雪分离定理的一个体现。费雪分离定理是财务学理论中一个非常著名的分离定理，也是一项著名的财务规则。它是说在完美资本市场中（不存在交易成本），即资本市场将产生一个单一的利率，生产技术的时间次序和个人的时间偏好无关。这样，企业家可以独立地按照生产技术的时间约束来进行生产，而不用顾及消费问题，因为有完美的金融市场可以提供借贷。费雪分离定理与委托代理关系、企业的投资、筹资和股利分配等财务活动关系密切。

首先，现代公司的所有权和经营权的分离就蕴含了费雪分离定理，公司的投资决策权能完全委托给经理人。公司的目标是股东财富最大化，但是不同个体的效用不能比较，且每个股东可能有不同的时间消费偏好和风险偏好，这使得公司在决策时几乎不可能同时实现所有股东的价值最大化。但如果我们把这些都看成相同的，管理者为了实现股东的效用最大化，就将在可使财富最大的点上进行生产，即边际投资回报率和资本市场的利率相等的点为最优生产点，也就是说公司管理者会选择回报至少等于资本市场利率的项目进行投资，就可以满足股东价值最大化的要求。这就实现了公司在所有权和经营权分离的情况下也能使股东的利益最大化。

其次，拥有良好投资机会的企业或个人在决策时，只要投资项目的收益高于或等于市场利率时，就可以接受该项目，并且只要内部资金不足就可以从资本市场筹资。借款人在决策时，只要其投资回报率高于市场利率，而无须考虑个别投资者的具体消费偏好。同样，储蓄者也无须考虑借款人所作投资项目的具体情况，比如对借款期限和现金流量的偏好等。相反地，只要投资项目的收益能补偿其风险，或者能将该项目转让给其他投资者，储蓄人就能通过资本市场投资任何项目，或者做出任何跨期的消费决策。这样借贷双方在进行消费和投资决策时都以市场利率为依据，反过来又促使投资和筹资决策的相互分离。

最后，费雪分离定理认为，由于股东个人以及企业同时都可以在资本市场上进行借贷活动，并且两者都面临相同的市场均衡利率，所以，企业的股利政策与投资政策无关。因而，企业价值与股利政策也无关，并且股东可以通过资本市场的借贷活动复制或改变企业的任何一种股利政策。因此，股东的最终消费也与企业的股利政策无关。简而言之，企业的股利政策不会改变企业的投资政策。同时，企业的股利政策也不会改变股东最大化其效用水平的能力和最终的结果。当然，我们必须意识到费雪分离定理只是完美资本市场不存在交易成本的一种理想情况。

虽然生产过程的技术、时间安排与人们的偏好密切联系，但企业财务管理者的根本任务就是在不确定情况下跨期投入人力、财力、物力、技术和知识与信息等生产要素资本，使之均衡配置在一起，共同创造价值，提升资本总额收益率，实现股东财富最大化。

六、财务的作用

财务的作用主要体现在财务职能的充分发挥方面。财务发现价值、保障生产过程持续运行和创造价值等功能的实现，需要与财务管理工作相联系。因此，财务作用的第二层含义是人们开展财务活动、处理财务关系，从事财务管理工作所发挥的作用，或称财务机构和财务人员的行为对生产过程发挥的管理作用。管理工作主要是组织、指挥、协调、计划、控制等业务。财务管理处于企业管理的核心地位，属于综合性价值管理性质。财务管理深入企业生产经营的各个环节，这些环节与财务管理相结合使得财务管理发挥其作用，最终完成企业目标。

（一）财务预测

现在的市场竞争十分激烈，企业外部环境也是变化莫测，因此财务预测的作用也就变得十分重要，只有财务很好地发挥预测作用，企业才可以在市场不断变化中抓住机遇，躲开风险。财务预测不仅包括对于企业未来的成本预测、利润预测，还包括对于新产品开发的可行性预测、企业投资的项目的收益与风险预测以及企业未来现金流预测等。因此，财务的预测作用也在企业财务管理的各个环节发挥作用。

（二）财务计划

财务计划指的是企业财务机构与财务人员根据财务预测所做出的财务目标的具体化与系统化的实施计划，同时它也是企业控制收支活动，进行财务分析，衡量生产经营成果的依据。财务计划可以涵盖企业生产经营的各个方面，包括企业拟定增产节约措施，协调各项计划指标等。财务机构与财务人员可以通过科学的技术手段与方法，综合考量各项因素，制定各种长期或短期的财务计划来帮助企业最终完成自己的目标。

（三）财务控制

财务控制是财务管理的一个重要作用，它保证企业财务活动能够达到企业制定的各项目标。财务发挥控制作用不仅仅是对于企业经济事项进行审计和监督，而是通过财务管理工作与企业的各个环节相结合深入企业的生产经营过程中去，包括它以企业的计划和指标为依据，对于企业资金的流入、流出进行审核与监督，以保证企业计划与指标的完成。财务发挥控制作用实际是在企业的各个环节实施审核与监督。

（四）财务分析

财务分析作用是指企业的财务机构与财务人员以会计核算和报表资料及其他相关资料为依据，采用一系列专门的分析技术和方法，对企业等经济组织过去和现在有关筹资活动、投资活动、经营活动、分配活动的盈利能力、营运能力、偿债能力和增长能力状况等进行分析与评价。比如说，企业财务人员提供分析某个顾客企业的年报发现其偿债能力很低，决定不予提供该企业赊销服务，都是财务在财务机构与财务人员的行为中发挥其分析作用。通过财务分析，企业的财务机构与财务人员可以为企业的投资者、债权人、经营者及其他利益相关者了解企业过去、评价企业现状、预测企业未来做出正确决策提供准确的信息或依据。

第四节　财务系统运行的前提与财务假设

财务系统的持续良好运行是建立在一系列财务假设的基础之上，并且以完善的资本市场和健全的会计核算系统为前提。让我们看下面的实例。

一、财务实例描述

搜狐网络公司之所以能够迅速发展壮大，与搜狐网络公司的母公司爱特信公司引入大量海外风险投资和建立科学健全的财务系统密切相关。

搜狐网络公司创始人张朝阳博士于 1996 年 8 月获得了 MIT 媒体实验室主任尼葛洛庞帝教授和 MIT 斯隆商学院爱德华·罗伯特教授的资金支持，在北京创建了互联网技术中国公司（Internet Technology China，ITC，爱特信公司）。这被认为是中国第一家以风险投资资金建立的互联网公司。在经历了创新企业最初的困难之后，1998 年 2 月 25 日，爱特信正式推出了中文搜索引擎“搜狐”，并更名为搜狐公司，即 Sohu. com。“出门靠地图，上网找搜狐”，搜狐由此打开了中国网民通往互联网世界的神奇大门。中国首家大型分类查询搜索引擎横空出世，搜狐品牌由此诞生。

张朝阳博士在麻省理工学院学习和工作的几年里，深受硅谷创业文化的熏陶。他希望能获得硅谷风险投资家的“天使基金”来创办自己的公司。他发现，1996 年中后期，美国的互联网发展得非常快，中国的互联网市场却几乎是一片空白，只有国联在线、高能所、瀛海威等几家刚起步的小公司。当时，中国网络建设面临许多问题，其中最突出的问题是中文信息严重匮乏，国内真正能提供中文信息内容服务的 Internet 服务提供商（ISP）寥寥无几。其 90% 以上的 ISP 只能提供简单的 Internet 接入服务。因此，张朝阳看好国内高科技产业市场的发展前景，并决心在国内创业。他遇到的最初困难是没有资本。他向美国著名风险投资专家爱德华·罗伯特求援，两人共同分析了中国市场，并写了一个简单的商业计划提交给催生 Intel 的风险投资人——尼葛洛庞蒂教授。不久即争取到数百万美元投资，由此成立了爱特信公司。

公司运营一年后，已走过了谨小慎微运作的初创阶段，于 1997 年取得 Intel 公司的技术支持，推出了“SOHOO”网上搜索工具，并独家承揽“169”北京信息港 1998 年整体内容设计和发展的任务。其发展速度甚至比一般的美国风险投资公司的成长速度还要快。爱特信又与世界最负盛名的几家风险投资公司接洽，他们踊跃投资，顺利达成了第二期风险融资意向。从 1999 年开始，爱特信已积极筹划申请到纳斯达克上市。

二、财务实例的评论和分析

搜狐网络公司之所以发展壮大，是因为它敢于在我国高科技产业资金投入不足的情况下，探寻一条适宜的融资途径——引进海外风险投资。这就是建立委托代理合约关系。寻找和建立委托代理关系是创建财务系统的第一步。在中国，寻求和建立科学良好的政商关系即形成政企合约是创建财务系统的开始。

高科技产业具有其行业的特殊性，因此高科技产业的投资也有不同的要求，这就不免造成了高科技产业投资不足的问题。直接融资是最佳的筹资方式。于是，很多高科技企业纷纷选择进入上海证券交易所或深圳证券交易所公开上市募集货币资本。高新技术企业募集了货币资本，又投入技术研究和开发，推动产品技术和设备技术继续提高，继而生产更先进的产品，引领客户开发新的消费方式和选择新的生活方式。企业研究和开发的对象可以是新技术、新产品和新设备，其中新产品和新设备的研发也主要是产品和设备的技术研发。技术研发支出如果没有费用化，那么其资本化之后，该项新技术就会开始测试和工程化，待成功之后，还要经历商业化过程，最后才可能进入正式批量生产过程。显然，这是一个复杂的过程。

所以，高科技产业具有高风险性。世界高科技发展速度非常快，市场的需求又千变万化，企业要想在高科技行业立足，需要付出所有的精力和财力。对于大部分以股东财富最大化为目标的企业来说，将全部精力和财力投入一个领域是很困难的。这正是风险厌恶投资者最忌讳的“将所有鸡蛋放在一个篮子里”。企业进行高科技产业投资必须是中长期投资，一方面高新技术企业要不断进行新产品的研发，防止产品被后继者模仿；另一方面，企业还要加大投入产品的宣传和促销，逐步占领市场份额。这种中长期投资，无疑又加大了高科技企业的风险，高新技术企业的投资必须承担这种高风险。同理，高科技产业的高风险同样也对应着高收益。高科技产业投资收益惊人，不像一般产业是以机会成本来衡量投资回报率，高科技产业虽然失败率高，但一旦成功，则有极高的投资收益率。

从以上特点可以看出，高科技企业很难与一般企业一样从普通融资渠道获得资金，这种情况在企业初创阶段尤为突出。搜狐网络公司面对高科技产业难以取得投资的情况，选取了引进海外投资的方法，承担了来自高科技产业的高风险，最终也获得了由此带来的高收益，帮助搜狐发展壮大。

从搜狐的案例中我们可以看出，高风险的投资项目始终是对应着高收益的，否则搜狐不会承担那么大的风险，把资金全部投入高科技产业，搜狐引入的海外投资也正是因为看中了投资背后的高收益，才愿意把资金投给搜狐。这就体现了财务中的收益与风险匹配原则。除了收益与风险匹配原则，案例中还涉及股东财富最大化原则与风险厌恶假设，这都是我们在学习财务过程中需要去了解的内容。财务假设是人们在长期的财务实践和理论研究中所形成的公认的假定、设想，财务假设是人们开展财务活动正常运行法的基础。

三、财务系统持续运行的基础假设

（一）关于财务学假设

任何一门科学均有自己的假设。某一科学的理论假设、基础范畴和研究对象，形成该科学区别于其他科学的标志。一般地，自然科学和社会科学的理论都是相对真理，都是在一定的条件下才是正确的。脱离了这个条件，真理就变成谬误。在任何条件下都是绝对正确的东西，可能多半是骗术。经济学的基本假设之一“理性经济人”假设，指的是每个人包括自然人、家庭、厂商、政府，都在给定约束下追求自己利益的极大化，即每个人都要受到资源稀缺的限制，诸如收入的限制、时间的限制、价格的限制等，人们只能在各种约束下行事。“两害相权取其轻，两利相权取其重”，就是理性经济人假设的具体表现。

例如，理论力学是机械运动及物体间相互机械作用的一般规律的学科，又称经典力学。它是力学的一部分，大部分工程技术科学多以此为理论基础。其核心理论是牛顿运动定律，又称牛顿力学。牛顿力学的假设主要有三个：一是时间是绝对的，其含义是时间流逝的速率与空间位置和物体的速率无关；二是空间是欧几里得的，即欧几里得几何的假设和定律对空间是成立的；三是质点的运动可以用位置作为时间的函数来描述。爱因斯坦的相对论就没有牛顿力学的这些研究假设。爱因斯坦的相对论主要以光速不变和相对性原理为假设，前者指真空中的光速与参考系无关，即光源的运动与观察者的运动无关；后者是指物理规律含力学规律对所有惯性系都一样，不存在任何一个特殊的惯性系，如绝对静止的惯性系。这说明，相对性原理不仅适用于力学，也适用于电磁学、光学，由此，爱因斯坦相信：尽管事物的具体规律形形色色，但主宰世界的规律并不多，而且不复杂，世界应该是和谐而且简单的，简单性应该成为一个理论完善与否的判定原则。于是，爱因斯坦把力学的相对性原理推广到了物质运动的所有形式。在这里，如果将牛顿力学放在爱因斯坦的相对论时空观下，就变成了错误。

还有著名的伽利略实验，其自由落体运动定律是物体重量与下落速度无关。该结论的假设是：没有空气阻力。伽利略是科学大师，自然明白研究假设的重要性。如果从比萨斜塔上同时往下扔铁球和纸片，必然是铁球先坠地，这就证明了伽利略定理的正确。财务学理论，如果被视作科学理论，就一定存在假设。

理论是对现实的解释，现实是理论的映像和样本。相对于现实而言，科学理论不是真事，因为科学理论有自己的假设。在假设之下，研究者推演出一系列结论。因此，假设很难成为现实。那么，究竟是现实过于复杂，还是理论过于复杂，目前尚难评判。不论自然科学，还是社会科学，均如此。在财务实践和财务理论中，都涉及股东财富最大化原则、资本市场有效、永续经营假设、有限理性经济人假设、收益与风险匹配、时间价值和一价定律等财务假设，这些假设可能属于财务学的基本假设，有时又被称为财务管理原则。在股东财富最大化原则的假设下，有公司股本治理结构理论、委托代理理论、投资者偏好与投资决策分离理论等；在资本市场公平假设下，有资产定价理论、企业并购理论、企业价值评估理论等；在永续经营假设下，有跨期资本均衡配置理论、连续时间价值理论、边际财务活动理论等；在有限理性经济人假设下，有筹资决策理论、资本结构理论、股利分配理论等；在收益与风险匹配假设下，有投资决策理论、资本均衡配置理论、套利理论等。

例如，我们探索一下投资决策的财务假设。在财务上，投资主要有单项资产投资和组合资产投资。前者多为单期投资和单一要素资本投资；后者则为多期投资和多要素资产组合投资。投资决策的目的，都是实现股东财富的最大化，即投资项目现金流的现值最大化。为实现这一目标，公司财务、财务管理者和财务研究者通常假设：

（1）投资项目的现金流量可以毫无误差地被估计，且公司资本机会成本已知。

（2）资本市场无冲突。这使得管理者可以将股东意愿和投资决策分离出来。

（3）监督成本为零。即管理者将努力实现股东财富最大化目标。

（4）再投资率不变。再投资率实际上就是资本机会成本。这一假设假定股东将以货币资本的机会成本对其资本进行再投资。此外，投资决策中的未来每年收益均作为本金投入下一年度。

（5）公司具有一个最优的债务和权益比例——最优目标资本结构，且这一债务和权益比例在整个项目投资期内保持不变。

（6）风险与收益相匹配。当资本供给和需求相等时，风险趋零，收益亦趋零。

其中，前四个假设主要应用于确定性的投资决策，后两个假设主要涉及不确定情况下的投资决策。在上述假设下，投资理论主要研究投资项目的现金流量和市场对相同风险项目要求的收益率。

同理，我们也可以探索筹资决策的财务假设。

财务学家在最初进行筹资决策理论研究时，提出了很多财务假设。其中，莫迪格里安尼和米勒教授的资本结构定理（MM 定理，1958）提出了以下七个假设条件。后来，有些条件又有所放宽。

（1）所有的实物资产归公司所有。股东仅拥有企业资产的价值现值，即资本及其所有权。

（2）资本市场无摩擦，没有公司及个人所得税，证券可以无成本地直接交易或者买卖，没有破产成本。

（3）公司只能发行两种类型的证券：有风险的股票和无风险的债券。

（4）公司和个人都能按无风险利率借入或者借出款项。即负债利率属无风险利率。

（5）投资者对于公司利润及未来现金流量预期都是相同的。实际上这是信息对称假设，即企业经理和一般投资者获取的信息完全相同。

（6）企业的现金流量是一种永续年金，即企业的 EBIT 处于零增长状态。

（7）所有公司都可以归为几个“相等的利润等级”中的一类，在此等级上公司股票的收益与该等级上其他公司的股票收益完全相关。

以上假设中最重要的是第七点，该假设指出相同风险等级公司的股票拥有相同的期望收益率和相同的预期收益分配率。这就意味着这些股票相互可以完全替代。公司之间拥有相同的投资收益率，只是在规模上不同。

当然，欧美财务学家在研究资产定价理论时，也提出了一些苛刻的基本假设。资本资产定价理论又称资本市场均衡理论，其主要内容由资本资产定价模型（CAPM）、套利定价理论（APT）和期权定价模型（OPM）等组成，主要研究货币资本供求关系和交易的财务理论。其中，资本资产定价模型（CAPM）是以资产组合理论为基础发展而成，因此，有关资产组合投资理论的假设对资本资产定价模型仍然适用，同时资本资产定价模型的有关假设比资产组合理论更加严格。套利定价理论的假设比 CAPM 放宽了一些。其基本假设是：

（1）所有投资者都是风险规避者；资产收益期望值和均方差是衡量资产或资产组合收益和风险的财务指标。每个投资者都是根据自己对每一证券或资产组合的预期收益率及收益均方差的预测进行投资选择。

（2）资本市场的进出无障碍，不存在交易费用；资产交易数量无限可分，任何投资者可根据其财力在市场上按市场价格购买任一种资产。全部资本资产均可进出市场自由买卖。只要投资者愿意，就可以在市场上买卖任何财务资源。

（3）投资者是按照单期收益和风险进行决策，并且他们的投资期限相同。

（4）所有投资者对所有资产的收益和风险的判断相同，即一致性预期假设。投资者面对的是相同的数据，除了根据市场所提供的信息进行决策外，没有其他别的信息。

（5）允许投资者进行无限制的无风险借入贷出。投资者能以某个确定的利率借入或贷出所需要的任何数量的资本。

（6）税收对证券交易和资产选择不产生任何影响，不存在个人所得税，投资的收益形式是股息还是资本利得，对投资者的决策并不产生影响；市场不存在各种不完善性，单个投资者不可能通过个人的买卖行为影响某一证券价格。这意味着资本市场是一个完全竞争的市场，证券价格只能通过全部投资者的竞争来决定。

（7）所有投资者只能按照市场价格买入或卖出资产。即投资者为价格接受者。

上述有些假设与实际情况并不完全相符，但对资本资产定价模型的推导很有必要。如同人们常说：物理学家必须在无摩擦的假设条件下建立物质运动模型，而经济学家只能在一个不存在影响证券价格运动的制度性摩擦因素前提下，才能建立其经济模型。

企业资本产权治理结构理论也是财务学的主要理论内容。欧美国家将委托代理关系视为企业处理投资人和企业经营者之间的核心财务关系。企业资本出资人与企业管理者之间的委托代理合约关系确实是企业财务关系的重要内容。因此，企业所有权与经营权分离假设可以视为财务学的基本假设之一。但是，我国是社会主义初级阶段社会制度，实行生产资料公有制为主体多种经济成分并存、按劳分配和按生产要素分配相结合的基本经济制度，这就决定了我国企业的核心财务关系可能不同于以生产资料私有制为主体的资本主义经济制度下的企业财务关系。一个社会和国家的基础经济制度会决定该社会和国家的企业财务制度及其财务关系的性质和形式。

当我国社会主义经济制度日趋完善，产生于我国本土的经济学理论日趋健全时，我国的财务学基础理论研究和基本假设研究就会得到长足发展。与此同时，当我们能够系统全面地讲解财务学原理时，服务于我国财务学基础理论研究和发展的基本假设，可能就会很清楚了。

（二）国际经济的财务假设

1. 理性经济人假设。“经济人”（economic man）又称“理性经济人”“实利人”或“唯利人”。“经济人”假设最早由英国经济学家亚当·斯密（Adam Smith）提出。斯密认为人的行为动机根源于经济诱因，人都要争取最大的经济利益，工作就是为了取得经济报酬。为此，需要用金钱与权力、组织机构的操纵和控制，使员工服从并为此效力。“理性人”假设是指作为经济决策主体都充满理智，并且其行为是理性的，既不会感情用事，也不会盲从，而是精于判断和计算。在经济活动中，主体所追求的唯一目标是自身经济利益的最优化，如消费者追求的满足程度的最大化，生产者追求的是利润最大化。“理性人”假设认为，每一个从事经济活动的人都是利己的，也可以说，每一个从事经济活动的人所采取的经济行为都是力图以自己的最小经济代价去获得自己的最大经济利益。西方经济学家认为，在任何经济活动中，只有这样的人才是“合乎理性的人”，否则，就是非理性的人。“理性人”假设实际是对亚当·斯密“经济人”假设的延续。

有限理性是介于完全理性和非完全理性之间的在一定限制下的理性。简单地讲，有限理性就是人的行为即是有意识的理性的，但这种理性又是有限的。20 世纪 50 年代之后，人们认识到建立在“经济人”假说之上的完全理性决策理论只是一种理想模式，不可能指导实际中的决策。赫伯特·西蒙提出了满意标准和有限理性标准（Bounded Rationality Model），用“社会人”取代“经济人”，大大拓展了决策理论的研究领域，产生了新的理论——有限理性决策理论。有限理性模型是一个比较现实的模型，即处于完全理性和完全非理性之间的一种有限理性。经济活动主体所追求的目标是自身经济利益的相对最优化。这是因为人的知识有限，决策者既不可能掌握全部信息，也无法认识决策的详尽规律。作为决策者的个体，其有限理性限制他做出完全理性的决策，他只能尽力追求在他的能力范围内的有限理性。

2. 风险厌恶假设。风险厌恶是一个人在承受风险情况下其偏好的特征，可以用它来测量人们为降低所面临的风险而愿意进行支付的意愿。在降低风险的成本与收益的权衡过程中，厌恶风险的人们在相同的成本下更倾向于做出低风险的选择。例如，如果通常情况下，你更倾向于用相对较低的投资回报率来换取相对较高的可预测性，你就是风险厌恶者。当预期回报率相同，风险厌恶者一般会选择风险最低的项目进行投资。风险厌恶假设即假设投资者是风险厌恶的，是躲避风险的，即在其他条件相同的情况下，投资者将选择标准差较小的组合。风险厌恶假设意味着风险带给投资者的效用是负的，因此如果没有收益作为补偿，投资者不会冒无谓的风险。风险厌恶假设下，投资者会放弃公平博弈或者更糟糕的投资组合，更愿意考虑无风险资产或者正风险溢价的投机性投资。

3. 有效资本市场假设。“有效市场假说”起源于 20 世纪初，这个假说的奠基人是一位名叫路易斯·巴舍利耶的法国数学家。1970 年，尤金·法玛提出了有效市场假说（Efficient Markets Hypothesis），其对有效市场的定义是：如果在一个证券市场中，价格完全反映了所有可以获得的信息，那么就称这样的市场为有效市场。有效市场假设是目前学者普遍认同的一个财务假设，这个假设直接针对的是财务管理的环境。只有在有效市场中，财务管理才能正常进行，很多的财务方法和财务理论才得以建立。

有效的资本市场有两种定义，一是内部有效市场，二是外部有效市场。内部有效市场（Internally Efficient Markets）又称交易有效市场（Operationally Efficient Markets），它主要衡量投资者买卖证券时所支付交易费用的多少，如证券商索取的手续费、佣金与证券买卖的价差；外部有效市场（Externally Efficient Markets）又称价格有效市场（Pricing Efficient Markets），它探讨证券的价格是否迅速地反映出所有与价格有关的信息，这些“信息”包括有关公司、行业、国内及世界经济的所有公开可用的信息，也包括个人、群体所能得到的所有的私人的内部非公开的信息。

有效资本市场下，市场是灵活的，价格是合理的。一个有效的市场是由大量追逐利益的独立的投资者所组成的。投资者在市场上得到各种与证券相关的信息，从而做出相应的反应，如购买或出售证券。在有效资本市场假设的前提下，信息很快地反馈到价格中去，使得投资者无法从公开信息中获利。只有当投资者认为证券价格已经反映了企业预期的利润和风险，反映了企业的真实价值时，投资者的行为才是理性的，资本市场才是有效的。

4. 股东财富最大化原则。股东财富最大化原则是指通过财务上的合理经营，采用合理的财务决策，在考虑货币的时间价值和风险收益的前提下，达到企业价值最大化，从而为股东带来最多的财富，也就是股东财富最大化。股东财富最大化原则认为，企业主要是由股东出资形成的，股东创办企业的目的是扩大财富，他们是企业的所有者，理所当然地，企业的发展应该追求股东财富最大化。在股份制经济条件下，股东财富由其所拥有的股票数量和股票市场价格两方面决定。在股票数量一定的前提下，当股票价格达到最高时，则股东财富也达到最大。所以，股东财富又可以表现为股票价格最大化。

现代财务理论普遍认为，企业财务管理的目标不仅要与企业股东的利益一致，也要与其他利益相关者利益保持一致。股东财富最大化的原则基本满足了各种利益相关者的利益需求。对于企业的债权人来说，债权人报酬的满足是优于企业的股东的，在公司进行破产清算时，债权人有权优先分得企业的财产，而企业股东只拥有剩余财产权。所以要达到股东财富最大化的目标，必须先满足债权人的利益需要，这是股东获得报酬的基本前提。对于企业的管理者来说，管理者的任命以及报酬都是由企业股东来决定的，公司的管理者只有尽量满足股东的需求，也就是尽力达成股东财富最大化的目标，才能保证自己的利益得到满足。

所以说，股东财富最大化的原则既反映出股东的主观愿望，也反映出企业外部对于企业整体的评价与期望；既可以反映出股东的目标，也可以反映出债权人和管理者的目标。

5. 持续经营假设。持续经营假设也被称作永续经营假设。持续经营假设是指如果不存在明显的反证，一般都认为企业将无限期地经营下去。

虽然任何企业都不可能存在真正意义上的持续经营或永续经营，但是持续经营假设有其存在的必要性。在研究企业行为的时候，有相当一部分模型会假设企业拥有一个足够长的寿命，持续经营假设在研究中可以简化问题且不影响主要结论。如利用现金流贴现法对企业进行估值，就会假设该企业持续经营下去。实际操作中，我们只可能对企业未来有限期间内的现金流进行预测，从而对有限期间内每年的现金流用贴现法进行贴现加总得到其现值，而对于之后年限的现金流的现值，我们推出采用持续经营假设进行简化计算。另外，有些虚拟企业的许多工作需要非虚拟功能的企业协助其完成，其成本和收益是由以持续经营假设为基础的各大公司所支配的，虚拟企业设立的初衷也是生存发展和获利，持续经营假设是企业收益计量的基本前提，离开了该前提企业无法确认资产价值，无法确认收入和资本，无法反映企业的经营业绩。

6. 收益与风险匹配原则。收益与风险匹配原则是指一般情况下，企业进行一项活动所带来的收益越大，其风险也会越大，即收益与风险匹配原则下，收益与风险一般是正相关关系，即高收益对应高风险，低风险对应低收益。如在有价证券投资中，股票的投资收益相对最高，同样股票投资的风险也是最高的。所谓的“投资有风险，入市需谨慎”绝不是危言耸听。当然，股票市场的投资如此，其他项目的投资规律也是这样。不同投资项目风险也是不同的，在投资回报率相同时，企业都会去选择风险较小的投资，然而众多企业的选择会导致竞争更加激烈，从而使得风险增加。所以，企业在进行项目投资时，不能只考虑到收益，同时需要考虑投资项目背后的风险企业是否有能力承担，平衡项目的收益与风险后，企业才能做出最佳决策。确定合理的收益与风险匹配，企业需要考虑企业的环境适应能力和风险管理能力。财务环境复杂多变，企业对于环境的适应能力越强，承担风险的能力就越强；反之，企业承担风险的能力就越弱。如果公司的风险管理能力强，就会采取积极有效的措施管理其风险，公司承担风险的能力就会越强；反之，企业承担风险的能力就越弱。

四、完善的资本市场

在市场经济里，生产要素人力资本、货币资本、物资设备和原材料、技术、信息和知识等，都有自己的交易市场。资本市场只是市场形态之一。市场由卖方和买方构成，有时候在有形的空间里，例如农贸市场或者大型商场，有时候在电子化的环境里。在市场经济制度下，一个国家的市场经济主要由一些生产和流通企业，以及一些市场组成。这些市场包括产品商品市场、人力资源市场、货币金融资产市场（又称资本市场或金融市场）、技术市场等产品和生产要素市场。严格地，金融市场就是交易金融产品的市场，包括资本市场和货币信贷市场。资本市场主要是长期证券交易市场，货币信贷市场是短期货币借贷市场。货币市场参与者通过交易各种货币满足需要或者进行投机。同样，商品期货市场和资金市场也是为了满足参与买卖的双方的不同金融需要。

资本市场里的资本交易合同期一般在一年以上，这是资本市场与短期的货币市场和衍生市场的区别。资本市场在理论和制度上可以分为一级市场和二级市场。前者为新发行吸收资本的证券市场，后者为在市场上已经发行的证券交易市场。假如一个市场符合证券交易所的要求，则这个市场是一个有组织的资本市场。一般来说，通过时间和地点的集中，这样有组织的市场可以提高市场流通性、降低交易成本，以此提高资本市场的效应，如图 2－6 所示。

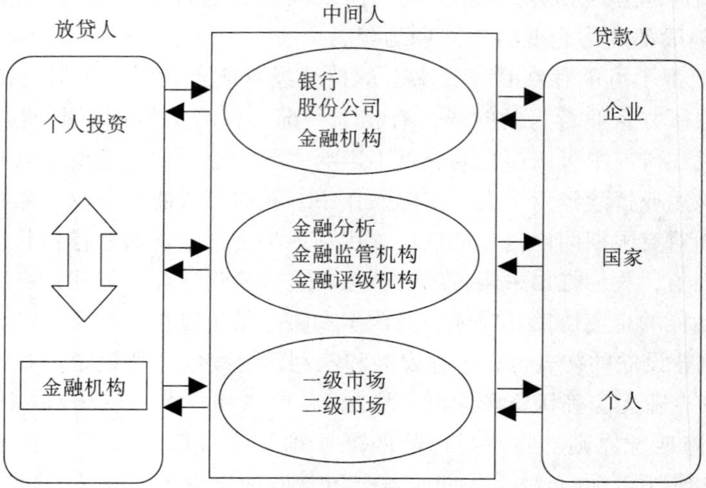

图 2－6　资本市场系统

我国正在建立成熟的多层次资本市场，从而能够同时为大、中、小型企业提供融资平台和股份交易服务。我国的资本市场从1990年沪、深两市开办至今，已经形成了主板、中小板、创业板、三板市场、产权交易市场、股权交易市场等多种股份交易平台，具备了发展多层次资本市场的雏形。其中，主板市场存在于上海和深圳两家证券交易所，也是我国改革开放后开办最早、规模最大、上市标准最高的市场。中小板市场开办于2004年5月17日，由深圳证券交易所承办，这是落实多层次资本市场建设的第一步。中小板市场在理论上应当为处于产业化初期的中小型企业提供资金融通，使中小型企业获得做大做强的资金支持，在上市标准上应当比主板市场略低，以适应中小企业的发展条件。创业板市场启动于2009年3月31日，它是深圳证券交易所筹备十年的成果，开办目的是为创新型和成长型企业提供金融服务，为自主创新型企业提供融资平台，并为风险投资企业和私募股权投资者建立新的退出机制。三板（含新三板）市场、产权交易市场、股权交易市场是上海、深圳两家证券交易所之外的交易市场，亦即我国的场外交易市场。

五、健全的会计核算系统

会计学是人们研究账户及其信息变化的一门学问。会计学是账学。会计账务处理系统是会计工作的核心部分。会计工作由会计核算、会计监督和会计分析决策等工作组成，其工作过程主要由会计确认、会计计量、会计记录和会计信息披露，以及会计报告与决策等环节组成。会计核算是会计人员处理账务的具体过程，它是会计工作的基础。会计核算以货币为主要计量尺度，对会计主体的资金运动进行反映。其具体工作包括记账、算账、转账、报账等业务。合理地组织会计核算形式是做好会计工作的一个重要基础。会计要素是会计核算对象的具体化，是用于反映会计主体财务状况和经营成果的基本单位。所以，会计要素是会计对象按照交易或事项的经济特征所做的基本分类。会计要素实际是会计核算和监督的具体对象和内容，因而构成会计报表的基本要素。我国的《企业会计准则》将会计要素界定为资产、负债、所有者权益、收入、费用和利润，即会计六要素。其中，资产、负债和所有者权益三项会计要素侧重反映企业的财务状况，构成资产负债表要素；收入、费用和利润三项会计要素侧重于反映企业的经营成果，构成利润表要素。因此，会计要素是会计基本理论研究的基石，更是会计准则建设的核心。

在会计上，资产是指企业过去的交易或者事项形成的，由企业拥有或者控制的，预期会给企业带来经济利益的资源。资产可以分为流动资产和非流动资产。其中，流动资产是指可以在1年或者超过1年的一个营业周期内变现或者耗用的资产，主要包括库存现金、银行存款、应收及预付款项、存货等；非流动资产是指在1年或者超过1年的一个营业周期以上才能变现或者耗用的资产，主要包括长期股权投资、固定资产和无形资产等。在会计师看来，资产应为企业拥有或者控制的资源，资产预期会给企业带来经济利益，资产是由企业过去的交易或者事项形成，而且会计上入账的资产还必须具有可靠计量特征。负债指企业过去的交易或者事项形成的，预期会导致经济利益流出企业的现时义务。负债可以分为流动负债和非流动负债。其中，流动负债是指将在1年（含1年）或者超过1年的一个营业周期内偿还的债务，包括短期借款、应付及预收款项、预提费用等；非流动负债是指偿还期在1年或者超过1年的一个营业周期以上的债务，包括长期借款、应付债券、长期应付款等。负债是企业承担的现时义务；负债预期会导致经济利益流出企业；负债由企业过去的交易或者事项形成。

会计核算方法是对会计核算对象进行完整、连续、系统地反映和监督所应用的方法，其工作环节主要包括以下内容。

1. 设置会计科目。设置会计科目是对会计对象的具体内容分类进行核算的方法。会计科目是对会计对象的具体内容进行分类核算的项目。企业在设计会计制度时，应事先规定会计项目，然后根据它们在账簿中开立账户，分类、连续地记录各项经济业务，反映由于各经济业务的发生而引起的各会计要素的增减变动情况和结果，为经济管理提供各种类型的会计指标。会计人员设置会计科目是以会计理论和会计技术的发展以及会计核算对象的变化为依据。因此，会计研究的理论进展和社会生产方式的现代化是会计科目设置的决定因素。

2. 复式记账。会计学的全部奥妙在于复式记账原理。账学理论是会计学的基石。复式记账是与单式记账相对称的一种记账方法。这种方法的特点是对每一项经济业务都要以相等的金额，同时记入两个或两个以上的有关账户。通过账户的对应关系，可以了解有关经济业务内容的来龙去脉；通过账户的平衡关系，可以检查有关业务的记录是否正确。

3. 填制审核凭证。会计凭证是记录经济业务和明确经济责任的书面证明。会计机构和人员登记账簿的依据是会计凭证。凭证须经会计部门和有关部门审核。只有经过审核并认为正确无误的会计凭证，才能作为记账的根据。填制和审核会计凭证，不仅为经济管理提供真实可靠的数据资料，也是实行会计监督的一个重要方面。

4. 登记账簿。账簿是用来全面、连续、系统地记录各项经济业务的簿籍，是保存会计数据资料的重要工具。登记账簿就是将会计凭证记录的经纪业务，序时、分类地记入有关簿籍中设置的各个账户。登记账簿必须以凭证为依据，并定期进行结账、对账，以便为编制会计报表提供完整而有系统的会计数据。

5. 成本计算。成本计算是指在生产经营过程中，按照一定对象归集和分配发生的各种费用支出，已确定该对象的总成本和单位成本的一种专门方法。通过成本计算，可以确定材料的采购成本、产品的生产成本和销售成本，可以反映和监督生产经营过程中发生的各项费用是否节约或超支，并据以确定企业经营盈亏。

6. 财产清查。财产清查是指通过盘点实物、核对账目，保持账实相符的一种方法。通过财产清查，可以查明各项财产物资和货币资金的保管和使用情况，以及往来款项的结算情况，监督各类财产物资的安全与合理使用。在清查中如发现财产物资和货币资金的实有数与账面结存数额不一致，应及时查明原因，通过一定审批手续进行处理，并调整账簿记录，使账面数额与实存数额保持一致，以保证会计核算资料的正确性和真实性。

7. 编制会计报表。会计报表是根据账簿记录定期编制的、总括反映企业和行政事业单位特定时点（月末、季末、年末）和一定时期（月、季、年）财务状况、经营成果以及成本费用等的书面文件。会计报表提供的资料，不仅是分析考核财务成本计划和预算执行情况及编制下期财务成本计划和预算的重要依据，也是进行经济决策和国民经济综合平衡工作必要的参考资料。法定的企业会计报表主要有资产负债表、利润表、现金流量表。企业自行编制的内部报表主要有原材料成本报表、产品成本报表、销售收入报表，以及期间费用报表等。

上述会计核算业务相互联系和密切配合并构成了一个完整的方法体系。在会计核算方法体系中，就其工作程序和工作过程来说，主要是三个环节：填制和审核凭证、登记账簿和编制会计报表。在一个会计期间，所发生的经济业务，都要通过这三个环节进行会计处理，将大量的经济业务转换为系统的会计信息。这个转换过程，即从填制和审核凭证到登记账簿，直至编出会计报表周而复始的变化过程，就是一般称谓的会计循环。其基本内容是：经济业务发生后，经办人员要填制或取得原始凭证，经会计人员审核整理后，按照设置的会计科目，运用复式记账法，编制记账凭证，并据以登记账簿；要依据凭证和账簿记录对生产经营过程中发生的各项费用进行成本计算，并依据财产清查对账簿记录加以核实，在保证账实相符的基础上，定期编制会计报表。

思考与练习题

一、名词解释

1. 委托代理理论 代理收益 代理成本 费雪分离定理 风险 经济人
2. 国民经济 财务系统 财务活动 财务关系 财务假设

二、思考题

1. 财务活动产生的驱动因素有哪些？
2. 分别简述货币在两部门经济、三部门经济、四部门经济中的流动过程？
3. 货币资本在家庭、企业和银行之间流动的条件有哪些？
4. 介绍一下企业财务活动的循环过程。
5. 为什么假设投资人都是风险厌恶的？
6. 收益与风险相匹配原则还可以应用在哪些方面？

三、练习题

1. 从中国证券监督与管理委员会网站下载一至两个上市公司的财务年报，寻找和分析公司财报中企业哪些活动可以体现财务创造价值的职能？

2. 列举一个关于企业进行投资、筹资或股利分配的案例，说明该案例中这些财务活动是怎么产生的。

3. 请到国美电器商店实地考察，然后试着描述国美电器商店的财务系统。

参考文献

[1] 兹维·博迪、罗伯特·C. 莫顿，伊志宏、金李译校：《金融学》，中国人民大学出版社 2003 年版。

[2] 理查德·A. 布雷利等：《公司理财》，中国人民大学出版社 2008 年版。

[3] 程新生、田昆儒：《企业财务系统研究》，南开大学出版社 2008 年版。

[4] 罗福凯、夏鑫：“论财务活动的理论框架”，《财贸研究》，1993 年第 6 期。

[5] 李晓波：“论马克思主义的货币资本理论及其现实意义”，《现代经济信息》，2015 年第 23 期。

[6] 樊莹、罗淑贞：《财务学原理》，暨南大学出版社 2002 年版。

第三章

资　本

第一节　资本的财务故事

在经济学上，劳动、土地和资本，被视为传统的基础性生产要素。其中，劳动即生产中的劳动力及其付出；土地即生产中所需的水土资源和其他自然资源；资本则泛指资金、厂房、设备、材料和技术等物质资源，它是用来生产基本生产要素的价值。随着经济学的发展演化，资本的概念在不断丰富。在会计学和金融学领域，资本通常用来代表货币财富，特别是用于经商和兴办企业的金融资产。因此，资本是人类创造财富的各种社会经济资源的总称。在财务学中，资本是用来创造价值的源泉。欲知财富如何创造，须先理解资本含义。

一、财务故事的描述

作为经济学及其下游财务学、会计学等多门学科的基础概念，资本有一个抽象的概念界定。在给出概念定义之前，我们先通过几个有趣的财务故事了解“什么是资本”。

案例 1：送 2/3 地皮给政府的精明商人

在美国某城市 30 英里以外的山坡上有一块不毛之地。因远离市区，该地地皮价格较低，此地主人见地皮长年不升值，便考虑把它出售后换回现金作其他投资，以获得增值。一位商人买下了这块地皮并找到当地政府部门说：“我有一块地皮并且愿意将其无偿捐献给政府，但我是一个教育救国论者，因此我希望政府能将这块地皮专门用于建造一所大学。”政府如获至宝，当即同意。于是，商人将地皮的 2/3 捐给了政府。不久，一所颇具规模的大学就在这块不毛之地上建成了。商人随即在剩下的 1/3 地皮上修建了学生公寓、餐厅、商场、酒吧、影剧院等，形成了大学门前的商业一条街。没多久，捐赠地皮的损失就从商业街的盈利中赚了回来，并继续让商人实现了长期盈利。

该案例表明，商人以 2/3 地皮的价格作为投入资本，通过对政府投资的吸引，换来了 1/3 土地上的商业回报补偿和长远盈利。

同样是一块不毛之地，原主人未发现其价值，未将其作为资本，而商人慧眼识珠，借政府的力量，将土地变为垫支的、并在未来可增值的本金，这就是资本。在我们周围的现实环境中，这样的例子通常是反过来：地方政府通常给予当地企业提供各种扶持方式，如直接补贴、财政借款和财政拨款、科技奖励、税收减免，以及无偿划拨土地等方式，以扶持当地企业经营并促进当地经济的发展。对政府而言，政府补助也是一种资本投资，通过货币资本上的扶持以换得政府期望得到的回报，如帮助部分企业渡过困难期、推动部分新兴的行业企业迅速成长，或者通过补助实现落后地区经济竞争力的提升和薄弱行业（如农业）的持续发展，或者通过财富的再分配来促进社会公平，得以促进就业，实现社会稳定和行业、地区之间的平衡和协调。

案例2：买马戏票者免费获得花生一包

美国宣传奇才哈利在十五六岁的时候，于一家马戏团做童工，负责在马戏场内叫卖小食品。由于每次看戏的人不多，小食品的销量不佳，尤其是饮料，几乎无人问津。有一天，哈利突发奇想：向每一位买票的观众赠送一包花生，借以吸引观众。但是，他这个荒唐的想法受到了老板的坚决反对。为此，哈利用自己微薄的工资做担保，请求老板让他一试，并承诺说，此想法执行起来若赔钱，就全额从自己的工资中扣；若盈利，则自己与老板五五分成。老板这才勉强同意。于是，以后每次马戏团的演出场地外就多了一个义务宣传员："来看马戏喽！买一张票免费赠送好吃的花生一包！"在哈利不停的叫喊声中，观众比往常多了几倍。观众进场后，哈利就开始叫卖起饮料来，而绝大多数观众在吃完花生之后觉得口渴，都会买上一瓶饮料。这样一场马戏下来，营业额比平常增加了十几倍。其实，哈利在炒花生的时候加了少量的盐，这样不仅花生更好吃了，而且观众越吃越口渴，饮料的生意自然就越来越好了。

该故事表明，哈利将花生作为资本，且用工资做担保，其投资不仅换来了马戏团门票营业额的翻倍增加，并且又卖出了更多的饮料。对于这笔生意而言，第一，花生作为资本投资，投资人哈利得到了门票和饮料的收益。所有资本投资的目的都是为了获得收益，逐利性是资本的唯一目的。第二，资本的垫支是有风险的，老板担心花生的投资将一无所获，因此愿意用哈利的工资做担保。事实上，资本的期望收益必然伴随风险，风险越高，期望得到的收益越高。

案例3：一主三仆

中原地区古时有一大户人家，其主人姓马，人们称呼他马老爷。从前，马老爷在镇上只做针头线脑的小买卖，后来其粮食生意越做越大，红红火火，赚了不少银子。马家从此前有大院、后有花园，还雇了数位仆人。马老爷对这些仆人管理有方、奖惩分明，做得好会有所奖励；做得不好，不仅没有奖励，甚至还会被赶出家门。一日，马老爷计划出门远游，并决定趁机考察仆人们除承担日常家务活之外的经营能力，看看家里的仆人除了会干活之外是否会利用银子来赚取银子。于是他给三个仆人每人一笔银子谋生。接下来，三年后，马老爷归来。此时，甲仆用主人给的银子经商赚了2倍，乙仆用这些银子放利赚了1倍，丙仆为防丢失将银子埋在地里，对银子原封未动。

甲和乙不但保住原有的银子，还赚取了更多的银子。丙并没有使原有的银子增多。对于他们三人的赚钱之道，主人对甲、乙两人称赞有加，并给予他们较多的银子以资奖励。对丙则是原银收回。生存、发展和获利是经营的永恒主题。马老爷安排三位仆人日常干活之外的经营计划就是一种资本。该一主三仆实例中的主人是股东，三位仆人是经营者。财务管理就是教给经营者如何为股东创造更多价值。

二、从财务故事中考察资本的含义和特征

（一）三个有关资本财务故事的进一步分析

从财务学视角看，案例1送2/3土地给政府的精明商人，虽然名义上自己仅投资了1/3土地，但实际上该商人赠予政府整个地块2/3部分等于自己投资了一个看涨期权。这是一个

投资策略的看涨期权。在该精明商人的资产负债表里，虽然土地减少了，但企业声誉和企业文化资产增加了，甚至后者大于前者。企业的生产要素中不仅有实在的物的东西，也包括非实物性的要素，如企业家们需要的生产配方、设计方案或者图案构思，以及专利授权或者技术诀窍，甚至企业文化和经营理念等。因此，资本的标的物或载体不仅包括有形资产，也包括无形资产。在我国，虽然投资者与管理者间的委托代理关系也是重要的财务关系，但企业与政府之间的政商关系将取代投资者与管理者之间委托代理关系的核心地位。欧美国家的生产资料私有制，决定了其投资者与高级管理者之间的委托代理关系是企业各种经济关系的基础。但我国实行公有制为主体、多种经济成分并存的社会主义经济制度，因此，企业政商关系是我国企业各种经济关系的核心。

案例 2 买马戏票者免费获得花生一包，从投资者视角看，人们购买戏票的同时获得了免费的花生食品，属于组合资产投资。与单项资产投资不同，组合资产投资方式的最大特点是分散风险，保障收益。可是，如果从筹资者视角看，童工哈利出售戏票的同时也以零价格销售花生食品，这就是一种组合筹资方式。而且，这是一种异质组合资本筹资方式。该案例说明，同组合资产投资一样，组合资本筹资也是企业财务管理的重要内容。与单一资本筹集方式不同，组合资本筹集方式的资本成本更低，筹资之后的企业资本结构将会更加均衡。同企业购买原材料会发生材料成本一样，企业借入或发行股票筹资也会发生利息或股息以及手续费等支出，这就是资本成本。

案例 3 一主三仆的财务故事很有趣，该实例包含了很多信息。首先是激励机制问题。马老爷使用剩余收益适当奖励突出贡献者是财务活动的必要内容。财务活动不仅包括投资、筹资、资本配置，还包括收益分配。这里的收益分配又有投资者应得利润分配、扩大再生产留存收益，以及对特殊贡献者的激励。激励机制涉及公司治理、不完全合约和收益分配等多项内容，这里暂存而不论。其次，案例 3 传递了货币资本的收益来自于投资的信息。货币资本只有投入社会生产过程，经过生产、流通、分配和消费的过程，循环周转，才能真正创造价值。把钱放在家里不会出现钱生钱的效果。另外，案例 3 还传递着收益与风险均衡的财务理念和信息。甲仆和乙仆把风险控制得很好，获得了高额收益。丙仆过度厌恶风险，因而其收益为零。当然，案例 3 还说明人力资本是企业收益的重要因素。

（二）什么是资本

宽泛地说，一切能带来财富和利益的资产价值都可称为资本。资本是人类创造物质和精神财富的各种社会经济资源总称。这些资本可分为人力资本和非人力资本。其中，人力资本被学术界的一些学者视为知识和技术以及其他无形资产资本。事实上，当技术和知识成为独立的生产要素时，人力资本是凝结于劳动者身体里的生理能力和精神能力的经济价值。人力资本的标的物是活生生的人，即典型的生物资产，而非无形资产。非人力资本即实物资本，包括厂房、机器设备、存货，以及货币资本等。在经济学上，资本指的是用于生产的基本生产要素，即资金、厂房、设备、材料和技术等物质资源。在金融学和会计学领域，资本通常用来代表金融财富，特别是用于经商、兴办企业的金融资产。从本章前述三个财务故事看出，资本是能够产生收益并且产权明确的资产价值，它包括投入的有形资产和无形资产价值。

美国著名经济学家约翰·贝茨·克拉克（John Bates Clark，1847～1938）对资本的解释是："资本是由生产工具组成的，而生产工具总是具体的、实在的东西。资本是永远不会消灭的，资本的最显著的特点，就是它的永久性。如果希望事业得到成就，也绝不能让资本毁灭。只要你的资本受到一点损失，你就会遭到严重的不幸。如果你损毁了所有的资本，你就得赤手空拳地靠你的劳动为生。”按现代经济学对资本的定义，古典经济学关于资本的解释也不完整。人们通常是在生产中遇到资本。资本以不同方式在生产过程中发挥作用。企业家所需的一切生产资料，如自然力、人力、机器、原材料等，拥有同等重要的地位。虽然这些生产资料之间具有差别，但对于企业家来说，必须花钱才能够买到它们。企业家是否拥有某些生产要素或中间产品，都无关紧要。企业家关心经营权和控制权，企业投资人关心所有权和产权。但在有些场合，资本被狭义地理解为生产资料的代名词，相当于资本品或投资品概念。如萨缪尔森说：“资本一词通常被用来表示一般的资本品。资本是另一种生产要素。资本品和初级生产要素不同之处在于：前者是一种入量，同时又是经济社会的出量。”①

狭义资本的定义指的是，资本唯一的目的纯粹是为了作为购买生产品的基金，只要这项购买还没有完成，资本就与任何明确的商品完全没有关系。对此，熊彼特给出的解释是：“只有支付手段才是资本，这并非只有货币才是资本，一般流通手段，不论其种类为何都是资本。但又并非所有支付手段都是资本，只有确实履行我们所论及的那些独特职能的支付手段才是资本。界限在于事情的性质。如果支付手段起不到为企业家置办生产品的作用，并为此目的从原先的用途中抽取出来，那么它们就不能算作资本。”该定义，熊彼特是有前提的：“到目前为止，我们的定义较之门格尔和其他人的有关定义，一方面要宽一些，另一方面又要窄一些。”可见，熊彼特对“只有支付手段才是资本，这并非只有货币才是资本，一般流通手段，不论其种类为何都是资本”的说法是有所保留的。如今一般经济学意义上的“资本”含义已经随着社会生产力的发展、生产关系结构的复杂化，以及科学技术的进步，特别是与人力资源密切关联的知识范畴诸多方面的多样化，不能始终局限于在流通和生产要素上打圈子，从而跳不出传统学术上资本的“既定范畴”。所以，资本概念一直争论不休。厘清财务学的“资本”和一般经济学意义上的“资本内涵与外延”之间的联系和界限，以期推动和发展经济学理论的创新，应当是完善经济学的当务之急。

对此，熊彼特认为，在本质上，“资本无非就是一种杠杆，企业家可以用它控制所需要的具体商品；同时，资本也是一种工具，用它可以把生产要素转到新用途或引向新的生产方向的一种手段”。资本的这种职能奠定了它在社会经济发展中的地位。熊彼特的这个论断可以延伸到后资本主义的经济学家德鲁克理论之中。德鲁克认为，由于知识经济的发展和全球化时代的到来，以资本和劳动力之间的矛盾为主要矛盾和冲突的资本主义时代已经结束，一种新的社会形态，即后资本主义社会已经出现。在这个新社会里，“新社会真正有支配性的资源、绝对有决定性的生产要素既不是资本、土地，也不是劳动力，而是掌握在广大劳动者头脑中的知识。因此，在后资本主义社会中，社会主导阶级不是资本家，也不是无产阶级，而是知识工作者与服务工作者”。德鲁克的这种观点从经济发展理论上讲是有道理的，知识是现代经济发展的重要生产要素。但是，如果从交换经济的角度上讲，企业家对包括劳动者头脑中的知识在内的生产要素的控制或占有如何能实现，如何把生产要素转变为新用途或者引向新的生产方向，都需要资本的垫支性、周转性和增值性充分发挥出来，生产要素资本化的关键是重视资本产权的保护和实现。

① 萨缪尔森：《经济学》（上册），中国发展出版社 1992 年版。

（三）资本与货币的区别

在外行人看来，金钱就是资本，资本就是货币。实际上，在经济学中，货币只有在其产权明确并被投入生产过程之后才成为资本。马克思说，资本是带来剩余价值的剩余价值。换言之，资本是生产利润的利润，即生产小麦的麦种。农民在田间劳作生产了小麦，之后大部分小麦用于消费，少量小麦用作种子。粮食种子就是资本。货币是中央政府作为统治者和管理者独立开办印钞厂生产而成。货币本身并不能执行资本的任何职能，因为它不能向生产提供任何帮助。货币是用作交换商品的标准物品，其职能是交换媒介、价值尺度、延期支付手段和价值储藏等。为了向生产提供帮助，必须把货币换成别的东西。任何能与其他东西交换的东西，都能在相同程度上对生产作出贡献。资本为生产所做的事情是提供工作所需要的场所、保护、工具和原料，以及在生产过程中供养劳动者。无论什么东西，只要用在扩大再生产过程，即用来满足生产性劳动所必需的以上各种先决条件，就是资本。货币在变成资本后，资本就呈现出完全不同于货币的特征。尽管资本总是用一定数量的货币金额表示出来；资本和货币一样都在不停地做循环周转的运动，而且，货币转化为资本后，作为货币资本这一部分仍然具有一般的购买手段和支付能力，但就其运动的出发点、功能、目的等方面来看，资本与货币仍有本质的区别。具体来说，资本与货币有以下区别：

第一，它们存在的形式不同。作为货币的货币只存在于货币形态；而资本则存在于货币、资本品（即生产资料）等多种形态，并分别反映着特定的物质内容。尽管资本的基本存在形态仍然以货币形式存在，但由于它的职能是作为谋取更多的本钱的手段，因而，与之相适应的其他手段如人力、物力也随之资本化。

第二，它们使用的目的和结果不同。作为货币的货币发挥一般购买手段和支付职能，媒介商品交换，获取等量使用价值；而资本作为购买手段和支付手段的目的是为了作为谋取新的更多的财富的手段，并使人、财、物结合起来形成资本组合，带来新的利益和价值增值。

第三，它们活动的领域不同。作为货币的货币是在流通领域不断循环和周转，在其他条件不变的情况下，资本流通速度越快，带来的增值价值量越多。它们具有不同的使用价值和价值，作为货币的货币有别于一般商品的特殊的使用价值和价值。这里的使用价值是指使用它可以购买到其他所有的商品和劳务，这里的价值是指“货币的购买力”。而资本又有区别于货币的使用价值和价值。资本的特殊使用价值是指它作为生产资料和劳动力的黏合剂，并产生新价值和价值的增值；资本的价值是资本具有特殊的“价格”即利息率表现出来的价值。

第四，资本与货币在数量上并不相同。全社会的资本量大于全社会的货币量，因为在货币资本的推动下，其他的创造财富的手段也依赖于货币资本而存在，并转换了存在的性质，变成了一种资本，从而使全社会的资本量增加了人力资本和货币以外的其他非人力资本两部分。例如由各种有价证券反映出来的所有权资本则形成虚拟资本，它们凭借着资本的所有权以利息或股息形式获得收益。这些资本可能是一种无形资产如商誉，也并不是由货币直接转化而来的，但却增加了社会资本总量。不过，仅从全社会的货币流通量来看，则货币流通量等于作为一般购买手段和支付手段的货币加上作为资本的货币数量的总和。

货币资本化是人们将货币收入少量或全部地转化为可用来增值的资产的一种机制或过程。货币资本化实际上是使货币变成可带来更多财富和利益工具的过程。货币资本化包括两层基本意思，第一，货币资本化是一种过程，它通过一系列转化环节来完成。如一部分货币从总体货币中抽离出来转入储蓄，而后又经过银行等中介机构多次转换和连续运动才进入资本领域。第二，货币资本化又是一种机制。它是社会将货币不断转化为财富增值手段的一种机制。在现代市场经济中，人们努力工作以取得货币收入的主要目的，在于把货币转化为货币资本，从而用于生活消费、储蓄和投资等，而非仅仅是获得一种交换媒介和支付手段。

（四）资本的特征

收益性即营利性或增值性，这是资本的首要特征。资本既然是作为一种谋取更多财富的手段，它一旦被投出去，即作为资本而运动，就必然要求取得多于它原来数量的收益，否则就不能被称之为资本。这就是资本的收益性，也是资本的最基本职能。所以，收益性是资本从其运动过程获得预期增值收益，如企业的利润、储蓄的利息、股票的股息、债券的收益等。收益性着重强调资本增值的能力。因此，衡量资本收益大小和多少，可以用收益额，也可以用收益率指标。

风险性是资本的另一本质特征。一方面，资本在投放和使用过程中因外部环境的复杂性和变动性，以及资本运营主体对环境认知能力的有限性，可能导致资本在运营中失败，或者使资本活动达不到预期目标。另一面，资本是作为一种谋取更多利益的本钱，它必然客观地要求保障自身安全性，避免损失。如果连本钱都丢了，哪里还谈什么增值？获取高额收益的不确定与资本安全保本是连在一起的不可分割的两方面。

流动性是资本的第三个显著特征。资本作为原有财富的一种代表，为了谋取新的财富，必须通过循环周转和流动起来才能达到目的。资本流动速度越快，表明对过去的利用越充分，其谋取利益的可能性和机会就越多，从而资本收益率就越高；反之，如果运动呆滞，则意味着作用未能有效发挥。所以，从这个意义上说，资本的本性要求充分自由和高速流动。也正是这个要求，才产生了证券化趋势，使资本高速流动成为现实。显然，资本的流动性是资本作为本钱进入生产过程和市场又安全地获利回来，并在运动中反复获利的行为。

收益性、风险性和流动性之间，密切联系又相互作用。收益性强调增值，安全性侧重保本，流动性则协调收益与风险之间的关系。一般地，安全和收益成反方向变化，安全性高的投资，可能收益低；安全性低的投资，可能收益高。流动性与安全性几乎同向变化 流动性越强的资产其安全性越好，流动性越弱的资产其安全性越差。安全与保本，不只是绝对量不能减少，还要考虑其相对价值的安全性。如通货膨胀时，货币贬值会给投资人带来损失。若投资人购入年利率为5%的某种证券，如果没有通货膨胀，其年收益率为5%；如果有2%的通货膨胀，实际收益率约为3%；如果有6%的通货膨胀，其实际收益率则为－1%左右。在国际投资中，除一般信用风险外，还要承担汇率风险等，其风险比国内投资更大。

在现实资本运动中，个人和企业资本比较注重收益性，而金融机构由于其资产大部分依靠负债来维持，因此比较看重流动性和安全性。从一个社会来说，经济之所以不发展，就是资本周转慢，使用效率低，收益差，其原因可能就是资本的供求双方寻求不到合适的配对，短缺的资本得不到合理的配置。总之，收益性、风险性、流动性构成资本特性的有机整体，它们之间相互制约，共同发挥作用。这就是投资的艺术。

三、资本的性质

早在100多年前，美国著名财务学家欧文·费雪教授在其著作《资本和收入的性质》（1906）中有这样一些表述：

“财富由相关实物构成，而产权则是这些实物的所有权；……价格是财富、产权或服务之间数量交换的比率；价值是上述价格和数量的乘积。……存在于某一时点的财富存量为资本，而一段时间的服务流量即为收入。……资本只是财富的特定部分，而不是财富的任意一块或者全部。从亚当·斯密的时代开始，经济学家就断言（但商人并不认可），只有某类特殊的财富才是资本。”

所以，作为资本的财富与不能作为资本的财富之间有何界线，可能涉及对资本性质问题的解释。

每一种资本都存在着资本共有的一般性，该共有的一般性规定就是资本的性质。第一，与单纯的货币价值不同，资本的本质是持续增值。第二，资本的运动属性。资本只有运动才能增值。第三，资本具有多种形态，并且表现为一种天然的权利。价值增值和运动属性是资本既有的自然属性；资本多样性形态及其天然权利则是资本的社会属性。这是资本的二重性。资本的自然属性表现为资本是一种生产要素，资本的社会属性表明资本是一种生产关系。资本二重性就是资本在商品市场化经济中表现的那些由其本质决定但不以本质形态表现为现象的资本性态。资本作为市场经济里集合生产力的代表，它的生产能力就是增值能力；资本作为市场经济社会生产关系的代表，它的特殊性质是由所有权和产权性质决定的。

（一）资本具有增值和流动性

资本与我们日常所用的机器、衣服等东西一样，它具有物的属性，其物的属性可通过不同的形态表现出来，有时甚至就表现为一般的物。但是，资本又不是一般的物，作为资本，它必须投入到社会经济活动中，参与社会生产或经营，才能体现其增值的特性。可见，资本不是普通的物，普通的物也不一定是资本，两者有着质的区别。而且，凡是资本，它就具有一种顽强的个性——不断增值。哪个地方更有利于它实现增值或增值量更大，资本就会流到哪里，全然不顾阶级性、地域性。事实上，资本是按照这一规律不停地循环周转，不管这种运动形态是明显的还是不明显、被人们觉察还是未被察觉，客观上这一事实是存在的。

与马克思的资本观相比，资本的一般属性是相对于马克思的资本的物质属性（生产资料、生产工具、劳动对象）以及产生剩余价值属性的组合。资本的特殊属性则体现了马克思的“资本是一种制度的象征”这一观点。资本概念是随着资本主义生产方式的出现而后出现的。古典学派的杰出代表李嘉图认为“资本是一个存在于一切历史阶段的超社会、超历史的自然范畴”。马克思则把“资本”看成是在资本主义生产方式下“占统治的范畴”，“起决定作用的生产关系”。历史上第一个采用“资本”这个名词的是15世纪和16世纪时期的意大利人。因为意大利是产生资本主义生产方式最早的国家。由此可见，资本的概念从一开始，就被马克思打上了“阶级的烙印”。至此，东西方经济学的不同流派就开始围绕“资本”的阶级属性开始了长期的论战。

在社会主义社会里，资本的概念更加扩大，更加具有普遍性，不再仅仅限于资本主义社会所独有。剩余价值这一名词已被资本增值所代替，资本的所有者也不再仅仅是少数资本家，而是扩大到全体人民。但是，必须注意到，无论资本的所有权属于谁，资本都具有不断增值的属性，从这一意义上，我们说资本的一般属性不会为其特殊属性所改变，资本的一般属性是资本存在的前提基础，也是资本的特殊属性得以存在的保障。

（二）资本具有多种形态和天然权利

历史上，古典经济学家已开始认识和关注技术变革与经济增长之间的关系，亚当·斯密（1776）在《国民财富的性质和原因的研究》著作中，已提出18世纪科学研究上的专业分工增加趋势以及机械的创新与科学家之间的关系。因此，随着经济的发展、科技的进步，资本的内涵和外延都发生了广大变化，需要我们不断扩大和加深对它的理解与认知。1867 年，马克思出版巨著《资本论》（第一卷），论证资本主义生产过程：资本、价值和生产关系的生产过程；马克思的《资本论》第二卷（论述资本流通过程）、第三卷（论述资本主义生产的总过程）均由恩格斯分别于 1885 年、1894 年出版。建立在劳动价值论和剩余价值学说基础之上的《资本论》成为中国及其他社会主义国家建设和发展经济的思想纲领。而以效用价值论为基础的资本理论，如影响较大的庞巴维克的《资本实证论》（New York，1923；中文版，1981）以及希克斯的《价值与资本》（中文版，1964）、维赛尔的《自然价值》（中文版，1982）等，虽然存在许多不足，甚至不少论断是反马克思的，但这些资本理论对于推动资本主义和经济学的发展起到了一定的作用。

自 20 世纪 70 年代之后，技术资本、人力资本等不仅从企业资本的影子里走了出来，而且径直走向大企业的舞台中心（周其仁，1996），“纯粹的财务资本（消极货币）的重要性下降”。世界经济中以“资本雇佣劳动”为主导的经济制度逐渐被“劳动雇佣资本”的趋势（方竹兰，1997）和以综合价值为基础的多种生产要素资本共同作用的经济制度所取代。劳动价值和效用价值统一的综合价值及其理论将取代资本理论在经济学中的核心位置。财务学中资本范畴的核心地位也被价值范畴所取代。

知识和技术的资本化主要属于非物质资本。知识不同于一般的物质产品，它是由人脑产生，为人类活动所特有。根据社会学家齐曼的理论，知识具有以下方面的特点：（1）隐蔽性。知识并不全是显而易见的，它的获取需要经过一系列的学习、归纳与总结。（2）主观性。每个个体对知识的理解都有所不同，都会不同程度地包含个人的主观意志。（3）依附性。知识是无形的，并不能独立存在，它或是以一种物质形态被保存（如专著、报刊等），或是以一种精神形态被保存（如存储在人们大脑里的知识）。（4）共享性。知识不可能为某个人独有，即一个人拥有它，并不排除其他人也同样完整地拥有它，从本质上讲，知识就是用来交流和学习的。（5）拓展性。知识在运用和交流的过程中以横向与纵向拓展，从而被不断扩散与丰富。技术经济学认为：技术是一种知识，是把技术理解为人的一种能力，人的知识和技巧、技能或操作方法的总称。技术是劳动手段的总和；技术是包括劳动工具、劳动对象、劳动者的劳动技能的总称，是生产要素的特定组合。技术的广义概念被认为是一切讲究研究方法的有效活动。

第二节 资本循环与周转

一、财务案例：卖雪糕者的资本循环

案例 4： 大约 2010 年之前，每至夏季，青岛市的各大海水浴场外围有很多流动商贩，尤以出售牛奶雪糕者最多。甲、乙是两位雪糕商贩，二人各自出资 200 元，其中 120 元用于购买载运雪糕的小推车，另外 80 元用于从雪糕厂购进雪糕。雪糕的种类很多。普通牛奶冰棒每支进价 0.8 元，一箱内盛 100 支，即每箱进价 80 元。普通牛奶冰棒每支售价 1 元钱。而酸乳冰激凌雪糕每盒进价 1.2 元，其售价每盒 2 元。

甲先生曾在商店任职，很熟悉零售营销业务，加之他敬业工作，在过去的三天里，每天卖出三箱普通牛奶冰棒，即每日收入300元，每日毛利60元。第四天，甲先生试着每次购进半箱（50支）普通牛奶冰棒，即进价40元，同时购进30盒酸乳冰激凌雪糕，即进价36元。如此销售方式，一天重复三次即流动资金循环周转三次，结果第四天收入330元，毛利102元。

乙先生缺乏零售知识和经验，加之其工作不努力，一天仅卖出两箱普通牛奶冰棒和50盒酸乳冰激凌雪糕。每天收入300元，毛利80元。

请说明甲、乙两人一个月的资本周转速度，并证明在总资产周转率大于1的条件下，该资产周转活动才有经济意义。

这个财务案例说明，资本周转速度的差别与资产总额无关。甲、乙两人的资产总额都是200元，但其一个月内的资本周转速度差别很大。甲先生第一天销售收入300元，其进价成本240元，因而利润为60元。第二天经营工具仍然是第一天的工具——载运雪糕小推车——不需支付货币资本，也不需再追加流动资金——仍然使用原200元投资中的80元现金——该80元货币资本在前三天里每日周转三次。所以，从第二天开始，甲先生每天开始工作时的营运资本支出都是只有80元——从现金流出80元开始工作。如果甲先生第四天起，每日销售额330元，以一个月30天计，则甲先生该月份的基本财务情况是：

销售收入：300元×3天+330元×27天 =9810（元）

销售成本：240元×3天+228元×27天=6876（元）

毛利润：9810-6876=2934（元）

总资本月周转次数=9810/200=49.05（次）

营运资本月周转次数=9810/80=122.625（次）

显然，甲先生的雪糕销售生意做得很好，一个月的毛利润接近3000元。

假如甲先生一个月的收入是200元，那么，其资本周转速度是销售收入除以总资本额即200/200=1（次），第一个月不赚不赔。如果月收入超过200元，就开始有盈利。因此，总资产周转率大于1是企业盈利的基本前提条件。乙先生该月份的基本财务情况是：

销售收入：200元×30天=6000（元）

销售成本：80元×30天+60元×30天=4200（元）

毛利润：6000-4200=1800（元）

总资本月周转次数=6000/200=30（次）

营运资本月周转次数=6000/80=75（次）

总体上，乙先生雪糕销售生意做得也相当好，一个月的毛利润接近2000元。

甲、乙两先生的总资产都是200元，固定资产和流动资产配置结构也相同，那么，为什么甲先生的月利润远高于乙先生？关键在于甲先生的经营效率高，资本周转速度快。利润的高低除了与资本周转速度有关，还与成本支出大小和其他因素有关。在这里，对成本和其他因素暂存而不论。

上述销售雪糕案例说明，经营者出资200元钱，购买雪糕小车一辆花费120元，剩余80元作为营运资本购进雪糕。载运雪糕小车属于固定资产，在生产过程中保持不变。从雪糕厂批发雪糕属于经营者的库存商品——此时80元货币资本转变为成本为80元的商品资本，当经营者出售了一箱雪糕，则商品资本又转变为货币资本。所以，资本循环是产业资本从一定的职能形式出发，顺次经过购买、生产、销售等阶段，分别采取货币资本、生产资本、商品资本等职能资本形式，实现价值的增值，并回到原来出发点货币资本的全过程。

资本周转是不断重复和周而复始的资本循环过程。资本必须在持续的循环中才能实现其价值增值。因此，资本周转不能孤立地循环一次便停下来，而必须持续不断周期性地进行。在连续不断的资本循环中，产业资本周而复始地在货币资本、生产资本和商品资本之间转换，这样的过程便叫作资本周转。

资本循环与资本周转既存在密切联系，又有显著区别。资本周转是不断重复和周而复始的资本循环，它们都是资本流通运动形式，都包含着资本运动的三个阶段（购买阶段、生产阶段、销售阶段）和三种职能形式（货币资本、生产资本、商品资本）。但两者不是同一概念。资本循环通常是产业资本在一个会计年度里的一次循环运动，主要表明资本运动的连续性，以及资本收益如何在资本循环运动中生产出来。资本循环揭示资本收益产生所需具备的条件。而资本周转是连续不断的资本循环过程，主要表明资本的生命力在于资本收益的再生产和再流动。资本必须在运动中才能实现其价值增值，这种运动不能孤立地循环一次便停下来，而必须持续不断地周期性地进行，着重考察资本运动的速度，揭示资本周转速度的快慢对剩余价值生产的影响。

二、资本循环的三个阶段和三种职能形式

（一）资本循环的三个阶段和三种职能形式

资本只有经过不断的运动，才能实现增值。产业资本的循环是资本运动最简单、最基本的形式。在运动的总过程中，资本要实现增值，必须依次经历购买阶段、生产阶段和售卖阶段三个阶段，依次采取货币资本、生产资本和商品资本三种职能形式，最后实现价值的增值。

第一阶段：购买阶段，即资本所有者以购买者的身份出现在市场上，用货币购买商品——生产资料和劳动力，为剩余价值的生产做准备。这一阶段用公式表示为：$G-W=A+P_m$，其中，G代表货币，W代表商品，A代表劳动力，P_m代表生产资料。从形式上来看，卖者则把他们的商品转化为货币，货币执行的是一般的商品流通职能。而作为买者要将货币转化为商品，实质上，这里的货币已经具有资本的职能，故而它是货币资本。因为资本所有者购买的不是一般的商品，而是生产资本——劳动力是生产剩余价值的条件，而生产资料是生产剩余价值的手段。所以，在G－W中，G作为货币资本执行着资本的职能，货币资本的职能就是购买生产资料和劳动力，为生产剩余价值做准备。当这一阶段完成后，资本运动就进入第二阶段，货币资本转化为生产资本。

第二阶段：生产阶段，即资本所有者以生产组织者身份，把购买的生产资料和劳动力结合起来进行生产，生产出包含剩余价值的商品。用公式表示为$W=A+P_n\cdots P\cdots W'$，其中，P代表生产，虚线表示流通过程的中断，W’代表包含剩余价值的商品资本。在这里，生产资料和劳动力不仅发挥着一般生产要素的作用，而且发挥着资本的作用。通过生产过程，资本由生产资本的要素形式变成商品资本形式。这些商品与原有的商品相比，不仅在物质形态上发生变化，而且在价值量上也发生了变化，包含了工人剩余劳动创造的剩余价值。所以，这一阶段是产业资本全部运动过程中具有决定意义的阶段。

第三阶段：售卖阶段，即资本所有者又以商品出售者的身份回到市场，把新商品销售出去，收回包含剩余价值在内的一定数量的货币，用公式表示为$W'-G'$。经过售卖阶段，资本不仅发生了从商品形式向货币形式的转化，更重要的是使资本的价值和剩余价值得到了实

现。这个阶段是商品资本转化为货币资本的阶段，商品资本的职能就是实现价值和剩余价值。商品资本能否完成W'－G'过程，对资本的循环具有非常重要的作用。因为，在生产过程中，只有完成W'－G'过程，资本家收回货币，资本的循环过程才能继续。因此，商品资本要实现自己的职能，必须将它的商品形式全部转化为货币资本形式。也正因如此，马克思把这一过程称为“惊险的跳跃”。

资本必须依次经过购买、生产、销售三个阶段，分别采取货币资本、生产资本和商品资本三种职能形式，不断地循环运动，使价值得到增值，这就是资本循环的过程，用公式表示为G－W…P…W'－G'(G＋g)。其中，购买阶段和售卖阶段属于流通领域，生产阶段属于生产领域。可见，产业资本循环是生产过程与流通过程的统一。在这个运动中，预付资本的价值不仅保存了，而且它的量也增加了。

（二）资本循环连续进行的必要条件

产业资本只有在不断运动中才能实现价值增值。为了不断地获得剩余价值，产业资本不能经过一次循环之后终止自己的运动，而必须把这种循环运动不停顿地进行下去。因此，产业资本循环就是一个无止境的周而复始的运动过程，产业资本在不断循环的过程中，它的每一种职能形式都要经过循环的三个阶段进行循环运动，才能实现价值的增值。要保持资本运动的连续性，就必须使产业资本满足两个条件。

第一，空间上并存性，指资本所有者必须按照一定比例把资本分成三个部分，使其同时并存于货币资本、生产资本和商品资本三种形式上。如果全部资本都处在生产资本形态上，流通过程就会中断；如果全部资本都处在货币资本和商品资本形态上，生产过程就会中断。无论流通过程还是生产过程的中断，都会造成资本运动过程的中断，而运动一旦停止，也就停止了价值的增值。

第二，时间上继起性，指资本必须相继地通过循环的三个阶段，即货币资本要不断转化为生产资本，再转化为商品资本，最后回到货币资本形式上；生产资本要不断转化为商品资本，再转化为货币资本，最后又回到生产资本形式上；商品资本要不断转化为货币资本，再转化为生产资本，最后又回到商品资本形式上来。如果其中有一个阶段中断，资本循环就不能顺利地进行下去。这样三种资本形态都依次经过三个阶段并相继转化，就能保证购买、生产和售卖的每一个阶段上，随时都有相应的资本在执行职能，从而使资本循环不至于中断。

三、资本周转效率及影响因素

（一）货币资本转换效率及影响因素

资本运动主要表现为货币资本的运动。货币资本及其实物形态的流动，现金流量的增减综合反映企业经营状况。因此，企业强化财务控制是市场经济条件下资本经营的一般要求。企业财务控制主要是货币资本运动过程的控制，其主要内容有：投资决策阶段的控制，购买阶段的控制，生产阶段的控制，以及出售阶段的控制。投资决策阶段是知识资本投入阶段；购买阶段是货币资本流动的起点；生产阶段是货币资本转化为人力资本、物质资本和技术资本等形态；销售阶段是资本循环一次的终点，也是资本价值及其增值的实现阶段。资本实现连续不断地循环周转，归根结底取决于技术研发能力的提升和拥有新的投资项目。

（二）生产资本转换效率及影响因素

资本经营讲究资本运行效率，应缩短资本周转所耗费的生产时间和流通时间。企业根据产品的生产技术要求和自身的条件，确定资本周转一次的时间目标，并同时确定成本目标、质量目标和利润目标，组合成一定时期的经营目标，然后分解到购买、生产、出售阶段，确定这三个阶段的子目标，并将子目标分解到各工段或环节。实施招标订货购买，缩短购买时间和生产时间，同时也缩短出售时间。

科学确定固定资产与流动资产、固定资本与流动资本的比例。前者过多，会造成部分固定资产和固定资本闲置不用；后者过多，会造成部分流动资产和流动资本储备时间过长，而结果均是资本周转速度降低。资本周转时间长短的价值表现是费用的增减，而费用的降低会促进资本周转时间缩短。

（三）商品资本转换效率及影响因素

商品资本在整个再生产过程中不仅受生产过程速度和规模的限制，而且也受到社会个人消费规模和速度的限制。商品资本周转是连接资本循环过程中生产和销售的桥梁。脱离社会需求规模和速度，盲目扩大生产和供给会产生商品资本过剩带来的滞销、库存积压、资金链断裂的风险，过分缩小生产和非理性拉动需求又不能满足市场需求，导致消费者抱怨。以上两种情况，都会破坏资本循环，使企业财务陷入困境。商品资本周转效率提高，能加速整体资本循环周转，增加年利润量，使企业把更多资本投入生产过程，促进技术研发和高质量产品的生产。支配商品资本的规律首先是价值规律，以及由价值规律派生的价格、供求和竞争规律；其次是利润规律，商品资本运动的目的是为了实现剩余价值或利润，在自由竞争的条件下是平均利润率规律起支配作用，商品资本一旦停止流通和运动，就将失去资本的本性。

商品资本周转对整个资本循环过程里的利润和价格形成及其影响可从三方面给出解释。第一，商品资本循环虽然基本上不创造价值，但它周转的快慢影响了商品资本在资本总量中所占比重。商品资本周转越快，同一商品资本数额可完成该项资本多次循环，实现更多价值和利润，从而减少商品资本占用，使企业将更多货币资本投向技术研发和改进生产设备，从而扩大资产规模。如果周转速度慢，同一商品资本只能完成少量的资本周转，实现较少的价值和利润，企业商品资本比例就会提高，从而影响价值实现和利润数额。第二，在市场经济正常条件下，由于企业间竞争形成平均利润率，商品利润的多少不完全取决于商品资本自身周转速度，而与商品预付资本量大小有关。大资本获取大利润，小资本获取较少利润。单位商品加价幅度与利润多少有关。第三，利润能否在价格提升中得到提高，与市场同类产品平均周转速度有关。如商品资本周转速度超过平均周转速度，就获得超额利润；若低于平均周转速度则不能。追求超额利润的竞争是提升资本平均周转速度的竞争。

第三节 资本收益率与定价策略

一、资本收益率的故事

案例 5：古代诗篇蕴含的财务理念——运用边际观念理财的故事

文学故事——登鹳雀楼：白日依山尽，黄河入海流。欲穷千里目，更上一层楼。这是妇孺皆知的唐代诗人王之涣的诗歌。

历史上的鹳雀楼又名鹳鹊楼，位于现在的山西省永济市境内。据史料记载，鹳雀楼始建于北周，毁于元初，为三层四檐结构的木质楼，当时楼高 20～30 米。它与武汉黄鹤楼、南昌滕王阁、湖南岳阳楼，并称为中国四大名楼。由于鹳雀楼楼体壮观，结构奇巧，风景秀丽，唐人留诗者甚多，《全唐诗》中有关鹳雀楼的诗篇不下 30 首，诵吟同样的景色，王之涣的这首诗这么出名，不是因为王之涣写的景有什么特别，而是诗的最后两句说出了一个人们司空见惯的道理：只要再上一层楼，你就可以极目千里，俯视四面八方。登高望远，差一层楼的境界竟然有天壤之别。

王之涣的诗与财务管理有什么关系？王之涣肯定不是财务管理专家，但他在诗歌当中揭示了财务管理的一个基本道理：付出与得到之间并不成正比例关系。每登一层楼，你付出的体力一样，但收获却不一样。当登上最后一层楼时，你极目四望，景色秀丽，心旷神怡，你的感情升华，顿觉收获倍增。王之涣早在1000 多年前就明白了这个道理，所以他的诗歌能传诵至今。

学以致用，请思考：现在到了年底，公司决定给部分员工加工资，加工资有两种方法：一种是在原来工资基础上加 10%；另一种是在原来工资的基础上每月加 500 元。这两种方法对员工的激励效果有什么差异？

可以看出，中华民族文化蕴含着丰富的财务经济思想。增加 10% 的工资对工资很低的员工和工资很高的员工都没有大的激励作用，前者因为金额太小；后者因为钱的刺激作用已经很弱，所以对他没有太大激励作用，这也是边际现象，叫作边际效应递减。每月加 500 元也只能对低工资的员工有激励作用。

二、资本收益率的计算

在解释边际收益率之前，我们先阐述资本收益率的概念和计算。在会计上，资本收益率常称资产收益率，并有净资产收益率和总资产收益率之分。经济学家多称之为资本回报率。

资本收益率又称资本利润率，是指企业净利润（即税后利润）与平均资本（即资本性投入及其资本溢价）的比率，用以反映企业运用资本获得收益的能力。资本收益率越高，说明企业自有投资的经济效益越好，投资者的风险越小，值得继续投资。对股份有限公司来说，就意味着股票升值。因此，资本收益率是投资者和潜在投资者进行投资决策的重要依据。对企业经营者来说，如果资本收益率高于债务资本成本率，则适度负债经营对投资者来说是有利的；反之，如果资本收益率低于债务资金成本率，则过高的负债经营就将损害投资者的利益。所以，资本收益率是公司一定时期的税后利润与实收资本（股本）的比率。资本收益率中的资本一般是指实收资本。资本金是指企业在工商行政管理部门登记的注册资金，因此，资本金就是注册资本。但是实收资本与注册资本在金额上有时并不完全一致，在实收资本制下，公司成立时确定的资本金总额要求投资者一次性缴入其出资额，实收资本与注册资本保持一致；而在授权资本制下，公司成立时确定的资本金总额不要求投资者一次性缴付其全部出资额，只缴纳第一期出资额，公司成立后委托董事会筹措资本，这种情况下，公司成立时甚至成立后，也可能实收资本与注册资本不一致，为了正确反映股东投入资本的盈利能力，运用实收资本是更好的选择。注册资本和实收资本是公司资本制度的重要内容。资本制度是法财务学的基本内容之一。法财务学是财务学的一个重要分支，财务学研究生阶段会进一步学习该内容。

前已述及，资本收益率是净利润与资本平均占用额的比率。对于单户企业，净利润就是企业的所得税后利润；而对于集团型企业，净利润是指归属母公司的税后净利润。平均资本则是实收资本年初和年末数与资本公积年初和年末数之和的 1/2。资本公积仅指资本溢价

（或股本溢价）。企业执行会计准则后，可供出售金融资产公允价值变动收益形成的资本公积在计算资本收益率时应予剔除。这说明，资本收益率的提高取决于多种因素的共同作用。财务管理的任务就是发现价值源泉、科学地跨期均衡配置异质要素资本，有效组织财务活动，处理财务关系，准确预期和计算收益。在企业之外，利率、税制和会计准则等因素都会影响资本收益率的精确计算。

风险调整后的资本收益率（Risk - Adjusted Return on Capital，RAROC）是财务管理的重要指标。长期以来，衡量企业盈利能力普遍采用的是资本收益率（ROE）和资产收益率（ROA）指标，其缺陷是只考虑了企业的账面盈利而未充分考虑风险因素。国际银行业的发展趋势是采用经风险调整后的资本收益率，综合考核银行的盈利能力和风险管理能力。RAROC 计算公式的分子项为扣除财务费用、资本成本、税收成本尤其是风险成本后的年度净收益。分母项为经济资金占用或非预期损失，代替了传统 ROE 指标中的所有者权益。整个公式衡量的是经济资本的使用效益。一般地，资本成本被视为投资者可以接受的项目最低风险调整收益率。

RAROC 最早由银行家信托（信孚银行，Banker Trust）提出，基本公式如下：

RAROC =（净收益 - 风险成本）/资本占用

RAROC 是一个兼顾收益、风险和资本的综合性指标，其结果可以看作是消耗单位资本获得的预期利润的大小。RAROC 的设计充分考虑了银行业务经营与风险承担之间的关系，在净收益的基础上扣除风险成本，能够更加准确、客观地反映银行业务经营的预期利润，避免过高估计高风险业务的利润贡献。对于不同风险水平的业务，调整后的收益剔除了风险因素的影响，因此具有较好的可比性。在此基础上，RAROC 的设计还考虑了银行业务经营与资本消耗的关系，将银行业务的预期利润除以为该业务所配置的资本，更好地衡量了资本使用效率。RAROC 大于资本成本率的业务将会为股东创造价值，增加的经济利润等于预期利润与资本成本的差额。在银行家信托之后，国外许多大型银行也纷纷开发了 RAROC 系统，国际先进银行对 RAROC 的应用主要集中在风险管理和绩效评价方面。在资本占用相同的情况下，选择 RAROC 更大的行业、客户或产品开展业务，意味着会获得更高的回报；在利润相同的情况下，选择 RAROC 更大的行业、客户或产品，则会消耗更少的资本。

现代企业制度中的一个显著特点是，企业是资本生存、增值和获取收益的载体，企业的一切生产经营活动首先体现在对资本的组织、管理和营运上。资本收益率指标综合性强，通过分析，可以找到企业经营活动进一步合理化的关键问题所在，找出影响经济效益和经营效率的主要原因，有利于对症下药提高资本收益能力。

三、边际资本收益率与定价策略

边际资本收益率是指每增加一单位的资本投资，预期将来可获得的收益 R，资产使用成本（这里用 U 表示）指一定时期内使用单位资本的预期真实成本，企业依据 R = U 确定资产的存量规模。

边际收益率不是销售回报率。财务分析人员用销售回报率来比较同一行业不同公司的表现，这里的销售回报率是扣除所有成本后的平均收益与价格的比值。然而，我们所关心的不是平均收益，而是由销售量增加而造成的收益变化。甚至当可变成本为常量时，新增销售带来的利润也会超过平均收益，因为一些成本是固定成本或沉没成本。边际收益是价格中扣除增量成本和可变成本后的余额。

当受定价决策影响的每一件产品的可变成本都保持不变时，可以由总销售数据计算边际收益率。在计算出由销售变动带来的销售收入和总边际收益后，总边际收益除以销售收入等于边际收益率。如果并非所有产品的可变成本都保持不变（例如由于价格变化导致的新增产品是在加班时间被生产出来的），对那些恰好受到价格变化影响的产品，计算出其单位边际收益是很重要的。每单位的边际收益即单位产品价格与变动成本之差。在这里，可变成本只是那些受到价格变化影响产品的单位成本，并且也只包括可避免的成本。当可变成本并非保持不变时，利用单位边际收益，我们仍然可以计算出边际收益率而不会被误导。因此，边际收益率等于单位边际收益与单位产品价格之比。

按价格百分比表示的边际收益，其数值具有重要的战略意义。

第一，边际收益率反映了销售量与利润之间的杠杆关系，将销量作为一个重要营销目标进行了强调。

我们用一个具体例子解释利用边际收益率的定价策略。表 3－1 展示了某公司两种产品的相关数据。产品 A 和产品 B 的销售净利润率相同，但边际收益却差别很大。因此如果以所有成本为基础，公司将会对它们采用相同的定价方式。然而实际上由于成本结构不同，价格改变对这两种产品的影响将是迥异的。

表 3－1　边际收益率对盈亏平衡的销量变化的影响

单位：%

项目	产品 A	产品 B
制定价格时所占百分比：		
可变成本	80.0	20.0
固定或沉没成本	10.0	70.0
净利润	10.0	10.0
边际收益率	20.0	80.0
对盈亏平衡销售量的影响百分比：		
价格降低 5%	+33.3	+6.7
价格降低 10%	+100.00	+14.3
价格降低 20%	∞	+33.3
价格提高 5%	－20.0	－5.9
价格提高 10%	－33.3	－11.1
价格提高 20%	－50.0	－20.0

产品 A 的可变成本比例很高，占其价格的 80%，因此边际收益率只有 20%。产品 B 的可变成本比例很低，占其产品价格的 20%，因此边际收益率达 80%。虽然目前销量水平上每种产品的净利润率相同，但销量的改变对每种产品的影响是极不相同的。对于产品 A，销售每变动 1 美元，只有 0.20 美元的利润增加或损失；而对于产品 B，这个数字则是 0.80 美元。表 3－1 中的下半部分阐释了这种区别对定价决策的影响。为了使降价 5% 之后的收益不低于目前水平，边际收益率较低的产品 A 的销售量必须提高 33% 以上，而有较高边际收益率的产品 B 只需提高 6.7%。为了从 10% 的价格削减中获益，产品 A 必须增加 100% 以上的销量，而产品 B 只需增加 14.3%。很明显，对于该公司而言，降价促销的战略对产品 B 更为合适。涨价的情况下结论刚好相反：产品 A 可以比产品 B 承担更多销量损失，同时维

持原来利润。因此，产品 A 采用提价战略更为恰当。

第二，边际收益率体现了公司的市场竞争能力。如果竞争对手相信它的边际收益率要高出很多，那么由于上文所述销量—收益间杠杆关系，竞争对手很有可能实施打折战略以推动销量增长。另一方面，确信自己的边际收益率与竞争对手相当或者更高，你将在市场竞争中更有信心，因为你有能力反击那些试图通过打折来争夺市场份额的竞争对手的投机行为。

第三，通过边际收益率可以判断公司是否能使用细分定价来服务并开发众多的细分市场。细分定价意味着对不同细分市场——各细分市场的服务成本和价格敏感度水平有很大差别——制定不同的价格。对于一种具体产品而言，边际收益率越大，你就越能够灵活地对某些细分市场制定较高价格，同时对其他细分市场制定较低价格；这样，公司不仅能够服务于愿意支付溢价的客户，而且能服务于那些对价格敏感、只愿支付较低价格的客户。很多公司都会战略性地设计成本结构，以保持低水平的可变成本并实现高水平的边际收益率，从而使自己能够顺利进入价格敏感度水平不同的各个细分市场。进入细分市场的时候，它们会投入大量固定成本，通过广告、促销活动、打折宣传和密集的分销系统来推动销量的提高。

第四节　多期资本均衡配置

一、多期资本结构的故事

（一）资本结构概述

案例 6：内地老太太和香港老太太的故事

有一位香港老太太和一位内地老太太，她们年轻的时候都希望自己有朝一日可以拥有一套房子。为了买房子，香港老太太在自己大学毕业时就迫不及待向银行贷款。虽然是贷款买的房子，但总算实现了她的梦想。在以后的日子里，香港老太太每月用一部分薪水偿还银行贷款。因为她拥有了房子，生活也没有太大的压力，日子也过得优哉游哉。到她 60 岁的那一天，她还清了贷款，同时也享受了生活。而这位内地老太太，日子就不好过了，为了实现自己的梦想，压力特别大。她努力工作，打算赚够了买房子的钱才去买。她把工作的一大部分收入存入银行，剩下的一点钱仅仅可维持生计。自力更生，艰苦奋斗，内地老太太终于实现了她的梦想，买上了一套房子。但是，她没能好好地享受生活，因为她是在 60 岁的那一天才赚够了买房子的钱。

香港老太太年轻时就实现买房子的目标，而内地老太太因为没有贷款消费，直到晚年才实现目标。同样的情形适用于企业，扩大经营规模，实现企业价值的变化，适度、合理地负债经营是明智的选择。故事中的香港老太太和内地老太太，可以说是一家有债务的企业与一家无债务企业的鲜明写照，有无负债就是资本结构的不同表现。

从两位财务理念迥然不同的老太太购房实例可见，投资者的资本布局可以是时间上的布局，也可以是资本产权性质上的布局。在时间上，香港老太太侧重于现在投资，内地老太太侧重于未来时期投资。在产权性质上，香港老太太偏好于借款，属于信用投资；内地老太太偏好于储蓄，属于自有产权投资。显然，资本结构有资本在不同时期之间的结构安排和资本在不同产权性质之间的结构安排之分。资产负债率是资本在不同产权性质之间安排所形成资本结构的结果。固定资产与流动资产之比、长期债务与短期债务之比，则是资本在不同时期之间安排所形成资本结构的结果。所以，资本结构是企业的各种资本构成及其比例关系，它有多种情形。宽泛地说，资本结构是企业或资本所有者全部资本结构的构成及其比例关系。它不仅包括权益资本和长期债务资本，还包括短期债务成本。但在公司财务里，资本结构主要是指企业长期资本的构成及其比例关系。此时，它只包括权益资本和长期债务资本，而不包括短期债务成本。短期债务资本作为营运资本管理。

由于短期债务资本占用时间短、筹资风险小，对企业资本结构的影响不大，长期资本是企业资本中主要部分。所以，通常情况下，企业资本结构是指长期资本结构——长期债务资本和权益资本的比例关系。长期债务资本主要包括长期借款和债券等，权益资本主要包括吸收直接投资、优先股、留存利润等。因此，资本结构问题总的来说是债务资本比率问题，即债务资本在资本中安排多大比例的问题。由于我国属于社会主义市场经济制度，国民经济与社会发展规划（通常以五年为一个发展规划时期）对经济发展具有重要作用，多期资本结构是国有企业资本结构的主要形式，而民营企业的资本结构多为资本产权结构。

在财务管理中，单期是指一个会计年度，多期是指两个或两个以上会计年度。社会经济活动，除农业生产和餐饮业的生产周期较短外，其他行业如工业、交通、航天、能源、智能工程和儿童教育等产业，其经营周期多数超过一年。尤其是高新技术研究开发活动，少则两三年、多则十余年才可能完成一项重要的自主技术研究开发。随着科学技术的迅猛发展和广泛应用，普通传统产品生产过程的时间周期在缩短，但高新技术产品的生产时间周期并没有改变。例如，建一个深水海港码头，如果使用传统工艺和设计，可能需要两至三年建成。但现在，使用了高新技术施工方式和新设计新工艺新材料，可能仅需要半年就建成了。然而，一台高技术含量的数控机床，仅设计就需要半年至一年，接下来把设计变成工程并加以实现，又至少需要一年多时间。跨时期生产及其财务活动比单期产品生产要复杂得多。企业财务活动主要是跨时期配置要素资本的经济活动。

（二）资本结构种类或情形的进一步解释

资本结构依据资本权属和资本期限的不同，可分为资本产权结构和资本期限结构。

资本产权结构就其权属而言，又有股权资本和债务资本之分。资本产权或权属结构是企业不同权属资本的价值构成及其比例关系。企业的股本与债务之比就是企业的资本权属结构。例如，ABC 公司的资本总额为 10000 万元，其中股东权益属于股权资本，金额为 5000 万元，比例为 50%；银行借款和应付债券等属于债务资本，金额合计为 5000 万元，比例为 50%。债务资本和股权资本各为 5000 万元或各占 50%，或者债务资本与股权资本之比为 1:1。这是对 ABC 公司资本结构的不同表述。企业同时拥有债务资本和股权资本而构成的资本权属结构，又称“搭配资本结构”或“杠杆资本结构”，其搭配比例或杠杆比例通常可用债务资本的比例来表示。资本的权属结构影响的是企业及其股东和债权人的利益和风险。

一个企业的全部资本就其期限而言，一般可以分为两大类；一类是长期资本，另一类是短期资本。这两类资本构成企业资本的期限结构。资本的期限结构是指不同期限资本的价值构成及其比例关系。在上例中，ABC 公司的银行借款 2000 万元中有 1000 万元是短期借款，1000 万元是长期借款，应付债券和股权资本都是长期资本。由此，该公司短期资本为 1000 万元，长期资本为 9000 万元；或长期资本占 90%，短期资本占 10%；或者长期资本与短期资本之比为 9:1。这是对 ABC 公司资本期限结构的不同表述。资本的期限结构涉及企业一定时期的利益和风险，并可能影响企业股东和债权人的利益和风险。

对于企业的资本结构，需要明确资本的价值基础。一般而言，资本价值的计量基础有会计账面价值、现时市场价值和未来目标价值。与此相联系，企业的资本如果分别按这三种价值基础来计量和表达，就形成三种不同价值计量基础反映的资本结构，即资本的账面价值结构、资本的市场价值结构，以及资本的目标价值结构。其中，资本的账面价值结构是指企业资本按会计账面价值基础计量反映的资本结构。企业资产负债表的右方“负债及所有者权益”或“负债及股东权益”所反映的资本结构就是按账面价值计量的，由此形成的资本结构是资本的账面价值结构。一般认为，它不太符合企业资本结构决策的要求。资本的市场价值结构是指企业资本按现时市场价值基础计量反映的资本结构。当企业的资本具有现时市场价格时，可以按其市场价格计量反映资本结构。通常，上市公司发行的股票和债券具有现时的市场价格，因此，上市公司可以按市场价格计量反映其资本的现时市场价值结构。一般认为，它比较符合上市公司资本结构决策的要求。资本的目标价值结构是指企业资本按未来目标价值计量反映的资本结构。当公司能够比较准确地预计其资本的未来目标价值时，可以按其目标价值计量反映资本结构。一般认为，它更符合企业未来资本结构决策管理的要求，但资本的未来目标价值不易客观、准确地估计。在下一节中，我们将结合综合资本成本率的测算，具体分析资本结构的不同价值基础对综合资本成本率的影响。

（三）资本结构的影响因素

债务融资虽然成本较低，但在增加债务的同时也会增加企业的风险，并最终要由股东承担风险成本。企业资本结构决策的主要内容是权衡债务的收益与风险，实现合理的目标资本结构，实现企业价值最大化。影响资本结构的因素较为复杂，大体可以分为企业的内部因素和外部因素。内部通常有营业收入、成长性、资产结构、盈利能力、管理层偏好、财务灵活性，以及股权集中度等因素。外部因素通常有税率、利率、资本市场、行业特征，以及财政和金融政策等。一般而言，收益与现金流动较大的企业要比现金流量较稳定的类似企业负债水平低；成长性好的企业因其快速发展，对外部资金需求比较大，要比成长性差的类似企业的负债水平高；盈利能力强的企业因其内源融资的满足率较高，要比盈利能力较弱的类似企业的负债水平低；一般性资产比例高的类似企业因其资产作为债务抵押的可能性较大，要比具有特殊用途资产比例高的企业的负债水平高；财务灵活性大的企业要比财务灵活性小的类似企业的负债能力高。这里财务灵活性是指企业利用闲置资金和剩余负债能力以应付可能发生的偶然情况或未预见机会（新的好项目）的能力。

需要强调的是，公司实际资本结构往往受企业自身状况与政策条件及市场环境因素的共同影响，并同时伴随着企业管理层的偏好与主观判断，因此公司的资本结构的决策会形成统一的原则与模式。

欧美国家和私营企业的资本结构主要是债务资本的比例安排问题。在企业的资本结构决策中，合理地利用债务筹资，科学地安排债务资本的比例，是企业筹资管理的一个核心问题：（1）合理安排债务资本比例可以降低企业的综合资本成本率。由于债务利息率通常低于股票股利率，而且债务利息在所得税前利润中扣除，企业可享有所得税节税利益，从而债务资本成本率明显低于股权资本成本率。因此，在一定的限度内合理地提高债务资本的比例，可以降低企业的综合资本成本率。（2）合理安排债务资本比例可以获得财务杠杆利益。由于债务利息通常是固定不变的，当息税前利润增大时，每 1 元利润所负担的固定利息会相应降低，从而可分配给股权资本所有者的税后利润会相应增加。因此，在一定的限度内合理地利用债务资本，可以发挥财务杠杆的作用，给企业股权资本所有者带来财务杠杆利益。(3) 合理安排债务资本比例可以增加公司的价值。一般而言，一个公司的现实价值等于其债务资本的市场价值与股权资本的市场价值之和，用公式表示为：$V = B + S$，式中，V 表示公司总价值，即公司总资本的市场价值；B 表示公司债务资本的市场价值；S 表示公司股权资本的市场价值。式中清楚地表达了按资本的市场价值计量反映的资本权属结构与公司总价值的内在关系。公司的价值与公司的资本结构是紧密相关的，资本结构对公司的债务资本市场价值和股权资本市场价值，进而对公司总资本的市场价值（即公司总价值）具有重要的影响。因此，合理安排资本结构有利于增加公司的市场价值。

二、资本配置原理

（一）资本配置的含义

资本配置源于资源配置范畴。要全面理解资本配置范畴，首先必须正确界定资源和资源配置的内涵。资源包括自然资源和经济资源。自然资源就是自然界中能够被人类所利用，构成劳动资料和劳动对象，进入生产过程并影响劳动生产率的自然诸要素。经济资源就是可投入生产过程的人力、财力、物力和技术等经济要素。人们通常所讲的资源就是指经济资源。经济资源具有稀缺性和可选择性两个基本属性。稀缺性是指可供使用的经济资源有限，它是相对于人类需要资源的无限欲望而言的。可选择性是指在资源的多种用途中人们可以选择能使效益最大化的用途，达到人尽其才、物尽其用、地尽其利。资源配置是指经济中的各种资源（包括人力、物力和财力）在不同使用方向之间的分配。萨缪尔森认为，生产什么？生产多少？怎样生产？为谁生产？这些基本的经济问题，归根到底都是资源配置问题①。

劳动、土地和资本是生产过程中的三个基本要素。前述的物力和财力也就是资本。资本与劳动、土地的根本区别在于：资本是相对高级的生产要素，其本身凝结人类的物化劳动，因而它不仅是生产过程中的一种入量，而且还是经济社会的出量。劳动和土地是初级的生产要素，其存在是由于物理上和生物上的因素，而不是由于经济上的因素，因而它们仅仅是生产过程中的初级入量，通常不被认为是经济社会的出量。资本也是一个稀缺的生产要素。资本配置之所以成为一个理论和实践上的重大问题，是资本的稀缺性和可选择性所决定。资本的稀缺性使资本合理配置成为必要，资本的可选择性使资本合理配置成为可能。研究资本配置的目的在于：如何合理地把资本分配到不同的经济领域、不同的用途上去，使用较少的资本创造出更多的社会财富。一个社会的经济要发展，社会财富要迅速增长，关键是要看该社会中稀缺的资本，能不能得到最有价值的运用。

资本配置分为增量资本配置和存量资本配置。前者是指资本在其用途上的第一次分配与使用，它以要素增量为主要特征；后者是指资本在其用途间的转移，它以要素存量流动为主要特征。在实践中，单一的增量配置或者纯粹的存量配置都是不存在的。增量配置和存量配置互相联系，互为条件，互为补充。存量配置是增量配置的基础，增量配置是存量配置的扩展和延续。资本配置必须同时进行增量配置和存量配置。有效的存量配置能促进增量配置的

① 参见萨缪尔森：《经济学》（上册），中国发展出版社 1992 年版。

不断扩大，优化的增量配置有利于推动存量配置的顺利进行，有利于巩固存量配置的结果。

在利润最大化目标下，企业会选择成本最小的要素组合进行生产。当机器与劳动的相对价格发生变化时，只要技术条件允许，企业会选择使用相对更便宜的要素替代另一要素，机器与劳动的相互替代也就取决于技术和机器与劳动价格的相对变化。技术水平是机器与劳动替代的决定性因素。若技术独立于劳动和机器，就可探索技术与劳动、技术与资本以及技术与货币之间的替代关系。我国由于经济发展加速，人力资本相对紧缺，工资率相对利息率加速上升，使得设备与劳动之间出现设备单向替代劳动的情况。但物质资本边际收益递减可能导致经济成长停滞。所以，技术创新被视为企业创新的首选。技术可能具有边际投资收益递增的趋势。技术增长需要以知识为基础。只有知识资产比较充裕的企业，其技术研发才可能持续发展。这说明，企业收益的持续增长，需要以多种异质资本适量配置组合为前提。如果缺少某一资本，另一种资本就难以发挥作用。如缺少机器，人力就难以发挥应有作用；如缺少货币，机器就难以发挥应有作用；如缺少知识，技术就难以发挥作用。如果某一资本投入不是适量或足量，那么，资本成本就会大于其收益，发生资本减值。只有各种资本的投入量基本相当，并且每一资本的边际收益率相等或相近时，企业收益才会最大化。如果企业资本总额由三种异质要素资本构成，那么，每一种个别要素资本的配置数额占企业资本总额的1/3时，企业的资本回报率将取得最大值。同样地，当企业资本总额由n种要素资本组成时，每一种个别资本的配置数额占企业总资本数额1/n时，企业收益最大化。

（二）资本配置的方式

资本配置之所以必要，是由于资本的稀缺性和生产过程对资本均衡配置的客观要求。资本的稀缺性客观上要求人们对资本进行合理的配置，即企业在遇到资本稀缺性制约情况下，合理安排资本来源结构，将有限的资本用到最需要的地方。资本的优化配置能够优化融资结构、投资结构，提高资本的产出率。生产过程对资本均衡配置的客观要求是企业选择资本配置方式的基础。企业资本配置可采取行政配置和市场配置两种方式。

在行政配置方式下，资本的配置主要通过行政权力、行政手段和行政机制来进行，资本的配置过程一般是：资本—计划—企业。行政配置方式具有统一性、强制性和纵向性的特点，能够体现行政意图，按照行政的偏好实现资本配置。但是，行政配置方式存在着许多弊端：它割断了企业与市场的关系，使企业难以适应瞬息万变的市场环境；由于不允许有特殊的经济利益，对企业的积极性有抑制作用，资本配置行为往往由于受到利益机制的影响而出现障碍；资本配置的效率取决于行政权力、行政手段和行政机制的效率；资本的配置往往是一次性的，资本一经配置很难通过市场进行选择和重新组合。过去在我国计划经济体制下，无论是资本的取得、运用还是收益分配，基本上都采取这种配置方式。

市场配置指的是在经济运行过程中，市场机制根据市场需求与供给的变动来引起价格变动从而实现对资本进行分配、组合及再分配与再组合的过程。市场配置主要通过价格、供求、竞争等来进行。价值规律就像一只“看不见的手”，实现高效的资本配置。

（三）资本配置的动力

资本配置是通过市场机制的作用实现的。经济学家开拓了资本的市场配置研究的先河。以斯密为代表的古典经济学派认为，只要在市场经济中通过“看不见的手”，让市场参与者开展自由竞争，便能够实现稀缺资本的长期有效配置。新古典经济学家则通过数理分析证明，在完全竞争的条件下，由市场供求形成的均衡价格能够引导资本的有效配置，使任何两种产品对于任何两个消费者的“边际替代率”相等，任何两种生产要素对任何一个生产者的“边际转换率”与“边际替代率”相等，这种由市场力量实现的帕累托最优状态就使资本得到最优配置。

资本的本性就是追求价值增值。如果资本不能在运动中增值，也就不能称其为资本。在市场经济中，资本成为经济运动的一般主体或真正主体。所谓一般主体，是对于现实中的特殊的经济主体，如生产和流通企业、居民等而言的。资本在市场经济现实中是特殊的主体，是企业生命力的根本所在，而企业不过是资本生命力的存在形式。有资本，才有企业。资本力旺盛，企业才有活力，资本不仅是企业，而且是市场经济的各类组织的生命力的源泉和根本，资本是市场经济中的生命力主流，是财富之源。

资本流到哪里，哪里就有活力，就兴旺发达。资本是社会经济运动的强大动力。没有资本，社会经济就不能有效运转。资本作为生产经营不可缺少的要素，像磁铁一样，把社会产品及其生产都吸引到它的周围，资本流向哪里，哪里的经济就会繁荣起来。因此，从一定意义上说，资本决定着社会生产的发展，也决定着整个社会的发展与进步。

资本的增值本性决定了资本与资本之间必然要展开竞争。而竞争一旦形成，对于资本的存在和运动又会转化为一种外在的强制力。所以，竞争性既是资本内在属性的要求，又是面临外在压力的反应。资本的竞争分为部门内部的竞争和部门之间的竞争。资本在部门内部的竞争表现为生产同类商品的生产者之间的竞争，部门之间的竞争的目的是追求超额利润，竞争的手段是改进技术、改善经营管理、提高劳动生产率、降低个别成本、扩大销售等，竞争的结果是个别价值形成市场价值。资本在部门之间的竞争表现为生产不同种类的生产者之间的竞争，竞争的目的是追求能取得高利润率的投资场所，竞争的手段是资本从利润率低的部门向利润率高的部门转移，竞争的结果是平均利润率和生产价格的形成，实现了等量资本要求等量利润的平等权利。

三、如何组织资本均衡配置

（一）资本微观配置

资本微观配置是指微观经济角度考察的资本配置，它又可分为企业内部的资本配置和企业之间的资本配置两个层次。在企业内部，为了生产一种产品，企业必须选用适当的机器设备、原材料、燃料和动力等各种资本要素，以实现利润最大化或生产成本最小化。马克思的个别资本再生产理论进行了详细的论述。就单个资本而言，作为资本主义商品生产者首先必须在要素市场上购买到质量合适、数量成比例的生产资料和劳动力，即要注意资本要素的合理组合。新古典经济学采用生产费用理论和边际报酬递减规律的基本假定，对生产者行为进行最大化分析。企业只是一个生产者，其行为目标为追求最大利润。在资本和劳动二元投入下，用数学求极值的办法，可以证明企业为了实现既定成本下的最大利润，应该不断调整投入的资本要素和劳动要素，使花费在各要素上的最后一单位货币成本所带来的边际产量相等。在市场环境下，企业的最大化行为还必须通过确定最优产量和价格决策来实现。由于新古典经济学以完全竞争为背景，作为产品供应者的企业是既定均衡价格的接受者，其最大化行为仅表现为最优产量决策。用数学求极值的办法，可以证明企业利润最大化的条件为边际成本等于边际收益。

企业之间的资本配置，指同一生产部门内部生产同种商品的各个企业之间的资本配置。

在同一生产部门内，有许多独立的企业。他们的生产条件各不相同，因而生产出来的商品具有不同的个别价值。为了实现各自的经济利益，每个企业都想按照对自己有利的个别价值出售商品。它们彼此竞争、互施压力，使商品的价值最终确定在一个平均的、在该部门商品总量中占多数商品的个别价值上，即市场价值。马克思指出："市场价值，一方面应看作是一个部门所生产商品的平均价值；另一方面，也应看作是在这个部门的平均条件下生产的、构成该部门的产品很大数量的那种商品的个别价值。"市场价值的货币表现就是市场价格。市场价格是在供求关系的盲目变动中，通过市场竞争，不断围绕市场价值上下波动。在价值规律作用下，不管商品生产者的商品个别价值如何，都必须按照市场价格出售。这样，会驱使资本从落后企业转移出来，流向盈利的先进企业，从而使资本重新进行配置和组合。这是因为，那些劳动生产率较高、个别价值低于市场价值的先进资本家企业，在市场上能以高于其个别价值的市场价格出售商品，获利较多，在竞争中处于优势，有利于吸收资本流入；反之，那些劳动生产率较低、个别价值高于市场价值的企业，则获利较少，甚至赔本、破产，在竞争中处于劣势，资本则向外流出。

（二）资本宏观配置

在新古典经济时代，资本配置被认为是微观经济方面的范畴。新古典经济学家正是采用微观经济学的方法，分析个别生产要素的供给价格和需求价格之间的均衡关系，分析个别生产要素价格变动及其对资本配置的影响。随着凯恩斯主义为代表的现代宏观经济学的发展，从宏观经济角度研究资本配置的论述不断增多，最为典型的是现代发展经济学关于经济发展和资本配置的理论。对于一个市场经济不完善的发展中国家来说，由于现实经济大多是非均衡经济，经济运行中并不存在新古典经济学所假设的一般均衡条件，既存在部门、地区之间发展的非均衡，也存在部门、地区间生产要素的边际收益和有效利用程度的巨大差别，在经济发展过程中必然出现生产要素存量在部门、地区间流动和增量分配比例的改变。正是这种资本再配置的作用，稀缺的资本才得以充分利用并使产业结构和地区结构趋于合理化，从而推动国民经济的持续增长和资本配置效率的提高。因此，资本的优化配置，体现在个别利润率与平均利润率之间的差别中，通过资本投入方向上的不断变化，既保持了微观经济的竞争优势，又实现了宏观经济效率的最大化。

资本宏观配置是指从国民经济全局角度考察的资本配置，它可分为产业层次的资本配置和地区层次的资本配置。产业层次的资本配置是指，资本各要素在国民经济相互联系的各个产业之间，以及产业内部相互联系行业之间的分配份额及构成。地区层次的资本配置是指资本各要素在空间领域的分布和配置状况，它包括两层含义：一是指资本在不同地区中的分配，即各个地区之间资本配置的比例关系；二是资本在各个地区内部各产业中的构成，即各个地区内部资本配置的质态。

资本在各产业间和地区间的不同配置状况必然导致各产业和各地区的产出增长速度的快慢，进而对总体经济增长产生决定性的影响。在一国的经济发展过程中，如何将其全部资本配置于国民经济各产业部门和各地区，才能最大限度地支持经济增长，这就有了平衡增长理论和不平衡增长理论之争。前者主张对各产业部门和地区同时投资，以利用各个产业部门间和地区间现有的或潜在的联系，使各个产业部门和地区得到平衡发展，以此实现整个经济的增长。后者主张应把有限的资本有选择地集中配置于某些产业部门和地区，以使这些产业部门和地区首先得到发展，然后通过投资的诱导机制和产业间的联系效应、地区间的驱动效应，带动其他产业部门和地区的发展。

（三）资本国际配置

资本国际配置是指通过国际金融、国际贸易、国际投资、国际经济技术交流等经济活动促进资本在国家间的流动和转移，从而实现资本在世界范围内的优化配置。西方古典经济学的比较利益理论就属于国际层次的资本配置范畴。该理论是古典经济学家为了论证自由贸易的优越性而提出的关于国家分工专业化和贸易方向选择的理论。尽管该理论是以劳动价值论论述的，劳动是唯一的生产要素，比较利益来源于外生给定的各国劳动生产率或技术水平的差异，但我们也可以把其比较利益范围进行扩展，引申到资本要素、资源禀赋，以及其他生产要素的均衡配置。因此，古典经济学的比较利益理论，可以看作最早研究资本国际优化配置的理论。

第五节　公有制产权与资本管理规则

一、资本关系的财务案例

案例7：拨开资产的迷雾——虚拟网络财产难倒法官

如今，互联网成了我们生活中不可缺少的部分。人们在网上也可以拥有自己的个人财产，如网民在网络游戏中积累的“货币”“装备”“宠物”等。2003年发生了一起关于“网络财产”的官司：游戏玩家李先生在过去的两年时间里，花费了几千个小时的精力和上万元现金，在一个游戏里积累和购买了几十件虚拟“武器”，但后来当他再次进入游戏时，却发现这些武器装备都不翼而飞了。后经查证，这些“装备”被另外一个玩家盗走了，李先生找游戏运营商交涉，对方拒绝将盗号者的真实资料交给李先生，于是李先生以侵犯了他的私人财产为由把游戏运营商告上了法庭。那么问题来了，这些被盗的虚拟网络财产究竟是不是李先生的个人财产呢？

在我国，现实生活中我们不能这样潇洒地买卖武器。这些“武器”属不属于李先生的个人财产，最后要由法官裁定。

我们也常遇到一些问题：企业自有理念算不算公司资产？公司财报里有没有这一笔数据？管理者可能争得面红耳赤。其实，是不是资产，财务管理自有一套规则。在会计上，判断是不是资产我们有了三大“法宝”：所有权、经济利益、用途。

学以致用，试试看：你是银行家，银行里的大笔存款是你的资产吗？你抵押贷款买来房子作办公楼，产权压在银行，这房子是公司的资产吗？你是农场主，农场里用来挤鲜奶的奶牛是什么资产？你存钱到银行，对你是资产，对银行是负债；办公楼的产权押在银行，产权是企业所有者因而是公司的资产；农场的奶牛很值钱，它们是农场主赚钱的工具，同公司的运输车一样，也是固定资产。

显然，只有厘清企业资本所有者、企业经营者和企业债权人三者之间的资本产权关系，明确了资产的产权归属，才可能清楚资产的产权性质。过了这三关，你才算是真正的拨开了资产的迷雾！

案例8：股票的力量

在美国发展早期，因为美国地域比较广阔，交通不方便，交通运输问题成了美国经济发展面临的最大问题。由此，人们想到了开凿运河，后来就是修建铁路。显然，开凿运河和修建铁路都是大工程，面临的风险很大。19 世纪初，美国一般家庭收入一年只有 1000 美元，但美国修建 1 英里运河需要耗费 2 万美元，因此运河建造成本非常高。同样，铁路建造成本也很高，如何集合大量资本建成运河与铁路，这对当时的美国而言是一项非常艰巨的任务。

1829 年，英国人斯蒂芬森在曼彻斯特和利物浦之间修建了人类第一条铁路。很快，铁路信息传到了美国。1835 年，美国仅有 1000 英里长的铁路，15 年后的 1850 年，美国就有了 1 万英里铁路，再过 15 年，1865 年美国有了 3 万英里铁路。与此相对应，1835 年华尔街上只有 3 只铁路股票，1850 年的时候有了 38 只股票，到了 1865 年的时候华尔街上竟然有 1/3 的股票都是铁路股票。投资者发行股票筹集货币资本，满足修建铁路对货币资本的需求。成千上万的股票购买者成为新建铁路的股东。在美国运河和铁路发展过程中，华尔街为它们提供了源源不断的资本。美国经济发展的第一步依靠的是资本市场。在股市支持下，美国这个地域广袤、交通不便的国家逐渐崛起，迅速整合成为一个统一的经济体。

股票的发行、有限责任制的许可大大扩大了资本提供的范围和资本积累的数量和速度，使得大规模生产成为可能，使得社会闲散资本得以聚集起来共同创造并分配价值增值。成千上万的股票投资者与新建铁路公司形成资本产权关系。马克思曾经评论资本市场对于美国铁路和运河发展起的作用，他说，假如必须等到资本的积累增长到足够修建铁路的话，恐怕直到今天，世界上还没有铁路，相反，资本集中通过股份公司转瞬之间就把这件事情做成了。

案例 9：泡沫的诱惑

因为狂热的资本，炫丽的魔花——郁金香从贵族奢侈品变成了大众投机品。但是，鲜花总要凋谢，当人们从泡沫中醒来，品尝到的只能是一贫如洗的苦果。1637 年荷兰北部的阿尔克马尔城一个酒吧老板去世了，他的 7 个孩子被教会的孤儿院收养。孩子们是不幸的，但他们的父亲留下了一笔财产，99 株郁金香，这在当时的荷兰是一笔巨大的财富，为了孩子们的生计，孤儿院决定拍卖这些郁金香，消息一出全城轰动。

起初，郁金香在欧洲备受皇室贵族追捧，1593 年，第一棵郁金香被引进荷兰，立刻成为时尚、财富、身份和地位的象征。当时荷兰人被称为海上马车夫，他们拥有庞大的船队，穿梭于各大洋之间，一度控制了东西方的贸易并垄断了世界贸易的 40%，他们还组建了第一家股份公司和最早的股票交易所。伴随着航运、贸易和股票交易，荷兰人手中的财富急剧增长。有了钱就要追求地位，于是人们开始追逐可炫耀身份和地位的郁金香。因此，郁金香供不应求，其价格也不断上涨。早期贩卖郁金香的商人们赚了大钱，这吸引了更多的商人蜂拥而入。最后，连市井平民也被卷入郁金香投机生意。此时郁金香已不仅是身份、地位和时尚的象征，它变成了疯狂的投机品和人们实现财富的工具。郁金香交易不仅风靡荷兰，全欧洲的资金也从四面八方滚滚流入荷兰，加入郁金香的投机交易之中。郁金香从下种到开花要经历 7 年的时间，投机的商人们急功近利，他们把还没有开花的球茎也拿出来交易，就这样郁金香球茎的期货市场出现了。在那个为郁金香疯狂的时代，人们心目中只有郁金香才是真正的财富。

拍卖会当日人们纷纷涌来，99 株郁金香经过一轮又一轮激烈的竞价，最后以 9 万荷兰盾成交。9 万荷兰盾，这在当时的荷兰是一个普通家庭 300 年的收入之和。阿尔克马尔城这场拍卖会后来被确认为是郁金香泡沫的顶点，财务史上最著名的投机泡沫出现了。一株名为奥古斯的郁金香当时的价格可以换回阿姆斯特丹的一所顶级豪宅。一幅油画绘制的是一个富商之女的出嫁，当时最奢华的婚礼就是新娘的陪嫁是一株郁金香。

然而，就在拍卖会的第二天，有一条消息开始在市场中流传。有一批白色的郁金香球茎报价 1250 荷兰盾，但是没有买主。人们忽然意识到自己手中的郁金香或者球茎合同也可能再也没有下一个买家。恐慌情绪开始在市场中流传，每一个人，无论是种花的、卖花的，还是投机的商人们，都急于抛售自己手中的郁金香，短短六天时间，市场全线崩溃，当时郁金香市场的价格呈现断崖式下跌。郁金香泡沫的破灭，让荷兰人付出了惨重的代价，很多人倾家荡产，荷兰的经济经历了十年才逐渐恢复。郁金香泡沫就像一个寓言故事，当投机资本碰到人性的贪婪，它会让人一夕暴富，也会让财富瞬间消失。郁金香泡沫的故事向人们展示了投机市场的非理性涨跌，任何物品一旦成为交易性的财产和货币化的财富，就会在群体的冲动中不断转化为资产泡沫的升腾和破灭，这个过程周而复始，对经济发展产生重大影响。

当资本像物质产品一样成为商品，并且形成市场，那么，资本的运动及其价值创造就具有相对独立性，资本价格及其收益大小在很大程度上取决于市场供求关系。此时，资本关系及其产权则更加重要。资本在带来收益的同时必然伴随着风险，而资本市场的出现使得资本在自由交易的市场中又出现了一种使风险扩大数倍的“泡沫”风险。价格崩落在后来的资产交易市场中一再出现，美国 1929 ~ 1933 年的大萧条，1997 年、1998 年的亚洲金融危机，2000 年、2001 年的美国互联网泡沫破灭和 2007 年的中国 A 股市场都有类似的价格走势。

上述三则小故事从不同角度介绍了所有制、资本和产权之间的关系。

二、财务活动中的产权

前述案例 1，拨开资产的迷雾——虚拟网络财产难倒法官的故事，依据财务学上的合约原理，互联网里的“设备”产权是清晰的，出资人李先生拥有那些“武器装备”是财务学的共识，只要法律上许可。如果法律上不许可，那么，李先生购置的那些“武器装备”则不具有私有产权性质。该问题或产权现象，在我国 100 年前就早已出现。例如，我国的土地革命时期（1927 ~ 1937 年），最初人们认为，如果地主拥有一块土地的产权，就意味着地主可以决定这块土地的用途，是用来种植玉米，或者用来放牧等，地主自己说了算。地主对土地的使用肯定是排他性的，在未经地主允许下别人不能在它上面建筑楼房。但紧接着人们就发现，即使地主拥有这块土地，也仍然存在许多的约束条件和不明朗的地带。例如，根据法令地主不能在他的土地上种植大麻，也不能在他的土地上训练自己的小型部队。此外，当航空公司的航线恰好穿越了他的土地上空时，地主是否有权禁止飞机飞越其土地，也是难以确定的。所以，产权既是财务学的重要概念，也是法经济学的基础概念。

按照这样的理解，面对一块土地，严格来说，谁也不能完全拥有这块土地，地主仅仅拥有在种菜、放牧、闲置等可能行为中选择的权利，而航空公司拥有在飞越、吵闹、观察等可能行为中选择的权利，而政府拥有“拍摄、修防空洞”等可能行为中作选择的权利。产权，就是行为的选择权，如果这项行为恰好与某物品相连，就被粗略地说成是对物品是所有权。换句话说，如果一个人没有适当的行为权，那么即使他“拥有”某件物品，也是没有意义的。例如，被剥夺通信权利的囚犯，拥有一部手提电话是没有意义的。

案例 2 是股票的力量的实例，十分准确地表明铁路公司与投资者之间的资本关系。铁路股票的购买者是建设铁路所需货币资本的提供者。股票作为有价证券，相当于准货币。铁路公司发行股票——出售公司产权，获得货币资本，完成筹资活动。公司资本产权在性质上属于共有产权。企业属于集体组织，不同于国家和个人。按照公有制产权原理，公司产权或法人组织产权应属于共有产权或集体产权。个人购买股票的股本产权属于个人产权。购买股票——购买者使用真实货币资本购买作为准货币的有价证券股票，然后依法按照股票产权大小向企业兑取利润。在我国，中央管理企业多为国有独资企业，其资本产权属于公有产权。

案例3是泡沫的诱惑的实例，主要说明资本产权在相当长的时期里具有效力，产权具有依法继承性。同时说明资本是一种商品，其价格亦由供求关系和市场价值规律所决定。产品成本只是商品价格的参数，市场供求关系的均衡形成了价格，而且同物质产品市场一样，资本市场也充满着供求失衡、风险，以及套利行为。

可见，产权是在一系列可选择的排他性行为中做出选择的权利。产权也是资本所有制关系的法律表现形式。民法通则第五章第一节规定，产权首先是指财产所有权。财产所有权是指所有权人依法对自己的财产享有占有、使用、收益处分的权力。因此，产权包括财产的所有权、占有权、支配权、使用权、收益权和处置权。产权还指与财产所有权有关的财产权。这是在所有权部分权能与所有者发生分离基础上产生的非所有人在所有财产上享有、占有、使用以及在一定程度上依法享有收益或处分的权利。产权理论是财务学的基础理论。

三、公有制、资本与产权

（一）所有制与资本关系

资本形式与所有制关系演化年谱表明，自11～13世纪资本关系萌芽时期、14～16世纪初资本关系形成，物质资本占主导，资本雇佣劳动的所有制形成和确立。17～19世纪近代工业股份资本形成，资本所有权与职能开始分离；继而出现物质资本和货币资本等异质资本配置问题。20世纪上半叶至今，科技革命轮番升级，货币资本作用未见增长，加之人力资本、技术资本和知识资本的出现，使资本关系开始由法人资本、国家资本和国际资本共同主导。从财务史看，资本理论的发展总是伴随着所有制变革理论的发展而发展。资本所有制关系是一切资本关系的基础。各种资本关系的变革均源于所有制关系的变革。新旧资本历史形式的演化更迭过程，实质是资本所有制内部结构的演变过程。

所有制是生产资料归谁所有的社会经济制度，其形式主要有公有制、私有制和公私合营所有制（又称联合所有制、混合所有制）。公有制是生产资料归全体劳动者共同所有的制度，这是社会主义制度的经济基础。我国的公有制分为生产资料全民所有制和生产资料集体所有制。其中，全民所有制又称为国家所有制；集体所有制是“社会主义劳动群众集体所有制”的简称，它是社会主义生产资料和劳动成果归部分劳动群众集体共同占有的一种公有制形式。中国最早是在农业、手工业、商业和服务业中实行社会主义改造，从而建立了集体所有制经济。集体所有制是生产资料归一定范围的劳动群众共同所有的公有制形式之一，其产权属于共有产权。公有制企业主要是国有独资企业、国有控股企业，以及集体所有制企业。全民所有制企业即国有企业，其资本关系是公有资本关系。

私有制是生产资料归个别私人所有的经济制度。我国的奴隶社会和封建社会，以及当代欧美资本主义社会，都属于私有制经济制度。私有制主要有以劳动者自身劳动为基础的私有制（如农民、手工业者等小生产者）、以实际拥有和控制生产资料为基础的私有制，以及实际拥有和控制生产资料并无偿占有他人劳动为基础的私有制（即劳动成果完全不归或只有部分归直接生产者所有）。目前，我国私有制企业主要是私人独资企业和私人资本控股企业。私营企业的资本关系是私有资本和个人资本关系，其资本产权属于私有产权。

公私合营所有制是生产资料所有者多元化的社会经济制度。公私合营所有制企业是由公有资本（国有资本和集体资本）与非公有制资本（民营资本和外国资本）共同参股组建并且股本结构分散的新型企业形式。目前，我国的混合所有制企业主要是股权资本分散的多种不同资本性质的联合所有制企业，其资本关系属于公私合营资本关系，其资本产权应属于共有产权。这与集体所有制中的产权关系基本一致。

生产资料所有制、财产所有制和资源所有制构成了当代所有制体系，由于市场经济的发展和信息时代的到来，使资源所有制的地位凸显。市场经济配置资源作用的日益发挥，使资源所有制与财产所有制和生产资料所有制一样，已经进入了主流所有制的行列。总之，在全民所有制企业，资本关系主要体现为公有资本产权关系；在集体所有制企业，其资本关系主要体现为共有资本产权关系；在私有制企业，其资本关系主要体现私人资本产权关系。

（二）公有制企业的资本特征

公有制是社会主义经济的本质特征。公有资本（又称全民资本）是国有独资企业生存和发展的基础。共有资本（又称集体资本）是集体企业和上市公司生存和发展的基础。私人资本（也称个人资本）是私有制企业生存和发展的基础。中国特色社会主义制度是我国政治、经济、文化、科技发展的制度基础，研究和理解中国特色社会主义制度是探索公有制产权的前提。产权制度是公司财务的制度基础。如果没有产权制度，商品买卖将无法成交，人们的投资活动就无法进行、所筹资本也无法律保障。众所周知，商鞅在《开赛》篇里讲道："作为土地财货男女之分，分定而无制不可，故立禁"。"分"，即对土地财货的占有关系。"名分"，即产权关系。"一兔走，百人逐之，非以兔可分以为百，由名分之未定也。夫卖兔者满市，而盗不敢取，由名分已定也。"——产权已确定。现在，我国的社会主义市场经济制度下，产权制度业已形成。产权是资产转变为资本的财务基础。虽然企业技术研发深受不同的企业制度、市场制度和司法制度的影响，但产权制度是关键。投资者之所以选择科学的财务决策，在于投资者的资本产权清晰和确定。近半个多世纪以来，绝大多数的革命性技术创新和原始发明创造，几乎都产生于风险资本资助的创新性企业。这些创新企业的主要财务特征是产权清晰而确定。产权制度的进步是经济发展的一个重要原因。

在市场经济条件下，公有制企业资本除了拥有增值性、周转性和垫支性等资本的一般特征外，公有资本还具有社会收益特征，即公有制企业资本面临企业个体利益与社会利益发生冲突时，将首先考虑社会公众利益，然后再保障企业个体收益。至少，应实现社会收益与企业收益的均衡。这是公有制企业资本的最根本特征。这也是社会主义经济制度下公有资本和共有资本的共同特征。

国有产权的先天安排是政府代理国家行使国有产权。只要政府拥有剩余索取权以及剩余索取权具有不可转让性，那么政企分离事实上是很困难的。实现政企分离的最有效途径就是允许剩余索取权在产权市场上转让。当剩余索取权一旦具有可转让性，企业的国有制性质就难以保持，由此造成的资本运营效率的损失可以视为国有资产的无形流失。当剩余索取权与监督权完全由企业主管部门控制时，企业的经理完全是上级主管部门的代理人，权威来源于企业的外部，由此使得企业内缺乏必要的信息反馈机制，经理人员缺乏必要动力去监督要素所有者以改善企业经营水平。

（三）公有制产权

公有制的产权性质和特征，一般包含公有制企业的产权性质和特征、公有制下国家或政府的产权性质和特征，以及公有制下的个人产权特征。公有制的本质特征是产权属于各个社团而不属于该社团的各个成员，由此理论上使得公有制经济的所有者不能出售公有财产中属于其自身的份额。公有产权在运作过程中具有“不可分性”和“外在性”的特征①。我国形成的基本经济制度是公有制为主体、多种所有制经济共同发展的基本经济制度。公有制既是主体，也是前提和基础；同时，必须包容非公有，并与非公有共存发展。这是我国古人倡导“大道之行，天下为公”的理想的实现。

公有制企业的产权性质和特征主要体现在国有企业产权结构安排与效率方面。一方面，公有制企业剩余索取权的不可转让性。产权的排他性是剩余索取权可转让性的必要条件，在传统国家所有制条件下，实际上是政府履行所有者的职能，剩余索取权可转让性与政府拥有剩余索取权不能同时并存。这使得企业无权根据市场需求自主买卖企业财产，而且政府不能以出让企业财产的方式退出合约以保护国有产权，从而加大了执行合约的监督成本。另一方面，所有权约束的行政干预属性。公有制企业所有权约束不再唯一地遵循资产增值与资产收益最大化目标，而是渗透进社会发展的整体目标如国家整体发展目标和政治目标等。当所有权约束具有行政干预属性时，政府代表国家凭借所有者身份，向企业输入体现政府偏好的目标，对其经营活动进行各种直接和间接的行政控制，并以税收等杠杆收取企业利润进行再分配。同时，政府也通过财政补贴维持和资助一些暂时微利或亏损企业。

公有制企业产权属性主要表现是：第一，公有产权具有经济实体性。其特征是，必须有一定的财产作为参与社会再生产的前提；必须直接参加社会再生产活动；有自己独立的经济利益。第二，公有产权具有可分离性和流动性。资本产权的几项权利在市场经济里具有可分割性和可转让性，从而可分属于不同主体享有。公有产权可转让和出售给私人和集体组织。第三，公有产权流动具有独立性，即产权一经确定，产权主体即可在法律和相关制度约束范围内自主地运用获得权利，而不受其干扰。

产权的功能是产权作为一种社会强制性制度安排所具有的界定、规范和保护人们的经济关系，形成良好的社会经济秩序，发挥调节社会经济运行的作用。同私有产权一样，公有制产权也具有激励、约束、资源配置和协调财产关系等功能。归根结底，产权是一种物质利益关系。任何人对其产权的行使都是在收益最大化动机支配下的经济行为，没有收益的产权不可思议。财务中的产权所有者被先验地设定为追求收益最大化者。同时，产权对其主体行权时将施加强制性限制。这些限制形成了产权的制度，它约定产权主体能够享有的权利和必须执行的义务。产权的资源配置功能表明，产权制度安排本身含有具有调节或影响资源配置的作用。产权明晰的主体在充分竞争的经济体制下将自动实现资源最优配置。

保护国有产权是公有制产权制度的重要内容。由于法制的不完全性和我国法制建设的相对滞后，使得很多国有资产未得到很好保护。公有制企业产权结构安排对国有产权的占用权限按等级规则加以界定，但对行使国有产权所产生的后果由谁来承担并未严格界定，行为主体的自我约束机制仍需改进。企业受国家之托管理国有资产，企业对资产盈亏负责。企业财产与预算双重软约束，表明公有制产权理论亟待研究和发展。相比西方私有制产权理论，我国公有制产权理论尚处于基本原理探索和创建时期。

---

① “不可分性”表明财产虽然为公众所有，但构成公众的每一成员却不能对财产声明所有权；而“外生性”体现在，每一成员在对公共财产行使权利时，会影响和损害别的成员的利益。

产权模糊总是与外部性和不确定性相关联。如果产权的归属不清晰，必然造成产权拥堵与搭便车行为盛行。如果产权归属清晰但产权保护低效或无效，则当事人会利用财产去损害他人利益，使外部性现象普遍存在。对于国有产权，国家对国有资产拥有的各种权利在法律上已被明确界定。问题的关键在于中央政府国家在国有资产上的各种权利未得到切实有效保护，从而使国有企业低效率和资产流失或浪费。

国有产权的先天安排是政府代理国家行使国有产权。只要政府拥有剩余索取权且剩余索取权具有不可转让性，那么政企分离就很困难。实现政企分离的最有效途径是允许剩余索取权在产权市场上转让。剩余索取权一旦具有可转让性，企业的国有产权性质因流动性而可能改变，由此可能引发资本运营效率增减变化。当剩余索取权与监督权完全由企业主管部门控制时，管理者完全是政府主管部门的代理人，权威源于企业外部，企业与政府之间的信息反馈机制尤为重要。相应地，国有企业的企业文化和知识资产配置也十分重要。

四、资本管理的若干基本定理

（一）一个低负债公司的资本结构实例

马绍尔工业公司是美国第四大电子及工业零部件经销商，其半导体产品收入占销售收入的1/2以上，其供应商包括得克萨斯仪器公司、日立公司和富士公司等知名企业。公司于1954年由戈登·S. 马绍尔创立。公司董事会主席仍是马先生，但他持有股份不足2%，直到最近，当公司宣布其购买电子经销商斯特林电子公司的意向时，公司采用了极少量的长期债务。1997年8月，公司资本结构如表3－2所示。

表3－2 资本结构

资本类型	金额	百分比
长期债务	55000000美元	8.5%
股票市场价值	593000000美元	91.5%
合计	648000000美元	100%

为什么马绍尔工业公司不看重长期债务？以下是创始人戈登·S. 马绍尔回答的相关问题。

采访者：从财务角度看，有一件事情较突出，公司几乎没有长期债务，为什么呢？

马绍尔：我们的公司没有任何理由采用财务杠杆。因为我们能从留存收益中筹得发展资金。我们并不需要债务。

采访者：马绍尔工业公司正处于竞争激烈行业，这是否是公司资本结构的影响因素？

马绍尔：一个重要的因素是我的谨慎个性。正如你知道的，这是一个激烈的行业。我已经历过一些财务上的恶劣时期，我不想把自己置于这样一种处境——任何时候都不得不到一家银行说："你们能贷一些款给我吗？"

采访者：您的公司经销亚洲电子零部件，近来亚洲衰退对您的公司有影响吗？

马绍尔：生产力过剩是个大问题。在亚洲，所有生产力过剩的结果都是价格和利润的持续下降。所以我们的策略是必须扩大规模，使得公司更有效率和更富有竞争力。这就是为什么我们最近收购斯特林电子公司的原因。斯特林电子公司是一家拥有4亿美元的公司，而且现在我们有了财务杠杆。我们目前有3亿美元的债务。

采访者：到最近为止，您的公司几乎没有债务，获利甚丰而且未支付股利。贵公司曾经是敌意收购抑或其他收购行为的目标公司吗?

马绍尔:在历史上,公司大多依赖我(直至任命目前的首席执行官)和我长期以来所建立起来的关系。因此,敌意的收购是不可能的。

同学们是如何看待马绍尔工业公司资本结构问题的?马绍尔工业公司资本结构有何特点?它对公司价值产生什么影响?

(二)处理资本关系和管理资本的基本定理

马绍尔工业公司是典型的私有制企业,其资本关系是资本主义经济关系。该公司的一些经验和教训是什么?首先,它是一家拥有重大无形资产的公司。公司在历史上的成功依靠戈登·S. 马绍尔的领导能力——他的信誉并保持良好信誉的能力。无形资产和低负债比率趋势相关。无形资产会产生财务困境成本,尤其当公司的成功与良好财务关系密切联系时。电子零部件经销是竞争激烈行业,它拥有足够成长机会,亦有经营萧条时期。在经营良好时,马绍尔工业公司采用很少债务,未使用负债进入金融市场。马绍尔工业公司把对自己有利的高融资能力用于与斯特林电子公司的合并。当然,戈登·S. 马绍尔是公司股票持有人之一。所有者控制的公司在财务上趋于保守,财务困境成本的损害远高于所有权分散对公司的损害。

但是,马绍尔先生忘记了,在美国,基于生产资料私有制和完全市场经济制度,投资者的决策选择与投资者个人消费偏好无关这一著名的费雪分离财务定理。在私有制社会,人的私欲具有无限性。于是,人与人之间的个人效用函数难以比较。假使我们同时给甲和乙每人各 100 元钱,他们都很高兴,但我们不清楚他们二人谁更高兴,因为我们不掌握他们各自的资本存量和财务目标。但使用费雪分离财务定理就容易回答该问题。如果资本市场是完全的,它可以在一定程度上避免借款利率有别于贷款利率的冲突现象发生,此时费雪分离定理得以实现。这是因为,作为企业所有者,个人可以将投资决策权授予企业管理者。若不考虑股东个人效用函数的形状,可以不停地选择投资,直到不利的资产项目收益率正好等于由市场决定的收益率为止,从而实现股东财富最大化。这说明,正确的投资决策原则是相同的,它独立于股东的消费时间偏好。企业管理者将会受到所有股东的引导,去选择那些收益率高于市场收益率的全部资产项目。如果投资的资产项目边际收益率等于由市场决定的资本机会成本,那么,股东的财富将会最大化。在完全的市场经济中,市场收益率和市场供求关系,以及企业的成本水平,是企业管理者选择财务决策的决定性因素。

在这里,另一重要的财务定理是,在私有制社会,投资决策与融资决策存在分离性。一般地,一个新投资项目的必要收益率取决于该项目的加权平均资本成本。资产项目的加权平均资本成本可能是企业资本结构的函数,但也有可能不是。这就意味着,企业投资决策与融资决策的相互关系是否具有相对独立性。最简单的可能性是,企业在调整资产项目的特定风险后,可以使用相同的资本结构——企业预设的整体最优资本结构估算所有的资产项目资本成本。如果加权平均资本成本不随着企业资本结构的变化而变化,那么,投资决策与融资决策完全分离。高新技术产品研发和制造企业,其投资决策与融资决策可以适当分离。同财务活动自身存在一定的规律性一样,科学技术发展和产品制造也有各自的变化规律。企业技术研发不能脱离科学技术发展规律。当资本成本、资本结构和企业价值密切相关时,显然二者不可分离。该财务定理涉及另一个极其重要的财务理论,即资本结构 MM 定理。

美国著名经济学家莫迪里亚尼(Modigliani)和米勒(Miller)(简称 MM)1958 年 6 月在《美国经济评论》发表《资本成本、公司融资和投资理论》一文,提出企业资产负债率的高低和变化与企业价值高低无关。同年9月在《美国经济评论》上，他们又发表题为《资本成本、公司融资和投资理论：答读者问》一文，并于1963年在《美国经济评论》上再度发表《税收和资本成本：校正》一文。在这三篇文章中，MM首次以科学、严谨的方法研究资本结构与企业价值的关系，形成了著名的“MM资本结构理论”，为现代财务管理理论的发展作出了重要贡献。他们认为，在无税和无破产成本等假设下，企业价值与其资本结构变化无关。这说明，企业资本预算决策及其必要收益率的选择，无须考虑企业财务杠杆。其含义是，当假设企业确实存在最优资本结构，并且所有资产项目按最优资本结构融资，那么，企业可将投资决策与融资决策分开对待。但是，当假设资产项目有能力改变企业整体最优资本结构，一些项目比另一些项目有更高的能力举借债务，那么，投资决策与融资决策存在相关性。不同的资产项目之所以具有不同的举债能力，主要在于各种资产项目在破产时有不同的抵押价值。

Modigliani 和 Miller 先生在证明其资本结构定理时，使用了著名的“一价定律”财务规则。例如，在证明负债企业的价值等于无负债企业的价值时，Modigliani 和 Miller 先生假设S_U为无债企业U的股票价值，S_L为有负债企业L的股票，B为有负债企业的负债市场价值，K_b为企业负债的利息率，a为购买某一企业股票的比率，$0 \leqslant a \leqslant 1$，U和L虽然债务比不同，但是规模相同，且能产生相等的现金流量。

投资者有两个可以选择的方案，即购买a比率的负债L企业的权益（方案A），举债aB购买a比率的无负债企业U的权益（方案B），对应的投资额和收益如表3-3所示。

表3-3　　A、B方案对应的投资额和收益

方案	投资额	收益
A	aS_L	$a(EBIT - K_bB)$
B	$aS_U - aB$	$aEBIT - aK_bB = a(EBIT - K_bB)$

表3-3中可知，根据一价定律，A方案和B方案的投资收益相等，风险又一样，那么，两项投资的投资价值相等。即：$aS_L = aS_U - aB$，等式两边同时除以α得$S_L = S_U - B$，即

$S_L + B = S_U$，$V_L = S_L + B$，$V_U = S_U$

所以，$V_L = V_U$，原命题得证。

有关资本管理基本定理的证实和应用，将在“公司财务”“数量财务”等专业课程中详细讲授。这里仅解释其基本思想。

思考与练习题

一、名词解释

1. 资本　资本结构　资本循环　资本周转　资本收益率　边际资本收益率
2. 资本管理　资本结构　资本配置　资本关系　全民资本　集体资本　私人资本
3. 资本性质　资本特征　货币资本　生产资本　商品资本　预付资本　资本积累

二、思考题

1. 资本的基本特征是什么？
2. 资本与货币的区别有哪几方面？
3. 资本结构的种类和价值基础是什么？
4. 资本循环与资本周转的过程及其联系和区别是什么？
5. 如何计算资本收益率和边际资本收益率？
6. 马克思社会资本再生产理论及其现实意义是什么？

三、练习题

1. 资本结构：一个低负债公司的资本关系分析。
2. 请查阅、思考世界股票市场和我国股票市场产生发展的历史。
3. 试描写一个有趣的资本故事。
4. 请同学们查阅和测算您所在大学的资本总额。
5. 一部著名资本理论著作的选读和评论。
6. 某上市公司的资本成本水平测试和分析。
7. 试读马克思《资本论》部分章节，并将该著作的写作背景写出来。
8. 试阅读罗伯特·索洛教授的《资本理论及其收益率》著作，并将该著作的主要观点概括出来。

参考文献

[1] 萨缪尔森：《经济学》，中国发展出版社 1992 年版。
[2] 荆新、王化成、刘俊彦：《财务管理学》，中国人民大学出版社 2012 年版。
[3] 斯蒂芬·A. 罗斯等：《公司理财》，机械工业出版社 2000 年版。
[4] 曾建斌：《看故事学财务管理》，广东经济出版社 2004 年版。
[5] 刘建中：《资本配置效率研究》，中共中央党校 2010 年版。
[6] 罗福凯：《财务学的边界》（第二版），经济管理出版社 2017 年版。
[7] 杨志：《论资本的二重性兼论公有资本的本质》，中国人民大学出版社 2014 年版。
[8] 马克思：《资本论》第 1、2、3 卷，人民出版社 1975 年版。
[9] 罗伯特·索洛，刘勇译，王宏昌校：《资本理论及其收益率》，商务印书馆 1992 年版。
[10] 赫尔南多·德·索托，于海生译：《资本的秘密》，华夏出版社 2007 年版。
[11] 欧文·费雪，谷宏伟、卢欣译：《资本和收入的性质》，商务印书馆 2017 年版。

第四章

套　利

第一节　套利的财务故事与评论

套利行为在人们的日常工作和生活中普遍存在。炒地皮、炒房产是典型的套利行为。人们做一件重要事情，往往经过如下步骤：首先调查研究，了解信息，掌握情况；然后制订计划，做出规划和预算；接下来第三步就是征求意见，请自己的长辈或上司修改和审批；第四步是实施计划，具体行动；之后，第五步是评估已实施的行动是否达到计划目的和要求。这五个步骤像一个投资决策过程，该过程的思维方式属于套利理念。大学生本科毕业时再考硕士研究生，实际上很多同学的考研选择属于套利行为。许多考研同学希望通过学历差别，获得一个可观的人力资本价格。那么，什么是套利，其原理是什么？

一、案例描述与评论

社会再生产过程各环节的失衡、市场经济总供给与总需求的失衡，都会产生理性经济人的套利机会。下列四个财务案例，分别反映套利的四种类型。

案例1：商品套利。酱菜在过去经济不宽裕的时代是百姓饭桌上的必备菜品。北方人家餐桌上的玉米饼子和地瓜干或者豆菜团子，如果没有蔬菜就着咀嚼，往往比较难以下咽。老百姓自制酱菜是很平凡的事情。日本人和韩国人特别喜欢胶东地区的花生酱和油炸花生米。青岛的一家食品贸易公司A与胶南市的农民生产商订购了一份收购价格为每斤6.5元花生米3吨的合同。与此同时，该食品贸易公司A又与韩国在威海市的酱菜生产商签订了一份出售价格为每斤9元花生米3吨的合同。并且交货时间相同——花生米的收取与交货在同一天。这样，食品贸易公司A获得了每斤2.5元差价的利润。该笔业务，食品贸易公司A赚取了15000元利润。

同样的案例很多。青岛大学的主校区位于青岛市崂山区与市南区交界处的徐家麦岛村附近。徐家麦岛村原来是一个小渔村，有小型渔港码头，村民以渔业为生。但随着青岛市的城市建设快速扩展，那里的渔港码头已经变成了海洋极地世界娱乐场。可是，徐家麦岛村的鱼市仍然热闹繁荣。青岛大学一位二年级学生李志发现了商机，李志租借了同学一辆摩托车，每天早上5点钟准时到达崂山沙子口渔港码头，以每斤9元的价格购买船舶刚到岸的新鲜黄花鱼50斤；然后约6点钟回到徐家麦岛村鱼市，将50斤黄花鱼以每斤11元卖给鱼市摆摊者，每千克赚取4元差价。在海洋开禁捕捞的鱼市季节，基本上李志每个早上获得100元收入。然后，回到学校上课。

显然，这里的套利就是在同一时间进行低价买进高价卖出的操作。属于商品套利，也是同一商品在两个市场的套利交易，因而也可称之跨市套利。案例1的套利业务是最普遍最容易开展的套利业务，其本钱小，手续简便。由于案例1事先订有商品买卖合约，虽然利小，但无风险。当然，其投入资本可大可小，只要具备少量货币资本即可。

案例2：期货套利。薛北京先生以2017年5月份曾经出现的跨市机会，做了一个套利操作。当时，国内铜进口亏损状况在前期逐步缩小，甚至出现小幅盈利，上海和伦敦两市对应的3个月期铜价比值亦突破了比值区间的上沿，且当时两市的价差结构、展期收益对正套有利，经过多种因素考虑，薛北京先生认为跨市正套机会来临，值得介入。随后，正如薛北京先生预期那样，两市的比值呈现逐渐缩小，且后期又适逢国储抛铜影响，比值大幅降低，最低到达了8.5上下的水平。于是，套利交易获得了丰厚的回报。

薛北京先生以2017年5月17日的正套入市（买伦铜抛沪铜）至6月13日对冲获利平仓，来看其投资收益如何，如表4-1所示。为了更简单地计算投资收益，我们以单手来计算投资资金与回报率。正套资金5月17日在LME买入1手3个月期铜（25吨）并在SHFE卖出5手期铜0608合约（25吨），当时日内两市期价的直接比值最高曾达到9.86，薛北京先生以当时的实际买入价82800元/吨，伦铜的实际卖出价8455美元/吨计算，此时两市的直接比值为9.79，至6月13日，当日沪铜尾市至跌停后又打开，两市对应合约比值达到8.65，薛北京先生认为比值已经达到较为理想的低点，于是对买入沪铜平仓，同时了结LME多头头寸。在不到一个月的时间内，盈利约为273300元（10932×25）；如果保证金按成交金额的10%计算，投资者需要交纳的总保证金约为376300元（15052×25），投资者在不到一个月的时间内资金的回报率竟达72.6%（不计交易手续费等），如此低风险高回报的套利交易实在是值得投资者高度关注，把握时机。

表4-1　　跨市正套盈利估算

时　　间	5月17日	6月13日	平仓盈亏	资金回报率
沪铜0608成交价	82800元/吨	59540元/吨	盈23260元	72.6%
伦3月铜成交价	8455美元/吨	6885美元/吨	亏12576元	
对伦3月铜升贴水		升水31美元	盈248元	
比值	9.79	8.65	合：10932元	

正套盈利＝（82800－59540）＋（6885＋31－8455）×8.01＝10932（元/吨）

保证金＝82800×10%＋8455×8.01×10%＝15052（元/吨）

资金回报率＝10932/15052＝72.6%

这是一个真实案例，不是虚构故事。很显然，案例2是一笔商品期货套利，也是跨市套利的交易活动。与普通的商品套利不同，商品期货套利更加专业，其投资者对货币资本持有量的要求、对法律和财务理论的要求，都比较高。商品期货的套利交易需要投资双方和期货公司共同参与，才能完成交易。

期货交易过程及其原理在以后的“财务工程”课程里会详细讲解。作为财务管理专业一年级学生，在学习“财务学原理”课程时，仅理解期货交易现象和期货概念即可。

案例3：股指期货套利。假设2017年当前3月交割的恒指期货价格为15700点，4月交割的恒指期货价格为15900点，价差为200点。如果投资者张响先生看多近一个月的股市，认为3月和4月合约的价差将会增大，他可以选择同时卖出一份3月合约，并买入一份4月合约。在3月合约到期前，股市果然大涨，3月合约的价格为16300点，而4月合约的价格则变为16700点，价差扩大为400点。在整个套利过程中，该投资者获利了。套利者欲兑现这部分收益，则可按16300点买入一份3月合约，并按16700点卖出一份4月合约，即可实现跨期平仓。

同一实例，郑州商品交易所的白糖商品，以周五结算价计算，白糖901合约价格3928元，白糖903合约价格3949元，价差为21元。而1月到3月的合理持仓成本为90元左右，其中：

仓储费=0.4×30×2=24（元）（0.4元/吨·天，按两个月计算）

交易费=3×2=6（元/吨）（以30元/手计，1手10吨，买卖2次）

交割费=1×2=2（元/吨）（买卖2次）

占用资金利息=4000×6%/12×2=40（元）（按照资金年利率12%，资金占用2个月计算）

增值税=10~15元（增值税按17%计算，白糖901和白糖903的交割价格暂时不能确定，估计差价在80~100元之间）

理论上就出现了买入903卖出901合约的套利机会。

操作建议：买入白糖903合约，同时卖出白糖901合约，大概有60点的盈利空间。

可见，这是跨期套利，也是股指期货套利交易，相对比较复杂。在同一交易所相同商品但不同交割月份的期货合约间进行套利，利用的是不同交割月份的不合理价差。具体地，则是在同一期货品种的不同合约月份建立数量相等、方向相反的交易部位，并以对冲或交割方式结束交易的一种操作方式。

如前所述，财务管理专业一年级学生在学习“财务学原理”课程时，主要了解股指期货交易现象和股指期货概念。其具体交易过程及其原理，将在“财务工程”课程里详细讲解。但应注意，做好跨期套利，首先要清楚不同交割月份的价格关系。在交易所上市交易的每种期货合约都有两个以上的交割月份，其中离现货月较近的称为近期合约，离现货月较远的称为远期合约。当远期合约价格大于近期合约价格时，称为持仓费市场或正向市场；若近期合约价格大于远期合约价格时，称为逆转市场或反向市场。在正向市场中，远期合约价格要高于近期合约价格，由持仓费的大小所决定。持仓费是从近期月份到远期月份之间持有现货商品支付的各种费用，包括仓储费、交易费、交割费、占用资金利息、增值税；反向市场往往由于近期需求相对过大或近期供给相对短缺，导致近期合约价格超过远期合约价格。反向市场的套利有很多不确定因素，风险相对较大。跨期套利按操作方向的不同又可分为牛市套利和熊市套利，其本质都是对不同交割期的合约同时进入低买高卖。牛市跨期套利从价差看，投资者看多股市，认为较远交割期的股指期货合约涨幅将大于近期合约的涨幅，或者较远期股指期货合约跌幅将小于近期合约的跌幅。从价值判断角度看，则认为远期的股指期货价格应高于当前远期的股指期货交易价格，当前远期股指期货价格被低估。因此，做牛市套利的投资者会卖出近期的股指期货，并同时买入远期的股指期货。

案例4：统计套利。古代的天津港博彩业比较发达。新中国成立后的南开大学财务管理专业依然比较强势。程新生教授是著名的财务学家，他在给学生讲授财务学原理课时，讲过一个讨价还价的博弈案例。内容是：有两个信封，每个信封里装有一定数量的现金，其具体数目可能是5元、10元、20元、40元、80元、160元、320元或者640元，而且一个信封里的钱恰好是另一信封里的钱数的2倍。这是预先告诉大家的信息。现在，程教授把两个信封拿出来，一个交给张三木同学，一个交给李四风同学。两个信封被他们打开之后，他们有一个交换信封的机会：如果双方都想交换，老师就让他们交换。注意，在交换信封之前，各人信封里有多少现金，只有他们自己知道。程教授是这场博弈的主持人，但程教授不赚取"抽头"，他的目的是讲授博弈知识和套利过程。

游戏开始，李四风打开他的信封，发现里面装了40元钱。李四风心想：张三木得到20元和80元的概率是一样的。因此，假如自己与他交换信封，期望回报将等于（20+80）/2=50元，大于李四风手里现在的40元。对于数目这么小的赌博，对方信封里可能装有20元钱的风险并不可怕。因为期望回报是50元，所以交换信封符合李四风的利益。运用同样的推理，张三木同学也希望交换信封。因为，张三木打开信封发现里面无论是20元（他估计对方手里有10元或是40元的机会各占一半）还是80元（此时，他估计对方手里有40元或160元的机会也是各占一半，平均值为100元，也比自己手里的80元多），都符合张三木的利益。

然而，张三木和李四风都产生了疑问：为什么我们俩都愿意交换？难道有双赢的赌博？因为双方交换信封不可能使我们俩同时都有所增收，信封里的现金不可能因为交换就变多了。面对不确定性，理性经济人的决策应该以行为的期望收益为依据。赌博不会增加财富，如果双方期望收益判据是科学的，那么，双方的期望收益之和应该为零。张三木和李四风都在想：如果是理性人，就不会发生双方同时愿意交换信封的事情。很快，张三木和李四风又都发现，刚才的推理只考虑自己，未考虑对方交换信封的意愿承载的信息。正确的思维逻辑是，应该从甲方角度考虑乙方的思维过程，然后，从乙方的角度想象甲方可能会怎样看待乙方，最后，再回到甲方的角度来考虑甲方如何看待乙方对甲方的看法。如果这样思考，可能就解决了问题。

至此，程教授听取了张三木和李四风的新想法后，很满意。因此，就重新安排了另外两位同学——夏小云和宋大兰，继续做这个游戏。程教授讲，这是一个统计套利的案例，运用统计数据的测算进行判断和选择。而且，这也是经常会发生的一种套利行为。

夏小云打开自己的信封，发现里面有640元现金。她知道，自己得到的现金数目比较大，已经封顶。因此，她马上报告程教授，她不愿意参加交换活动。程教授未等宋大兰开口讲话，就要求夏小云讲自己不愿意参加交换的理由。夏小云道：既然自己在得到640元时不愿交换，那么，宋大兰在得到320元时也应该拒绝交换，因为宋大兰得到320元条件下自己愿意交换的唯一情况是自己得到160元。既然是这样，因此，宋大兰的优势策略是保住自己原来得到的320元。不过，如果宋大兰在她得到320元的时候不愿交换，那么，自己就不该在得到160元时提出愿意交换信封，因为交换只会在宋大兰得到80元的情况下发生。如此一步一步推理，我们就会知道宋大兰在她得到40元的信封时也不肯交换。进而自己发现，即使自己信封里有20元时也会明白，交换信封不会给自己带来任何好处。自己不会用20元交换宋大兰的10元钱。所以，唯一愿意交换信封的人，一定是信封里只有5元钱的那个倒霉蛋。当然，这时候对方也一定不肯参加交换。

程教授接着说，同学们，如果博弈双方都具有多看几步的理性思维能力和财务知识，那么，提出希望交换信封的那个人的信封，一定是不如对手的信封那么诱人。别人的信封似乎更诱人。所以，正确的结果是，要么两人都不想交换信封，要么只有一方希望交换信封，但对方从发这个提议里已经判断自己的信封更加诱人。一般地，交换也就不会发生。同学们，根据期望收益进行财务判断的规则没有错。问题是，参加游戏的同学忽略了 5、10、20、40、80、160、320、640 这个从 5 开始倍增的数列只是一个有限数列，它只增加到 640 为止。如果数列是向右倍增，向左减半的两头无限的数列，上述以 40 为例得到交换的期望收益比不交换大的计算，将适用于数列中的任何一个位置。换言之，不论你拿到的信封里装了多少现金，交换的期望收益总比手持的现金数额大，所以应提出交换，避免错失良机。

在不考虑信息问题的情况下，上述以 40 元为例的期望收益计算对数列两端不适用。如果把信息问题考虑在内，那么，正如刚才我们所做的游戏，上述以 40 为例的期望收益计算要想适用于数列中任何一个位置，其前提条件就是无限数列。即两个信封里的现金数目是向右倍增、向左减半的两头无限的数列中相邻的两个数目。上述游戏，只有是否交换信封这一决策属于博弈，而且其隐含条件是有限数列。如果是无限数列，你一定有理由要求交换信封。当然，这个游戏的另一个隐含条件是风险中性经济人。如果张三木和李四风都是风险厌恶者，那么，期望收益规则不仅对“有限数列”博弈不成立，即使是“无限数列”博弈也未必成立。虽然套利活动风险很小甚至没有风险，但风险偏好类型确实是财务活动的重要假设之一。

二、套利的优点和缺点简要描述

我们知道，只要市场经济供求关系失衡，或者社会再生产过程各环节中断或失衡，就会出现套利现象。市场经济是市井百姓的套利经济。市场经济均衡往往都是暂时的和相对的，诚然，市场经济失衡也是暂时的和相对的。市场经济的运行就是在均衡—失衡—再均衡的过程中循环往复地持续前进。因此，套利行为是一种普遍的长期的经济现象。在期权产生之前，社会经济的全部领域或所有产业几乎都存在套利机会和套利现象。套利机会是指能够在一些情况下获得正的收益，在任何情况下都不会得到负的收益，并且不需要净的初始投资的投资策略。在期权产生之后，套利业务开始有所收敛。期权是解决套利问题的有效工具。套利作为一种财务行为，从其自身而言有优点亦有缺点。

从案例 1 可以看出，套利业务不需要很多货币资本投入，收回期很短，也很节省时间。简单的商品套利业务可以作为业余工作来做。案例 1 中的李志同学可以不侵占自己的学习时间。食品贸易公司 A 也可以不影响公司主营业务。由此看来，如果把套利视为一种业务，那么，套利就是社会再生产过程和市场经济里实业活动之外一项独立的财务活动。只要具备少量的必要货币资本，就可以开展套利业务。尽管李志一个月的收入可能远远少于徐家麦岛鱼市的摆摊者收入，可是，李志的主业——学习从来没有耽误。李志每天最多做一单，效率高，成本低，理论上没有风险。从整个社会看，成千上万个李志，就可以弥补鱼市供求关系的不平衡。当然，商品套利业务的结果是微利，而且其利润越来越小。这是套利的缺点之一。套利在性质上是一般生产活动和一般流通活动之外的经济人调节社会再生产过程非稳定性和非均衡性的一种财务机制。

从案例 2 看，套利交易风险小，回报稳定。否则，对于那些大额货币资本持有者而言，如果单边重仓介入股市或债市，将面临持仓成本较高和风险较大的不足，其结果，要么高额收益，要么巨额损失。同理，即使对于货币资本较少的持有者，如果仅仅单边轻仓介入股市或债市，虽然可能降低风险，但其机会成本、时间成本也较高，收益仍然不确定。总之，无论是大额资本单边重仓，抑或小额资本单边轻仓介入股市债市或期市，均难以获得较为稳定和理想的回报。而套利策略的财务安排，大额货币资本以多空双向持仓介入期市，即套利交易，则既可回避单边持仓所面临的风险，又可能获取较为稳定的回报。

中外企业实体经济是社会经济发展的主题。套利虽然是一种普遍存在于各行各业的财务行为，但它毕竟是经济失衡的产物。因此，套利更多的是一种财务机制，尤其在我国市场经济尚未非常发达的情况下，套利主要是一种财务理念和财务机制。套利机制的优点主要如下：

1. 套利的现金流量波动率很低。由于套利交易博取的是不同合约的价差收益，价差具有很低的波动率，由价差形成的收益及其波动率更低。一般商品的供求关系经常变化，市场供求变化莫测，从事实业投资的现金流量波动率很大。套利属于补充性财务投资，其价差的每日内波动往往很小，只需要每天监控几次甚至更少。实业投资的业务量波动较大，其现金持有量也需要与投资业务量相适应，以防止可能的较大损失。但利用套利交易，则很少有这种担忧。

2. 较低的有限风险是套利机制的另一个显著优点。正因为如此，套利机制又被称为无风险套利原则。由于套利行为的存在以及套利者之间的竞争选择，期货合约之间的价格偏差会得到纠正。考虑到套利的交易成本，期货合约之间的价差会维持在一个合理范围内，所以价差超过该范围的情况是不多的。这意味着你可以根据价差的历史统计，在历史的高位或低位区域建立套利头寸，同时，你可以估算出所要承担的风险水平。套利是同时买卖两个高度相关的期货合约，也就是构造了一个由两个几乎完全负相关的资产构成的投资组合，该组合的风险自然大大降低了。理论上，无限多的套利行为会弥补市场经济失衡，其差价也逐渐趋近于零。

3. 许多套利交易具有对冲特性，可以对涨跌和停盘提供保护。由于某些不可预见的重大政治事件、恶劣天气和政府政策变化等原因，期货价格可以暴涨暴跌，有时甚至引起涨跌停而使价格封死在涨跌停板上而无法成交。特别是，一个做反了的单边交易者在能够平仓之前会损失惨重，这往往会造成交易者的账户亏空而需要追加保证金。但在同样的环境下，套利交易者基本上都受到保护。

4. 套利的收益风险比率更具吸引力。虽然每次套利交易收益不是很高，但成功率高，这是由价差的有限的风险、更低的风险，以及更低的波动率特性带来的好处。与一般的实业投资和期权投资相较而言，套利的收益与风险比率更加合理。在持有单边头寸的多空双方激烈争夺过程中，套利者往往可以择机介入，轻松获利。

5. 套利业务的价差比一般产品生产和流通的价格更容易预测。不论物质产品市场上的产品价格，还是资本市场里的期货价格，由于其较大的波动率而往往难以预测。在市场繁荣时，一般产品现货价格和期货价格都会涨得很快很高，而在市场下跌的熊市中，产品现货价格和期货价格也都会有时跌得出乎意料的低。套利交易不是直接预测未来现货和期货合约的价格变化，而是预测未来供求关系变化引起的产品交易价差的变化。差价本身的变化幅度比较小，预测差价比预测产品完全价格的难度小很多。决定未来影响商品价格的供求关系是十分复杂的，虽然有规律可循，但仍然包含许多不确定性。而预测价差的变化，不必考虑所有影响供求关系的因素。由于两种期货合约的关联性，许多不确定的供求关系只会造成两种合约价格的同涨同跌，对价差的影响不大，对此类供求关系可以忽略。预测两种合约间价差的变化主要关注各合约对相同供求关系变化反应的差异性，这种差异性决定了价差变动的方向和幅度。

当然，套利业务也有自身的不足。

首先，随着信息的共享和对称，套利的收益率会降低，其潜在收益受到限制。当投资者限制了风险，也可能在一定程度上限制了收益。因此，套利策略的选择应视其风险大小和时间长短，并在效率与未来收益的有限性之间权衡而定。

其次，套利机会的多少与市场效率高低成反比，市场经济越均衡，套利机会越少。人们很难发现极好的套利机会。极好的套利机会很少频繁出现。套利机会的多寡与市场的有效程度密切相关，市场的效率越低，套利机会越多；市场的效率越高，套利机会越少。发现极好套利的信息搜寻成本较高。

最后，在一些特殊情况下，例如产品严重错误定价立即被纠正，套利者可能也会受到损失。当物流行业高度发达、信息高度共享、生产过程及其组织工作高度智能化，产品差价极小，社会经济接近均衡，套利行为可能就没有市场了。这说明，套利还是有一点风险，风险来自于价格偏差继续错下去。资本市场里合约之间的强弱关系往往在短期内保持“强者恒强，弱者恒弱”的态势。如果这种价格偏差最终会被纠正，套利者在这种交易中也不得不遭受暂时的损失。如果投资者能承受这种亏损，最终就会扭亏为盈，但有时投资者无法熬过亏损期。况且，如果做空的合约遇到挤空现象且持续到该合约交割，那么价格偏差将无法纠正。此时，套利交易将会失败。

三、极值与财务决策

极值是极大值和极小值的统称。一般地，收益极大值是套利产生的原因之一。勇于进取和钻营，以及不安分现状是人们选择套利的重要因素。财务学里的无套利假设相当于经济学中的效用函数严格递增假设。前者适合用于资产价值评估和分析，后者适合用于市场均衡分析。在许多财务实例中，个人进行财务决策时总是选择价值最大化的方案，而不太考虑个人的消费偏好和风险偏好。这种做法，正好符合欧文·费雪的分离原理——投资决策的选择与投资者个人消费偏好无关。例如，有一个项目有 A、B 两个方案可供选择，A 方案现在得到 100 元，B 方案现在得到 95 元。你应该选择哪个方案？

如果有另外的一个人加入选择，你就不得不猜测一个陌生人——一个你完全不知道其消费偏好和风险偏好及其未来计划的人，他会选择哪个方案。如果你认为这两个方案的其他各方面都相等，你肯定会选 A 方案，因为财富多多益善。但是，现实里很少有这样简单而直观的实例。你需要了解该资产项目的性质，这是一个什么投资项目。假如该选择是一个风险特别大的股票和一个十分安全的公司债券之间进行。该陌生人厌恶风险，而且对股票未来的价格也非常悲观。因此，鉴于陌生人对风险和股票未来价格的心理状态，预计陌生人会选择安全性较高的公司债券。但是，即使是陌生人最后确实很想投资于比较安全的债券，他也应该选择投资股票。为什么？因为陌生人可以先出售股票获得 100 元，再花费 95 元购买债券。只要手续费等交易成本总额少于价差 5 元，陌生人选择股票获得的收益就更多。在这里，理智地进行财务决策选择的基础是价值最大化，陌生人的风险偏好和对未来收益预期可以忽略。然后，有价证券市场应提供价值评估方案所需的信息。同个人一样，公司也是根据价值最大化原则进行财务决策。公司财务管理者会面临如何进行资本预算、筹资决策和风险管理等决策，又由于委托代理关系的原因，公司财务人员只能以股东财富最大化为依据进行财务决策。

极值是一个数学概念。财务活动中的套利行为会经常利用极值方法解决财务问题。套利是财务学概念，套利行为的理论基础是经济学。数学只是套利活动的基础性工具。人们组织套利活动应以经济学理论和财务管理思维模式开展工作，牢记资本均衡配置、成本收益法则、股东财富最大化，以及一价定律等基本原理。即使人们牢记这些财务理论，对于同一经济事项也可能也会有不同选择，因为经济理论内容很多，每个人所依据的经济理论可能存在差异。所谓“头脑一根筋”，说的就是只认准某一事理，忽略其他事理。两样东西，相同还是不同，张三和李四可能有不同的见解。这种见解差别源于不同的理论和视角。一本小说和一本数学手册，对读者而言是很不一样的，但到了废纸收购站，如果都是半斤，都是一样的纸张，都是16开本，就没有不同了。爸爸到商场买了2斤熟牛肉、2只烧鸡和2个大面包回到家里，对于挨饿的孩子们来说会激动不已。但对数学家来说，都是相同的数字2而已。烧饼、煎饼、月饼，对数学家来说都是相同的圆。套利活动会经常用到数学知识，但套利是财务问题，数学是财务的工具。如果有人对数学不感兴趣，可以不使用数学而寻找其他工具。毕竟，财务管理中的数学知识在数学王国里只是沧海一粟。同其他科学一样，财务管理也有自己的工具。

在数学里，如果函数在某点的值大于或等于在该点附近任何其他点的函数值，则称函数在该点的值为函数的极大值。如果函数在某点的值小于或等于在该点附近任何其他点的函数值，则称函数在该点的值为函数的极小值。函数在其定义域某些局部区域所达到的极值是相对最大值或相对最小值。这里的极大和极小只具有局部意义，因为函数的一个极值只是它在某一点附近的小范围内的极大值或极小值。函数在其整个定义域内可能有许多极大值或极小值，而且某个极大值不一定大于某个极小值。函数的极值通过其一阶和二阶导数来确定。

公司财务决策者应该如何获得投资机会和资产价值呢？一般地，人们可以从电脑网络、报纸和电视里获得该资产的市场价格，但是有些资产不在市场上交易而难以查到它们的价格信息。在这种情况下，为了比较各方案，需要计算它们交易的预期价格应该是多少。因此，资产价值评估是通过收集一个或多个现在已知市价的可比资产，以测算该资产的价值。如果市场上存在某种资产与需要测算的资产相等，而且我们知道其现在的价格，那么，一价定律就发挥作用了。

可见，资产价值与价格之间的关系，有价证券价格和利率，以及价值最大化假设与财务决策的选择等，均与套利策略有关。而套利的产生，归根结底在于社会再生产过程失衡。经济活动失衡是套利产生的土壤。社会政治、文化、科技、教育、医疗体育与经济之间的失调，则为套利之树的生长浇灌和施肥。

第二节 社会再生产过程综合平衡与失衡

如何识别套利机会，我们需要熟悉社会再生产过程。我们已知，当市场交易发生不公平和价格出现漏洞时，套利就出现了。因此，当社会再生产过程秩序良好、结构均衡，以及市场供需均衡时，套利行为就难以发生。无套利原理实际就是市场经济均衡理论的体现，无套利与市场均衡等价。所以，套利是经济失衡的产物。

一、经济均衡是生产与消费的均衡

自然界是各种事物有秩序地和谐运动和均衡的统一体。客观事物的发展一般主要由其内部矛盾运动作用所引起，事物的内外部矛盾共同作用，推动着事物向前发展。没有宇宙世界结构的均衡，就难有时间和空间的恒动发展；没有原子结构或分子结构的均衡，就难有事物的存在；没有社会结构或要素的均衡稳定，就难有社会良性发展；没有经济结构或要素均衡比例的保持，就难有经济持续健康发展。所以，均衡是客观事物发展变化的一种规律性，它是客观事物通过其系统内部组织各要素间的逻辑关系及其与外部环境相互作用形成的发展变化规律。

经济均衡是社会再生产过程中内部矛盾均衡的结果。只有生产过程均衡、市场交易均衡，以及生产与市场之间的均衡，经济发展才具有可持续性和均衡性。生产与市场均衡的实质是生产与消费的均衡。在物质产品市场上，每个消费者或购买者都具有自己特有的消费偏好，他们按照各自的消费偏好购买商品，全部消费者购买的叠加就形成了市场总需求，与各种不同需求价格相对应的所有市场需求的集合就构成了需求曲线。同样，每个生产者或供应者都按照自己的预期进行生产和销售，全部生产者生产预期的叠加就形成了市场的总供给，而与各种不同的供给价格相对应的所有市场供给的集合就构成了供给曲线。在供给曲线和需求曲线的相交之处，总供给等于总需求，商品市场达到均衡，从而产生市场均衡价格。商品均衡价格的形成，使人们找到了商品市场供求的均衡点。

与物质产品市场相似，在资本市场上，主要是二级资本产品市场，每一投资者都拥有自己的效用函数，有自己对各种资本产品的评价标准，投资者按照自己的效用函数和评判标准进行证券投资决策。所有投资者个体投资行为的集合，就构成了资本市场上全部投资者的集体行为。所有投资者的购买集合就形成了资本产品的总需求，而所有投资者的出售集合就形成资本产品的总供给。当总供给等于总需求时，亦即当作为购买一方的投资者把全部资本产品都买下来时，资本市场就实现了均衡。在这里，资本市场的均衡实际依赖于企业投资与筹资、投资者与消费者资本配置均衡、财政收支与货币金融业务均衡，以及国民经济结构综合平衡。同时，还依赖于经济发展速度、质量与结构的均衡，以及自然与社会的均衡。在一般的商品市场上，可用供需曲线的均衡价格来描述供求关系与价格水平，找出商品市场供求的均衡点。在资本市场上，如何描述资本产品的供求关系及其价格水平，则是财务学需要解释的问题。很明显，解释该问题，需要我们了解社会再生产的全过程。

二、社会再生产过程的均衡

（一）社会再生产过程

社会再生产过程主要是人类社会物质资料的生产过程。该生产过程是劳动者、劳动资料、劳动对象和管理制度以及科学技术等生产要素有机结合的过程。在市场经济制度下，人们以一定的方式把生产要素结合起来，按照社会需要和自己设想的目的，在一定的制度安排下，运用劳动资料和科学技术，加工劳动对象，改变劳动对象的形状、性质或地理位置，使被加工的材料制成产品满足人们生产和生活需要。马克思主义经济学认为，社会再生产过程由生产、分配、交换和消费四个环节构成，这四个环节既相联系又相区别，相互影响、相互作用。生产决定着分配、交换和消费；分配、交换和消费又反作用于生产。同时，分配、交换和消费三个环节之间也相互影响。在这里，社会再生产过程里的生产、分配、交换、消费均有自己的概念，其中，生产是以一定生产关系联系起来的人们，利用生产工具改造自然，创造适合人们需要的物质资料的过程。该过程也可简略表述为人们通过劳动创造产品的过程。分配指已生产出来的产品，通过一定形式被社会成员所占有的过程。交换指人们相互交换劳动产品的过程。在商品经济条件下，这种交换是在等价基础上的商品交换。消费指人们为维持自身的生存和发展需要而对各种生活资料的使用和消耗过程。

生产决定分配，首先表现在生产决定着分配的对象。被分配的对象是生产出来的产品，没有产品不可能有分配。其次，生产决定分配的性质和方式。生产是建立在一定的生产资料所有制基础上的生产，生产的这种社会性质只有通过分配的性质和方式才能反映出来。生产的性质是资本主义的，那么分配的性质必然是资本主义的。生产的性质是社会主义生产，其分配的性质也应是社会主义性质。

同理，生产决定交换，首先在于生产决定交换的产生和发展的程度。没有生产过程中的社会分工，就不会产生产品的交换。生产过程中，社会分工越发展，交换发展的程度也会越高。其次，生产决定交换的规模。同样，生产的规模越大，可供交换的产品的数量就越多，交换的规模就越大。

当然，生产也决定消费。生产决定消费的对象。人们要消费，就必须有消费的对象，要有食品、衣服和房屋。这些消费对象是在生产过程中生产出来的。而且，人们的消费方式、消费质量和消费水平在某种程度上也取决于生产方式、生产质量和水平。

另一方面，分配、交换和消费对生产具有反作用。分配是生产要素的重新配置，对生产发展具有重要作用。分配是社会再生产过程的必要环节。如果没有分配，产品的交换和消费就成为无源之水。同理，交换和消费的效率也对生产具有重要影响。交换为生产提出新的需求，消费为生产创造出新的动力。消费是生产的最终目的，消费为再生产创造出劳动力。如果没有交换，产品就难以达到消费者手中。如果没有消费，生产过程就失去平衡。

从物质资料生产活动的全过程来看，生产是起点，产品被生产出来后，在各社会成员之间分配，“分配决定产品归个人的比例”（马克思语）；把分配得到的产品让渡给其他社会成员，以换回自己所需要的产品，就是交换，把交换得到的产品进行使用和消耗，用来满足自己的生活需要，这就是消费；消费是全过程的终点。四个环节中，生产、分配、交换、消费的次序不宜颠倒，因为它们是有严格的逻辑和实际联结顺序的。一般来说，生产是起点，消费是终点，比较好理解，分配和交换为什么不能颠倒次序呢？这是因为，交换即交换劳动产品，其实质是人们彼此让渡产品所有权的行为，人们让渡所有权的前提是确认物的所有权。因此，必须经过分配环节，确认劳动产品的产权归属，才谈得上交换。在市场经济制度下，交换实质是依照个人需要把已经分配的东西再分配。物质资料生产活动如果没有交换是否可行？如只有生产、分配和消费，社会再生产过程是否可以继续？例如，我们生产粮食，然后将粮食进行分配，不经过交换，就把粮食吃了。对此，表面上可行，事实上不可能。在社会经济生活中，就某一种单个特定的产品而言，或者就人类生产的某一特定阶段如不存在社会分工的原始社会来说，可以没有交换环节。但是，人类社会出现分工以后，某一个企业或家庭个人依照社会分工只生产几种或一种产品甚至是一种产品的一个部分，人们所要消费的全部消费品不可能全由消费者自己生产，大部分甚至全部产品都要通过交换，才能进入消费。商品经济条件下，货币这种一般等价物的形式成为社会通行的分配方式以后，用货币收入购买生活消费品即交换更加成为普遍方式。社会再生产过程各环节相互联系和制约。如果社会再生产过程四个环节的运行出现了障碍，那么，一般地，应该是某一环节出现了问题。社会再生产过程的任一环节出现了问题，都会妨害社会经济的可持续发展。套利活动是人们修复社会再生产过程某一环节发生症状的财务行为。

（二）社会资本再生产过程及其均衡的实现

社会资本再生产过程是社会再生产的资本化过程。在这里，社会资本是指企业资本之外的社会居民和其他机构等社会成员所持有的资本。换言之，企业资本所有者之外的社会成员所拥有的资本称为社会资本。社会资本的再生产（Reproduction of the Social Capital）是通过各个不断循环运动的资本相互交错、互为条件而实现社会总资本的重新配置和重新创造。社会资本再生产理论是资本循环与资本周转理论的继续应用，也是资本流通理论的重要组成部分。社会资本再生产理论的前提是根据产品使用价值的最终用途，把社会总产品划分为生产资料和消费资料两大类，相应地把社会生产分为生产资料生产和消费资料生产两大部类。同时，又把每个部类的产品从价值上划分为不变资本 C、可变资本 V 和剩余价值 M 三个组成部分，这三部分价值同每个产业、每一企业、每一产品的价值组成相一致。社会生产划分为两大部类和每部类产品的价值划分为三个组成部分，是马克思创立社会再生产理论的两个重要前提。很明显，生产资料生产和消费资料生产两大部类的均衡发展，生产资料和消费资料的需求均衡，社会再生产均衡和经济均衡才可能实现。

社会资本再生产运动的核心问题是实现社会总产品生产与消费的均衡。社会资本再生产运动与单个资本再生产运动相比，它不仅包含预付资本运动，而且包含剩余价值运动；不仅包含生产资料消费，而且包含生活资料消费；不仅包含资本流通，而且包含一般商品流通。因而，在单个资本再生产运动中，作为外部条件的货币资本转化为生产资本、商品资本转化为货币资本，即商品流通过程中实物替换和价值补偿可以顺利而正常地实现。但在社会资本再生产运动中，这些条件，却由外部条件转化为内部因素，成为必须解决的核心问题。也就是说，必须解决货币资本所有者如何以及从哪里取得生产资料，社会成员和生产劳动者如何获得和从哪里获得消费资料，这些问题得到解决，社会总产品的各个部分才能实现价值补偿和实物替换。因此，社会资本再生产过程的核心问题是实物替换和价值补偿的实现问题。所以，以实物为基础的生产是社会资本再生产的物质基础。从财务视角看，社会资本的循环周转是按照货币资本、生产资本、商品资本和货币资本的顺序，依次交替和转化循环，最终完成一次周转。并且，周转最后一个环节的货币资本数额一定大于周转开始的货币资本数额，这是因为社会资本会产生一定的收益，否则，社会资本循环周转就难以为继。

简单再生产与扩大再生产两大部类内部的交换关系和两大部类之间的交换关系，都是按照一定比例实现的。这些比例关系就其内在联系看，主要有社会生产和社会需要的关系、生产资料生产和消费资料生产的关系、积累和消费的关系、实物替换和价值补偿的关系、简单再生产和扩大再生产的关系，以及内含扩大再生产和外延扩大再生产的关系等。社会资本再生产两大部类的平衡关系是社会再生产可持续发展的必要条件。因此，社会资本再生产两大部类的平衡，包括价值平衡——第一部类当年可变资本价值加剩余价值必须和第二部类不变资本价值相平衡；实物平衡——第一部类当年生产的相当于新劳动量的生产资料必须和第二部类已消耗掉的相当于旧劳动量的生产资料相平衡；价值和实物之间的平衡——第一部类当年购买消费资料的支付能力必须和第二部类所提供的商品量相平衡，第二部类当年购买生产资料的支付能力必须和第一部类所提供的商品量相平衡。

三、经济失衡产生套利活动

当人类社会有了种族、国家、地区的组织建设和发展，以及地理空间和历史文明发展的差别时，人类活动的失衡就发生了。当社会再生产过程的生产、分配、交换和消费等环节发生中断和秩序混乱时，生产与分配便失衡，继而生产与交换失衡、生产与消费失衡，再生产过程中的产权保护和价格公平就会遭到非理性干扰。此时，产品价格漏洞百出，财权价值受损，于是，套利就会产生。漏洞不补，危机四伏。套利的发生是财务活动的客观现象，因而套利的存在是必要的。在有效的市场上，市场价格必然会通过套利行为进行相应的调整，使之重新回到供求平衡的均衡价格位置。这就是无风险套利原则。根据这个原则，在有效的要素市场上，任何一项产品和生产要素资本的定价，应该使得通过该产品或生产要素资本进行套利的机会不复存在。经济学认为，两份相同的资产在两个市场中的报价必然相同，否则，市场参与者就可以进行无风险套利。即在一个市场里低价买进，同时在另一个市场上高价卖出。最终，原来定价低的市场因对该产品或要素增加而使其价格上涨，而原来定价高的市场里因对其需求下降会使该产品或要素价格下跌，直至两个市场里的最后价格相等。此时，人们就停止了套利行为。因此，在财务学上，套利可以理解为一个能够产生无风险收益的交易策略。当然，有些套利策略存在一定的风险，但风险很小。

人类社会的经济活动是由经济均衡和经济失衡组成的。经济发展实际是经济活动均衡、失衡、再均衡的发展过程。

第三节　单期和多期的套利定理

一、斯蒂芬·罗斯的无套利原理

美国麻省理工学院财务学教授斯蒂芬·A. 罗斯教授是套利定价理论的创立者，也是风险中性定价和衍生品二叉树定价模型的共同发现者。他指出，“无套利原理，即财务学的基本定理”（2005）。同时，一价定律（Law of one Price，LOP）是无套利最重要的特例，也是远期汇率平价理论的基础。假设 s 为即期人民币对美元的汇率，f 为 1 年期人民币对美元的远期汇率的即期报价，于是，一价定律就意味着存在一个在这些汇率以及中国对美国国内利率之间的确定关系式。考虑到人们参与下面一系列交易的情形，其套利活动的做法及其原理可描述如下。

首先，市场参与者贷出期限为 1 年的 1 元人民币，人民币的国内利率是 r，于是，一年后市场参与者的回报将是（1 + r）元人民币。同时，市场参与者可以签订远期合约以保证一年后他们能够获得美元。由于 f 为 1 年期人民币对美元的远期汇率的即期报价，所以，1 年后他们能够获得（1 + r）f 美元。因为这是他们 1 年后能够得到的美元，所以他们能够在美元市场上借入相应数量的美元。假设美元的利率为 r_a，那么，他们能够借的美元数量应为：

$$\frac{(1+r)f}{1+r_a}$$

然后，因为人民币对美元的即期汇率为 s，于是，他们可以把这个数量转换为今天要付出的人民币数额：

$$\frac{(1+r)f}{(1+r_a)s}$$

如果这里提到的数额不等同于投资者初始投入的 1 元人民币，那么，这个在国内贷出人民币、在国外借入美元，并且利用远期和即期汇率市场进行货币资本转换的循环将是一个套利机会。所以，在普遍意义上，无套利或者特殊的一价定律均要求：

$$(1+r)f=(1+r_a)s$$

这说明，通过现在采取国内贷出人民币而且用远期汇率将人民币换成美元，与现在直接在即期市场上用人民币购入美元并且在国外债券市场贷出，两种方式在 1 年后获得的美元数额是相等的。

在实际操作中，上面的平价公式几乎在所有外汇市场上都是成立的。至少对场外的观察者而言，上面提到的通过汇率来套利是不可能的。因为这些市场的流动性和市场深度都很好，所以，无套利是必然的结论。否则，具有如此好的流动性和深度的市场会使得任何可以被察觉到的套利机会以无限制的规模进行套利。但是，有些市场有时候会因为证券被错误定价而存在明显的套利机会，典型的情况是，证券本身在市场上的供给是有限的。

尽管一价定律可以很好地解释无套利原理或无套利假设的作用，但它并未完全抓住消除套利机会的内在含义，从而多少会出现一些误导。并不是所有的套利可能性都涉及两个具有相同现金流量的不同持仓头寸。套利也可能是建立在两个具有相同成本的初始投资持仓头寸，但其中一个却在任何情况下都比另一个得到的现金流量更多。为了分析这种可能性，就需要引入跨期和不确定性等概念。套利、跨期、风险和资本配置等概念密切联系，它们都是财务学的基础范畴。所以，无套利原理是财务学的基本定理。对此，需要在以后章节里讲授。

在这里，我们需要记住：一个套利机会是指一个在任何情况下都没有负回报而在某个状态下有正回报的套利组合。如果使用财务模型表示，那么，套利机会是一个满足 $P\eta \leqslant 0$，并且 $G\eta > 0$ 的投资组合。

其中，第二式中至少对 $G\eta$ 的一个元素来说，不等号严格成立，或者表示预算约束的第一个不等式是严格成立的。关于无套利原理，还可以这样理解：人们不能放弃生产劳动而只在市场上通过买卖证券资产，在未来一定赚钱而不需要今天的任何花费。不论将来市场是什么状态，都能获得正回报的投资组合，这就必然要求一定要在今天支付一定的成本。

二、单期情况下的套利

财务与会计、统计的最大区别是财务具有时间价值假设。从时间上考虑，套利是资本市场上的一种包含时间因素的交易行为，这种交易行为一般情况下是通过买卖证券产品，不花钱就可以赚钱。同时，在资本市场的定价过程中，套利又有很重要的作用。作为财务管理专业学生，在学习财务学原理时，可以了解财务学家对套利的不同理解。

第一种理解或观点：同时买进和卖出相同或相似的金融工具或相关期货合约，以便从价格关系的暂时反常中获取利润的交易策略。[卡罗尔（B. L. Carroll）]

第二种理解或观点：如果同时买进和卖出的过程包括两个不同的市场，或两种具有相同收益曲线的不同证券，则这种交易策略称之为套利。[鲍尔斯（M. J. Powers）；卡斯特里诺（M. G. Castelino）]

第三种理解或观点：套利实际上主要是两类，套利者利用空间上的不合理价格关系而同时买进和卖出获得利润，就是空间套利。同理，利用时间上的不合理价格关系而采取同时买进和卖出获取利润的交易策略，就是时间套利。[马歇尔（J. F. Marshall）]

很明显，上述三种观点的共同之处，在于都是同时低价买进和高价卖出相关产品。并且，第三种观点更易于被接受。以下我们使用财务数学模型给出描述。

（一）单期套利财务假设

1. 单期套利财务计算公式的基本假设。我们假定：（1）资产及其收益状态都是有限的；（2）资产的价格都为正；（3）市场的交易费用为零；（4）货币资本可以任意分割。同时，令市场里有 N 种资产和 S 种可能的收益状态。所以：

N 种资产的价格向量为：$V=(V_1, \cdots, V_N)'$

一个投资组合中各个资产的数量：$n=(n_1, \cdots, n_N)'$

单期期末的资产价格矩阵：$Y^1=(Y_1, \cdots, Y_S)$，这意味着 N 种资产一共有 S 个价格状态，Y_j意味着当第 j 个状态发生时每个资产期末的价格；$\tilde{Y}_N$为取值于 Y 的各个列向量的随机向量；$\tilde{Y}_S$为取值于 Y 的各个行向量的随机向量；$\tilde{Y}_i$表示第 i 项资产的（S 个状态构成的）价格向量。

收益矩阵 Z：收益 = 收益率 + 1，则 $Z=YD_V^{-1}$，其中 $D_V=\mathrm{diag}(V_1, \cdots, V_N)$。可见，Z 的行列意义是与 Y 的行列意义相对应的。$\tilde{Z}_N$为取值于 Z 的各个列向量的随机向量；$\tilde{Z}_S$为取之于 Z 的各个行向量的随机向量；$\tilde{Z}_i$表示第 i 项资产的（S 个状态构成的）收益向量。

一个投资组合投资于各个资产的份额所构成的向量：$\eta=(\eta_1, \cdots, \eta_N)'$，在这里，$\eta_i$代表向第 i 种资产投资的份额大小，我们常将$\eta_i$正规化为 $\frac{n_{1V_i}}{\sum_{j=1}^{N}\lfloor n_j V_j \lfloor}=w_i$；$w=(w_1, \cdots, w_N)$，$I'w=1$，$I=(1,1,\cdots,1)'_{N\times 1}$ 则表示一个投资组合的权重，w_i为投资于第 i 项资产的权重，$w_i<0$ 则意味着卖空第 i 项资产。

2. 单期套利的基本财务概念。依照上面的资产假定和符号，我们给出套利的财务定义——财务模型。

（1）套利投资组合：$I'\eta=0$ 的投资组合，即买进与卖空资产的总额相等，人们经常将该资产组合表示为 $\omega=(\omega_1, \cdots, \omega_N)'$，$I'\omega=0$；

（2）无风险投资组合：$Z_w=RI$，$I'w=1$，在这里，$R-1$ 为无风险利率，则 w 称为无风险投资组合。

（3）可复制投资组合：两个投资组合$w_1\neq w_2$，但是 $Z w_1=Z w_2$，那么，w_1、w_2都可称之为可复制的投资组合。

在这里，由可复制的定义可知：若一个收益矩阵 Z 具有可复制的投资组合的性质，则 Z 的任意一个投资组合都是可复制的。这是因为：若 $Zw_1=Z w_2$，则对于任意的 w 都有 $Zw=[w+r(w_1-w_2)]$，其中，r 为任意正数。

（4）冗余资产：收益矩阵 Z 中有一项或多项资产是冗余资产，当且仅当存在一个投资组合 w，…，$Z\omega=0_{s\times 1}$，$I'\omega=0$，$\omega\neq 0_{N\times 1}$。

可以证明：冗余资产来自 Z 的列向量当中的具有共线性的向量。

另一个等价定义是：令 $\hat{Z}'\triangleq(Z',I)$，当 rank（$\hat{Z}$）$<N$ 时，Z 有冗余资产。假定 w_1 为某一特定资产组合。如果存在另外一个组合 $w_2\neq w_1$，使得 $Zw_2=Zw_1$，换言之，即存在一个与 w_1 相异但各种状态下的收益完全相等的组合，则称 w_1 是可复制的资产组合。当然，w_2 也是可复制的。可复制性具有显著的全域化特点。如果存在两个相互可复制的资产或资产组合 w_1 和 w_2，那么，任何一个组合 w 都可复制。因为，$w+w_1-w_2$ 就是它们的复制组合。因此，可复制性反映了基础资产中存在冗余资产现象。如果某种基础资产的存在会引发资产之间的复制，那么它就是一种冗余资产。根据可复制资产的定义，收益矩阵 Z 中存在冗余资产的充分必要条件是存在一个收益恒为零的非平凡套利组合。

应说明，含有冗余资产的投资组合对于我们的研究和开发没有任何意义。因此，冗余资产必须从收益矩阵中删除。

还应注意，共线性只是充分条件。例如，收益矩阵 $\begin{pmatrix}0&0&1\\1&2&0\end{pmatrix}$ 中前两个向量具有共线性，但它们均不是冗余资产。相反，以后可以看到，这样的资产是我们所需要的。

（5）可保状态：收益矩阵 Z，若存在一个投资组合 η，$Z\eta=I_s$，其中 $I_s=(0,\cdots,0,\underset{s}{1},0,\cdots,0)'$，则称第 s 个状态是可保的。

有定义可知，可保意味着花费 $I'\eta$ 份钱就可以买进这样一个保险：当第 s 状态发生时可得到 1 元钱。另外，可保状态显然与其他状态线性无关。

（6）受控的投资组合：如果 $Zw_1\geqslant Zw_2$，则称 w_2 是受控于 w_1 的投资组合。该定义表明，若一个收益矩阵 Z 具有受控投资组合，则任意一个投资组合都是受控投资组合。亦即，若 $Zw_1\geqslant Zw_2$，则对任意 w 都有 $Zw\leqslant Z[w+r(w_1-w_2)]$，其中 r 为任意正数。

如果收益矩阵 Z 中存在受控的投资组合 $Zw_1\geqslant Zw_2$，则只要卖空右边的投资组合，同时全部将所得用于买进左边的投资组合，就可以不花钱却能赚钱——套利。如果要保证不存在受控投资组合，就要保证无套利。

（二）单期套利财务类型和公式

单期套利的基本类型主要有三种。根据套利类型，我们可以找到套利定价向量。

在这里，由于考虑到：

第一，若 $Zw_1\geqslant Zw_2$，则 $Z(w_1-w_2)\geqslant 0_{s\times 1}$ $I'(w_1-w_2)=0$

第二，若 $Zw_1>Zw_2$，则存在 $a>1$, s. t. $Zw_1\frac{1}{a}\geqslant Zw_2$

可知：$Z\left(w_1\frac{1}{a}-w_2\right)\geqslant 0_{s\times 1}$ $I'(w_1\frac{1}{a}-w_2)<0$

由此，我们可以得出套利的财务公式：

套利类型一：$I'\eta\leqslant 0, Z\eta\geqslant 0_{N\times 1}$

套利类型二：$I'\eta<0, Z\eta\geqslant 0_{N\times 1}$

至此可以看出，第一类型套利意味着：在刚开始投资时不亏钱，当期结束后还有可能赚钱；第二类型套利意味着：在刚开始投资时有正的收入，单期结束后，所持有的投资组合不亏钱。依照马歇尔的解释，第一类型套利正好是时间套利，第二类型套利则与空间套利相对应。

当然，也可能还有其他类型的套利方式。例如，①目前有净收入，之后则不会有任何支出；②目前无净支出，之后则会有净收入；③目前有净收入，之后还会再有净收入。在这里，①和②两条实际上分别对应的是第二和第一类型套利，而③则是第一、第二类型套利的交集。

接下来，我们还要考虑这样一种情况：开始投资时有正的收入，但到期末时所持有的投资组合有亏损，然而就整体而言其收入一定非负，且有可能有正的收入。即：

$I'\eta=\mu<0, Z\eta-I\mu\geqslant 0_{N\times 1}$

如果再考虑单期复利，就有第三类型套利产生。

套利类型三：$I'\eta=\mu<0, Z\eta-I\mu R\geqslant 0_{N\times 1}$如何理解套利的第三类型呢？我们可以做一点这样的解释：

首先，$I'\eta=\mu<0, Z\eta-I\mu R\geqslant 0_{N\times 1}\Leftrightarrow I'_{(N+1)\times 1}\begin{pmatrix}\eta\\ -I'_{N\times 1\eta}\end{pmatrix}=0$，然后，有

$(ZI_{S\times 1}R)\begin{pmatrix}\eta\\ -I'_{N\times 1\eta}\end{pmatrix}\geqslant 0_{N\times 1}$。

可见，套利类型三具有第一类型套利的意义和形式。如果$I'\eta>0$，且 $Z\eta=0_{N\times 1}$，则又代表第二类型套利。总之，套利类型三包含了前面的两种类型套利。

关于定价向量：如果$Z'_{N\times S}P_{S\times 1}=I_{N\times 1}$，则称向量 P 为收益矩阵中的定价向量。显然，更一般的写法是：

$\underset{N\times S\times 1}{Y'P}=V_{N\times 1}$，从而$D_V^{-1}Y'P=D_V^{-1}V\Rightarrow Z'P=I$

（三）单期套利的基本财务定理

1. 单期套利定理 1（第二类型套利的存在性定理）。收益矩阵 Z 有一个非负的定价向量 P 的充分条件为：Z 无第二类型套利。

证明："⇐"考虑一下的线性规划问题：Minimize $I'\eta$, s. t. $Z\eta\geqslant 0_{N\times 1}$。无第二类型套利的情况下，$I'\eta$ 的最小值显然是 0，由规划问题中的二重性定理知，上述优化问题等价于：Maximize （$0\cdot P$），s. t. $Z'P=1, P\geqslant 0$，必要性得证。

"⇒" 如果存在非负的定价向量，再逆向应用二重性定理，则充分性得证。

2. 单期套利定理 2（无套利的存在性定理）。收益矩阵 Z 有一个正的定价向量 P 的充分必要条件为：Z 无第一类型、第二类型套利。

证明：这里只有必要性的证明。用反证法：假定 η 是第一类型套利机会，那么 $Z\eta\geqslant 0_{N\times 1}$，$P>0$ 意味着 $P'Z\eta>0$，再由 P 的定义知：$Z'P=I$，从而有 $I'\eta>0$，引出矛盾。无第二类型套利同理得证。

3. 单期套利定理 3。若收益矩阵 Z 有正的定价向量 P，s. t. $Z'P=I$，但$I'P\neq 1/R$，那么，如果 Z 中存在无风险资产（收益为 R），但$I'P\neq 1/R$，则收益矩阵 Z 一定存在套利机会。

证明：显然，略。

应注意：若$I'P=1/R$，则$Z'P/(I'P)=I/(I'P)\Rightarrow Z'(\frac{P}{I'P})=IR$，令$Q=\frac{P}{I'P}$，即：$Z'Q=IR$，$I'Q=1$，到此，由Q可见P的意义十分明显了：实际上，$Q_{S\times1}$是风险中性概率。它使得每一项资产的预期收益都为R，从而无套利。从某种程度上讲，P是风险中性频度。

在市场经济中，商品之间的价格关系经常发生不合理情况。此处所谓合理关系，指的是商品之间的价格关系是按照风险中性的方式来定价。虽然套利机会的存在一定意味着商品间不合理价格关系的存在，但不合理的价格关系却不一定意味着存在套利机会。这是因为这种不合理的价格关系有可能得到"矫正"。

例如，现在有两种商品A和B，它们的价格相等，其收益矩阵为$\begin{pmatrix}1 & 2\\3 & 4\\5 & 4.99\end{pmatrix}$，显然，B的收益较A而言普遍来得高一些，设想如果收益矩阵再加入更多行［a，b］，且$a<b$，那么，A的价格高于B才合理。但事实上，此收益矩阵并不存在套利［取$P_1=1/1002$，$P_2=1/1006$，$P_3=100\ (P_1+P_2)$］。实际上，不存在套利的原因在于第三种状态的存在，它发挥了存在"矫正"机会的作用。

总之，正的定价向量P的存在性保证了商品之间的价格存在向套利者预期的方向反方向发展的可能性，从而中和了初期的收入，保证了无套利。

4. 单期套利定理4。若按照前面的定理3，如果不存在无风险资产，定义$\overline{R}=\min\limits_{W}[\max\limits_{s}(ZW)]$；$\underline{R}=\max\limits_{W}[\min\limits_{s}(ZW)]$，如果Z无套利，则Z的定价向量P满足：$\frac{1}{\overline{R}}\leqslant I'P\leqslant\frac{1}{\underline{R}}$。

单期套利财务定理3和定理4表明，商品之间的价格不合理仅仅是套利存在的必要条件，市场参与者的风险中性假设可能是套利发生的充分条件。

三、多期情况下的套利

令Z_t表示第t期的资产收益矩阵；V_t表示第t期的资产价格矩阵，$t=1,\cdots,T$；则w_1控制w_2意味着：存在一个$t_0>1$，s. t. $Z_iw_1=Z_iw_2$，$i=1,\cdots,t-0$，但是$Z_iw_1\geqslant Z_iw_2$，并且至少有一个不等号严格成立。

如果财富形成过程可以定义为：

$G_t(\varnothing_t,1\,n_t,2\,n_t)=\varnothing_t\beta_t+1\,n'_tV_t^1+2\,n'_tV_t^2$

$G_0(\varnothing_0,1\,n_0,2\,n_0)=\varnothing_0\beta_1+1\,n'_0V_0^1+2\,n'_0V_0^2$

其中，$\varnothing_t$表示投资于无风险资产的份数；$1\,n_t$表示第t期买进股票的份数向量；$2\,n_t$表示第t期卖空股票的份数向量；另外，如设η_t为第t期投资的份额向量，由$1\,n_t$，$2\,n_t$以及V_t化来，那么，$\Delta V_t^i=V_t^i-V_{t-1}^i$，$i=1,2$；$\Delta\beta_t=\beta_t-\beta_{t-1}$；$V_t^i$：$i=1$表示买进的股票在第t期的价格；$i=2$表示卖空的股票在第t期的价格。

因此，收益过程则是：

$g_t(\varnothing_t,1\,n_t,2\,n_t)=\sum\limits_{k=1}^{t}\varphi_k\Delta\beta_t+1\,n'_tV_t^1+2\,n'_tV_t^2$；式中，$t=1,\cdots,T$；$g_0=0$。

在这里，$Dis(X_k)=X_k/\beta_k$，称之为贴现。于是：

财务交易策略（$\varnothing_t, 1\ n_t, 2\ n_t$）被称之为自融资交易策略。如果$G_T - G_0 = g_t$，则此处的财务交易策略称为允许的交易策略，即$G_t \geqslant 0$ 。

因此，多期情况下的套利定理可以表述为：

如果存在一个允许的自融资交易策略（$\varnothing_t, 1\ n_t, 2\ n_t$，并且 $t=1, \cdots, T$），期间 s. t $G_0 = G_1 = , \cdots, = G_{T-1} = 0$，但是，$Prob(G_T > 0) > 0$，则称市场存在套利。

就具体每一期而言，$G_t = 0$ 意味着$Z_t \eta_t - I(I^{'\eta_1 \beta_1}) = 0_{N\times 1}$，$t = 1, \cdots, T-1$；而在 T 时期，$Z_T \eta_T - I(I^{'\eta_1 \beta_1}) = 0_{N\times 1}$，其中，至少有一个不等号严格成立。另外，在多期无套利情况下的定价，实际上就是多个单期的无套利的定价。

时间和风险是影响财务决策和财富形成的两个重要因素。正是时间和风险之间的相互作用及其复杂性，使得财务管理工作充满挑战性。高等数学训练已成为财务学研究者的必备学术条件。在财务学上，单期主要指一个会计年度。跨期则是两个或两个以上会计年度的跨财务活动时期。跨期套利要比单期套利复杂一些。跨期现金流量的测算需要进行贴现。

第四节 一价定律与收益定价泛函

一、套利机制和一价定律

一般地，资产的基本价值指的是信息充分的投资者在自由竞争市场上购买该资产时必须支付的价格。资产的市场价格与资产的基本价值之间有时候可能存在差别。公司财务经理在公司货币资本充裕情况下，会建议公司总经理参与资本市场交易，购买那些价格低于其基本价值的股票，出售那些价格相对高于其基本价值的股票。这是因为，套利策略是一种财务机制。它犹如一个钱泵，零投入或很少投入但收入源源不断。当市场总供给与总需求相等时，利润为零，套利就不存在了。此时，在完全竞争的市场上，如果两个资产的基本价值等值，那么，它们的市场价格则倾向于一致。这就是一价定律，也称之一价法则。一价定律的体现是套利的结果。套利行为的经济学理论依据是价格理论。同货币资本的时间价值测算、风险管理一样，资产价值评估也是公司财务的基础内容之一。根据一价定律，所有相同资产的价格应相等。在这里，“相同资产”即资产价值相等的资产。“资产价值”即资产的现在价格及其未来收益折现值之和。所以，一价定律指的是两个具有相同回报率的资产应该具有相同的价格。一价定律是无套利原理的一个重要特例，也是资产价值评估理论的基础。通常，人们在制定财务决策时，都是先假设在完全竞争的市场上，资产的买卖价格能够正确反映其价值。该假设的科学性就是市场经济的均衡理论。该假设的实践性或现实基础就是许多信息充分的财务专业人士正在努力寻找价格不正确的资产，并通过减少该资产的市场价格与基本价值之间的差别而获得利润。这种利用市场上资产价格的错误或漏洞获取利润的行为就是套利。

在资本市场上，货币资本在不同的企业或产业领域可能存在两个利率，但这种不一致的情况一般不会持续太久，人们会以较低的利率借钱并以较高的利率贷放出去，套利者的做法会使两个利率趋于一致。因此，财务学基本原理的结论是，在有效的市场里不存在这种低息借入和高息贷出的套利机会。这就是无套利原理。有时，套利又被称之无风险套利（risk -

free arbitrage），它指的是具有状态独立（state independent）的非零正收益并且价格为负的资产组合，或者是一个收益为零且价格严格为负的资产组合。欧美公司财务理论里资产定价的最基本原理就是无套利原理。

在本节开头，我们已列举了若干多个套利案例。这里我们再以黄金交易为例说明套利。数千年来，黄金一直是一种广泛运用于保值和支付的手段。而且，黄金是一种明确的质量可以精确测量的商品。在我国，金价是指一克标准质量黄金的价格。查阅我国黄金市场得知，上海黄金交易所近 30 天的黄金平均价格为每克 260 元，那么，香港的黄金价格应该是多少呢？答案应该是每克 260 元左右。假如香港的金价不是 260 元，那么，这会有什么样的经济后果呢？

经查阅，在同一时期，香港的黄金价格是每克 200 元。因此，可以计算在香港买黄金再到上海卖出黄金的成本，如运输费、手续费、保险费和经纪人薪酬等，这些费用可称之交易成本。如果总的交易成本少于 60 元，那么到香港以每克 200 元的价格买入黄金，而在上海以每克 260 元卖出，以此从中获利。如果交易成本为每克 8 元钱，航空公司只需半天就可以抵达上海，那么每克黄金的利润就是 52 元。除去在运输的这一天上海金价下跌的风险，当在香港以每克 200 元买入黄金的同时，可以将销售价格固定在 260 元。如果能将在香港购买黄金需要支付的货款延迟到收回销售款以后，那么交易就可以不动用自己的货币资本。如果上述条件都成立，该投资者就会以纯无风险套利而获得利润。

事实上，上海与香港之间的黄金价格差别可能早已形成，而且有可能相对稳定。这样，就有一部分专业财务投资者对此很感兴趣。那些在产品市场和期货市场专门从事套利活动的经营者，就会来到黄金市场开展黄金差价的经营。大量的套利者的参与，必将使上海金价有所下降，而香港金价就会上升。只有当上海和香港的黄金价差在 8 元钱以内时，套利者才会停止套利。

一价定律是财务学里最基本的资产评估定理。如果我们观察到的价格违背了一价定律，以致等价资产的价格不同，此时，就要思考：（1）是何事物妨碍了竞争市场的正常操作？（2）该两个资产之间存在经济上的差别或许尚未被发现。

总之，一价定律综合阐述了两个资产价格之间的关联。当然，没有两种资产在所有方面都是相同的。例如，某一家公司的任何两张股票都不是一样的，至少它们的序号不同。但是，该公司的这两张股票的价格应该是一样的。对投资者而言，在决定该公司价值的各个方面如预期收益、风险、资本成本和产权结构等，都是一样的。

二、资本配置失衡

企业套利行为主要产生于企业内部资本配置失衡和企业外部社会再生产过程失衡。前者主要表现在企业多种要素资本配置中的个别资本配置过度或不足；后者主要表现在市场供求失衡和产品价格严重偏离其价值。

当人类进入 21 世纪时，以计算机科学、信息技术、智能科学和新能源技术等为代表的高新科学技术在生产中的广泛应用，使社会经济驶入高新技术经济发展时代。原来在大机器工业时代发挥主要作用的人力、财力和物力，其作用开始减弱。智能机器人和互联网开始取代大机器在社会经济中的核心作用。于是，在财务学上，原来以人力、财力和物力为标的物的人力资本、货币资本和物质资本被称为传统资本。技术、信息和知识等新兴生产要素开始取代人力、财力和物力的主导地位，技术资本、信息资本和知识资本被称为新兴资本。异质资本的边际替代率是在产量保持不变的前提条件下，增加一单位某种生产要素可以代替另外一种要素的数量。由于投入生产过程中的生产要素不是完全替代，随着一种生产要素数量的增加，该要素对另外一种要素的边际替代率呈递减现象。要素资本边际替代率之所以递减，在于边际产量递减规律发挥作用。一种产品生产的资本配置要求各要素投入之间有适当的比例，这表明要素之间的替代存在弹性或有一定限制。在同一条等产量线上，随着劳动对资本的不断替代，劳动的边际产量会递减，而资本的边际产量则会上升，这是无差异曲线凸向原点的根本原因。众所周知，在利润最大化目标下，厂商会选择成本最小的要素组合生产。如果企业缺少机器，人力就难以发挥应有作用；缺少货币，机器就难以发挥应有作用；缺少知识，技术就难以发挥作用。如果某一资本投入不是适量或足量，那么该资本的成本就会大于其收益，发生资本减值。只有各种资本的投入量基本相当，并且每一资本边际收益率相等或相近时，企业收益才会最大化。如果企业资本总额由两种资本组成，每一种资本的数额均为资本总额的1/2时，企业的总收益将达到最大值。如果企业资本总额由三种异质要素资本构成，那么，每一种个别要素资本的配置数额占企业资本总额的1/3时，企业的资本回报率将取得最大值。同样地，当企业资本总额由n种要素资本组成时，每一种个别资本的配置数额占企业总资本数额1/n时，企业收益最大化。所以，在企业资本总额既定情况下，多种异质要素资本均衡配置，其各要素资本产生等边际收益时，企业才能取得收益最大化。此时，套利活动难以发生。

三、收益定价泛函

在数学上，古典分析中的函数概念是指两个数集之间所建立的一种对应关系。现代数学的发展却是要求建立两个任意集合之间的某种对应关系。泛函旨在说明定义域是一个函数集，而值域是实数集或者实数集的一个子集。推广开来，泛函就是从任意的向量空间到标量的映射。也就是说，它是从函数空间到数域的映射。

设 $\{y\}$ 是给定的函数集，如果对于这个函数集中任一函数 $y(x)$ 恒有某个确定的数与之对应，记为 $\Pi[y(x)]$，则 $\Pi[y(x)]$ 是定义于集合 $\{y(x)\}$ 上的一个泛函。

在财务上，资产定价实际上有两种制度安排。一是以生产过程为依据，根据成本支出情况，由产品和资产供求关系给出合理价格。二是以市场交易过程为依据根据客户愿意支付的价格倾向，由产品或资产买卖双方的供求关系均衡程度讨价还价给出合理价格。前一制度安排可视为成本定价泛函，该定价功能比较符合我国传统文化中的封闭和包容理念。后一种制度安排则是欧美公司财务经常采取的定价思路。收益定价泛函即属于后一种制度安排。不论以生产过程为依据的定价还是以市场交易过程为依据的定价，最终价格的形成均由供求关系所决定。

对于任意资产价格 p，可以给出一个算子 $q: M \to \Re$。该算子将每一个收益映射为能够产生该收益的资产组合的价格。其正式的财务公式是：

$q(z) \equiv \{w: w = ph, \text{其中}, h \text{满足} z = hX\}$

一般情况下，q是一个对应（correspondence），而非单值函数。只有当一价定律成立时，q才是一个单值函数。此时，q是一个线性泛函（linear functional）。也就是说，当一价定律成立时，我们称q为收益定价泛函（payoff pricing functional）。

收益定价泛函、任意资产价格和收益矩阵，均与套利和一价定理紧密联系。所以，在套利业务里，收益定价泛函、任意资产价格和收益矩阵是三个相互联系的重要算子。我们知道，套利可以被理解为这样一种资产组合，该资产组合要么是一个强套利，要么是一个价格为零并且收益为正且非零的资产组合。而强套利（strong arbitrage）则是一个收益为正，并且价格严格为负的资产组合。因此，可以说，强套利是一个满足 $hX \geqslant 0$ 和 $ph < 0$ 的资产组合 h，而套利则是一个满足 $hX \geqslant 0$ 和 $ph \leqslant 0$ 的资产组合 h。由此可见，有效的资产组合可以是套利，但并非一定强套利。

实际上，每一个资产组合都是一个 J 维向量，通常它是由全部证券资产构成的一个头寸。全部资产组合所构成的集合$\mathfrak{R}^J$则是资产组合空间（portfolio space）。资本市场里证券资产的价格向量 p 可以被视为一个由资产组合空间到实数域上的一个线性泛函即资产组合定价泛函：$p: \mathfrak{R}^J \to \mathfrak{R}$。这为每一个资产组合 h 指定了一个价格 ph。这里的 p 有时表示泛函，有时表示价格向量，具体视情况而定。与均衡证券资产价格相对应的收益定价泛函，称之均衡收益定价泛函（equilibrium payoff pricing functional）。在市场均衡状态下，如果一价定理成立，那么，此时均衡收益定价泛函必是资产张成 M 上的一个线性泛函。在这里，资产张成（asset span）可以理解为有效的资产组合集合，或者有效的资本配置结构。很明显，这是财务学的基础概念之一。

期权是套利的克星。在期权这种金融工具产生之前的以往有关投资回报问题的全部论述，可以归结为套利定价理论，即 APT（也称为武断定价法）。在套利定价理论的框架下，投资人根据其对未来不确定性的"最佳信息"来构造一个投资回报的模型，然后将各种不确定性的因素都考虑在这个模型里面。对投资人来说，任何一个基于套利定价理论的模型中包括的变量越多，那么，这个模型就考虑得越周到。在套利定价理论的框架内，投资人对未来不确定性因素判断得越准确，投资模型就越正确，投资回报就越有保障。换言之，以往的投资是投资人根据其对未来不确定性的主观判断（arbitrage）来确定是否要进行投资。而一旦投资人按照模型的预测实施了投资计划，那么发生任何投资模型以外的事件，对投资人来说都是不利的。期权投资则从完全相反的思路来着手解决问题。

期权是以事先确定的价格，允许投资人在未来一段时间内买入或者卖出某项资产的权利。简言之，其他投资方式都需要投资人事先对不确定性的事件采取行动，投资的成败也就取决于投资人对不确定性事件判断。期权则是在收到新信息之后，再采取行动的权利，这是处理不确定性的最好办法。因此，期权普遍存在于社会经济的各个领域。

思考与练习题

一、名词解释

1. 社会再生产过程　社会资本再生产理论　有效市场假说　供求关系均衡　社会经济失衡　一价定律　套利

2. 套利　收益矩阵　冗余资产　跨期　期货　风险　期权　无风险套利原则　极值泛函

二、思考题

1. 具体地说，套利的类型主要有哪些？
2. 套利机制的财务假设有哪些？
3. 套利是理念，还是业务？为什么？
4. 社会经济均衡的条件有哪些？
5. 思考自己经历过的套利行为，写出经历过程。
6. 一价定律的作用。
7. 收益定价泛函的数学解释。

三、练习题

1. 请用套利原理和期权思路两种方法，对下列实例做出选择。

美国 IBM 公司“订单的困惑”（The Order Puzzle at IBM）的真实故事。有客户向 IBM 公司订购 2500 万美元的特殊电脑系统，而 IBM 公司目前尚无现成的能力来提供全套解决方案。该公司的技术中心提出：需要 100 万美元的研究经费，以便设计出一套生产方案。但是技术中心不能保证其设计的方案最终在经济上可行：有 50% 的可能，技术中心可以设计出一套成本为 1000 万美元的方案（经济上可行）；另有 50% 的可能，技术中心设计出的方案成本为 4000 万美元（经济上不可行）。

问题：是否要把这 100 万美元的研究经费拨给技术中心？

2. 请查阅我国资本市场宝能集团公司从二级市场收买万科股份的案例，并分析其财务交易性质。

参考文献

[1] 周其仁：《改革的逻辑》（修订版），中信出版集团股份有限公司 2017 年版。

[2] 王则柯：“别人的信封似乎更诱人”，载金明善主编《生活中的经济学》，山东人民出版社 2009 年版。

[3] 陈云贤等：《风险—收益决策分析》，新华出版社 2001 年版。

[4] 托马斯·E. 科普兰、J. 弗莱德·威斯顿，宋献中主译：《财务理论与公司政策》，东北财经大学出版社 2003 年版。

[5] Stephen F. LeRoy, Jan Werner: Principles of Financial Economics, first published by Cambridge University Press, 2001.

第五章

价值与收益

第一节　财务学里的价值和收益

在人类进入21世纪之后，我国政府大力推行核心价值观的传播，使“价值”一词上升到了新的高度。其实，价值问题经常使人感到高深莫测。似乎只有理论家才去探索和思考价值问题。事实上，价值与人们的日常生活密切相关。人们的一切活动行为、思想、情感和意志，以及生产劳动，都以一定的利益和价值取向为原动力。不同的价值取向和收益结果将对人的思想和行为产生巨大的影响。这说明价值是一个与人类社会活动非常密切的概念。价值是一个既抽象又具体、既主观又客观的概念。关于价值，其说法不一　形态层次多样，犹如价值概念丛林。许多专业和学科关注价值命题，使价值的定义层出不穷，从日常生活中的人生价值，到美学中的审美价值，再到经济学中的商品价值，凡事种种．不一而足。若要深入了解“价值”这一财务学基础范畴，就有必要对价值的特性、表现形式等基础知识，进行较为系统的学习和掌握。本章的价值是经济学上的价值概念。

一、价值的故事与评论

（一）故事1：和尚卖石头

某日，寺庙里的一个小和尚跑过来，请教禅师：“师父，我人生最大的价值是什么呢?”禅师说：“你到后花园搬一块大石头，拿到菜市场上去卖，假如有人问价，你不要讲话，只伸出两个指头；假如他跟你还价，你不要卖，抱回来，师父那时再给你谈你的人生最大的价值是什么。”

第二天一大早，小和尚抱块大石头到菜市场上去卖。菜市场上人来人往，人们很好奇，一家庭主妇走了过来，问：“石头多少钱卖呀?”和尚伸出了两个指头，主妇说：“2元钱?”和尚摇摇头，家庭主妇说：“那么是20元？好吧，好吧！我刚好拿回去压酸菜。”小和尚听到：“我的妈呀，一文不值的石头居然有人出20元钱来买！我们山上有的是呢!”

于是，小和尚没有卖，乐呵呵地去见师父：“师父，今天有一个家庭主妇愿意出20元钱买我的石头。师父，您现在可以告诉我，我人生最大的价值是什么了吗?”禅师说：“嗯，不急，你明天一早，再把这块石头拿到博物馆去，假如有人问价，你依然伸出两个指头；如果他还价，你不要卖，再抱回来，我们再谈。”

第二天早上，在博物馆里，一群好奇的人围观，窃窃私语：“一块普通的石头，有什么价值摆在博物馆里呢?”“既然这块石头摆在博物馆里,那一定有它的价值,只是我们还不知道而已。”这时,有一个人从人群中窜出来,冲着小和尚大声说:“小和尚,你这块石头多少钱卖啊?”小和尚没出声,伸出两个指头,那个人说:“200 元?”小和尚摇了摇头,那个人说:“2000 元就 2000 元吧,刚好我要用它雕刻一尊神像。”小和尚听到这里,倒退了一步,非常惊讶!

他依然遵照师傅的嘱托,把这块石头抱回了山上,去见师傅:“师傅,今天有人要出 2000 元买我这块石头,这回您总要告诉我,我人生最大的价值是什么了吧?”禅师哈哈大笑说:“你明天再把这块石头拿到古董店去卖,照例有人还价,你就把它抱回来。这一次,师傅一定告诉你,你人生最大的价值是什么。”

第三天一早,小和尚又抱着那块大石头来到了古董店,依然有一些人围观,有一些人谈论:“这是什么石头啊?在哪儿出土的呢?是哪个朝代的呀?是做什么用的呢?”终于有一个人过来问价:“小和尚,你这块石头多少钱卖啊?”小和尚依然不声不语,伸出了两个指头。“20000 元?”小和尚睁大眼睛,张大嘴巴,惊讶地大叫一声:“啊?!”那位客人以为自己出价太低,气坏了小和尚,立刻纠正说:“不!不!不!我说错了,我是要给你 200000 元!”“200000 元!”小和尚听到这里,立刻抱起石头,飞奔回山上去见师父,气喘吁吁地说:“师父,师父,这下我们可发达了,今天的施主出价 200000 元买我们的石头!现在您总可以告诉我,我人生最大的价值是什么了吧?”

禅师摸摸小和尚的头,慈爱地说:“孩子啊,你人生最大的价值就好像这块石头,如果你把自己摆在菜市场上,你就只值 20 元;如果你把自己摆在博物馆里,你就值 2000 元;如果你把自己摆在古董店里,你值 200000 元!场合不同,定位不同,人生的价值就会截然不同!”

(二)故事 1 的简要分析和评论

寺庙中的和尚是梵文在古代西域语言中的不确切音译,在印度是对亲教师的通称,在我国则常指出家修行的男佛教徒,有时也指女僧。其意为佛教谦和至尚的修行者。寺庙是和尚工作劳动与生活的场所,也是人们宗教信仰的皈依之地,具有历史文化汇聚性质。人们站在不同的视角,以不同的价值取向,会对和尚卖石头的故事给出不同的解读。这则网络小故事似乎是借助于石头的位移而伴随的价值变动来说明人生的价值,更有甚者提出小和尚卖石头的故事启发了人们对自己人生的思考,以及如何定位自己的人生。其实,这个故事中的道具——石头,与本章的主题“价值”密切相关。小和尚搬的那块大石头的价值是如何形成的,它的价值又是如何实现的,以及收益如何生成等问题,需要财务学给出解释。

首先,生产活动和市场决定了社会资源的配置方向。石头的供求关系和价格变化决定着石头的市场价值。社会中哪里最需要和尚手里的石头,和尚手里的石头在哪里的价格就最高,资产价值总是向价值高地流动和转移。作为商品存在的石头的商品价值或服务价值,既取决于商品本身所包含的劳动投入和资源消耗,也取决于它对消费者的效用程度。前者构成了商品的生产成本,是生产者愿意出售价格的下限;而商品价格的上限则是商品生产成本与一定的附加额之和,它们主要取决于商品的效用大小,这是消费者认为它值不值、愿意付出多少货币的主要原因。收益的生成必须通过交换价值来实现,交换价值即大家耳熟能详的价格,具体是指“一种使用价值同另一种使用价值相交换的量的关系或比例,这个比例随着时间和地点的不同而不断改变”。使用价值是交换价值的物质承担者。因此,市场交易是根据使用价值的高低进行交换。使用价值则由生产过程的投入情况及其资本配置所决定。物品的交换价值即价格，欧美社会则由其边际效用决定。科学社会主义思想家恩格斯指出，“价值是生产费用对效用的关系。价值首先是用来解决某种物品是否应该生产的问题，即这种物品的效用是否能抵偿生产费用的问题。”① 按照恩格斯的这一表述，费用和效用是商品的两个基本属性。商品的价值是由费用和效用这两个因素共同决定，其中任何一个都不能单独地决定价值。价值由劳动创造，创造价值的劳动包括活劳动和物化劳动。并且，价值必须寓于使用价值之中。商品价值在使用价值的生产中产生。但必须注意的是，价值的产生依托于要素资本的投入，包括人力和自然资源、劳动者的技能、地理位置、货币资本，以及实物资产等。只有其资源的消耗形成了生产费用，资本投入才具备了价值的客观属性。

其次，价值具有客观性和主观性以及多样性等多种特征。价值的特征直接表现和反映着人的需要、目的和能力，价值的特征依主体不同而不同。不论财富的社会性质如何，使用价值总是构成财富的物质内容。使用价值同时又是交换价值的物质承担者。同时，事物及其属性是价值关系形成的客体依据，价值离不开客体及其属性，价值总是客体对主体的价值，没有客体，也不可能形成价值关系，具有特定属性的事物因此成为价值客体。还有就是价值是个多样性的概念，不同人对此有着各自的观点，比如商品与服务的价值的大小、信息的价值高低、无形资产的价值功能、股权的价值数额，以及企业的价值确定等。

这里的“和尚卖石头”故事，虽然其石头价值的变化与欧美人的效用价值观相似，但也基本反映了纯市场经济国家的商品价值观念。该案例告诉我们，市场有时会骗人或撒谎，一件物品或资产的真实价值未必由市场决定就是正确的。同其他合约一样，市场也存在不完全性。市场的作用也是有限作用。前述和尚手里的石头，其价值大小可能由石头的生产者劳动付出量和开采加工石头的复杂性以及消费者需求大小等因素共同决定。生产与消费的均衡是石头价格合理的基础。寺庙和尚走出寺庙，进入市井出售石头的行为，虽然亦属于市场交易行为，但石头生产加工过程的财务信息不够充分，人们对石头价值的判断具有一定的偶然性。这是我们解读该故事应注意的问题。

（三）故事2：薄绶昌的古董价值

薄绶昌是民国时期的一位玉器商人，精于经营玉器古玩。他常年穿着一身长衫，戴礼帽，谈吐文雅，口齿伶俐，专门深入民间，收购和出售古玩玉器。这位古玩行业里的老行家，眼力相当敏锐，一件东西拿在手里，就能大体推断出年代，并以此作为衡量价值的主要标准，其次才看古玩的质地做工，赝品很难蒙蔽他的眼睛。他的主要搜求对象是那些家资雄厚、以玩古董为点缀而又不大懂行的各界商人，以及那些没落的贵族、官僚和富商的后代，即所谓“破大家”。前者喜新厌旧，常常“换换口味”，后者坐吃山空，只好变卖祖业。这两种人都爱面子，又缺少薄绶昌的专业理论功底。所以，薄老板收购的货物基本上都是由他说价，哪怕是稀世珍品，他也可用极低的价格弄到手。这是他最大的乐趣。买到东西，他并不急于出手，往往深入细致考察，追根溯源，了解确切年代和来源，掌握它的实际价值，再待价而沽。他的东西主要是卖给那些爱玩玉而又不懂玉的阔商，或者卖给能识别宝玉又肯给个好价的古玩店。他经常到各国驻华使馆、各大饭店游说，卖给那些对中国文物垂涎三尺的

① 恩格斯1844年在《国民经济学批判大纲》中的论述。

洋人。一件东西出手，薄老板就把一年的本钱都捞回来了。十几年的功夫，就有了相当的资本。

某日，薄绶昌先生打算做一笔大生意。他把话放出去，将在家中展出他收藏的几件玉器珍宝，愿以合适的价格为其找到合适的买主。展示的珍宝是三块马蹄眼形状的玉块。这三块玉块在一般人眼里是圆不合规，方不合矩，薄厚不均，雕法简单的玉件。殊不知这三块玉是三千年前的商代玉器，目前价值连城。薄先生实际上是以很低的价格在别人手中淘来的。

当天，几位美国、英国和意大利的玉痴，以及爱玩玉的阔商，都慕名去看薄先生的展品。当薄先生将锦盒中的玉块展现给大家时，一个爱玩古董却又不太懂行的商人仔细观摩了一番，心想，这块三雕法如此粗糙，马蹄形状也不知能用来做什么，但既然薄老板说是宝，不敢当面质疑，便问："这出自哪位大家之手啊？"

"您问我吗？"薄先生诡秘地笑着说，"请不要考我，我无法回答！此人没有在玉件上刻上名字，而且已经去世三千多年……"

商人大吃一惊："三千多年？"

薄老板收敛了笑容："您没有看出来吗？"

"没有。"商人老老实实地承认，"如果你刚才不说，我还以为这活做得太粗糙了呢，您怎么知道这是三千年前的东西？"

"这，我从玉质、器形、纹饰和制作技巧四个方面观察的。"薄老板说："据我所知，中国早在距今四千到一万年前的新石器时代，就已经有了玉制的兵器、工具和装饰品，当然，那时候的制作技艺还是很粗糙的；到了商周时代，除了玉刀、玉杯等，还有了单体器形的鱼、鸟、龟、兽面等的玉件，造型已经比以前精细了。就说现在这几件吧，他是我所见到的最早的夔纹玉器。其做工上直道多，弯道少，粗线多，细线少；阴文多，阳文少，并且用的是双钩阴线；夔首部分的穿孔外大里小，呈马蹄眼形状，这些都是商代玉器的特点……"

商人听呆了，几位洋人亦连连点头称赞。

薄先生旁征博引，证明这是商代的玉块无疑，几位玉痴一致同意他的推断，并且估价5万，三件就是15万大洋。即使这样的高价，几个商人也都想从薄老板手中把东西买下来，因为他们看中玉的价值不在于雕工技巧，而是玉器本身代表的历史，历史就是无价的珍宝。可谁也没有料到，薄老板决定只卖其中的一件，对于一个玉器商人，他没有理由拒绝这样高价的交易机会，他也没有理由自己留下剩余的两件。在薄老板表明只卖一件之后，大家都十分不解。这时，他抓起其中两件"啪"的一声，摔在地上。玉块成了碎片，在场的玉痴仿佛心脏被人摘下来摔裂了一样。至此，他毁掉了那两件，剩下的一件就是无与伦比的珍宝，身价立即猛涨，最后，一位英国商人以50万大洋的高价将它买入。

一个动作，使这块玉块身价立即上涨了10倍。

（四）故事2的分析和评论

古董的价值取决于其生产技术和工艺、年代久远程度和人们的需求程度，以及社会文化价值取向等。为人之道讲究真诚，真心实意，成人之美；讲究仁义，仁慈宽厚，义字当先。但经商之道不等同于为人之道。商人——牟利者也。无论是做企业还是做事业，经营者也是为了自身的利益，这个利益不是指单纯的金钱物质利益，包括各种精神利益和享受、外界的尊重、个人的成就感等。财务人员应该给自己准确地定位。企业是人财物的统一，而财力和物力都要人来管理。如何使这些人、财、物有机结合在一起，在为企业所有者创造更多的价值的同时实现自身的升值，是一个值得思考的问题。仅就以上小故事而言，对于薄老板，可以说他是一个历史的破坏者或者是践踏者，为了钱，他用尽手段，但从商人角度，从这笔交易来看，他无疑是一个成功者。

首先，薄老板从事玉器交易，他对玉器知识的掌握以及专业性是他成功的基础。他的专长使他能以低廉的价格从别人手中买入价值连城的玉玦，又是他的专业性使他的交易档次得到提升，得到各国玉痴的信任，从而给他带来更多更好的机会和收益，同时也赢得了各方对他的认可和仰慕。

其次，他对交易对象的深刻理解，以及对买家心里的掌握是很到位的，他了解这些玉痴并不看重钱，在这类人的价值观中，玉器所代表的历史价值才是第一位的，所以即使玉器价格升到50万大洋也是能被接受的。这种把握才促使他将两块玉玦打碎，而又担心人财两空。

最后，他的胆识以及他对钱的追逐，让人感觉他确实是一个可敬又可怕的商人。在终极目标——利益的诱惑与驱使下，他的聪明才智和计谋胆量得到了充分的发挥。

对于现在企业财务管理，最被大众接受的财务管理目标是股东价值最大化，对于企业的管理人员和财务人员，都应该深刻了解这个目标。企业这种形式之所以存在，是因为它对各种资源的整合与利用可以给投资人和相关利益群体带来更多的利益，当然，这种利益不仅是指物质利益，也有精神层面的利益。财务管理工作，不应该是让企业做一笔挣钱的买卖，或者挣到多少钱，而是在一定的投入的基础上挣到最多的钱，实现最大的增值。包括对外的社会公益活动、提升社会责任、提高员工满意度等，从短期看使企业支出，但从长期看是为企业更好地发展做准备，也是围绕企业目标做的工作。

在完善的市场经济里，产品的市场价格主要由供求关系决定，价格高低与成本和税收的关系是第二层次的。生产成本和税收是商品价格形成的参数。产品的全部成本是价格的底线，生产成本是生产者制定价格的依据之一。在公平竞争达到均衡的条件下，价格接近于成本。产品的稀缺性决定均衡价格。而均衡价格可以度量商品的真实价值。在市场供求均衡状态，金钱可以买到一切商品而不需要其他附加条件。换言之，均衡状态，就是金钱面前人人平等的状态。显然，财务专业学生，要研究市场的逻辑。

经营方式或商业模式的创新也能够创造新的价值。人们的工作方式，已成为影响企业利润的重要因素。科学技术水平、信息多少和知识水平高低，是形成科学的生产方式和商业模式的基础性因素。同理，生活方式的选择可以影响人们的生活富裕程度和质量。

产品垄断是企业获取高额利润的重要阶段和手段。先进技术可以形成垄断，过大的权力可以形成垄断，商业模式也可以形成垄断。科学技术革命、新兴产业的发展和更替，以及生产工具的改进和突变，在某种程度上决定着新生产方式的形成。所以，技术研发、技术资本的多少与商业模式有关。垄断程度不同，其效率损失程度也会有所不同。如果能够实施价格歧视，垄断的效率损失会小一些。差别定价、政府管制以及法律法规，都在一定程度上限制垄断。可见，生产活动的收益多少与商品的价值高低由许多因素所决定。生产活动的资本均衡配置、产品供求关系、生产成本和税收、政府管制、法律法规，以及社会制度和文化传统等，都是财务活动里收益和价值的决定因素。基于中国传统文化和公有制经济制度，勤俭节约是中华民族经济思想的重要价值基础。

二、物品的价值与价格

在欧美人看来，资产的基本价值是指投资者在信息充分和自由市场上购买该资产时必须支付的价格。资产的市场价格与其基本价值之间可能暂时存在差别。总体上，在完善的市场里，资产的买卖价格能够反映其价值。在我国，价值大小一般由生产过程的复杂程度所决定。价格的高低则由市场交易过程的复杂程度所决定。马克思从李嘉图的研究出发，认为商品的价值是由凝结于商品中的人的一般社会必要劳动所决定。劳动支出多少则由人们的劳动时间长短来计量。劳动是一切价值的尺度。马克思经济学认为，商品生产的社会必要劳动时间决定商品价值的大小。价格是价值的表现形式，价值是价格的决定基础。西方经济学认为，商品价值的大小取决于消费者对商品效用的偏好程度，商品价格的高低取决于商品的市场供求关系。在探讨了价值概念基础上，现在我们就企业的经营活动中经常用到的一系列价值相关的重要概念进行解读。

（一）账面价值、市场价值、重置价值

从财务学角度来看，价值具有不同的表现形式，例如账面价值、市场价值和重置价值，商品因场合不同而表现出不同的价值形态。每一种价值形式都有其合理性和适用性。账面价值、市场价值和重置价值，这三个价值实际上都是会计学概念。

账面价值（账面净值，Carrying Value，Book Value）是按照会计核算的原理和方法反映计量的企业价值。《国际评估准则》指出，企业的账面价值，是企业资产负债表上体现的企业全部资产（扣除折旧、损耗和摊销）与企业全部负债之间的差额，与账面资产、净值和股东权益同义。可见，账面价值是企业资产在过去的交易中取得或购置时所花费的代价，即某一物品在会计账本上的价值。它以过去的交易为基础，主要使用历史成本属性对资产进行的计量。账面价值的主要优点在于具有良好的客观性，可以重复验证。但是，由于其主要针对企业中存在交易成本的资产进行衡量，极易忽视没有交易基础的资产价值，如自创商誉、良好的管理等，也不能很好地反映资产的预期未来收益，如未实现的收益等。因而资产的账面价值经常与其市场价值相去甚远，难以提供准确的决策信息。账面价值是基于过去和现有的信息对企业的自我价值进行的客观而准确的评估。

市场价值是指资产在现行交易市场上的公允价值，即某一物品在会计师眼里的公允价值。它是市场里买卖双方公平议价之后双方都能接受的价格。企业的市场价值是企业股份总数与每股价格乘积。市场价值更多地表现为企业的市场竞争力和未来发展潜力。在市场经济中，不仅企业要评价自身的价值，以寻求生存与发展的条件，投资者也在选择企业，需要对投资企业的市场价值进行合理的评价，从而正确地进行投资决策。在资本市场的投资活动中，不但要重视会计报表上存货、固定资产等有形资产的账面价值信息，更要重视企业有形资产和无形资产的公允价值信息。

重置价值又称会计师心目中的现行价格，它是指按照当前市场条件和某一物品的供求关系，重新取得同样一项资产所需花费的全部成本。重置价值分为复原重置价值和更新重置价值两种，复原重置价值是指以现时价格水平重新购建与目标对象相同的资产所发生的费用；更新重置价值是指以现行价格水平购建与目标对象具有同等功能的资产所需的费用。重置价值并非是真实进行交易而达成的交换价格，而是如果在现行市场中获取相同或相近的替代物需要支付的等价物。重置价值在资产评估、税收征管等活动中具有较强的应用价值。重置价

值需要考虑政策法规等外部环境影响、资产使用消耗情况和目前的技术进步等因素。例如青岛一家企业 2016 年末发现一台 2011 年 12 月购入未入账的生产设备，当初购置需要在账簿记录的账面价值为 220 万元，而如今买入全新的此种机器的市场价值为 150 万元，在考虑新旧程度和技术进步等有形无形磨损因素后，该设备的重置价值只需要 120 万元。

会计是国际商业通用语言。会计信息是财务管理的基础信息。因此，账面价值、市场价值和重置价值等，也是财务管理的重要价值概念。

（二）物品的现货价格、期货价格和合约价格

与物品价值相联系的是物品的价格。从现实交易活动出发，一件物品或资产的价格，由于其所处时间和空间的不同，其表现方式会有现货价格、期货价格和合约价格等形态。

现货是市场交易双方成交后卖方立即付货收款，或者先付货而买方在极短期限内付款的商品总称。现货价格是指现在真实货物买卖双方按照目前市场行情和公平原则所达成的商品具体成交价格。现货价格的确定带有随行就市的色彩，不可避免地存在价格上涨或下跌的风险。为了有效地控制交易中的价格变动风险，交易者设计出了合约价格和期货价格的特殊交易定价方式。

合约价格是指买卖双方通过协商以书面契约形式事先确定商品的实际成交价格。合约价格有可能比市场价格低，也有可能比市场价格高，也有可能与市场价格基本持平。

期货价格是指在期货市场上通过公开竞价方式形成的未来交割期货的合约价格。期货交割的时间可以是一个月之后、半年之后，甚至一年之后。期货交易的对象不是单一货物，而是以某种大宗商品如棉花、大豆、石油以及股票、债券等金融资产为标的物的标准化可交易合约。

现货价格、合约价格和期货价格，既有联系又有区别。三者的联系在于这三种价格都属于商品交易价格、同受市场供求因素影响、皆需承担交易风险和都以利益最大化为目的，但期货价格、合约价格和现货价格又有区别：一是交易时间期限性差异。现货价格一般是指即期交易市场的现货价格，合约价格是近期交易商品的确定价格，期货价格是远期商品的价格，不仅反映目前的供求状况，还反映未来的供求状况。二是交易标准化程度差异。现货价格是具有个性化、差异性的非标准化交易价格，合约价格是相对半标准化的交易价格，而期货价格则属于相对标准化的价格。三是交易目的性存在差异。现货价格主要便利于商品所有权转移的现实交易，合约价格是与锁定价格变动风险为目的的价格机制，而期货价格具有双面性，部分交易者想获取投机收益，另一部分交易者则想回避价格风险。

三、物品的财务价值

我们知道，财务是在不确定情况下跨时间均衡配置资源以创造价值的学问。从财务理念出发，一件物品或资产的价值主要由时间价值、风险价值和通胀价值等部分组成，在市场供求均衡或物价不变情况下，资产收益率实际是时间价值实际利息率与风险收益率之和。时间价值就是今天的一元钱不等于明天的一元钱，时间就是金钱。物品或资产因时间原因增加或减少的价值即时间价值；同理，物品或资产因风险原因增加或减少的价值即风险价值；物品或资产因物价变动或通货膨胀与通货紧缩等原因增加或减少的价值即通胀价值。财务活动之所以具有时间价值、风险价值和通胀价值，在于财务活动正常运行存在如下三个重要基础或原理。

第一，价值的跨时间转移原理。一笔借贷财务合约是最简单的一笔价值的跨时间转移。一个人把自己的物品借给了另一个人使用，后者承诺将来偿还。通过这个财务合约，一方面，原本可能一无所有的借债人突然有了金钱或物品；另一方面，放债人把现在的财富放到了一台类似时间机器之中，将它的价值转移到未来某个日期，以便到那时更好地利用它。而且，放债人还可以得到利息补偿，从而获得更多收益。所以，从某种意义上讲，财务起源于人们对时间问题的理解。当人类历史上能够理解时间时，财务就产生和存在了。

第二，或有选择权原理。与财务活动跨时间转移价值相联系，人们根据未来的偶然结果达成合约，可以保持和增加物品或资产的价值。社会经济活动中的或有选择权交易，可以有效地配置社会资源以增加社会资产价值。保险合约和风险套期的发展过程及其历史背景，都说明了财务合约对于资产价值转移和升值的重要性。一个财务合约的价值具有或然性，该或然性实质是一种选择权。物品或资产的价值的未来偶然结果依赖于生产过程的均衡和消费品的价格变化。所以，确定物品或资产价值的或有选择权，可以用以保护消费者免受通货膨胀政策的掠夺。品种多样的完善的或有选择权合约，可以保护经济人自己免于经济危机、通货膨胀、失业和不动产市场价格大幅度下跌的损失。或有权利使人们能够通过套期保值来回避尚未发现的未来不确定性。或有权利原理和技术为人们应对直接的可预见的风险提供了财务工具。由于或有权利（或有选择权）价值的存在，当新的风险出现时，会有新的财务合约被订立或订购，从而使交易伙伴减少和确定其风险。

第三，财务合约及其价值的可转让性。甲、乙双方的任何一方与第三方交换合约的权利可以极大地提高财务工具的技术水平。一个人的资产贷放合约尚未到期而又急需现金时，这个人可以将自己持有的贷款合约出售给他人，并可以告诉自己的债务人将来可把债务还给新的债权人。这不仅节省了第二次签署合约的时间和劳顿，而且有效地把第一次贷款变成了现金。可转让性是资本市场的基本特征。在资本市场里，投资者拥有转让财务合约的权利。资本市场是许多买者和卖者聚集在一起进行交易的财务合约，该合约的作用是使大量投资者可以同时调整他们持有的财务权利的数量，以修正和调整其资本配置结构，或者维护和增加其资产价值。财务合约及其价值的可转让性使资本具有流动性和增值性。

综上所述，财务学上的价值是人们劳动生产创造的在市场交易中实现的资产价格。在这里，人们的劳动生产活动，不仅投入了大量人力劳动，而且还投入了一定量的金钱、机械工具和生产技术，以及生产管理方式等多种生产要素。这说明，价值是人们投入生产要素生产产品并在市场里实现交易的物品价格。

第二节　价值活动管理

一、价值规律

人们发现价值和创造价值的财务活动，应遵循价值变动规律。价值的产生、增减变化和消失具有自身规律性，价值规律是商品经济的基本规律。商品的价值量由社会必要劳动时间决定，商品实行等价交换。在商品生产和交换过程中，发生的主要是商品生产技术的对比、优胜劣汰，以此不断促进生产力的不断发展。其表现形式是市场供求影响商品价格，商品价格以价值为中心上下波动。仅由劳动力的必要劳动时间体现，这种说法是古典经济学的理念；根据新古典经济学的理念，是供给与需求决定商品的价格；供给取决于劳动等客观因素，而需求取决于效用等主观因素。其优胜劣汰、促进生产力发展作用，不论在私有制社会还是在公有制社会，只要有商品经济，都发生作用。价值规律的基本内容，可以概括为：商品的价值量是由生产这种商品的社会必要劳动时间决定；商品交换要以价值量为基础，实行等价交换。根据价值规律开展市场交换的原则是：第一，等价交换原则。在商品交换中，商品的生产者总想提高价格，而消费者又想降低价格，所以在长期的市场交换中，必然形成等价交换的趋势。第二，商品价格围绕商品价值波动。商品交换中，如果一方总占便宜，另一方总吃亏，那么这样的商品交换是不能持续下去的。实际上，商品的价格与价值相一致是偶然的，不一致却是经常发生的。这是因为，商品的价格虽然以价值为基础，但还受到多种因素的影响，使其发生变动。价格围绕价值上下波动正是价值规律作用的表现形式。商品价格虽然时升时降，但商品价格的变动总是以其价值为轴心。另外，从较长时期和全社会来看，商品价格与价值的偏离有正有负，可彼此抵消。因此，总体上商品的价格与价值还是相等的。

一般情况下，具体影响价格变动的最主要因素是商品的供求关系。商品的供求关系变动决定于人们对商品生产过程的认知程度和信息对称程度。在市场上，当某种商品供不应求时，其价格就可能上涨到价值以上；而当商品供过于求时，其价格就会下降到价值以下。同时，价格的变化会反过来调整和改变市场的供求关系，使得价格不断围绕着价值上下波动。在公有制为基础的社会主义初级阶段，由于我国的社会经济是基于公有制基础上的市场经济，因此，人们的生产和交易必须自觉依据和运用价值规律。企业管理者的终极目标就是通过价值经营来实现企业价值的最大化。价值经营包括价值发现、价值创造与价值实现三个环节。简要地说，价值发现就是发现客体对象的价值所在，价值创造的过程就是通过业务活动增加客体对象的价值内涵，而价值实现则是通过交易活动兑现并体现客体对象的内在价值。

二、价值形成过程

价值形成过程是生产要素价格的转移和活劳动创造新财富的过程，这两重过程是以生产商品的劳动二重性为基础。劳动者的抽象劳动形成商品价值。商品是使用价值和价值的统一。商品生产过程是劳动过程和价值形成过程的统一。作为劳动过程，具体劳动创造商品的使用价值；作为价值形成过程，抽象劳动则形成商品的价值。

每个商品的价值均由物化在商品使用价值中的劳动量决定，即由生产该商品的社会必要劳动时间所决定。因此，要把商品生产过程作为价值形成过程来考察，就必须计算物化在商品中的劳动。以棉纱为例：生产棉纱，首先要有原料。假定资本家在市场上按照价值用 10 元购买 10 斤棉花。其次，还要有劳动资料，用以对棉花进行加工。假定加工棉花所消耗的纱锭量代表纺纱用掉的一切其他劳动资料，价值为 2 元。如果 12 元的金额是 24 个劳动小时或 2 个工作日的产物，那么首先可以得出，2 个工作日物化在棉纱中。

在考察棉纱的价值，即生产棉纱所需要的劳动时间的时候，可以把在时间和空间上分开的各种不同的特殊生产过程，即生产棉花和生产所消耗的纱锭量所必须完成的生产过程，以及最后用棉花和纱锭生产棉纱所必须完成的生产过程，看成是同一个生产过程前后相继的不同阶段。生产棉花和纱锭所需要的劳动时间是在同一生产过程的前一阶段完成的，而在纺纱过程中直接耗费的劳动是在后一阶段完成的。纺纱工人在后一阶段直接消耗的劳动，要从两个不同的角度来考察：一方面，纺纱工人的劳动有特殊的目的，特殊的操作方式，他的生产资料有特殊的性质，他的产品有特殊的使用价值。另一方面，从纺纱工人的劳动是人类无差别的抽象劳动来看，它是形成价值的劳动，是价值的源泉，它同植棉者和纱锭制造者体现在棉花和纱锭中的劳动，毫无区别。只是由于这种同一性，植棉、制锭和纺纱的劳动，才能成为同一个总价值即棉纱价值的各个部分。

在棉纱的生产过程中，劳动不断由运动形式转为物质形式。1 小时终了时，纺纱运动就表现为一定量的棉纱，于是 1 小时抽象人类劳动就物化在棉花中。棉花在这里只是作为一定量劳动的吸收器，棉纱只是作为棉花所吸收的劳动的测量器。如果 1 小时纺 2 斤棉纱，那么 12 斤棉纱就表示它吸收了 6 个劳动小时。现在，一定量的产品，只是代表了一定量的物化劳动时间。假定纺纱工人的劳动力日价值等于 4 元，在 4 元中体现了 6 个劳动小时，这是生产工人每天平均的生活资料量所必需的劳动量。假定纺纱工人在 1 个劳动小时内把 2 斤棉花纺成 2 斤棉纱，他在 6 小时内就会把 12 斤棉花纺成 12 斤棉纱。因此，在纺纱过程中，棉花吸收了 6 个劳动小时。这 6 个物化劳动小时以金额来表示，是 4 元。这样，纺纱本身就在棉花上加进了 4 元的劳动力价值，这是棉纱价值的另一个组成部分。

根据以上的分析，可以计算出 12 斤棉纱的总价值。在 12 斤棉纱中物化的劳动小时：包含在棉花和纱锭量中的 24 个劳动小时，加上在纺纱过程中吸收的 6 个劳动小时，共计 30 个劳动小时，表现为 20 元金额。而资本家在商品市场上购买棉纱的各种形成要素所花费的也是 20 元：12 元购买棉花，4 元购买所消耗的纱锭，4 元购买劳动力。棉纱的价值，只是以前分配在棉花、纱锭和劳动力上的价值的总和。可见，这些价值的单纯相加，是永远也不能产生剩余价值的。

资本主义的商品生产过程，当然不会到此为止。马克思指出："如果价值形成过程只持续到这样一点，即资本所支付的劳动力价值恰好为新的等价物所补偿，那就是单纯的价值形成过程。"（《马克思恩格斯全集》第 23 卷，第 221 页）资本家绝不会以单纯的价值形成过程为满足，他们必然要把工人的劳动时间延长到前面所说的 6 个劳动小时以上，以实现榨取剩余价值的目的。因此，资本主义商品生产过程的价值形成过程，必然同时就是价值增值过程。封建主义、资本主义和社会主义社会，虽然其生产关系、生产资料所有制性质、生产力发展水平，以及其发展目标存在差别，但也存在着一些人类相同的文明。生产、商品和市场，就是人类社会早期产生一直延续至今天的社会现象。因此，商品价值的形成过程在不同的社会和同一社会的不同发展阶段，可能会存在相同的环节或部分。

三、价值经营管理

（一）价值发现与管理

虽然价值发现并不必然给企业直接带来收益，但它却是赚取利润的重要基础。价值发现就好比找寻金矿，必须在有金矿的地方才能开采到黄金；而价值创造与价值实现就好比是采挖与分销金矿的方式，方式得当才能取得高额回报，可是再好的采掘与分销金矿的方式也必须用于有着丰富储备的矿藏资源。毫不夸张地说，企业价值经营的首要环节就是价值发现，没有卓越的价值发现活动，后续的价值创造和价值实现就会成为无源之水、无本之木。

相信很多人都听说过"温州炒房团"的故事。20 世纪 90 年代，温州民营企业异军突起，老板们都手握以百万计的闲散资金，到处为资金找出路。当时，我国房地产业和城镇化的趋势渐起，自1998年开始，嗅觉敏锐的温州人迅速掌握商机，涌入温州楼市。短短3年，就把温州房价从2000元/平方米炒到7000元/平方米。紧接着温州附近的杭州也被攻陷，然后是经济更为发达而同样存在套利空间的北上广。到2002年前后，温州人开始组团四处出击，哪里有新的楼盘哪里就有他们的身影。"温州炒房团"的出现，绝对称得上中国房地产发展史上的一大现象，从财务学角度客观地看，"温州炒房团"的流动性管理和投机炒作具有一定的合理性，市场经济的发展与成熟也确实需要这样的价值发现。

以上简要说明了价值发现的含义，那么，一个企业应该如何通过适当的路径来不断发现新的价值呢？

价值发现的基本路径，首先是价值主体必须提高自身的认知能力，历练发现价值的真实本领。其次，要学会在关联中发现价值，因为价值往往依存于主体与客体之间、主体与主体之间以及客体与客体之间的相互作用关系中。在企业财务活动中的典型实践的价值发现方式有以下三种：

1. 发现价值洼地。美国"股神"沃伦·巴菲特独特的发现价值的方式令人着迷，他有句至理名言，"人云亦云，你是不会发财的"。1957年，巴菲特掌管的伯克希尔公司资金只有区区30万美元，到了1994年底已经发展成拥有230亿美元的庞大投资金融王国。我们选取巴菲特在伯克希尔哈萨维2007年股东信里列示的1965～2007年财务数据，在42年里，伯克希尔公司每股年复合收益是27.1%，不难体会到沃伦·巴菲特卓越的价值发现才华。

巴菲特寻找的具有潜在投资价值公司的标准是：（1）业务能够被理解；（2）有利的长期发展潜质；（3）有能力且可信赖的管理层；（4）一个合理的标价。他还提出一家真正伟大的公司必须要有一道"护城河"（moat）来保护投资获得很好的回报。资本主义的"动力学"，使能赚取高额回报的生意"城堡"，都会受到竞争者重复不断的攻击。因此，一道难以逾越的屏障，比如成为低成本提供者，或者拥有像可口可乐、吉利、美国运通这样享誉世界的强大品牌，才是企业获得持续成功的根本。

2. 挖掘客户价值。史蒂夫·乔布斯，苹果公司的创始人，他曾经说过：不要问消费者想要什么，一个企业的目标就是去创造那些消费者需要但无法形容和表达的需求。乔布斯有另一句名言：我们没有走出去进行市场调查，我们为自己生产。我们就是判定它是好是坏的一群人。在技术驱动需求的行业，创新者将自己作为第一个消费者，用消费者的感觉去检查自己的创新。2011年12月，美国唱片协会宣布，苹果联合创始人乔布斯将被追授格莱美特别荣誉奖。该协会认为乔布斯创造的产品和技术，改变了我们消费音乐、电视、电影和书籍的方式，乔布斯在创新上的远见促生了iPod和iTunes在线商店，彻底改变了音乐行业。

作为乔布斯创造客户需求得意之作的苹果公司1980年12月公开招股上市，并于2012年创下6235亿美元的市值记录。2012～2014年，苹果公司已经连续三年成为全球市值最大公司。2013年9月30日，在"全球最佳品牌"排行榜中，苹果公司超过可口可乐成为世界最有价值品牌。2014年，苹果品牌超越谷歌（Google），成为世界最具价值品牌。

3. 创新商业模式。管理学大师彼得·德鲁克曾经说过："当今企业之间的竞争，不是产品之间的竞争，而是商业模式之间的竞争。"在互联网经济时代，商业模式创新俨然已经成为公司的一种战略资源。企业的商业模式创新活动往往专注于运营模式、驱动平台或客户体验（德勤，2013）。创新运营模式专注于配置资产、能力和价值链上的其他要素，以求以差异化的方式服务客户并获得利润。这种创新模式聚焦于盈利模式、价值网络（联合他人来创造价值）、企业架构（组织并配置人才和资产）和流程方面的创新。驱动平台的创新关注对能力、产品和服务的重新使用、重新组合或是发现新的关系，为客户提供全新的价值。这种创新模式要将流程、产品性能、产品系统以及服务创新等要素进行整合优化，达到能帮助客户化繁为简，帮助客户跨越挑战，通过联结不同群体、能力和产品发现新的机遇。创新客户体验首先是以独特的方式联结、服务和吸引客户，改变他们与企业和产品的互动。这种创新要先从营销渠道、品牌以及客户互动开始，然后不断移动添加服务、产品性能和改变内部流程等新的创新种类使客户体验发挥作用。

（二）价值创造与管理

价值创造是现代企业生存与发展的关键，是企业追求最终目标的重要一环。价值创造的对象是企业的各种价值活动，价值创造的目标则是通过协调、整合各项价值活动，实现价值创造最大化。然而，企业要想实现其价值创造的目标，需要正确识别和科学协调各项价值活动，正确评估价值链上各环节、各项价值活动的所费与所得，合理安排和不断优化价值链上的价值活动。

1985 年，迈克尔·波特教授在其所著的《竞争优势》一书中首次提出了价值链的概念，指出它是对增加一个企业的产品或服务的实用性或价值的一系列价值活动的描述。价值活动分为两大类，即基本活动和辅助活动。基本活动创造价值，辅助活动保证基本活动的运行。基本活动包括内部后勤、生产作业、外部后勤、市场销售和服务等，辅助活动包括采购、技术开发、人力资源管理和企业基础设施等。这些互不相同但又相互关联的价值活动，构成了一个创造价值的动态过程，即价值链。

价值链上的每一项价值活动都会对企业最终能够创造出多大的价值产生影响。企业要想提高价值，不仅要改善产品的生产和销售，还要做好其他的生产经营环节，协调好各环节的关系，单纯的生产、营销、管理无法达到企业价值增值的目的，只有从整个价值链出发，优化价值链，才能保证企业价值最大化。企业价值创造活动按照驱动因素的不同可以分为内部主导型和外部主导型两种方式。

1. 内部主导型价值创造。内部主导型价值创造就是将企业内部业务流程构建为一个价值增值和价值创造系统，着眼于企业整体的有机整合，形成从计划、协调、组织到控制协调有序的一体，使得企业中每个生产经营环节在相互紧密联系的同时，又具有处理技术流、资金流、物流、信息流和自我组织的能力，以确保企业内部的供、产、销系统形成一条井然有序的价值增值链。内部主导型价值创造经营活动流程管理的重点包括：采购流程、制造流程、储运流程、销售流程、服务支持流程和外部联系流程等。

（1）采购流程，这一流程的价值管理需要考虑对象选择、批量确定、质量要求以及与制造等相关流程的协调等内容。

（2）制造流程，企业应着重考察品种安排、生产安排、质量管理、效率分析以及与销售等相关流程的协调性等核心内容。

（3）储运流程，企业需要从保管时效、存储安全、存储质量、运输期限、运送成本以及与其他相关流程的协调性等方面进行价值管理。

（4）销售流程，这一流程侧重于出货周期、营销效率、销售管理以及与其他相关流程的协调性等方面的管理。

（5）服务支持流程，企业可以考虑采用支持性服务满意度、企业响应度和售后服务质量等指标进行价值管理。

（6）外部联系流程，此流程管理主要针对企业与客户、供应商、政府和银行等重要利益相关者关系的紧密程度。

内部主导型价值创造侧重于发挥价值链内部流程的协同效应，培育企业的核心竞争能力。企业对其内部流程进行协调后，其功能结合成了整体性功能，这样的整体性效应与企业单一战略活动之和相比要大得多，即能产生“1 +1 >2”的效果。一些企业正是通过这种内部协同来进行增值价值，从而提高企业的竞争力。

2. 外部主导型价值创造。外部主导型价值创造通过与外部存在连接关系的价值链活动进行优化，从而增强企业把握竞争优势的机会。外部主导型价值创造一般是由于企业价值增值活动受到内部资源或者能力的制约，难以突破自身发展的瓶颈，借助于外部资源，将外部资源内部化或者形成内外部资源的协调和综合优化，打造核心竞争力，实现价值创造能力的迅速提升。外部主导型价值创造包括战略收购、兼并重组等手段，还包括采取业务外包等其他措施。

（1）兼并收购。兼并一般多指两家或者以上的独立企业，合并组成一家企业，通常由占据优势地位的公司吸收合并其他企业。而收购指企业用现金或者证券取得其他企业的股票或者资产，以获得对该企业的全部资产或者某项资产的所有权，或实现对该企业的控制权。公司实行兼并收购的目的是为了扩大规模，获得增长和战略竞争力，从而实现价值创造。联想并购 IBM 的 PC 业务：2004 年 12 月 8 日，联想集团在北京宣布，以总价 12.5 亿美元的现金加股票收购 IBM 的 PC 部门。联想在 5 年内无偿使用 IBM 及 IBM – Think 品牌，并永久保留使用全球著名商标 Think 的权利。由于此笔收购业务，联想一跃成为全球第三大 PC 厂商。

以战略收购为例，企业在进行收购前，应该考虑几个问题：被收购公司是否与本公司具有资产上的互补性？被收购公司在财务状况、文化适应性和员工价值观方面是否具有可塑性？被收购公司是否强调研发和创新？公司对于管理变化的适应性和灵活性是否可以解决收购后整合问题，管理层是否具有收购和变革的经验？值得注意的是，这一战略并不总能创造价值，所以企业不能为了短期利益而不顾公司的战略要求，盲目地进行兼并收购。鲁伯特·默多克的新闻集团（News Group）于 2006 年收购了当时最热门的社交网络 MySpace，并为此支付了 5.2 亿美元的交易价格，然而好景不长，原有的用户蜂拥转投刚刚创业的无名小卒、后来的社交网络王者 Facebook，新闻集团不得已以 3500 万美元的低廉价格将 MySpace 转手卖出，结束了这笔看似商机无限的收购业务。

（2）战略外包。战略外包是一种管理策略，是指企业从战略的角度出发，将其与外部优秀的企业资源加以整合和利用，把一些次要的、辅助性、非核心功能或者成本处于劣势的业务，转移到企业外部的专业服务机构，使企业的专长和优势得以有效利用。战略外包能够增强企业经营的灵活性，将资源集中于核心业务，创造出独特价值；通过外包可以以较低的成本获得更好的产品或者降低部分企业业务的成本，从而促使企业整体的效率和竞争力的提高；外包还可以使企业避免因过度的前后整合带来的对产业涉足过深的经营风险。一般而言，战略外包主要有生产外包、销售外包、人力资源外包、管理外包、物流外包和客户关系外包等不同类型。

美国思科（Cisco）公司在将网络设备和技术研究开发确认为核心业务的基础上，将制造业务、局部装配业务和最后装配业务等全部外包给多家外部企业完成，从而使核心业务在世界网络设备市场占有80%市场份额。波音公司在全球100多个国家和地区拥有超过5200家供应商，这些供应商是在对质量、发货准时性、成本和客户满意度等方面进行严格挑选后被评定出来的。波音公司的787飞机大约有70%的零部件，由中国、日本、俄罗斯、澳大利亚和意大利等国的供应商为其生产，包括机翼、引擎、客舱内饰、起落架等，然后运至波音西雅图工厂完成总装，最后销往世界各地。

（三）价值实现与管理

价值实现是指企业发现与创造的价值被市场认可并接受，从而完成了价值投入到价值产出的转化。价值实现的形式多种多样，按照交易对象不同进行分类，有商品或劳务的售卖、股权的转让和部分资产或企业整体出售之分。

1. 商品或劳务的售卖。企业在正常生产经营活动中，价值实现更多是通过商品的买卖或劳务的出售加以体现的。比如一家工厂从原材料的购进开始，经过商品生产、商品检验、商品入库等一系列活动，直到商品销售发出才真正实现了商品的价值。每一种商品或劳务都只能在流通过程中实现价值；它是否实现了自身的价值，在多大程度上实现自身的价值，这取决于供给的有效程度和市场的基本状况。

商品或劳务供给是指在一定时期内可以通过市场销售来满足消费者需要的商品或劳务总量。而有效供给则是指商品或劳务的品质和商品或劳务的成本价格能够充分满足消费者需求的供给。比如开发出具有新功能的商品，改进旧产品的性能品质，即是有效供给的表现。另外，我们将商品成本价格降低，也是有效供给的表现，因为价格下降可促进商品价值的实现。交易成本也制约着商品价值实现的程度。这里所讲的交易成本包括在商品或劳务交易中所要花费的成本，也包括买卖过程中所花费的全部时间和货币成本。比如传播信息、广告、与商品销售有关的物流以及谈判、协商、签约、合约执行的监督等活动所花费的成本。

2. 股权的转让。公司的股东由于其对于所持投资份额收益最大化的考虑，可能会全部或部分转让其股权，即公司股东将其所持有的公司股份部分或全部转让给他人，一般分为股东之间的转让和向股东之外的人转让。

股权转让收益是指股权转让价减除成本价后的差额。股权转让价，是指股权转让人就转让的股权所收取的包括现金、非货币性资产或者权益等的金额。股权成本价，是指股东在入股时向企业支付的出资金额或收购该项股权时向该股权的原持有人支付的股权转让金额。

3. 部分资产或企业整体出售。在现实经济生活中，往往出现把企业整体或部分资产进行转让等情况，如企业兼并、购买、出售、联营和合资等活动，这都会涉及企业整体价值或部分资产的定价问题。在这种情况下，要对整个企业的价值或部分资产进行评估，以便确定出售的价格。

部分资产出售是指将不包括存货在内的企业部分资产，比如若干条生产线、固定资产、无形资产、投资等资产转让而取得各种形式收入的活动。企业整体出售是指将企业的所有资产转让给其他购买者的交易行为。部分资产出售交易的通常是代表投资者在企业中财富的一部分，而企业整体则是投资者在企业的全部财富。更为重要的是，在进行转让活动中，部分资产价值可以根据具体资产项目的公允价值进行确定。这里的公允价值是指在计量日发生的有序交易中，市场参与者之间出售一项资产所能收到的价格或者转移一项负债所需支付的价格。即熟悉情况的买卖双方在公平交易的条件下所确定的价格，或无关联的双方在公平交易的条件下一项资产可以被买卖的成交价格。而企业整体价值并不等于所有可辨认净资产的公允价值之和，它可能蕴含有助于可辨认净资产发挥更大作用的、难以量化的因素，也可能含有对可辨认净资产的发挥作用产生负面影响的、难以量化的因素。在实务中，通常由资产评估事务所对需要交易的单项、组合或整体性资产进行评估。

第三节　价值理论学说与收益

一、价值是怎样被创造出来的

经济学界关于价值的界定，中外各学派的学者们各有见解。按照一定的标准，对价值的界定可以从两个角度进行归纳，其一是供给角度，其二是需求角度。从供给角度界定的价值，其思想最早可以追溯到古典经济学家威廉·配第，这是第一次有意识地将价值的源泉归结为劳动，从而奠定了劳动价值论的基础。随后斯密、萨伊等人对这个思想进行发展，最终，马克思在区分了使用价值、价值等范畴之后，确定了“劳动价值”一元论。而从需求的角度界定的价值源于主观效用，这大体符合一般人的想法。

有关价值理论的争论，常常是由不同的价值定义引起的，不同的价值定义又与价值理论研究的逻辑起点密切相关。价值的本来含义是使用价值，随着自然经济向商品经济的转变，价值一词才一分为二，变成使用价值和交换价值，而交换价值不过是一种使用价值与另一种使用价值相交换的比例。由于交换价值经常随时间、地点和条件的变化而变化，所以，经济学家便试图揭示调节交换价值运动的规律，并把这一规律重新定义为价值。以下是各学派价值创造学说介绍。

（一）劳动价值论及其发展

市场里的商品价值是生产劳动投入量的反映。人类的物质生产活动是有目的和有计划的劳动活动。所以，一件物品的价值在进入市场之前就已经形成。即一件物品有其固定价值，它是人们的生产活动所花费的时间乘以社会单位劳动时间成本的结果。这是马克思经济学的基本观点。这一观点与我国古代经济思想基本上相吻合。

在中国经济思想史里，“重农抑商”的传统价值观念在人们的头脑中根深蒂固，传播十分广泛。我国古代著名思想家、经济学家管仲按照社会百姓对社会文明进步发挥作用的大小，将社会庶民阶层分为士农工商四个部分，士居四民之首，商居四民之末。在这一观念影响下，商业活动创造的价值最小，商利成了末利，经商成了小人之事，商业活动备受轻视。此时，官僚和士民从事经商业务会感到是一件丢脸的事情。在我国的封建社会里，抑商一直是经济政策的主要内容。虽然社会上偶尔也有重商思潮的出现，但只是若隐若现的一股暗流而已。据文献记载，我国至少从西汉王朝开始，“贱商”政策被写进法律条文。法律规定商人不得骑马，不得穿锦绣和绸纱，甚至饮食和起居屋舍等也有一系列规制，不许商人僭越，从而防止市场囤积和垄断。那时，在多数人看来，读书和农业劳动付出最大，因而社会贡献也最大，其次是手工艺和工业劳动付出比较大，商业劳动出力最小，因而其社会贡献也最小。当我国进入宋朝和元朝之后，士民和官僚对商人的社会功能有了新认识，士商关系也有所变化。南宋以后的士民，多出自商人家庭，士与商的界限开始有些混淆。与此同时，一些有才智的士大夫逐渐被商业吸引过去。士民的价值观念也发生了一些变化和动摇，治学已不局限于修齐治平，读书人开始考虑治学和治生相结合，士民必须有自己独立的经济生产活动才能生存和发展。后来，明朝中后期，一些读书人把经商视为神圣的事业之一。于是，士大夫开始兼营农桑业务，以此赡养家人，而不能“待养于人”。商业逐渐在我国与农业、工业相提并论，商业和交通运输业都是农业和工业的产业延续。辛亥革命和1949年之后，劳动人民当家做主的意识深入人心，物质资料和财富由劳动人民的生产活动所创造，历史是由劳动人民创造的。显然，价值产生于生产劳动的观念在我国具有悠久的历史。

马克思劳动价值理论主要来自古典经济学派创始人威廉·配第的劳动决定价值的基本原理，以及马克思所处时代的资本主义经济发展实践。威廉·配第把劳动时间看作衡量价值的尺度和基础，这是劳动价值论的一个基本观点。配第率先提出采用“自然价格”表示价值，以与市场价格相区别。他的自然价格相当于价值，指出：“假如一个人生产一蒲式耳小麦所用劳动时间和从秘鲁银矿中生产一盎司白银并运到伦敦所需劳动时间相等，后者便是前者的自然价格。”1776年，英国古典经济学家亚当·斯密在其著作《国富论》中指出，“价值”有“使用价值”和“交换价值”双重含义：“它有时表示特定物品的效用；有时又表示由于占有某物而取得的对他种货物的购买力。前者可叫作使用价值，后者可叫作交换价值”。斯密认为商品之间的交换实际上是劳动之间的交换，商品的交换价值也自然由劳动来决定。在亚当·斯密的理论基础上，古典经济学派集大成者大卫·李嘉图提出了古典劳动价值理论。李嘉图认为，价值是由生产费用决定的，虽然他本人也承认，“一种商品如果完全没有用处，或者说，如果无论从哪一方面说都无益于我们欲望的满足，那就无论怎样稀少，也无论获得时需要费多少劳动，总不会具有交换价值”。但是，“使用价值无法用任何已知的标准加以衡量，不同的人对它有不同的估价”，因此，李嘉图认为使用价值不能作为衡量商品价值的尺度。李嘉图的上述观点有一定的片面性。因为它仅仅抽象地把使用价值即效用看作交换价值的一个前提，而完全否定了效用在价值决定中所起的作用。假定某人花了大量的劳动或生产费用制造了一种用处很小的东西，或者说，这种东西虽然有用，但从总量上来说超过了社会对它的需要，这种东西的价值也要按照其生产费用来计算吗？物品的效用虽然是因人而异的，但是，对于同一个人来说，在一定时期内，不同物品的效用总有高低大小之分。把不同的人对不同物品的效用评价分别加总起来，并用消费者为获得一定的效用而愿意支付的货币来表示，就会形成对不同商品不同效用的社会评价序列。当两种商品的费用相同但效用不同时，商品的交换比例显然就不能完全取决于它们的费用。

马克思在批判性地继承、吸收古典劳动价值理论的基础上，提出了科学的马克思主义劳动价值论。马克思认为，交换价值是价值的量的表现，价值的本质是凝结在商品中的一般的、无差别人类劳动，只有人类劳动才能创造价值。同时，马克思还指出，创造商品价值的劳动是抽象劳动，决定商品价值的则是社会必要劳动时间。必须指出，马克思的劳动价值与西方经济学中的均衡价格论不同，马克思的劳动价值论认为市场供求关系能在一定程度上影响而绝不能决定商品的价值，也就是说，它可以制约着在什么条件下，商品价值是由什么样的劳动创造的。倘若市场交换呈现供过于求，商品的价值就不再由中等条件下耗费的劳动时间决定，而是由生产条件好的商品生产者的个别劳动时间决定；倘若市场交换呈现求过于供，商品的价值量就由劣等生产条件商品生产者个别劳动时间决定；只有在供求平衡的条件下，商品的价值量才由中等生产条件下的劳动时间来决定。这表明商品的价值虽然是由凝结在商品中的抽象劳动创造的，但商品价值量的大小却会受到市场供求状况的制约，必须联系具体的市场经济条件讨论商品价值的大小。

恩格斯是马克思的学术理论合作者。恩格斯指出："物品的价值包含两个要素，争论的双方都硬要把这两个要素分开，但是正如我们所看到的，双方都毫无结果。价值是生产费用对效用的关系。价值首先是用来解决某种物品是否应该生产的问题，即这种物品的效用是否能抵偿生产费用的问题。只有在这个问题解决之后才谈得上运用价值来进行交换的问题。"恩格斯的这段话，特别是他给价值所下的定义，即"价值是生产费用对效用的关系"，精辟地揭示了价值的本质以及生产费用和效用在价值决定中的作用。按照恩格斯的观点，费用和效用是商品的两个基本属性，商品的价值是由这两个因素共同决定的，其中任何一个都不能单独地决定价值。

现在，我国处于人类历史发展中的社会主义制度初级阶段。我国社会经济发展的理论依据是马克思经济学理论与中国经济思想史和中国社会经济发展实践的结合。生产劳动创造价值依然是我国经济发展的主流经济思想。我国人民依靠马克思主义基本原理与我国社会发展具体实践情况相结合，取得了社会文明的巨大进步。我国人民不能像取得了数据就摈弃实验品那样，扔掉对我国社会经济发展曾发挥巨大指导作用的科学的马克思主义。中国特色社会主义基本经济制度和社会主义经济学是我们理解价值理论的基础。

（二）效用价值与新古典均衡价值理论

由于文化差别，我国人民关注人与自然的关系和人与事的关系，重视悟性和直觉。西方人则关注物质关系和人与物的关系，重视效用和理性。法国经济学家萨伊认为，商品的价值是由商品的效用决定的。他指出："创造具有任何效用的物品，就等于创造财富。这是因为物品的效用就是物品价值的基础，而物品的价值就是财富所构成的"。在价值效用论者看来，任何物品不存在什么"固定价值"，只存在"相对价值"，只有相对于人的效用而言，才有价值这回事。他们认为，物品或证券的价值取决于他能否使个人的效用提高，包括消费效用、财富效用、主观幸福感和满足感等。这等于说，你即使花费千万元货币资本和数百人劳动力劳动一年时间建好了一栋大楼，如果没有人使用它，那么，这栋楼就一文不值；你生产制造了很多机器设备，如果没有人购买，也就一文不值；你裁剪和制作了很多衣服，如果没有人购买，就没有任何价值，反而是一堆废布料。反之，如果一件物品花费的货币资本、投入的人力和技术都很少但很快被人购买，那么，这个物品就有很高的价值。商品价值的高低，取决于商品给人们带来的效用大小。换言之，价值由未来收益决定，不是由过去的成本决定。很显然，这是欧美人的财务价值观。

任何理论都有其局限性。效用论的主要错误并不在于效用本身的主观性和难以度量性，而在于它完全否定了商品的另一个基本属性即生产费用在价值决定中的作用。因此，它难以解释有些物品，如钻石，其效用并不是很大，但其价值却非常之高，而有些物品，比如水，其效用很大，但其价值却非常之低的原因。

马歇尔运用边际分析方法，将效用价值论和费用价值论与供求论有机地结合起来，从而创立了均衡价格理论，具体揭示出价值创造的机制。按照均衡价格理论，所谓费用和效用共同决定商品的价值，应该作为一个过程来理解。当物品的效用高于物品的费用时，消费者愿意为该物品支付的价格高于生产者生产该物品所消耗的费用，这时生产者进一步扩大生产是有利的，直到增加的一单位物品所花费的费用与消费者为增加一单位该物品的购买所支付的价格相等时为止，商品的交换价值才能在长时期中保持稳定，从而使商品的价值得以确定。当物品的效用低于物品的费用时，消费者愿意为此物品支付的价格低于该物品的生产费用，这时，生产者减少生产是有利的。随着该物品供给量的减少，其边际效用会增加，而边际费用则可能递减，直到该物品的边际费用与边际效用相等时为止，商品的价值才得以最终确定。

以凯恩斯为代表的效用价值论认为商品的价值由商品为顾客带来的效用决定，效用与价值成正比。以马歇尔为代表的新古典经济学派则把效用价值论和生产价值论结合起来，建立了均衡价格理论。马歇尔等人认为：价格是衡量商品或服务稀缺程度、效用或满足欲望的标准。在均衡价格理论中存在需求价格，需求价格是消费者购买某件商品愿意支付的最高价格，它取决于需求量，需求量则由消费者对商品或服务效用或主观评价决定。同时，在均衡理论中存在供给价格，供给价格取决于生产成本，是生产者愿意接受的最低价格。因此，效用和生产成本是决定市场价格的两个变量。以凯恩斯为代表的效用价值论认为，商品的价值由商品为顾客带来的效用决定，效用与价值成正比。与此同时，约翰·希克斯将货币、生产要素、商品和信任连接起来，提出了微观经济学中的一般均衡理论模型，使价值、资本和成本等概念与商品、价格、消费和供求关系一样，站到了经济学舞台的中央。

以上的分析表明，马歇尔的均衡价格论或供求论，就价值创造的机制而言，与恩格斯的价值定义本质上是一致的。新古典均衡价值理论体系是英国经济学家马歇尔在综合生产费用价值理论、边际效用价值理论和供求价值理论的基础上创建的，后又被庇古、希克斯、张伯伦和琼·罗宾逊以及阿罗和德布鲁等几代经济学家不断发展和完善，现已成为当今经济学主流价值理论，其以近乎完美的数理模型解释了市场运行的规律和市场运行所带来的效率。同其他所有理论一样，效用价值理论和新古典均衡价值理论都是建立在资本主义制度和市场经济的理论假设基础之上。正是我国选择改革开放的基本国策和中国特色社会主义市场经济制度，才使效用价值理论和新古典均衡价值理论在我国有了一些用武之地。

（三）斯拉法价值论

英国经济学家皮罗·斯拉法在1960年出版的《用商品生产商品》一书中，提出了一种不同于以往价值学说的新价值论。这种理论在当代西方经济学界引起了巨大的反响，重新唤起了人们对古典学派价值论和分配论研究的热情。斯拉法的价值论由价格决定理论和标准商品理论（价值尺度理论）两部分组成。斯拉法在他的价格决定体系中表明，价格不仅决定于生产方法，而且还受到分配的影响。如果假定生产方法不变，相对价格的变动就唯一地产生于分配的变动。斯拉法价值理论产生于凯恩斯主义兴起之后。虽然凯恩斯主义理论在经济学界和政策决策过程中普遍为人们所接受，但是它始终缺乏有力的价值理论作为支撑，而斯拉法的价值理论体系正好适应了这一要求。

斯拉法价值理论的一个重要的假设是所有生产部门收益不变。如果假设社会各个部门所使用的不同的生产资料的比例不发生改变，资本配置结构不变，生产规模也不发生改变，所以，产量可能也不发生改变，最终收益不发生改变。这一假设从根本上否定了新古典经济学的边际分析方法，也是对现代经济学从亚当·斯密到李嘉图的古典经济学的回归。

斯拉法价值理论是一种既不同于新古典均衡价值理论也不同于马克思劳动价值理论的价值理论学说。斯拉法反对新古典经济学边际分析方法。虽然在斯拉法后来分析商品价值时将商品价值归结为劳动耗费，他认为“商品的价值是和商品的劳动耗费成比例的，就是说，和直接间接用于生产商品的劳动数量成比例”，但是，劳动在斯拉法的价值理论中并不是不可或缺的，如果将劳动从他的整个理论体系中抽掉，余下的部分仍能够组成一套完整的价值学说。在斯拉法的理论中，商品的价值最终还是决定于生产的技术水平和劳动以及资本的配置比例等。显然，在这里，物品或资产的价值是由人力投入、技术水平和资本均衡配置程度等多种因素所决定。所以，斯拉法的价值理论在国内与国外都作为一种与马克思劳动价值理论和新古典均衡价值理论并列的价值理论而存在。

二、价值与财务管理之间的关系

价值是财务学基础范畴之一，价值理论是财务学的重要理论。众所周知，企业财务是指生产经营活动中有关价值运动（资金收支）方面的事务。它是一种客观存在的经济现象，而这种经济现象存在的基础依然是商品经济。根据马克思的劳动价值论，商品是使用价值和价值的统一。企业的经济活动，一方面表现为使用价值的生产和交换过程，即劳动者利用劳动手段作用于劳动对象，生产出符合市场需要的使用价值（商品或服务）并进行交换的过程，这一过程称为物资的实体运动过程；另一方面，则表现为价值形成和实现的过程，即通过生产活动，将消耗生产资料价值和劳动者必要劳动创造的价值转移到新产品中去，形成新的价值，并通过营销活动最终实现商品价值的过程，这一过程称为物资的价值运动过程。由于这种价值运动过程可以用货币表现出来，人们通常又把再生产过程中价值的货币表现称为资金，进而把物资的价值运动称为资金运动。当企业的资金运动构成其经济活动的一个独立方面时，便形成了企业的财务活动。这样一来，现代企业的经济活动可以分为两大部分，即生产营销活动和财务活动，相应的管理职能分别称为业务管理和财务管理。

（一）价值与财务管理

财务学上的价值一般是指企业价值，即企业在市场上的价格。它是一个企业未来预期自由现金流量按照相应加权综合资金成本进行折现得出的现值，体现了该企业资金的时间价值、风险以及持续发展能力。在财务学里，其价值与会计上的价值有所不同。企业财务管理中的价值，一般由股权价值与债务价值两部分构成，或者由有形资产与无形资产的价值组成，也可理解为传统资本和新兴资本的价值之和。股权价值是由股权未来预期自由现金流量现值计算的，股权当期自由现金流量与利润的关系可简单表述为“利润＋折旧－投资”。债务价值是债券在市场上的出售价格。由此可知，企业价值与企业自由净现金流量正相关，与企业利润正相关。在相同条件下，企业的自由净现金流量越大，它的价值也就越大。而对于债务来说，在不考虑利率与违约风险时，其市场价格的波动也很小。对于上市公司而言，股票价值越大，企业价值越大。

财务管理作为企业一项关键性的管理活动，一般也被认为是企业管理的核心。之所以称为核心，一方面财务管理通过分配企业资源，协调企业各部门共同为企业直接创造价值、实现价值增值服务；另一方面财务管理通过理财、资金策略等为企业直接创造与实现价值。因此，财务管理本身对于企业价值管理具有积极的推进作用。

利益相关者理论认为，现代企业财务管理目标是企业价值最大化。现代财务管理通过预算管理、投资管理、融资管理、资本运营、成本管理、分配管理、业绩评价等活动来实现企业价值最大化的管理目标。企业价值最大化是以企业现代财务管理的合法合规经营为基础，选择适合企业的最优财税政策，在保证持续发展的基础上，做到现金流增值、资本增值，实现企业自身全面发展。财务管理的最高目标是实现企业价值最大化，也就是实现风险和报酬平衡时的企业自由现金流最大化，此目标是财务各项管理活动的切入点。

财务管理通过影响现金流活动来实现企业价值增值。现金流是公司的“血液”，是公司正常运转的最基本保证，要判断公司的一项活动是否为公司创造了价值，就要以其是否为公司创造了净现金流量来衡量。现代财务管理通过科学的预算管理、资金集中化管理、融资管理、投资决策、成本控制、税收筹划及各项风险控制等为企业创造价值。

财务内部控制管理提供了风险管控的约束，为企业价值经营筑起防火墙，能合理规避风险，减少企业损失。财务管理通过预算管理，以保证合法经营、资产安全等为目标，审慎调查，对公司运营中的资金、采购等活动进行风险分析和制度建设，合理规避风险，从而实现资金增值。财务管理的各种制度制定、授权审批流程规定、全面预算管理、财务审计监督等，又是内部控制的重要组成部分。财务管理依靠财务信息，通过财务分析和测算能及时发现战略风险、商业风险和运营操作中的潜在风险，能在事前有针对性地通过合理有效的方法将其潜在风险合理控制在可以接受的范围内，或者扼杀在“摇篮里”，从而减少潜在风险带来的大量资金流出。财务管理内部控制为企业价值创造筑起了坚实的防火墙，能合理规避风险，减少企业损失。

随着市场经济不断发展和现代公司治理结构的成熟，财务管理开始从财务的信息确认、计量最基本的核算功能逐渐延展开来，渗透到企业经营的每一个角落。财务管理与企业价值管理息息相关，密切相连，两者将会在这样的背景下不断地推进与融合。

（二）净现值

一项经济业务未来收入的现在价值与该业务成本支出的现在价值之间的差额，就是净现值。即：收入现在价值与成本现在价值的差额，亦即现值与现值的差额。净现值代表资本所有者已实现的真实净现金流量的价值。对于一个投资项目而言，投资项目未来时期各期现金流入量现值之和减去项目投资额现值之后的差额，就是净现值。当净现值大于零时，则该投资项目具有财务可行性，可以选择；若小于零则不具有财务可行性，应该放弃。欧美企业家认为，净现值法是资本预算的最佳方法。当然，其他方法对净现值具有补充作用，因而也不能忽视。有两个概念与净现值相联系：（1）独立项目，即对其做出接受或者放弃的投资决策都不会受其他项目投资决策影响的项目。比如，你打算在青岛市开设一家快餐店和在临沂市开设一家茶馆，这两个项目就是独立项目。（2）互斥项目，就是指不能同时选择的两个或多个项目。比如，项目甲是在你拥有的一块地皮上建一幢公寓楼，而项目乙是决定在同样的一块地上建一座电影院，项目甲和乙就是互斥项目，因为你不可能让这两个项目同时进行。

当人们想知道一辆二手轿车的价值时，人们会参考二手车市场中的价格。同样，当你想知道未来现金流的价值时，你会在资本市场中寻找比价关系。因为资本市场是以未来现金流的所有权作为交易标的的场所，收入颇丰的投资银行家就是“二手现金流交易商”。如果公司经营者能替股东以资本市场上更便宜的价格买入现金流量，那就增加了股东投资的价值。这就是净现值的基本原理：计算一个项目的净现值，要先确定该项目是否比它的投入成本更“值钱”。估计项目价值的方法是计算出其现金流所有权在资本市场单独交易时能卖个什么价钱。这就是为什么在计算净现值时采用资本的机会成本作为现金流量的折现率，即采用与项目风险程度相当的证券预期收益率作为折现率。在一个有效的资本市场上，所有风险程度相当的资产的价格隐含着相同的预期收益率。

为什么要使用净现值，请看下面的计算。

【例 5 -1】 厚朴公司现在计划投资一个 100 元的零风险项目。该项目只在第 1 期获得 107 元的现金流量。公司的管理层可能会考虑如下方案：

（1）使用公司现金 100 元投资此项目，而 107 元在这一期之后用于支付股利。

（2）放弃此项目，把 100 元作为当期的股利支付给股东。

利用净现值法很容易比较这两个方案。如果利息率为 6%，该项目的净现值就是：

$$¥0.94 = -¥100 + \frac{¥107}{1.06}$$

由于净现值为正，该项目可以接受。当然，如果银行利率高于 7%，就会导致投资项目的净现值变为负数，那么，就得放弃该项目。这样，我们可得出一条最基本的投资法则：

接受净现值为正的投资项目符合股东利益。

这个例子非常简单，但它的结论适用于公司财务的各种实务。如果项目持续多个期间，我们可以对现金流量进行折现，计算出项目的净现值。如果项目存在风险，我们可以寻找一个存在类似风险的股票，把该股票的期望收益率作为项目的折现率。使用净现值法是进行资本预算的明智选择。虽然资本预算还包括其他方法，但是与其他方法相比，净现值法主要具有三个特点：

（1）净现值使用了现金流量，净现值是已实现的净现金流量价值。公司可以直接使用项目经营所获取的现金流量，如分配股利、进行项目投资，或者支付利息等。相比之下，利润是会计概念，它包含了许多人为因素。对会计人员来说，利润是有用的，但却不能在资本预算中使用，因为利润并不等同于现金。

（2）净现值包含了项目的全部现金流量。其他一些资本预算方法往往会忽略某一特定时期之后的现金流量，因而使用这些方法时应当小心。例如，投资回收期指标仅关注回收期内的现金流量，超过回收期之后的现金流量，回收期指标并不考虑。

（3）净现值对现金流量进行了合理的折现。有些会计和统计方法在处理现金流量时，一般会忽略货币的时间价值。跨期和时间对财务而言，极其重要。所以，人们在运用会计和统计等方法时，也应当小心。

三、收益率

价值和收益率都属于财务学的基础范畴。只有价值为正的资产才能产生收益。在经济学上，收益率经常由资本回报率概念表示。实际上，资本回报率主要由总资产收益率和净资产收益率两个会计收益率表达。会计上的收益和收益率具有普遍性和通用性特点，通俗易懂，便于计算。但其不足在于其基本上难以表达时间性和风险性问题。从数学原理出发，会计上的收益率计算没有考虑时间和风险因素，从而对于比较复杂的重大经济项目收益率测算，就可能计算得不准确。净现值和内部收益率属于财务上的收益率概念。

（一）平均会计收益率

平均会计收益率（Average Accounting Return，AAR）为项目寿命期内年平均净收益除以年平均账面资产额，其中平均净收益为平均收益扣除所得税和折旧。

平均会计收益率 = 年平均净收益/年平均账面资产额

【例 5－2】D 公司准备开办一家工厂，初始投资为 120000 元，工厂经营期限为 4 年，即每年折旧 30000 元，其账面资产额和预计的收入与成本如表 5－1、表 5－2 所示。

表 5－1　　D 公司账面资产　　余额单位：元

项目	第 0 年	第 1 年	第 2 年	第 3 年	第 4 年
累计折旧	0	30000	60000	90000	120000
账面资产	120000	90000	60000	30000	0

表 5－2　　D 公司损益　　余额单位：元

项目	第 1 年	第 2 年	第 3 年	第 4 年
销售收入	200000	150000	100000	80000
付现成本	100000	80000	60000	40000
折旧	30000	30000	30000	30000
税前净利	70000	40000	10000	10000
所得税（T＝17%）	11900	6800	1700	1700
净收益	58100	33200	8300	8300

由表 5－1 和表 5－2 得：

年平均账面资产额＝(12000＋90000＋60000＋30000＋0)/5＝60000（元）

年平均净收益＝(58100＋33200＋8300＋8300)/4＝26975（元）

平均会计收益率＝26975/60000×100%＝45%

如果公司的目标会计收益率大于 45%，项目将被放弃；如果目标收益率低于 45%，则项目可以接受。这里的目标会计收益率一般为公司近期会计收益率或者同行业会计收益率。

计算投资项目的平均会计收益率，分三个步骤：

第一步，确定平均年净收益。年净收益是扣除折旧和所得税之后的净现金流量。折旧不是现金流出，确切地说，折旧是一项提成，反映了企业的投资余额逐年递减。

第二步，确定平均投资额。折旧使企业的账面投资余额逐年递减，因而要测算投资期间内平均的年投资额是多少。投资期间包括建设期和经营期。

第三步，确定平均会计收益率。

测算出来的平均会计收益率如果高于目标会计收益率，则该项目具有财务可行性，可以选择；否则，如果平均会计收益率低于目标会计收益率，那么项目就不具有财务可行性，应该放弃。平均会计收益率法的优点就是决策使用的会计数据很容易从会计账目中获得；而且估算出的项目资产回报率是比较重要的一项财务指标，它反映了企业资产的质量和增值能力。但该方法仍然存在一些问题：首先，该方法采用会计报表数据而非现金流量。会计报表数据依赖于会计准则的选择，如存货计价和折旧方法的选用都受到一些主观因素影响。其次，目标会计收益率的合理性值得怀疑。目标会计收益率带有一定的人为因素，如果采用公司近期的会计收益率，那些本来收益率就高的公司会拒绝平均会计收益率低但实际净现值大于 0 的项目，那些本来收益率低的公司会接受平均会计收益率高但实际净现值小于 0 的项目，这样势必会产生决策失误。最后，平均会计收益率未考虑货币的时间价值。

（二）内部收益率

在经济学上，收益通常由资本回报率表示。资本回报率主要由总资产收益率和净资产收益率表示。同会计平均收益率一样，总资产收益率和净资产收益率也属于会计上的收益率。一般地，前者是企业利润总额与资产总额之比，后者是企业税后利润与净资产之比。内部收益率（IRR）也称内涵报酬率是较常用的一种项目决策方法，其具有净现值的一部分特征。内部收益率本身不受资本市场利息率的影响，完全取决于项目的现金流量，反映了项目内部所固有的特性。这也就是其称为“内部收益率”的原因所在。所以，内部收益率是使投资项目未来时期各年净现金流量现值之和等于投资项目初始投资额现值的贴现率，也就是净现值为零的折现率。让我们看一个简单的例子。

【例5-3】 X项目的现金流量为（-100，120），设贴现率为r，那么项目的净现值可以表示为：

$$NPV = -100 + 120/(1+r)$$

那么，贴现率r是多少时，项目的净现值才为0呢？

先假设贴现率是0.1，可得到 $NPV = \frac{120}{1+10\%} - 100 = 9.09$

我们再试一个稍大的贴现率0.3，我们可以得到 $NPV = -100 + 120/(1+0.3) = -7.69$

由以上计算可知，净现值为零的贴现率一定在0.1与0.3之间，我们再选择贴现率为0.2，此时，$NPV = -100 + 120/(1+0.2) = 0$。通过试错法，我们发现当贴现率为0.2时，项目净现值为零。此时，我们就称0.2为项目的“内部收益率”。若市场贴现率低于0.2，说明资金成本低于项目收益，公司就可以接受该项目；反之，若是高于0.2，就应该放弃。

所以，内部收益率的基本法则（basic IRR rule）就是：若内部收益率大于市场贴现率，项目可以接受；若内部收益率小于市场贴现率，则项目不能接受。

为什么要叫基本法则呢？因为现实中的很多项目并不像例子那么简单，并不遵循以上法则。在本教材的第十章资本预算的性质和规则里，我们会进一步阐述该问题。

（三）现金流量、内部收益率和净现值

现金流动时才能创造价值。现金流动的数量、速度和质量对投资决策的实现影响极大。投资规模不同的互斥项目财务决策选择，有时比较麻烦。内部收益率与净现值之间有时存在一定的冲突。如果以内部收益率为依据，可能应该选择甲；若按净现值规则行事，则可能会选择乙。

【例5-4】 我们来看两个互斥项目的例子，见表5-3。

表5-3　两个互斥项目的现金流量、内部收益率和净现值

项目	现金流量（元）		内部收益率	净现值（元）
	C_0	C_1		贴现率=0.1
M	-200	300	0.5	73
N	-300	420	0.4	82

表5-3中两个项目内部收益率均大于市场贴现率，根据内部收益率法则两个项目均可接受，但M、N为互斥项目，只能选择其一，哪个项目更优呢？

按照内部收益率法则，应该选择项目 M，但按照净现值法则，应该选择项目 N。事实上，当发生决策方法结果不同时不同，我们应该优选净现值方法，N 项目的净现值大于 M 项目，因此，这里应该选择项目 N。这个例子暴露了投资规模不同时使用内部收益率的一个缺陷。

对于这样投资规模不同的项目，我们要使用增量现金流量分析方法，见表 5－4。

表 5－4　　增量现金流量方法

项目	现金流量（元）		内部收益率	净现值（元）贴现率＝0.1
	C_0	C_1		
N－M	－100	120	0.2	9.1

表 5－4 中求得（N－M）项目现金流量是接受 N 项目，放弃 M 项目所增加的现金流量，求得的内部收益率为增量内部收益率，增量内部收益率 0.2 大于市场贴现率 0.1，因此，接受 N 项目而放弃 M 项目是可行的。

我们用净现值来检验上面的判断，（N－M）项目的净现值为 9.1 元，也就是说，追加 100 元的投资后会增加 120 元现金流入，增量投资的净现值为 9.1 元，是正的，增加投资是合算的。由以上分析，我们可以总结出规模不同的互斥项目，其决策方法有三种：（1）比较净现值；（2）比较增量内部收益率与贴现率；（3）计算增量净现值。

我们在使用增量法时，应该使求得的初始增量现金流量为负值，即符合投资型项目的条件，便于使用内部收益率基本法则进行决策。

（四）现金流量模式不同的互斥项目

让我们看如下业务。

【例 5－5】 我们发现表 5－6 与表 5－5 又发生了相同的状况，即项目 H 的内部收益率大于 I，但项目 H 的净现值却小于 I，内部收益率与净现值判断又发生了冲突。

表 5－5　　两个互斥项目的现金流量情况

项目	现金流量（元）				内部收益率	净现值（元）贴现率＝0.1
	C_0	C_1	C_2	C_3		
H	－12	10	6	2	0.5	73
I	－12	4	6	11	0.4	82

H、I 项目的现金流模式的不同引发了我们的思考，H 项目的大额现金流入出现在项目运营期限的前期，而 I 项目的大额现金流入出现在项目运营期限的后期。随着贴现率的增大，I 项目的现金流折现损失将大于 H 项目，反之，随着贴现率的减小，项目 H 的折现优势将减小。我们来分析两个项目净现值与市场贴现率的关系，如图 5－1 所示。

由图 5－1 我们发现，随着贴现率的减小，I 项目的净现值增加的速度比 H 项目快，这是由 H、I 项目的现金流模式不同造成的。图中交点处，两项目的净现值相等，我们可求得图中两曲线交点所对应的贴现率 r_0

交点处 H 项目的净现值：$NPV1 = -12 + 10/(1+r_0) + 6/(1+r_0)^2 + 2/(1+r_0)^3$

交点处 I 项目的净现值：$NPV2 = -12 + 4/(1+r_0) + 6/(1+r_0)^2 + 11/(1+r_0)^3$

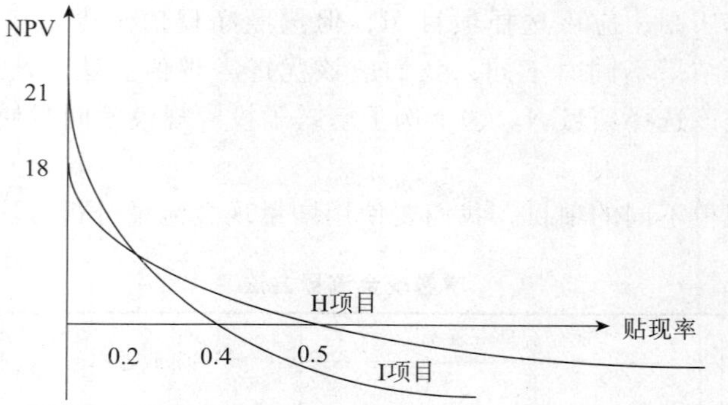

图 5－1　I、H 项目的净现值与贴现率关系

因为 NPV1 ＝NPV2，可得：

$$-12+10/(1+r_0)+6/(1+r_0)^2+2/(1+r_0)^3=-12+4/(1+r_0)+6/(1+r_0)^2+11/(1+r_0)^3$$

求得　$r_0=0.2$

我们可以得出以下分析：当市场贴现率大于 $r_0=0.2$ 时，项目 H 优于项目 I，因为此时项目 H 的净现值大于项目 I；同理，当市场贴现率小于 r_0 时，项目 I 优于项目 H。

而且，我们还可以用解决【例 5－4】的方法来处理 H 项目和 I 项目的决策问题，即：

（1）比较净现值；

（2）比较增量内部收益率与贴现率；

（3）计算增量净现值。

由本节内容我们会发现，内部收益率在很多情况下都会出现失灵，但为什么还要学习这种方法呢？原因在于，它用一个数字就能够概括出项目的特性，直观反映项目的收益状况，而且与市场贴现率具有可比性，便于人们对项目进行分析评价。这一点净现值却做不到。

第四节　价值规则与估值

价值可加性规则告诉我们，企业组织或资产的总体价值等于各个组成成分价值之和。该规则有时候又称价值守恒定律。企业组织或某一物品的价值评估是以价值规则为依据对企业或某一物品的市场价值的综合评价。价值评估在企业经营决策中极其重要，能够帮助决策者有效改善经营决策。企业的各项经营决策是否可行，必须看这一决策是否有利于增加企业价值。同时，企业在合资、合作、联营、兼并、重组、上市等经济活动中，以有形或无形资产投资入股已相当普遍。价值评估的结果既是投资谈判的重要依据，又是确定记账基础的客观依据。

一、价值可加性规则

收益定价的线性属性是一个非常重要的结论，该结论在初级的财务学原理教材里一般地被称为价值可加性（Value Additivity）。价值可加性的一个隐含的结论是，莫迪利亚安尼—

米勒的资本结构定理有一个含义：即使负债—权益结构存在差别，两家未来盈利前景相同的公司的市场价值也依然相等。该定理的另一个含义是：企业管理人员不存在进入无关业务的激励。因为假如以市场价值进行并购的话，那么，将两个企业的现金流量合并到一块的价值也只是正好等于其各自的价值罢了，不多也不会少。因此，并购行为一般不会创造价值。因为并购不能像减少现金流量的波动性等活动一样，使公司对于其股东而言变得更有吸引力。诚然，公司合并后的现金流量通过成本降低和管理上的协同效应而得以增加，则合并确实可以创造价值。

资产组合是由一定数量的资产或证券组成，其具体数量可以为正、为负，也可以为零。当某一特定证券组合的持有量为正，表示持有该证券的多头头寸；若持有量为负，则表示持有了证券的空头头寸。在市场经济里，人们通过证券市场上存在的各种证券进行交易，所能得到的所有可能收益集合，称之为资产张成（asset span）。一般地，具有相同收益的资产组合，应该有着相同的价格，这就是一价法则。如果没有冗余证券存在，那么，对于某一给定的收益，只有唯一的资产组合与之相对应。此时，一价法则显然成立。由此可知，对于所有收益为零的资产组合，其价格均为零。价值守恒原理是指整体的价值等于各组成部分的价值之和。一个企业的价值等于该企业全年各月份净现金流入量现值之和的价值，也是企业全部有形资产价值与全部无形资产价值之和。根据价值可加性规则，企业投入的人力资源、货币资产、机器设备、技术、信息和知识的个别要素价值之和，就是企业价值。在这里，要素资本是生产要素资本化之后形成的资本形态。所以，企业价值的增减变化源于企业某一个别要素资本价值的增减变化。只有企业的每一要素资本价值最大化时，企业价值才能实现最大化。简单地把两个公司合并并不能产生新价值，除非未来现金流能得到增加。也可以说，出于分散投资而进行的兼并收购并不能带来价值。

当人类进入 21 世纪时，以计算机科学、信息技术、智能科学和新能源技术等为代表的高新科学技术在生产中的广泛应用，使社会经济驶入高新技术经济发展时代。原来在大机器工业时代发挥主要作用的人力、财力和物力，其作用开始减弱。智能机器人和互联网开始取代大机器在社会经济中的核心作用。于是，在财务学上，原来以人力、财力和物力为标的物的人力资本、货币资本和物质资本，被称为传统资本。技术、信息和知识等新兴生产要素开始取代人力、财力和物力的主导地位，技术资本、信息资本和知识资本被称之新兴资本。企业价值也是企业传统资本价值与新兴资本价值的相加之和。

随着现代数学理论和方法在财务学中的广泛应用，价值可加性规则可能被价值函数定理所取代。价值函数是企业价值为因变量，企业要素资本和资本均衡配置程度等要素为自变量，企业资本价值变动所形成的函数关系。

二、价值最大化规则

世界饮料界巨头可口可乐公司，之所以百年畅销不衰、稳坐世界饮料市场霸主之位，主要是可口可乐公司拥有全球知名的品牌商誉价值。可口可乐公司财务报表显示的无形资产账面价值只有其市场价值的 1/10。如 2016 年底，可口可乐公司的股东权益账面价值为 255.54 亿美元，其股票的市场价值则高达 1766.47 亿美元。其有形资产和无形资产两者之间存在巨大差异。

当我们打开“世界经理人”（World Executune）这个世界最大的管理门户网站时，每年一度的“世界品牌大会”信息和《中国500最具价值品牌》立刻进入眼帘。仔细查阅、研读和测算我国近10年来500强企业最具价值品牌的有关数据和指标，可以发现，在过去的十年里，《中国500最具价值品牌》前1/2企业，其技术资本、信息资本和知识资本等新兴资本的市场价值数额，基本上都大于人力资本、货币资本和物质资本等传统资本的市场价值，而其后1/2企业，其技术资本、信息资本和知识资本等新兴资本的市场价值数额则略小于人力资本、货币资本和物质资本等传统资本的市场价值。这表明，著名品牌企业的财务状况至少有三个基本特征：第一，有形资产和无形资产的各自数额比较匹配或接近；企业文化投资比较显著。第二，有形资产和无形资产的各自内部结构比较均衡。例如土地、房屋和建筑物，以及机器设备和原材料，其资本存量占用比较均衡；企业文化和理念、技术资产和品牌价值等无形资产的投资比较匹配或接近。第三，传统资本与新兴资本的配置比较均衡。与非知名品牌企业相比，被列入我国500强知名品牌企业的技术资本、信息资本和知识资本，其数额明显较高。

研究表明，在企业资本总额既定条件下，若资本总额由三种或n种异质要素资本构成时，那么，每一种个别要素资本的配置数额占资本总额的1/3或1/n时，企业资本回报率将取得最大值。而且，在异质要素资本配置结构中，如果某一资本的配置比例过高时，该要素资本则下降并对企业总资本收益产生负向影响；技术资本对人力资本的替代程度远远高于机器设备替代人力的程度；企业员工数量和人力资本单位价值与技术资本存量存在负向关系。一个企业的员工人数过多和人浮于事，那么，该企业的技术水平会比较低。当企业要素资本由人力、财力和物力等少量具有同质资本性质的传统资本，扩展到人力、财力、物力、技术、信息和知识等多种异质资本占有量时，在企业资产规模相等条件下，每种异质资本的占有量占资本总额的比重就会降低。并且由于异质要素资本之间的替代和互补性作用，每一种个别资本的收益率将趋于市场平均收益率。特别是代表当代社会先进生产力的技术、信息和知识等新兴资本作用和存量处于优势低位时，企业的各种异质要素资本加权平均收益率将会趋于稳定状态，或者会减少收益波动程度。

虽然人力、货币和物质资本之间的替代性很强，但其替代性受技术水平和要素市场价格制约。在技术水平相对稳定和技术进步缓慢时，多要素资本之间的替代性主要取决于要素价格水平及其变化。一般地，企业可根据要素市场价格变动，以其中一种要素资本的增加，大幅度减少另外两种资本的必要存量。要素资本之间的相互替代和互补是资本有效配置的两种现象。但是，在人类社会进入20世纪下半叶时，技术开始成为人力、财力和物力之外的第四种驱动力。此时，原来的人力、财力和物力之间的资本配置和相互替代，开始向人力资本、货币资本、物质资本与技术资本之间的配置和替代转化。同理，市场的要素资本价格水平及其变动，制约着多要素资本配置结构及其变化。在技术成为独立的要素资本之后，企业的员工数量和货币资本存量明显下降，机器设备的工具作用也有所下降。企业技术资本存量的多少，则取决于企业文化的先进程度和知识资本的独立程度。只有企业文化、理念、价值观和制度等知识资本与技术资本彻底分离，知识资本与技术资本共同参与企业原有的人力资本、货币资本、物质资本等多资本配置时，技术资本才可能发挥资本配置和资本收益的财务作用。相应地，当技术资本和知识资本有效地与人力资本、货币资本、物质资本配置在一起共同创造价值时，必须要求信息资本的加入。技术、知识的社会性、意识形态性和国界性较弱，其开放性、共享性、包容性和外溢性较强，迫切需要信息资本的加入。所以，企业价值最大化，其本质是企业多种要素资本各自价值实现最大化。

三、估值

与资本均衡配置、最优资产组合选择、套利和风险管理一样，资本资产价值评估（简称估值）也是财务管理的重要内容。价值估值有价值上界与价值下界之分。其中，价值上界是指资本资产的收益优于依存权益的资产组合最低价格。价值下界则是资产的收益劣于依存权益的资产组合最高价格。在社会经济发展中，物质生产活动和资产组合投资通常是收益和价值的来源。严格意义的物质生产活动和资产组合投资不受资本市场制约。因为资本市场里的证券价格可以由一个将资产扩张映射到实数上的收益定价泛函来表示。并且，当且仅当资本市场证券价格排除了套利时，收益定价泛函是一个严格正的线性泛函。而估价泛函是收益定价泛函在整个依存权益空间上的延拓。显然，估值涉及物质生产活动、资产组合投资、资本市场证券价格、收益定价，以及风险和时间等因素。尽管经济学家多使用离散时间模型，但财务学家则偏爱连续时间价值模型。在很多情况下，对用于估计证券收益价值的概率测度作一定的变换，就可以很便利地对风险厌恶问题加以处理。在某些很弱的限定条件下，连续时间下的变换会影响证券价格演化趋势的随机过程及其漂移程度，但不会影响证券价格的波动率。期权定价模型可以证明这一点。财务管理中的估值操作，将在公司财务、财务计量经济学、数量财务和财务工程等课程里详细讲解。本章主要提供估值的一些基本观点和思想。

资产价值评估简称估值，它是将一个企业或资产作为一个有机整体，依据资产存量及其获利能力，充分考虑影响企业或资产获利能力的各种因素，结合行业背景，按照评估准则，遵循一定的原则和程序，采用适当的方法进行价值评估的经济活动。价值评估的目的是衡量和评价一个企业或资产项目等的公允市场价值，为进行相关决策提供信息。

价值评估具有时效性、市场性和预计性等特征。首先，企业价值评估结论有很强的时效性，它是在一定的特定时点下对评估对象的价值评估。这种时效性表现为以评估基准日为参照物时间，按照这一时点的实际状况对资产价值所进行的评定估算。由于企业价值受企业状况和市场状况的影响，随时都可能会发生变化。因此，价值评估的结论被认为只在一定程度上有效，并非完全有效。其次，价值评估提供的是有关“公平市场价值”的信息。价值评估活动的目标是根据评估对象的不同性质，在模拟市场条件下，以市场上形成的交换价值为基础，对评估对象的价值进行确认和作出评估报告，并且其结论的合理性要接受市场的直接检验。此外，在价值评估中，通常对未来预期收益进行折现以反映某项评估对象的现实价值。一项评估对象是否有价值，关键取决于能否给评估对象的所有者带来预期收益。虽然价值评估是一种定量分析，但必定带有主观估计的成分，其结论必然会存在一定误差，不可能绝对正确。

价值评估对象可分为单项资产评估、股权价值评估和企业整体价值。单项资产评估是指对确定的单项资产的评估，如存货价值评估、机器设备评估、建筑物评估、土地使用权评估等。股权价值评估是指属于股东所有者的那一部分股权价值。企业整体价值是指对若干单项资产组成的资产综合体所具有的整体性生产能力或获利能力的评估，最为典型的是企业价值评估。

单项资产价值评估是指评估对象为单项可确认资产的价值评定。通常所见的机器设备评估、土地使用权评估、房屋建筑物评估、商标权评估、专利权评估等均为单项资产评估。由于单项资产评估的对象为某一类资产，不考虑其他资产的影响，通常由具有某一方面的专业评估人员参加即可完成资产评估任务。

资产评估的基本方法包括市场法、收益法和成本法。其中，市场法是指利用市场上同样或类似资产的近期交易价格，经过直接比较或者类似分析估计资产价值的各种评估方法的总称。按照参照物与评估对象的相近相似程度，市场法又可以分为直接比较法和间接比较法。采用市场法进行资产评估需要满足两个最基本的前提条件：一是要有一个活跃的公开市场；二是公开市场上要有可比的资产及其交易活动。直接比较法是指利用参照物的交易价格，以评估对象的某种或若干基本特征与参照物的同一及若干基本特征直接进行比较，得到两者的基本特征修正系数或者基本特征差额，在参考物交易价格的基础上进行修正从而得到评估对象价值的一类方法。其基本计算公式为：

评估对象价值 = 参考物成交价格 × 修正系数 1 × 修正系数 2 × … × 修正系数 n

或者，

评估对象价值 = 参照物成交价格 ± 基本特征差额 1 ± 基本特征差额 2 ± … ± 基本特征差额 n

企业整体价值评估是建立在企业整体价值分析和价值管理的基础上，把企业作为一个经营整体来评估企业价值的评估活动。这里的企业整体价值是指由全部财务资源提供者投入的资产创造的价值，本质上是企业作为一个独立的法人实体在一系列的经济合同与各种契约中蕴含的整体权益之和，其属性上与财务报表上反映的资产账面价值是不一致的。

思考与练习题

一、名词解释

1. 价值　现货价格　期货价格　合约价格　账面价值　市场价值　重置价值
2. 价值经营　价值发现　价值创造　价值实现
3. 价值评估　资产评估　成本法　市价法　收益法　市盈率法　市净率法　企业整体价值评估
4. 价值可加性规则　估值　净现值　内部收益率　会计收益率　现金流量

二、思考题

1. 不同学派对于价值创造的观点核心是什么？
2. 资本成本范畴有哪些，资本成本的作用是什么？
3. 价值发现类型有哪些，这些类型有哪些基本差异？
4. 价值实现类型有哪些，这些类型有哪些基本差异？
5. 价值评估的基本特征有哪些？
6. 什么是企业价值评估，与资产评估有何差别？

三、练习题

1. 根据《当年差点卖身新浪，如今市值3万亿港元，腾讯如何逆袭?》新闻中所提的3万亿港币是对腾讯的哪部分价值进行的评估？这种评估主要采用的方法是哪一种？对于文中的“在互联网时代，谁拥有用户谁就掌握了主动权，腾讯撑起30000亿港元的市值，完全要归功于9亿用户”的说法，你赞同吗？

2. 从巨潮网、上交所或深交所网站搜寻一至两个上市公司的财务活动信息，尝试对其财务活动进行分类，并结合企业实例说明哪些是价值发现活动，哪些是价值创造活动，哪些是价值实现活动。

3. 假设一位大学本科生16岁入学，20岁毕业，工作了45年后退休了，之后又生活了35年后终老。老人一生虽经历了一些社会制度变革和局部战争，但其退休前从未中断和放弃工作。试依据财务学上的价值原理，从经济学视角初步测算该老人的人力资本价值。

参考文献

[1] 马克思、恩格斯：《马克思恩格斯全集》（第1卷），人民出版社1975年版。

[2] 蔡继明：“价值争论：回顾与展望”，《清华大学学报》（哲学社会科学版），2008年第1期。

[3] 威廉·N. 戈兹曼、K. 凯特·罗文霍斯特，王宇、王玉文译：《价值起源》（修订版），万卷出版公司2010年版。

[4] 顾海兵、王鑫琦、张蕾：“关于价值的界定与分析再思考”，《广义虚拟经济研究》，2012年第3期。

[5] 易小明：“关于价值概念的几个问题”，《马克思主义与现实》，2014年第1期。

[6] 财政部会计资格评价中心：《财务管理》，中国财政经济出版社2016年版。

[7] 希克斯：《价值与资本》，商务印书馆1962年版。

[8] 晏智杰：《经济价值论再研究》，北京大学出版社2005年版。

[9] 中国资产评估协会：《中国资产评估准则2017》，经济科学出版社2017年版。

[10] 楼宇烈：《中国文化的根本精神》，中华书局2017年版。

[11] 许嘉璐：《中华文化的前途和使命》，中华书局2017年版。

第六章

风险与不确定性

安全从大体上来看是一种迷信。它不存在于自然界中，人类也几乎没有经历过。避开危险从长期来看并不比直接暴露在危险中安全。人生只能是一种大胆的冒险。

——海伦·凯勒

第一节 风险和不确定性的故事

当今时代，风险无处不在，任何活动都有着相应的风险。市场经济参与者和主体企业面临各式各样的风险，任何一种都可能会威胁企业的存续，因此，企业在进行战略决策和运营管理时都必须加以慎重考虑。那么，什么是风险？风险的性质和特征是什么？风险资本、风险成本和风险价值有何关系？人们如何管理风险以做出科学决策？这是本章要学习的内容。

一、风险实例的描述与评论

（一）一个经典案例

著名财务学家兹维·博迪（Zvi Bodie）和罗伯特·C. 莫顿（Robert C. Merton）教授在《财务学》（Finance）著作的第10章开头，讲了一个有趣的故事：

A先生大学毕业工作多年后，十分想念其一位同班同学，但碍于面子不愿直接联系。其好友B先生出主意：举行家宴，请8位同学来家里吃饭，把想念同学列在其中即可。A先生十分高兴，时间定在下周的周末——星期六晚上，并马上组织实施。结果，A先生认为最好的8位同学中有6人能来，有2人下星期六在外地出差，可能赶不回来。但出差的这2位同学很期望参加并表示尽可能赶回来。

在这里，不确定性就发生了——可能8人全来，也可能只能来6人。然而，只有当这种不确定性大大影响了A先生召开家庭聚会的计划时，才能有风险。如果A先生知道了确切的客人数能改变他的行动吗？如果不能，那就只存在不确定性，不存在风险。那么，怎样做才能不改变他的行动计划？

好友B先生又出主意道：准备充足的食物，按8人准备饭菜和酒水。万一出差的2位同学赶回来了，不至于饭菜不够吃，让客人饿肚子，使大家心中不快。可是，饭菜做多了也会浪费食物，B先生注意到了A先生有顾虑和担心产生费用损失。显然，不确定性产生了作用，发生了风险。

兹维·博迪和罗伯特·C. 莫顿教授的答案是，既然A先生已经告诉客人举办的是家常便饭式的晚餐，那么，就请每一个客人自己带足食物参加即可。这样，不管来的客人是8位还是少于8位，都不会影响A先生准备聚会。兹维·博迪和罗伯特·C. 莫顿教授认为，在这种情况下只有不确定性，而不存在风险。坦率地说，兹维·博迪和罗伯特·C. 莫顿教授的解决方案仅适用于美国人，不太适合中国人。中国人的传统财务观念是收支平衡，略有结余。

最后，还是A先生自己找到一个妥善的解决办法：采用期权投资的方式回避风险。A先生向其家庭附近的餐馆预定了两人的饭菜，总价格100元，但只交纳了两人饭菜的订金10元钱。待饭菜送来时，再补交另90元。如果餐馆在周六晚上8点钟未接到A先生电话送饭要求，就不必送饭，同时10元订金亦不需退还。这样，虽然A先生下周六举行家庭晚宴的参加人数仍存在不确定性，但风险为零。

可见，人们做一件事情时，其各种结果不确定，并且每种结果的可能性也不明确，就存在不确定性。可是，如果各种结果已经知道，每种结果的可能性也已知道，只是不肯定而已，这就是存在风险。当一件事情的各种结果已经知道，每种结果的可能性也已知道，而且肯定，这就是确定性，即没有风险。所以，兹维·博迪和罗伯特·C. 莫顿教授说，不确定性是风险的必要条件而非充分条件。不确定属于未知事件，风险则是已知事件。事前已知是风险的特征之一。意外事件或意外突发事件多为保险事项，而非风险。

（二）另一则风险故事

作为大学生，同学们可能会在生活中发现或遇到大人们的一些生活感触：无债不一定轻松，但有债一定不会舒服，甚至有时候会让你感觉到痛苦和威胁！

世界著名企业韩国大宇集团1967年由金宇中先生创建。该公司以纺织商社起家，20世纪70年代侧重发展化学工业，80年代后向汽车、电子和重工业领域投资，集团公司通过大手笔兼并收购业务涉足外贸、造船、重型装备、汽车、电子、通信、建筑、化工、金融等众多领域，资产一度高达650亿美元，成为仅次于现代集团的韩国第二大企业。在许多人心目中，金宇中及其大宇集团是韩国的象征。让韩国人为大宇着迷的是：在韩国陷入金融危机的1997年，大宇不仅没有被危机绊倒，反而在国内的集团排名中由第4位上升到第2位。金宇中本人也被美国《幸福》杂志评为亚洲风云人物。然而这种光环并没有环绕大宇太久。在集团超速发展的背后，大宇背负了高额的债务。在大宇集团极度扩张的第二年，也就是1999年11月1日，大宇集团向新闻界正式宣布，该集团董事长金宇中以及14名下属公司的总经理决定辞职。韩国媒体认为，这意味着"大宇集团解体进程已经完成"，"大宇集团已经消失"。2000年12月，大宇汽车宣告破产。

大宇集团为什么在没有任何征兆的情况下突然迅速覆灭？在其轰然坍塌的背后，发生了什么？

大宇集团公司的故事分析和评论。

风险是一个常见术语，它影响着人类生活的方方面面。我们每天都面对风险。人们学习如何处理风险对生活的影响很重要。企业在日常经营中也会面临着各种各样的风险。盛大总裁陈天桥于企业在纳斯达克上市时也曾说过："我现在80%的时间和精力是用来应付各种各样的风险，而不是像公司成立初期花这么多时间和精力钻研业务。我当的不是CEO，而是首席风险官CRO（Chief Risk Officer）。"

回到前现大宇集团公司的案例，1997年底韩国发生金融危机后，外国银行和机构投资者开始撤走资金，韩国国内的其他企业集团都纷纷开始收缩业务与投资活动，但大宇集团公司仍然我行我素，公司不断通过资本结构的改变来放大投资收益率，结果债务越来越多。尤其是 1998 年初，韩国政府提出“五大企业集团进行自律调整”方针后，另外四家集团把结构调整重点放在改善财务结构，控制财务风险方面，以减轻债务负担。唯独大宇集团认为，只要提高开工率，增加销售额和出口就能躲过这场危机。因此，它继续大量发行债券，进行“借贷式经营”。至 1999 年度其负债高达 86 万亿韩元，而资产净额不足 25 万亿韩元，资不抵债。大宇集团的高负债率造成巨额债务负担，盈利的减少又造成股价的下降，投资遭受巨大的打击。最终因资不抵债缘故，不得不走向破产倒闭的命运。

大宇集团的轰然倒塌给了我们一个重要的警示：财务风险猛于虎！那么，在企业财务管理的背景下，面对诸多财务活动的不确定性，我们应如何管理风险？

很明显，我们首先需要对风险本身有一个非常明确和具体的理解。

（三）风险和不确定概念的进一步解释

首先谈风险的定义。人们在做任何事之前，都会对未来的结果产生一定的预期，企业管理也不例外。可是，人们对未来事情的走势判断是无法完全掌握的。当实际情况与预期不同时，其最后的结果往往也会不如预期。人类活动过程里这种因非预期事件对结果产生的冲击即为风险（Risk）。简单来说，风险是“不利事件”发生的可能性。例如，技术研发支出受到研发人员能力、研发技术成熟程度和研发支出数额及研发时间等多项因素制约，当多项因素的信息不对称和已知因素未被很好控制时，技术研发这一美好的创新事件就可能演变为“不利事件”。对于投资活动，一般地，当投资项目实际报酬率与预期报酬率之间存在差异的可能性很高时，其代表的风险可能就越大；反之则越小。

我国实行公有制为基础的市场经济制度。政府在社会经济发展中发挥重要作用。国务院国有资产监督管理委员会 2006 年发布的《中央企业全面风险管理指引》，将企业风险定义为“未来的不确定性对企业实现其经营目标的影响”。企业面对的风险主要有两大类：外部风险和内部风险。外部风险主要包括政治风险、法律风险、社会文化风险、技术风险、自然环境风险、市场风险、产业风险等；内部风险主要包括战略风险、操作风险、运营风险、财务风险等。

其次，谈不确定或不确定性的定义。不确定性是指某一事件的未来结果与发生的可能性都无法预知的状态。比如传统的纸质传媒企业进入崭新的互联网技术、数字化技术、智能化技术支撑的新兴媒体应用市场，就会面临缺乏预测未来前景的基础的困境。在这种情况下，指经济主体对于未来的经济状况（尤其是收益和损失）的分布范围和状态不能确知。

事实上，风险是一个与不确定性密切相关的概念。Bussey（1978）、Merrett（1983）和 Sykes（1983）区分了风险和不确定性：

如果一项决策有多重可能的结果，且出现每一个结果的概率为已知，则称决策存在风险。若行动方案的结果不止一个，且每一个结果的概率未知，就存在不确定性。

所以，风险是人类基本认识了的不确定性或是未来会有哪些可能结果的状况，亦即事件的每一种结果及其概率可知但不肯定的状况。因此，我们可以说风险是不确定性的一种。但不确定性并不等同于风险，区别之一是不确定性不仅包括人类基本认识了的不确定性，还包括发生原因、过程等人类根本不了解的不确定性。另外两者的一大区别在于，风险能够给出预计对象的概率分布并反映其集中趋势；而不确定性对预计对象的概率分布的正确性缺乏置信度。不确定的发生，不一定就发生风险；而风险的发生一定源自不确定性的存在。从企业角度看，风险可以简单称之为实现某种目标的不确定性。这种不确定性既可能是风险，也可能是一种机遇或机会。当这种不确定性产生消极影响时即产生风险，产生积极影响即为机遇或机会。

二、财务风险与不确定性

（一）财务风险的界定

四川长虹是中国最大的家电制造商之一。由于在对外贸易中过多关注争夺客户和市场份额，2002 年前后，在无法收回海外代理商货款的情况下，仍继续向海外发货，忽视了应收账款的坏账风险。在 1998 年至 2003 年间创造利润人民币 33 亿元的同时，四川长虹遭受 39 亿元的海外欠款，最终不得不于 2004 年在美国向海外代理商提起诉讼，开始长达一年半的跨国诉讼。为尽早结束无休止的跨国诉讼，2006 年 4 月四川长虹与代理商签订和解协议，预计可收回应收账款金额仅为人民币 13.6 亿元，其余部分不得不自行冲销，结果是财务风险带来的损失较大。那么，究竟什么是财务风险呢？

新古典财务学认为，当人们过度举借债务而发生不能按期还本付息而引发经济破产可能性的情况，就是财务风险。举借债务是财务风险发生的必要条件。这也是欧美国家财务学教科书里的标准定义。根据风险与不确定的上述关系，宽泛地看，财务活动的不确定性产生的消极影响就会引发财务风险的发生。当人类进入 21 世纪，我国许多学者认为，财务风险应从广义上理解，财务风险就是企业在生产经营过程中，由于内外部环境的各种难以预料或无法控制的不确定性因素的作用，使企业在一定时期内所获取的财务收益与预期收益发生偏差的可能性，即财务活动中的风险可以定义为财务风险，从而扩大了财务风险概念的外延。本教材主张，概念的定义表述是一件很严肃的事情。当理论研究未解释清楚、实践中未得到证实的事情，专业理论上不应改变其概念含义。

因此，财务风险是指因企业借款而产生的风险。当企业使用举债的方式来筹措资金时，须定期支付这些负债的利息费用与偿还本金。若企业在付息日或负债到期，无法以现金支付利息或偿还本金时，即构成所谓的违约，严重时可能会形成企业宣告破产或倒闭的情况，这种风险称之为财务风险或融资风险。它是在筹资过程中产生的风险，主要表现为由于企业举债经营而产生的不确定性，如财务成果的不确定性、还本付息能力的不确定性。至于无法支付利息的原因很多，如企业可能坏账过多导致现金不足付息，或是举借过多的负债，所赚得的现金流入不足以支付利息等皆有可能。值得注意的是，企业管理者对财务风险只能采取有效措施来降低，而不可能完全消除。

（二）财务风险的不确定性：不确定性是风险的重要特征之一

不确定性是财务活动中客观存在的事实。它反映了一个特定事件在未来变化有多重可能的结果。例如，持有股票和债券近期是否发生变化，是上升还是下降，变化幅度如何，这种变化产生的后果怎样，等等，这些不确定性变化必然导致未来收益的不确定性，从而有可能给行为主体带来损失。不确定性是财务风险产生的根源，不确定越大，风险也就越大。

在通常情况下，不确定性可分为外在不确定性和内在不确定性。外在不确定性是指生成于某个经济系统自身范围之外的风险因子，如在经济运行中发生随机性、偶然性的变化所引起的不确定。外在不确定性对整个经济体系都会带来影响，所导致的财务风险一般都是

“系统性风险”。外在不确定性主要表现为经济衰退、通货膨胀、战争、自然灾害等客观经济状况变化，国家税法的变化，国家财政政策和国家货币政策的变化等。内在不确定性主要源于经济体系之内的如主观决策、获取信息的不充分性等因素造成的不确定性。内在不确定性具有明显的个体化特征，可以通过设定合理的规则或投资分散化等方式来降低其产生的财务风险，这些风险大都为“非系统风险”。对于系统风险和非系统风险的讲解，详见下文。

（三）风险的基本分类

企业或个体经营者对于风险的认识，因视角不同可把风险划分为若干类别。

1. 按照风险能否规避，风险可分为系统风险和非系统风险。系统风险和非系统风险是风险的基本形态。系统风险是由那些影响整个市场经济的难以控制的不确定因素引起的风险，这种不可控风险是指所有经济主体都共同面临的未来收益不确定性的情况。引发风险的系统性因素主要包括经济周期、通货膨胀、宏观经济政策变动、国际市场突变等，这是投资者和管理者都无法分散的风险。例如国家或地区性战争骚乱、国民经济严重衰退或不景气、国家出台不利于公司的宏观经济调控的法律法规、中央银行调整利率等，投资者无法通过自身活动加以控制或分散这些引发风险的因素。当然，企业可以通过高额回报来弥补或减轻风险损失程度。系统风险是系统性因素引发的风险。由于系统性因素不可控制，因此，系统风险又称为不可控风险。

非系统风险是个别因素引发的风险。由于个别因素可以控制或躲避，因此，非系统风险有被称为个别风险或可控风险。它是一种仅与特定公司或行业相关的风险因素引起的，使该公司或行业自身所面临的未来收益不确定的情况。比如债券发行者因无法按时兑付证券资产利息和偿还本金而存在违约风险，使企业存在遭受重大信用损失的可能性；如果企业不发行债券，就会避免这种风险的存在。同理，当证券发行企业在进行破产清算时，投资企业就面临无法收回应得收益的可能性情况，此种风险假如投资人不购买股票就避免了该风险。非系统风险是可以通过适当的策略予以分散的风险。

2. 按风险发生的原因，风险可分为财务风险和经营风险。财务风险和经营风险也属于风险的基本形态。风险因其产生的原因和来源不同，可分为商业风险和财务风险两种类型。其中，经营风险（Business Risk）是指因决策科学程度、技术水平、管理状况，以及经营是否妥善和市场变化等不肯定因素所产生的风险，也称商业风险。它是从经营方面导致企业收益不肯定的风险。财务风险则是指筹资后因资金结构科学合理程度不同而可能造成财务危机和财务失败的风险，也称为财政风险。它是由于借款或筹资而增加的风险，以及资金结构变化而产生的风险。这里的财务风险是狭义的，即它是企业由于举债经营而带来的风险。从广义上讲，亦即从财务活动全过程考察，财务风险分布于筹资、投资、用资、耗资和资金收回、资金分配等各环节。因而财务风险包括筹资风险、投资风险、汇兑风险、收益风险、结算风险和存贷风险等。

在财务管理工作中，因财务目标不同又可把财务风险分为其他形式。例如，在外汇资金运行过程中可能产生外汇风险，而外汇风险又分为会计折算风险（Accounting Translation Exposure）、交易风险（Translation Exposure）和经济风险（Economic Exposure）。无论哪一种风险，都是已知结果而不肯定的事件所引发的风险。所以风险具有已知性，可观测性、可控性和转移流动性等本质特征。换言之，风险是可以计算、可以控制、可以分散、转移和减少的。

3. 按财务活动划分，风险分为筹资风险、投资风险、定价风险和分配风险等。企业筹资来源在产权性质上主要有两类：一是债权人出资，即企业借入资本；二是资本所有者出资，即企业自有资本投入。借入资本的筹资风险主要表现为企业是否能按时还本付息；所有者资本投入的筹资风险则存在于其使用效益的不确定性上。如果企业投入资金不能满足投资者的收益目标，就会给企业今后的筹资带来不利影响。韩国大宇破产的案例是一个不重视筹资风险导致失败的典型案例：在金融危机的背景下仍发行债券，进行“借贷式”经营，最终资不抵债，走向破产。

投资风险是指投资项目不能达到预期收益，从而影响企业盈利水平和偿债能力的风险。例如，股票可能会被套牢、债券可能不能按时偿还本息、房地产可能会下跌等都是投资风险，它发生于企业在进行与财务有关的活动中，是企业在投资前必须要加以考虑的风险。企业产品出售后，就从成品资金转化为结算资金，再从结算资金转化为货币资金，最简单的例子就是企业销售商品在大部分情况下确认为应收账款，之后收回货款，从商品到应收账款再到货币资金的过程就是资金回收的过程。这两个转化过程在时间和金额上的不确定性，就是资金回收风险。该风险实际上是企业的投资风险。

当资本市场供求关系失衡时，套利活动就会大行其道。资本价格失衡引发企业价值损失的情况是企业资本资产定价失误或错误定价引发的风险。如果企业财务人员缺乏资本市场均衡理论的学习和资本资产定价实践，企业资本资产定价风险的发生在所难免。

企业收益分配是企业实现的财务成果即利润对投资者的分配。收益分配风险是指由于收益分配而可能给企业今后的生产经营活动带来的不利影响。收益分配风险来源于两个方面：一方面，由于收益提前虚假确认而产生的风险。即由于客观环境因素的影响和会计方法的不当，有可能少计成本费用，多确认当期收益，从而虚增当期利润，是企业提前纳税，导致大量资金提前流出而引起企业财务风险；或者有可能多计成本费用，少确认当期收益，从而虚减了当期利润，影响了企业声誉，减少了应纳税款，损害了所有者利益。另一方面，由于分配形式、时间和金额不当而产生的风险。如果企业处于资金紧缺时期，却以货币资金的形式对外分配利润，且金额过大，就会降低企业的偿债能力，影响企业再生产规模；而如果企业投资者得不到一定的投资回报，或单纯以股票股利的形式进行收益再分配，就会挫伤投资者积极性，降低企业信誉，会对企业发展带来不利的影响。

企业各种异质资本均衡配置遭到破坏时，也会发生资本配置风险。这也是一种企业分配风险。理论上，在企业资本总额一定时，企业的人力资本、货币资本、物资设备资本和技术资本，它们各自占企业资本总额的比重应该是均衡的。各种资本配置结构如果失衡，就面临一定的风险发生。

4. 按照风险驱动因素，风险分为市场风险、信用风险和流动性风险。市场风险来自于足以影响金融市场中所有资产或投资工具报酬的非预期事件，其冲击是属于全面性的，主要包括总体经济的成长、利率、汇率与物价的波动，或政治因素的干扰等。而外部市场（如股票市场）、价格（如商品价格），或者费率（如利息率）的不确定性变化，与一般市场走势（虽然这往往源于经济风险）或公司资产负债表上的专属性资产相关。它包括证券价格风险、利率风险和汇率风险。

香港百富勤投资集团诞生于1988年9月，20世纪90年代中期，百富勤拥有240亿港元总资产，是包含融资、投资、证券、商品期货及外汇经纪与资产管理等多种业务的香港最大证券集团。90 年代末，百富勒没有充分意识到新兴金融市场的风险，同时低估了利率和汇率波动风险，集中大量投资于印度尼西亚和泰国等国，在债券市场过度扩张。亚洲金融风暴的冲击使百富勒陷入财务困境，并在短短一年内入不敷出，1999 年 1 月不得不宣布破产。对市场风险的预估不足是百富勒从兴盛走向衰亡的症结所在。

证券价格风险是指企业所投资持有的股票、债券、基金等有价证券因其价格的下跌所遭受损失的可能性。因证券市场价格受多种因素的影响，有时证券价格处于下跌的趋势，致使企业的证券投资不仅不能获得增值收入，反而遭受贬值损失，面临证券价格下跌的风险。如市场利率上涨导致债券价格下跌，企业持有债券就会遭受损失。

利率风险是指利率的变动导致资产价格波动的风险。一般而言，在其他条件不变的情况下，利率上升会使货币资本价值上升而实物资产价值下跌；当利率下跌时，货币资本就很便宜，而实物资产的价值则会上涨。利率风险一般可分为两类：一类是用于筹措短期资金的证券或金融工具的利率风险，该利率风险主要取决于货币市场的发展程度，属于短期风险；另一类是长期金融工具利率风险，这些长期金融工具可被划分为若干较短期间。

汇率风险是指汇率波动使资产价格产生变化的风险。币值的升贬对持有该货币的投资人或企业而言，均会造成影响。假设小王持有 1 万美元的资金或资产，在美元兑人民币汇率为 1:7（1 美元可兑换 7 元人民币）的情况下，小王持有美元的价值约为 7 万元人民币；当美元兑人民币的汇率贬值为 1:6（1 美元可兑换 6 元人民币）时，其美元资产的价值将下降至 6 万元人民币，而造成小王的损失。因此，凡是涉及外币的投资与交易，均会受到汇率变动的影响，尤其是对以外贸为主的企业而言，投资人更需注意汇率的变化。汇率的变动会直接影响进出口厂商的营运与获利能力，进而使其发行的证券价格发生波动。

作为一个古老的财务风险类型，信用风险导致损失甚至破产的事件数不胜数，前文提到的香港百富勒倒闭的事件，其存在的信用风险也是其倒闭的一个重要原因。信用风险又称违约风险，是指交易对方在账款到期时未能履行约定契约中的义务而造成经济损失的风险，即债务人不能履行还本付息的责任而使债权人的预期收益与实际收益发生偏离的可能性。造成债务人违约的原因很多，可能因经营管理不善而亏损，也可能因市场变化出现产品滞销、资金周转不灵所致。一般说来，借款人经营中风险越大，信用风险就越大，风险的高低与收益或损失的高低呈正相关关系。信用风险主要取决于交易对手的财务状况与风险状况。从狭义的角度看，信用风险主要指信贷风险，即在信贷过程中由于各种不确定性使借款人不能按时偿还贷款而造成另一方本息损失的可能性；从广义的角度看，参与经济活动的各方根据需要签订经济合约以后，由于一方当事人不履约而给对方带来风险皆可视为信用风险。因此，信用风险不仅仅包含传统的信贷风险，实际上可以将存在于诸如贷款、承诺、证券投资、金融衍生工具等各种表内和表外业务中所有与违约或信用有关的风险都包含在内。

流动性风险是市场经济发展到一定程度的必然产物。流动性是指投资人是否可在最小的成本下，以公平的价格迅速买卖投资资产的程度。程度越高，代表该投资资产的流动性越强；反之，若投资人不容易在市场上以公平的价格买卖投资资产，则说明其流动性较差。

流动性风险指企业具备偿债能力，但无法及时获得充足资金或无法以合理成本及时获得充足资金以应对经营需求或支付到期债务的风险。当流动性不足时，它无法以合理的成本迅速减少负债或变现资产获取足够的资金，从而影响其盈利水平，极端情况下会导致企业资不抵债。值得注意的是，即便有些公司报告了令人满意的利润，但一旦发生持续地流动性危机，企业经营也会很快走下坡路，大陆伊利诺银行的流动性危机事件就是最好的警示。

20 世纪 70 年代末 80 年代初，作为美国十大银行之一的大陆伊利诺银行的最高管理层制定了一系列雄心勃勃的信贷扩张计划。该计划允许信贷员发放大额贷款，为赢得顾客，信贷员给出的贷款利率往往低于其他竞争对手。于是，银行贷款总额迅速膨胀，在利润上也高于其他竞争银行的平均数。然而，急剧的资产扩张却蕴含着潜在危机。至 1984 年初，大陆伊利诺银行因坏账过多以及资金无保险的存款人和一般债权人的挤兑而出现了严重的流动性危机。同年 5 月，该银行不得不从美国联邦储备银行借入 36 亿美元来填补流失的存款，以维持必要的流动性。与此同时，联邦存款保险公司也向公众保证该行的所有存款户和债权人的利益将得到完全保护，并宣布将和其他几家大银行一起向该银行存入资金。但是，上述措施并没有立即化解大陆伊利诺银行的流动性危机，存款还在继续流失，该银行在短短两个月内损失了 150 亿美元的存款。1984 年 7 月，联邦存款保险公司开始接管该银行，并采取了一系列措施，才帮助大陆伊利诺银行度过危机。

回顾上述事件的全过程可以发现，大陆伊利诺银行的流动性危机主要源于急剧的信贷扩张与资金来源的不稳定性之间的矛盾激化。美国大陆伊利诺银行是幸运的，总算在有关金融监管当局的帮助下最终脱险。但是，对于许多银行特别是中小银行来说就不那么幸运了，流行性危机常常会置其于死地，如 1998 年 6 月，我国刚刚诞生 2 年零 10 个月的海南发展银行就是因为流动性危机而倒闭的。

第二节　人类知识的有限性与信息不完全性

财务风险的形成有多种来源，公司在进行有关风险的决策时必须加以考虑。知道风险的来源是很重要的，这样就能对风险做出必要的识别、分析和应对。追根溯源方能真正了解、控制财务风险，使之为我所用。企业风险源于不确定性对企业实现经营目标的影响。而一项活动的结果的不确定性，一方面和这项活动本身的性质有关；另一方面，也是很重要的一个方面，是和人们对这项活动的认知有关。不确定性具有二重性态，不确定性既有客观的，也有主观的。财务活动的不确定性也有主观和客观两个方面，它是形成财务风险的重要原因。主观不确定性主要是指人类财务知识的有限性，即财务活动的管理者对财务活动的认知不完全；客观不确定性主要是指财务活动本身的不完全性。

在本节，我们主要解释风险是如何形成的。

一、财务知识的有限性及其风险

我们需要说明的是，我们所要研究的“风险”是“风险事件”中的风险，而不是一般性自然形态的风险，因为财务风险管理的对象是风险事件而不是意外事件。风险事件与意外事件的区别在于事件所依附的主观不确定性，意外事件只具有客观不确定性，风险事件则是二重不确定性的统一。

（一）财务知识的有限性

按照科学方法论的观点，理性是人类获得真理性认识的有效途径。传统经济理论认为，经济人具备关于其所处环境各有关方面的知识，而且这些知识即使不是绝对完备的，至少也应当相当丰富和透彻。同时，理性经济人还被设想为具备一个很有条理的和稳定的偏好体系，并拥有很强的计算技能，依靠这类技能，经济人能够计算出在备选行动方案中，哪个方案可以达到其偏好尺度上的最高点。实际上，这种无所不能的经济人是不存在的。其实，人类对于财务活动不可能具备完备理性，那是因为自然科学和社会科学的博大精深，使人类个体或经济组织在开发、验证和应用财务知识上只具备有限的能力，并且存在因主观因素产生的偏好。

诚然，由于人的个体生理、家族、地理位置和环境，以及所受教育程度的差别，使人类的理性程度存在差异。不同的人在处理同样的财务问题时会出现差异。例如，当前学校的会计教育按照统一的标准施教，但培养出来的是素质和能力完全不同的会计人才，充分反映人的差异性，这样不同的人才在处理会计问题时，也会呈现出不同的理性状况。人类获取财务知识的能力存在有限性。财务学是财务经济学和财务管理学的合一。财务经济学是经济学的分支，财务管理学也是管理学的分支。对于经济学，以亚当·斯密为代表的古典经济学关注劳动者分工、组织效率和国家富裕，以及分工如何能够减少资源稀缺程度。以马歇尔为代表的新古典经济学，关注的核心问题是，在给定资源稀缺情况下如何最优配置资源，并将市场功能局限在决定投资品和消费品的相对价格和数量上。以凯恩斯、萨缪尔森、斯蒂格利茨为代表的现代经济学，则关注经济活动的竞争、价格、产权和供求平衡等问题。在杨小凯先生看来，经济学是研究经济活动中各种两难冲突的学问。经济学不仅研究个别决策人如何权衡各种两难冲突，而且研究不同个人的决策之间如何交互作用产生某种全社会的两难冲突；同时还研究不同社会制度和文化传统下社会上两难冲突如何由某种制度权衡折中，产生个别人不得不接受的现实局面。经济学是财务学的理论基础。对于管理学而言，其研究对象主要是个别决策中的两难冲突和选择。管理学是人类社会文明进步的一门大学问。经济管理学、政治管理学、文化管理学、科学与教育管理学、军事和国防管理学，以及信息管理学等，都是管理学的研究领域。人们对管理的性质和特征的认识，远未达到应有的程度。财务管理学是经济管理学里的一个分支内容。同其他学科一样，财务学的理论知识也是由其基本概念、联系这些概念的判断、基本原理或定律，以及这些概念和原理推演出来的各种规则和逻辑结论所构成。人的学习能力的提升，往往落后于科学技术发展速度的提升。因此，一个人的知识存在有限性。

实际上，财务知识具有时间的相对性和主观的相对性。时间的相对性是指管理层、决策者在特定的时间下不可能拥有全部的财务知识，他们拥有的只是前人的知识积累以及当时实践的知识，还有相应的财务知识在当时情况下根本无法获得；而主体的相对性是指某个人不能拥有当前所有的财务知识，这些知识存在于所有人的大脑中。因而，由于知识问题的时间相对性和主体相对性，决策主体必然是有限理性的，不可能存在全智全能的理性行为，财务知识的完全性不符合人类实际存在状态的假设。

（二）财务风险的主观性

由于财务活动本身及外部条件错综复杂且多变，而人们的知识水平和认识能力等又往往有限，所以很难完全认识和把握财务活动的各个层面。这容易使得人们的财务行为出现失误或偏差，从而引发风险。这类风险是主要由于人们主观认识能力的局限性而导致的风险，称为主观性风险。

人类主观认识能力的局限性主要包括两种情况：一是人类对财务活动本身及其发展变化

的规律缺乏认识；二是由人的阅历、经验、知识水平、思维方式和判断能力等个体素质的差异所造成的。所以，我们一方面应深入全面地认识和把握经济金融知识；另一方面，也应采取有效措施，尽快提高人们的知识素养和行为能力，以减少因主观认识能力的局限性所导致的行为过程中的不确定性，最大限度地降低主观性风险。

二、财务活动的不完全性及其风险

（一）财务活动的不完全性

财务活动的不完全性是指财务活动不全面、不完整或财务信息不真实、不可靠的状况。一方面，由于外部环境的变化，使原来传统的会计处理方法和会计规范出现了一些不适应性，使财务活动提供的信息从决策的角度看不全面和不完整，影响到财务信息的使用价值。另一方面，因为企业内部经理人员存在滥用职权问题，任意干预财务时间，财务人员违规操作人为地歪曲财务信息，使财务信息不真实和不可靠。

财务活动不完全性的另一种体现是不确定性，财务活动的不确定性导致了未来收益的不确定性的情况，此时，财务风险就可能产生和形成。筹资、投资、资产定价、收益分配、资本均衡配置等财务活动，风险和估值，以及由此引发的财务关系等，是否还遗漏了什么？所以，财务活动的不完全性也是财务理论的不完全性和财务管理实践的不完全性。

（二）财务风险的客观性

不确定性是在整个事物发展变化过程中普遍存在、不以人的意志为转移的客观现象；或者说，只要存在着运动、变化，就存在着不确定性。同样，所有金融活动、金融事件的发展变化也必然产生不确定性即财务风险，从而财务风险是客观存在的。财务风险的客观性体现在政治、经济、市场和社会环境等方面。

1. 政治环境变化造成的财务风险。稳定的政治环境是企业生存经营的前提条件。当一国的政治权利主体频繁更替或局部动荡不安时，甚至发生全局性的战争时，都会给企业的财务活动带来各种实际的或潜在的机会与威胁。政治环境与政党、政府和国家发展密切关联，政治存在是国家政权存在的标志。欧美制度经济学认为，国家的主要功能是提供法律和秩序。良好的法治环境与和谐的社会秩序是良好政治环境的主要表现。在经济学上，国家是一种具有垄断权的制度安排。国家机制决定着产权制度的效率。适当有为的政府是投资者和企业家减少不确定性和克服风险的重要保障。在我国公有制经济制度下，政治与经济之间具有一定的替代性和弥补性。许多经济活动的抉择不完全取决于成本与收益计算，而是还受到政治制度的约束。

2. 经济环境变化造成的财务风险。经济环境是指一国的国家经济政策及社会经济状况，包括经济体制、经济结构、经济发展水平和经济政策等，任何企业的经营活动和收益都不可避免地受一国经济环境的影响，企业的财务活动是在社会经济环境的大背景下进行的，财务风险的形成与经济环境的变化密切相关。我国的农业、工业和交通运输业以及服务行业等传统产业的发展状况，新能源、智能化、信息产业等高新技术产业的发展，加之国家货币政策和财政政策的取向，会对企业财务管理产生重要影响。离开国家和政府，人们很难对财务活动进行有效管理。国家的经济发展状况是人们从事财务管理的参考系数。因此，如果偏离国家经济发展，企业财务就可能发生风险。

3. 市场环境变化造成的财务风险。前文提到的市场风险是企业财务风险的重要组成部分，市场风险的产生来自于市场环境的变化。某企业可能今日还是行业巨头，但转眼就没落了，如芬兰的诺基亚，没落前其在全球的市场占有率很高，超过同行业的其他企业，但由于未能及时推陈出新以满足消费者的需求，其铸造的商业帝国轰然倒塌，市场环境的不确定性对企业的财务活动产生最直接的影响。在世界经济日益全球化的新时代，创新、协调、绿色、开放、共享的新发展理念，使国际市场和国内市场越来越密切联系。

4. 社会环境变化造成的财务风险。社会环境包括社会心态、社会价值、社会信念等，当这些因素在不同群体间发生分歧或背离时，就会导致社会环境不稳定，从而使企业的财务活动无法正常进行，间接产生财务风险。财务管理的社会环境主要是国家的政治制度和经济制度以及文化传统。社会环境之所以影响财务管理，在于路径依赖理论的作用。诺斯教授的路径依赖理论是指在制度演变过程中不同国家中不同制度的演变与过去的制度相关，进而可以分析过去的制度在什么意义上决定后来的演变。过去的制度能否使这个制度本身有兑现承诺的能力。过去的制度如果使得其统治者能够兑现其承诺，那么制度就会向良性循环演进，从具备部分兑现承诺的能力到承诺能力越来越强。如果过去的制度里没有这种能力，这个制度可能很难向良性循环演变。在一个统治者完全没有承诺能力的制度中，可能一直发展不出来统治者兑现其承诺的能力。

因此，财务风险由客观事物自身产生、不以人的好恶而独立存在。从根本上说，由于财务活动本身的不完全性，这种不确定性是无法消除的，因而风险总会存在。正因为它是客观存在的，我们才可以设法去认识它、度量它。比如，我们可以通过历史信息反映出的风险因子分布特征考察财务风险。这正是建立在财务风险客观性的基础之上的环境分析。

第三节　期望效用

期望效用为个人和企业管理各类风险提供了理论依据。不确定情况下的效用理论是财务活动的基本选择理论。这里重点介绍的期望效用相关的理论包括风险态度理论和期望效用理论。

一、不确定情况下的五条选择公理

在财务经济活动中，人们的行为和选择存在一些共识和共性，诸如投资的成本、风险和收益匹配，举债的到期偿还与利随本清，资产和负债的可计量——“亲兄弟，明算账”，等等。一个组织内的伙伴达成共识后，都遵循共同的认知行事，该组织的各项活动应该很有秩序和效率。为了深入理解和应对风险，我们对经济活动中的个体行为做出一些假定。基数效用公理中的有关假定对人们认识理性行为提供了一系列基本的条件。这些假设一经设定，所有的理论都应该遵守这些公共假设。

公理1：可比性（comparability，有时也称完整性 completeness）。对所有不确定的选择集S，个体既可以说 x 的产出优于 y 的产出（表达为 $x>y$），也可以说 y 的产出优于 x 的产出（$y>x$），还可以说 x 的产出等于 y 的产出（$x=y$）。

公理2：传递性（transitivity，有时也称一致性 consistency）。如果个体认为 x 优于 y，而 y 又优于 z，那么，x 优于 z（如果 $x>y$，而 $y>z$，那么，$x>z$）。如果个体认为 x 和 y 无差异，而 y 和 z 同样也无差异，那么他也会认为 x 和 z 同样亦无差异（如果 x≈y，而 y≈z，那么 x≈z）。

公理 3：强独立性（strong independence）。我们假设设计了某一投机活动，个体概率 a 得到结果 x 而由 1 - a 的概率得到结果 z，我们将此活动表达为 G（x，z：a）。强独立性指的是，如果个人认为 x 和 y 无差异的，那么他同样认为某种投机活动由概率 a 得到结果 x 而由 1 - a 的概率得到结果 z，同另一投机活动由概率 a 得到结果 y 而由 1 - a 的概率得到结果 z 是无差别的。

如果 x≈y，那么，G（x，z：a）≈G（y，z：a）。

公理 4：可计量性（measurability）。如果 y 的结果小于 x 但大于 z，那么此时存在唯一 a（一种概率）使个体认为 y 的结果同从某种投机活动中由概率 a 得到的结果 x 而由（1 - a）的概率得到的结果 z 是无差别的。

如果 x > y≥z，或者 x≥y > z，则此处存在唯一的 a，使 y≈G（x，z：a）。

公理 5：有序性（ranking）。如果两种选择 y 和 u 均取决于 x 和 z，那么我们可以设定这样一系列投机活动，即个体认为 y 同 x（概率为 a_1）与 z 的投机活动无差别；同样，u 同 x（概率为 a_2）与 z 的另一次投机活动无差异；如果 a_1 大于 a_2，则 y 优于 u。

如果 x≥y≥z，而且 x≥u≥z，那么当 y≈G（x，z：a_1）且 u≈G（x，z：a_2）时，则：

如果 $a_1 > a_2$，那么 y > u，或者 $a_1 \approx a_2$，那么 y≈u。

在人类社会活动中，作为社会成员的每个人、企业和社团组织等，其个体行为都存在着一定的规律性，即可比性或完整性、传递性或一致性、强独立性、可计量性、有序性，这就是五个著名的基数效用公理。这些公理主要使用数学知识和经济学知识加以概括，归纳起来，就是对人们个体行为的一般假设。其主要体现在两个方面：一是每个人都被假定会经常做出完全合理的决策。二是我们假定人们懂得如何从成百上千种选择中选取那些理性的决策。其实，做到这两个方面不是一件很简单的事情。例如，下列决策的陈述是不合理的：与中国船舶公司（股票号 600150）相比，我更喜欢购买航发动力公司（600893）的股票；而同时，与潍柴动力公司（000338）相比，我更喜欢买中国船舶公司（600150）的股票；而与航发动力公司（600893）相比，我又较喜欢买潍柴动力公司（000338）的股票。又如，与开一家茶馆相比，我更喜欢开一家酒馆；而同时，与开一家药铺相比，我更喜欢开茶馆；而与开酒馆相比，我又比较喜欢开药铺。很明显，这里的决策表述缺乏合理的科学逻辑，而且存在很多问题。

在上述五条公理的基础上，我们还应补充一点，就是人们对财富规模的期望总是多多益善，而不是相反。财富增长的边际效用总是正的。所有这些假定构成了效用理论所需的前提条件。根据不确定情况下的选择公理，人们可以对各种不同的风险组合进行排序，建立效用函数，以此选择风险小、成本低和收益高的资产项目。诚然，财务管理除了来自经济学和数学的知识指引外，人们的财务直觉也很重要。只有长期持之以恒的生产经营体验和商业天赋，以及财务经济学和数学知识训练，才可能培养出良好的财务直觉。

通过学习效用函数及其扩展知识，我们知道，效用函数具有两条性质：第一，效用函数会维持固有的顺序。如果我们测算出 x 的效用大于 y 的效用，U（x）>U（y），这就意味着 x 确实优于 y，x > y。第二，由效用函数得出的期望效用，可用于对风险不同组合的多种选择进行排序。其数学公式如下：

$U[G(x, y: a)] = aU(x) + (1-a)U(y)$

上述五条选择公理在财务活动与财务决策选择工作中，主要发挥维持财务固有顺序和科学安排风险组合顺序的作用。我们设想有一组风险收益集 S，假设 S 必定大于结果 a 而小于结果 b，且 x 和 y 两项是居于中间的结果。按照公理 2 传递性原理会考虑第三种选择 z，按照公理 3 强独立性原理得知，选择 z 不会影响 x 和 y 之间的关系。在按照公理 4 可计量性必然得出一个唯一概率 β（z），使结果 z 与 x 和 y 之间的结果是无差别的。依据效用函数知识和选择公理，按照公理 5 得到特定固有排序，进而测算出一定概率条件下的结果 x 和 y 的基数效用数值。此时，必然存在一个唯一收益 z 的概率可用作效用计量尺度，测算出收益 z 与基本期望值 a 和 b 的关系。于是，得出序数函数公式：

$U(z) = \beta(z)U(x) + [1-\beta(z)]U(y)$

采取这种方法，可以正确地解释风险选择的序数函数，该函数就是期望效用函数，即 z 的效用等于 x 的概率乘以 x 的效用值，再加上 y 的概率乘以 y 的效用值。此时，期望效用表述了收益期望的线性组合。一般地，财富的期望效用为：

$$E[U(W)] = \sum_i p_i U(W_i)$$

财务管理者的期望效用设定了理性投资者的投资行为会遵循五条选择公理和个体期望财富规模多多益善的理念，因而会得出结论：投资者总是寻求其财富的期望效用达到最大化的资产项目。所有的理性投资者均将此最大的期望效用作为目标函数。人们首先计算出所有可能的收入期望效用值，然后选出收入的期望效用达到最大化的结果。

应注意，对于不同的个体而言，其效用函数是不同的。因此，比较不同个体的效用函数没有任何意义。我们可以假定每个个体的效用可以组成社会福利函数，以该函数分析和解释最优财富分配问题等。但是，我们无法知道现实社会中的不同个体效用函数如何聚集在一起。同理，不同的群体效用函数比较，诸如不同企业的效用函数比较，也是没有意义的。另外，基数效用函数还具有解释边际效用增减问题的特性。总之，作为社会成员个体之一，我们每个人或企业，对我们各种不同的支出额重复相同的程序测算，就可以推演出自己的效用函数，找到自己的基数效用函数值，从而为我们利用风险或规避风险提供依据。财务公理是财务学者对于财务学研究对象的性质的约定，属于财务管理的基本命题和财务公设。因此，财务公理不仅仅用于处理风险和不确定性问题，也用于处理投资、筹资、资本配置和收益分配以及公司治理等财务问题的理论基石。

二、风险态度理论

一家跨国工程零件公司最近重新评估了其风险管理哲学——尤其是其风险承担的态度。这种态度使得公司要在风险管理上增加资本投入，达到与公司的财务实力、经营状况和投资者预期相一致。随后，公司终止以部门为基础的风险管理活动，取而代之的是通过相互协作取得更全面更良好的效果，以配合公司现行的经营哲学。

风险管理哲学中的重要一点是风险态度。所谓风险态度是指个体参加风险行为的程度，具体来说就是决策者在不确定情境中表现出的偏好和承受度，风险偏好和风险承受度概念的提出是基于企业风险管理理念的变化。

（一）个体风险态度

风险和不确定性普遍存在于人们的生活中，关系着几乎每一个重要的决策。当人们面对这些风险和不确定情景时，不同的人对事物的认识和感知是不同的，他们对风险环境所采取的解决方式也有很大的差异，而这些差异通常被描述为风险态度的差异。不同的风险态度往往能够预测性地决定人们的风险选择倾向，尤其是当人们面对充满不确定性和风险的决策时。理性、冷静和积极应对的态度是财务管理者应有的个体风险态度，首先应娴熟辨别风险和不确定的差别，其次识别风险类型及其特点，然后确定风险承受度。

《中央企业全面风险管理指引》指出："确定风险偏好和风险承受度，要正确认识和把握风险与收益的平衡，防止和纠正忽视风险，片面追求收益而不讲条件、范围，认为风险越大、收益越高的观念和做法；同时，也要防止单纯为规避风险而放弃发展机遇。"

1. 风险偏好。风险偏好是企业希望承受的风险范围，分析风险偏好要回答的问题是决策者希望承担什么风险和承担多少风险。例如：

是否应当与某家结盟？

是否需要套期保值？

是否该在海外投资？

应当保持多高的资产负债率？

企业的风险偏好会因其目标、文化以及整个商业环境条件的不断变化而有所差别。

在经济活动中，人们对风险的态度可以大致分为三种类型：风险喜好者、风险中立者和风险厌恶者。如果我们喜欢接受确定情况下的精算价值所得而厌恶投机本身，我们就是风险厌恶者。在我们看来，虽然投机活动和套利是市场经济中的普遍现象，但从生产经营活动或者投机活动得到的精算价值远比从投机活动本身所获得的效用更高，因此应选择前者，我们是风险厌恶者。亦即，如果期望财富的效用大于财富效用的期望，那么，个体就属于风险厌恶者。相反，如果个体更喜欢接受不确定情况下的风险溢酬而不是确定的精算价值，一般被认为是风险喜好者。风险溢酬是个体从事投机活动获得的财富期望值与不从事投机活动而愿意接受得到个体确定等量财富数额之间的差额。实际上，风险溢酬是投资者的投机活动成本。投机者不是每次都得逞。显然，介于风险厌恶者与风险喜好者之间的个体，一般被称之为风险中立者。如果将风险划分为个别风险和系统风险，那么，风险厌恶者是难以逃避系统风险的。所以，个体风险偏好仅仅是人们愿意承担什么风险和承担多少风险的首要态度表现。重要的是，要确定自己的风险与收益均衡水平。

2. 风险承受度。风险承受度是指企业风险偏好的边界，它是企业采取行动的预警指标。企业可以设置若干风险承受度等级，以显示不同的警示级别。例如：

市场表现到何种阶段，我们就应当收回投资或采取退出策略？

资产负债率到达什么比例，我们就应该停止投资活动？

每家企业的风险承受能力不同，企业可以参考市场或行业内的其他企业信息，作为制定风险承受度的基准。

风险承受度的规则是什么？值得思考。能够如数偿还到期债务，个体收益率已连续数年高于同行业的市场平均收益率，企业的无形资产账面价值已远高于账面有形资产价值，企业财务目标已完成由市场收入最大化和利润最大化向股东财富最大化的转换，等等，都属于企业风险偏好的边界线。

3. 确定企业整体风险偏好和承受度要考虑的因素。

（1）风险个体：对每一个风险都可以确定风险偏好和风险承受度。

（2）相互关系：既要考虑同一个风险在各个业务单位或子公司之间的分配，又要考虑不同风险之间的关系。

（3）整体形状：一个企业的整体风险偏好和风险承受度是基于针对每一个风险的风险偏好和风险承受度。

（4）行业因素：同一风险在不同行业风险偏好不同。

一般来讲，风险偏好和风险承受度是针对公司的重大风险制定的，对企业的非重大风险的风险偏好和风险承受度不一定要十分明确，甚至可以先不提出。

（二）风险态度与效用理论

著名诺贝尔经济学奖获得者 Arrow 确立了风险态度理论，将风险态度分为风险寻求、风险中立和风险规避三种类型，实为风险喜好者、风险中立者和风险厌恶者三种类型，这三种不同的风险态度均是通过对不确定性项目的选择表现出来的。

（1）风险寻求型的决策者对某种经济活动的高回报给予较大的期望，为了实现这一期望愿意冒风险；

（2）风险中立型决策者其决策的基本原则是风险损失至少不大于可能获取的利益的期望值，通常采用通过统计计算出的回报期望值作为决策依据，因而这类人在决策时既不愿意冒大的风险，又不愿意放弃有较高回报的可能性；

（3）对于风险规避型决策者，回避风险是他们的主要对策，这类人由于不愿意承担风险，即使某种经济活动可能有较高的收益回报，只要存在一定的风险就宁愿放弃。因而这类人宁愿花上一定的代价将风险转移出去，当然这样做也可能将获利的机会转移出去。

基于新古典经济学的框架，期望效用理论根据决策主体对待风险的态度将人们的风险态度区分为风险爱好、风险中立和风险规避三类。图 6－1 表示由于风险的存在，理性人有时候是如何偏好那些没有使收益最大化的结果。效用理论指出，人们追求自己的效用最大化而非期望货币值最大化。效用在不同的人之间是不同的。决策者对于本公司的风险效用函数不可能与其他公司的效用函数一样。

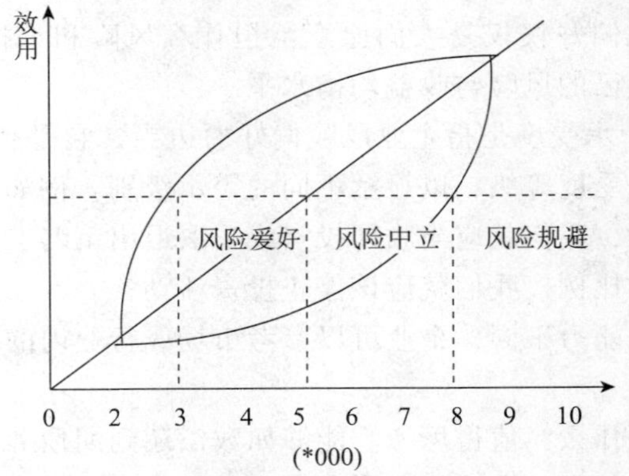

图 6－1　基于期望效用理论的风险态度

三、期望效用理论学派

期望效用是西方经济学概念。如同在确定条件下决策者行为追求的目标是为了获得最大的效用一样，在不确定条件下决策者行为追求的目标也是为了得到最大的效用。但是，在不确定情况下，由于决策者事先并不知道哪种结果事实上会发生，所以，他只是在实现作出最优的决策，以使他的期望效用最大化。为此，西方经济学家建立了期望效用的概念。

1944 年，冯·诺依曼和摩根斯坦提出的预期效用（EU）理论以及随后萨维奇提出的主观预期效用（SEU）理论，为“理性人”在风险和不确定性条件下的决策建立了完美的公理化体系。

（一）冯·诺依曼－摩根斯坦期望效用函数

约翰·冯·诺依曼与奥斯卡·摩根斯坦在其著作《博弈论与经济行为》中，建立了研究在不确定性情况下个人经济行为的数学模型。两位作者试图表明这一假说可以从更为基本的“理性”行为公理中推出，这些公理代表了这两位作者对个人选择理论基础的归纳，以使其适应不确定性的情况。

首先，假定通过参与一个赌博，一个人会赢得 n 种可能的奖金。这些奖金由 X_1，X_2，…，X_n表示，并且越靠后的奖金额越高。这样，X_1就是这个人最不愿意得到的奖金数，而 X_n则是最吸引人的奖金数。现在为这两种极端的奖金数指定任意的效用值。例如，为了方便起见，指定：

$$U(X_1)=0$$

$$U(X_n)=1$$

不过，指定其他任何一对效用数值也是可以的。运用这两个效用值，冯·诺依曼－摩根斯坦定理表明，存在一种合理的方式为其他所有可能得到的奖金确定一个特定的效用值。假定我们选择一个奖金，比如说 X_i。请考虑下面的试验：请一个人确定Π_1，使他认为确定地得到 X_i和以Π_1的概率得到 X_n，以 $1-\Pi_1$概率得到 X_i赌博是无差异的。存在这样一个概率似乎是合理的（尽管在冯·诺依曼－摩根斯坦的研究中，这是一个有问题的假定）：假定赌博中赚到的所提供的最高奖金的概率足够高，那么，此人应该就会认为这个赌博与一个确定性的较少的奖金是无差异的。似乎同样合理的是，当该人对奖金 X_i的渴望越大，他确定的Π_1就越高；X_i越好，就需要提供更大的赢得 X_n的机会让这个人乐意放弃确定的 X_i而参与赌博。这样，概率Π_1就代表了对奖金 X_i的吸引力大小的一种度量。事实上，冯·诺依曼－摩根斯坦的方法就是把 X_i的效用定义为与其同样吸引人的赌博的期望效用，即：

$$U(X_i)=\Pi_i\cdot U(X_n)+(1-\Pi_i)\cdot U(X_i)$$

$$U(X_i)=\Pi_i\cdot 1+(1-\Pi_i)\cdot 0=\Pi_i$$

选定最高与最低奖金的效用值后，我们可以得到任何其他奖金的效用。根据上面的选择，一个奖金的效用就是当个人认为其与一个赌博等价时，该赌博中赢得最高奖金的概率。效用数值的选择是任意的。任何两个数都可以被用来构建这个效用标度，我们最初的选择是较方便的一个。

冯·诺依曼和摩根斯坦所建立的 EU 理论是经济学教科书中的经典理论，它描述了风险条件下的决策者选择行为，即在一定的假设条件下，效用函数的某些特殊单调变换具有一个非常方便的性质——预期效用性质。该性质表明，在风险条件下，一项抽彩的效用是获奖效用的期望值。通过取得各种结果产生的效用，把效用和结果发生的概率相乘并将所得加总，可以计算出任何抽彩的效用。

EU 理论要求决策者的行为是理性的，即其偏好满足完备性、连续性、传递性和独立性公理，在这些公理假设下，可找到一个效用函数满足预期效用性质，而决策者的决策原则是预期效用最大化；尽管这样的效用函数可能不是唯一的，但并不影响依据预期效用最大化准则所做的决策。

（二）萨维奇主观期望效用理论

冯·诺依曼－摩根斯坦的期望效用理论，被萨维奇、安斯康姆和奥曼完善为主观预期效用理论。1954 年萨维奇提出并构建了主观预期效用理论（SEU 理论），认为直觉的偏好关系能够推导出由效用和主观概率来线性规范人们的主观决策备择方案的抉择。SEU 理论将冯·诺依曼－摩根斯坦定理的情形推广到了概率不确知的不确定条件下。之所以称之为主观期望效用理论，是因为对效用函数进行加权的不是客观概率，而是取决于个体的偏好，由个体的行动选择推断出来的私人概率。

萨维奇通过一个具体实例解释了这一概念。他说："思考一个例子。当你进来并且自愿完成煎蛋卷的时候，你的妻子已经打了 5 个好鸡蛋放在一个碗里。第六个鸡蛋，没有打碎放在碗的旁边，由于一些原因，它必须要么被用来煎蛋卷，要么扔掉。你必须决定怎么处置这个没有打碎的鸡蛋且只能在三个行动之间选择，也许这并不是太过度单纯化的。即把它打碎放在装其他 5 个鸡蛋的碗里，把它打碎放在一个碟子里观察，或者不观察直接把它扔掉。取决于蛋的状态，这三个行动的每一个将有一些与你有关的结果。"这个说明行动、状态和结果的例子，可用表 6－1 来描述。

表 6－1　行动、状态和结果示范表

行动	状态	
	好的	臭的
打碎放进碗里	六个煎蛋卷	没有煎蛋卷，5 个好鸡蛋毁坏
打碎放进碟子里	六个煎蛋卷，洗一个碟子	五个煎蛋卷，洗一个碟子
扔掉	五个煎蛋卷，一个好鸡蛋毁坏	五个煎蛋卷

可以看出，在给定的情形下，所有可得到的行动的集合可以用 F 表示，在这个例子中，F 有三个行动作为元素。如果用 f 表示表中的第一个行动"打碎放进碗里"，那么行动 f 可以表示成函数的形式：f（好的）＝六个煎蛋卷；f（臭的）＝没有煎蛋卷，以及 5 个好鸡蛋毁坏。依此类推。

第四节　风险度量及收益计算

人们从事各种投资活动，在收益相等的情况下总是期望风险越小越好。如果有许多方案可供选择，人们通常选择风险较小的方案作为行动方案。这就需要事先对风险的大小即风险程度进行正确的估量。把风险问题数量化，需要采取一系列经济数学方法进行计算。

一、风险度量的一般方法

（一）确定概率分布

在生产经营过程中，有些财务经济活动未来的情况不能完全肯定，这种不肯定的程度可以采用概率分布来表示。一个事件的概率是其可能发生的机会。可能性为10%，则概率为0.1，可能性为50%，概率为0.5。概率必须符合下列两条规则：

（1）所有的概率 P_i；都在0～1之间，即 $0 < P_i \leq 1$。

（2）所有结果的概率之和应等于1。

这说明，每一随机变量的概率最小为零，最大为1；不可能小于零，也不可能大于1。全部概率之和必须等于1。概率为1时说明该种情况必然出现。对随机变量按数值大小顺序排列的各个后果及其相应的概率表达，就叫作概率分布。

【例6－1】 某一企业有一投资项目，预测未来投资报酬率的各种情况如表6－2所示。

表6－2　投资项目的收益率与概率

可能的投资报酬率（k_i）	概率（P_i）
8%	0.3
11%	0.6
5%	0.1
合计	1.00

概率分布与风险大小密切相关。对于投资或其他任何一项活动，预测未来的可能情况的分布越集中，则风险就越小；分布越分散，则风险就越大。测算集中与分散程度常用的方法是计算标准离差。标准离差的计算要引入期望值的概念。

（二）计算期望值

期望值是指在一个概率分布中，所有各个可能出现的后果，以其各自相应的概率为权数计算的加权平均数。期望值是一个数学概念，在财务经济学上称为期望报酬率，它是各种可能的报酬率按其概率进行加权平均得到的报酬率，是反映集中趋势的一种量度。

已知离散型随机变量K概率分布，期望值的计算公式为：

$$\overline{k} = \sum_{i=1}^{n} k_i P_i \tag{6-1}$$

式中，$\overline{k}$—期望值；

k_i—第i种情况下的结果；

p_i—第i种情况下的概率；

n—可能结果的个数。

计算期望值之所以要以概率为权数，是因为高概率的结果成为现实的可能性较大。在计算各种情况下的平均值时，应增加相应的权数，以反映这种较大的可能性。同理，低概率的结果成为现实的可能性较小，在计算平均值时应减少相应权数，以反映这种较小的可能性。

【例6－2】 泰士制造公司现有两个投资项目，投资额及其他条件相同。根据市场经济状况，它们的可能收益各相应的概率如表6－3所示。

表 6-3 两个投资项目的市场状况与预期收益

市场状况	概率（P_i）	预期收益（R_i）	
		项目 A	项目 B
最好	0.1	4000	5000
较好	0.2	3500	4000
中等	0.4	3000	3000
较坏	0.2	2500	2000
最坏	0.1	2000	1000

根据上列数据，计算 A、B 两个项目的期望值如下：

项目 A 的期望值 $= 0.1 \times 4000 + 0.2 \times 3500 + 0.4 \times 3000 + 0.2 \times 2500 + 0.1 \times 2000 = 3000$

项目 B 的期望值 $= 0.1 \times 5000 + 0.2 \times 4000 + 0.4 \times 3000 + 0.2 \times 2000 + 0.1 \times 1000 = 3000$

计算结果显示，A、B 两个投资项目的收益期望值均为 3000，它代表着两个项目各种可能的收益的一般水平。

由于收益在这里是一个变量，变量的具体数值一般不会等于期望值，实际可能出现的收益往往偏离期望值。当市场经济状况最好时，A 方案的收益偏离期望值 1000，较好时偏离 500，较坏时偏离 -500，最坏时偏离 -1000，唯有出现中等情况时，才正好等于期望值。实际数值总是在期望值上下波动。这样，作为代表一般水平的期望值的代表性的强弱，要依据在各种情况下具体数值对期望值的偏离程度来确定。偏离程度越大，代表性越小；偏离程度越小，代表性越大。一般地，偏离程度越大，风险越大；反之，则风险越小。风险程度就是用偏离程度来表示的，反映偏离程度的指标就是标准离差。投资项目 A 和 B 的收益概率分布如图 6-2 所示。

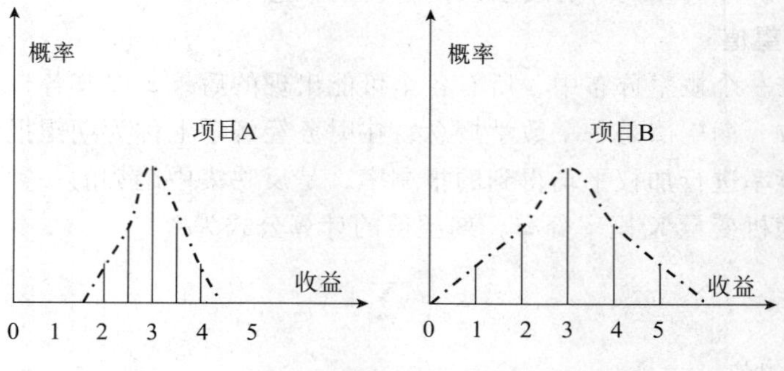

图 6-2 项目 A 与项目 B 的收益概率分布

（三）计算标准离差

首先，计算每一种可能结果与期望值的差异。第 i 种可能性结果的离差为 $K_i - \overline{K}$。其次，计算方差。方差是每个可能性结果的值与期望值之差的平方，以各个可能性后果的概率为权数计算的加权平均数，常用希腊字母 σ^2 表示。即将每一组差异平方后，再乘以有关结果发生的概率，然后加总起来。计算公式是 $\sigma^2 = \sum_{i=1}^{n}(K_i - \overline{K})^2 P_i$，根据此公式，分别计算出上述 A、B 项目的方差如下：

$\sigma_A^2=(4000-3000)^2\times0.1+(3500-3000)^2\times0.2+(3000-3000)^2\times0.4+(2500-3000)^2\times0.2+(2000-3000)^2\times0.1=300000$

$\sigma_B^2=(5000-3000)^2\times0.1+(4000-3000)^2\times0.2+(3000-3000)^2\times0.4+(2000-3000)^2\times0.2+(1000-3000)^2\times0.1=1200000$

最后，计算标准离差，计算公式是：

$$\sigma=\sqrt{\sigma^2}=\sqrt{\sum_{i=1}^{n}(K_i-\overline{K})^2P_i} \qquad (6-2)$$

上述，A、B 两个项目的标准离差分别是：

$\sigma_A=\sqrt{300000}=547.7$

$\sigma_B=\sqrt{1200000}=1095.4$

标准离差主要是由各种可能性与期望值之间的差距决定的。它们之间的差距越大，说明随机变量离期望值的距离越大，风险就越大；它们之间的差距越小，说明随机变量越接近于期望值，这就意味着风险越小。风险大小同标准离差成正比例关系，标准离差的大小，可以看作其所含风险大小的标志。上述计算结果表明：B 方案的标准离差高于 A 方案的标准离差。由于这两个项目投资额相同，期望值相同，故项目 A 的风险比项目 B 的风险小。所以，从风险大小考虑，项目 A 要优于项目 B。

在概率的正态分布中，根据标准离差可以提供重要的信息。根据数量统计原理，随机变量 K 的值发生在期望值左右一个标准离差范围内的可能性是 68.26%，发生在期望值左右两个标准离差范围内的可能性是 95.46%，发生在期望值左右三个标准离差范围内的可能性是 99.74%。据此可知，项目 A 的收益在 3000 ± 547.7，即 2452.3 ~ 3547.7 之间的可能性为 68.26%，而项目 B 的收益在 3000 ± 1095.4，即 1904.6 ~ 4095.4 之间的可能性为 68.26%。显然，项目 A 的离散度小，结果较为肯定，说明风险小；项目 B 的离散度大，结果较不肯定，说明风险大。

如果对每一可能的经济情况都给予相应的概率，并且其总和等于 1，每一种经济情况又都有一个收益额，把它们绘制在直角坐标系内，则可得到连续的概率分布图，如图 6－3 所示。

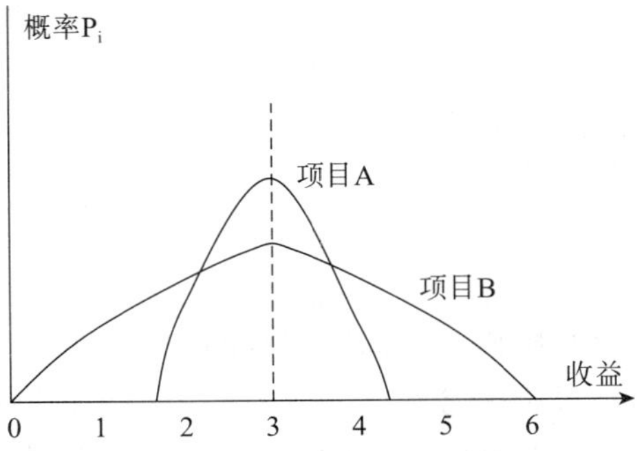

图 6－3　项目 A 和项目 B 的收益连续分布

（四）计算标准离差率

标准离差是风险大小的标志，但是，标准离差的数值同时又受各种可能结果数值大小的影响。如果各种可能值之间的比值及其概率都相同，只是具体数值增大，它的标准离差就会增大；数值缩小，标准离差也会随之减小。这样，如果两个方案的期望值不相等，就不能用标准离差来比较风险的大小。

【例 6－3】设泰士公司有 C、D 两个投资项目，两个投资项目的投资预期收益概率分布如表 6－4 所示。

据表 6－4 中的数据，计算两投资项目的期望值和标准离差是：

项目 C 的期望值：$\overline{K_c} = 1000 \times 0.3 + 800 \times 0.5 + 500 \times 0.2 = 800$

项目 D 的期望值：$\overline{K_D} = 100 \times 0.3 + 80 \times 0.5 + 50 \times 0.2 = 80$

表 6－4　　两个投资项目的市场状况与预期收益

市场状况	概率（P_i）	预期收益（R_i）	
		项目 C	项目 D
销路好	0.3	1000	100
销路一般	0.5	800	80
销路差	0.2	500	50

项目 C 有标准离差是：

$$S_C = \sqrt{(1000-800)^2 \times 0.3 + (800-800)^2 \times 0.5 + (500-800)^2 \times 0.2} = 173.2$$

项目 D 的标准离差是：

$$S_D = \sqrt{(100-80)^2 \times 0.3 + (80-80)^2 \times 0.5 + (50-80)^2 \times 0.2} = 17.32$$

从这里的计算结果来看，C 项目的标准离差为 173.2，D 项目的标准离差为 17.32，前者为后者的 10 倍。很明显，这一结论是不符合实际的。因为表 6－4 已明示 C、D 两个项目在三种市场状况下的预期收益比较值及概率分布是完全相同的，两者所含的风险大小也应相同。可见，当两个项目或方案（或同一项目的两个方案）的投资规模、经营范围和期望值不等时（如$\overline{K_C} \neq \overline{K_D}$），就难于使用标准离差来衡量和比较风险的大小。这时就需要使用一个相对数——标准离差率来衡量风险程度的大小。

标准离差率是标准差与平均值之比。其计算公式是：

$$V = \frac{\sigma}{\overline{K}} \qquad (6-3)$$

式中，V——标准离差率；

σ——标准离差；

$\overline{K}$——期望值。

前已述及，标准离差是反映随机变量离散程度的一个指标，并且是一个绝对值，它只能用来比较期望收益相同的各项投资风险程度，而不能用来比较期望收益不同的各项投资的风险程度。要分析期望收益或期望收益率不同的各项投资的风险大小，应该运用标准离差同期望收益的比值，即标准离差率。标准离差率越大，风险越大；反之，则风险越小。由于标准离差率是相对数，它避免了各种可能后果数值大小对标准离差的影响，因而，以它为标准来比较风险大小是比较科学的。

【例 6－4】金农公司有 A、B 两个投资不同的方案，A 方案投资 5000 元，B 方案投资

15000 元，两个方案未来可能的销售状况及预期现金流量如表 6－5 所示。试分析 A、B 两个方案的风险程度。

表 6－5　　两个方案的销售状况与概率　　单位：元

方案 \ 销售状况与概率	畅销	平销	滞销	期望值
	0.3	0.5	0.2	
A	700	500	300	520
B	2400	2000	1800	2080

两个方案的标准离差分别为：

$$\sigma_A = \sqrt{(700-520)^2 \times 0.3 + (500-520)^2 \times 0.5 + (300-520)^2 \times 0.2} = 140 \text{（元）}$$

$$\sigma_B = \sqrt{(2400-2080)^2 \times 0.3 + (2000-2080)^2 \times 0.5 + (1800-2080)^2 \times 0.2} = 227.7$$

于是，$V_A = \frac{140}{520} = 0.27$；$V_B = \frac{227.7}{2080} = 0.11$

比较两个方案的标准离差率，A 方案为 0.27 大于 B 方案的标准离差率 0.11，因而 A 方案的风险大于 B 方案的风险。

（五）计算风险的报酬

标准离差率虽然能够评价投资风险程度的大小，但不能说明企业的投资效益。企业冒风险从事投资活动所产生的效益是由风险报酬反映出来的。企业计算风险报酬必须首先测算出风险报酬率，因为投资额与风险报酬率的乘积称为风险报酬。由于标准离差率可以代表风险程度的大小，因此，风险报酬率应该与反映风险程度的标准离差率成正比例关系。收益标准离差率要转换为风险报酬率，其间还必须引入一个参数，即风险价值系数。换言之，风险报酬率是通过标准离差率和风险价值系数计算出来的。其计算公式为：

$$R = bV \qquad (6-4)$$

式中，R——风险报酬率；

b——风险价值系数；

V——标准离差率。

风险价值系数是将标准离差率转换为风险报酬率的一种系数或倍数，又有风险报酬系数、风险效益系数等称谓，可简称风险系数。如果设定风险系数为 0.3，则要求风险报酬率相当于标准离差率的 0.3 倍，风险价值系数的设定主要有两种方法：一是根据以往同类投资项目的历史资料进行确定，主要是根据标准离差率、风险系数、风险报酬率三者之间的关系以及一些经验数据进行测算。二是企业组织财务经济专家加以确定。财务经济专家们经过对企业经济活动和财务管理环境的定量、定性分析后，设定一个风险系数。有时专家们为简便起见，从 0 到 1 之间选择一个数值作为主观概率，但这一主观概率并不是任意的，而是以无风险价值，即以加上通货膨胀贴水后的货币时间价值为基础，在其上下浮动，选择一个数值。这样设定的风险系数可能因人而异，但就某一个地区、某一个行业来说，应是一个常数。

实际上，风险价值系数通常由投资者主观设定。风险系数的设定在很大程度上取决于企业对风险的态度，敢于冒风险的企业常常把风险系数定得低些，使风险报酬率与标准离差率的差距拉大；相反，那些比较稳健的企业家或不愿冒风险的企业家，则常常把风险系数定得高些，使风险报酬率尽量接近标准离差率。b=1 时，风险系数最高，此时风险报酬率等于标准率差率。

【例 6-5】 沿用【例 6-3】的数据，设定风险系数为 0.6，那么，金农公司 A、B 两个方案由于承担风险而要求的、超过无风险利率的额外报酬率为：

$R_A = 0.6 \times 0.27 = 16.2\%$

$R_B = 0.6 \times 0.11 = 6.6\%$

这里的风险报酬率加上无风险报酬率，就构成了按风险调整的投资报酬率。投资报酬率与收益标准离差率之间存在着一种线性关系，其关系式如下：

$Y = i + bV$

式中，Y——投资报酬率；

i——无风险利率；

b——风险系数；

V——标准离差率。

无风险利率是加上通货膨胀贴水以后的资金增值率，西方企业家一般把投资于国库券的报酬率视为无风险利率，又称无风险报酬率。例如，设上述金农公司的无风险利率为 12%，则该公司 A、B 两个方案按风险调整后的投资报酬率分别是：

$Y_A = 12\% + 16.2\% = 28.2\%$

$Y_B = 12\% + 6.6\% = 18.6\%$

投资报酬率与标准离差率之间的线性关系如图 6-4 所示。

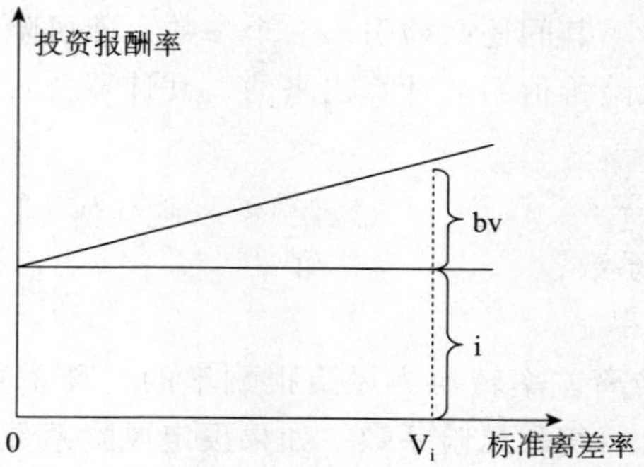

图 6-4 收益率与标准离差率之间的线性关系

计算出风险报酬率后，风险报酬的计算就较为简便了，一般有两种方法：

(1) 根据投资额与风险报酬率计算风险报酬，其基本公式是：

$$P_R = C \cdot R \tag{6-5}$$

式中，P_R——风险报酬；

C——投资额；

R——风险报酬率。

【例 6-6】 承【例 6-5】，金农公司准备投资 1000 万元，试计算投资于 A、B 两个方案的风险报酬分别是多少？

项目 A：$P_R = 1000 \times 16.2\% = 162$（万元）

项目 B：$P_R = 1000 \times 6.6\% = 66$（万元）

（2）根据投资报酬总额以及风险报酬率与投资报酬率的比重计算风险报酬，其计算公式是：

$$P_R = P_M \frac{R}{Y} = P_M \frac{R}{i + R} \tag{6-6}$$

式中，P_M——投资报酬总额。

设金农公司 A、B 两个投资方案的投资报酬总额分别是 282 万元和 186 万元。采用此方法计算则有：

项目 A：$P_R = 282 \times \frac{16.2\%}{28.2\%} = 162$（万元）

项目 B：$P_R = 186 \times \frac{6.6\%}{18.6\%} = 66$（万元）

综上所述，风险报酬计算是关于使用方差和标准离差率来反映单个项目投资风险报酬的计算。实际上，投资者一般并不把其所有资金投资于一个项目或一种证券上，而是努力开展多样化投资活动，同时持有多种证券。各项目投资的总体风险报酬，将运用财务控制方法在证券投资管理中进行充分论述。

二、市场风险度量——风险价值法 VaR

在资本市场里，欧美企业的财务机构计算 Value at Risk 的方法（简称 VaR 法），在我国称之为风险价值方法（又称在险值）。它是指在正常的市场条件下，在给定的时间段中和给定的置信区间内，预期可能发生的最大损失。用公式表示为：

$$\text{Prob}\ (\Delta P < -\text{VaR}) = 1 - c$$

式中，Prob——概率测度；

$\Delta P = P(t + \Delta t) - P(t)$——组合在未来持有期 Δt 内的损失；

$P(t)$——组合在当前时刻 t 的价值；

c——置信水平；

VaR——置信水平 c 下组合的在险价值。

VaR 从统计的意义上讲，本身是个数字，是指面临“正常”的市场波动时“处于风险状态的价值”。即在给定的置信水平和一定的持有期限内，预期的最大损失量（可以是绝对值，也可以是相对值）。例如，某一投资公司持有的证券组合在未来 24 小时内，置信度为 95%，在证券市场正常波动的情况下，VaR 值为 520 万元，其含义是指，该公司的证券组合在一天内（24 小时），由于市场价格变化而带来的最大损失超过 520 万元的概率为 5%，平均 20 个交易日才可能出现一次这种情况，或者说有 95% 的把握判断该投资公司在下一个交易日内的损失在 520 万元以内。5% 的概率反映了金融资产管理者的风险厌恶程度，可根据不同的投资者对风险的偏好程度和承受能力来确定。

VaR 特点主要有：

第一，能够简单明了表示市场风险的大小，没有任何技术色彩和专业背景的投资者和管理者都可以通过 VaR 值对财务风险进行评判。

第二，能够事前计算风险，不像以往风险管理的方法都是在事后衡量风险大小。

第三，能够计算单个和多个金融工具的投资风险，这是传统金融风险管理所不能做到的。因为 VaR 是考虑了所有可能的市场风险来源后得到的一个概括性的风险度量值，在置信度和持有期给定的情况下，VaR 越大说明组合面临的风险越大，反之，越小。

第四，能够用来比较分析不同的市场风险引起的、不同的资产组合之间的财务风险的大小，所以 VaR 是一种具有可比性的风险度量指标。

VaR 的应用主要体现在：

第一，用于风险控制。利用 VaR 方法进行风险控制，可以使每个交易员或交易单位能确切了解进行多大风险的金融交易，并为其设置 VaR 限额，以防止过度投机行为的出现。执行严格管理，一些金融交易的重大亏损也许能够加以避免。

第二，用于业绩评估。在金融投资中，高收益总是伴随着高风险，交易员可能不惜冒极端风险去追逐超额利润。出于稳健经营的需要，公司必须对交易员可能的过度投机行为进行限制。所以，引入 VaR 方法有利于采用吸收风险因素的业绩评价指标。

第三，估算风险性资本。以 VaR 来估算投资者面临市场风险时所需的适量资本，可以满足金融监管对于风险资本的基本要求。VaR 值被视为投资者所面临的最大可接受（可承担）的损失金额，若发生时须以自有资本来支付，防止公司发生无法支付的情况。

人们计算风险的方法，还有协方差方法、相关系数方法和 β 系数法等，这些方法将在以后的专业课程里讲解。

第五节　风险管理过程

风险管理过程是为分析和降低风险而进行的系统性管理尝试。这一过程可分为如下五个步骤：（1）识别风险；（2）衡量评估风险；（3）选择风险管理方法；（4）实施管理决策；（5）评价管理结果。

一、风险识别

风险识别是人们能够明确地指出所分析对象面临的重要风险是什么，亦即人们能够事先认识和辨别经济过程中可能发生的结果与预期结果的差别。有时候，人们很难知道或者不完全知道其面临着一些风险。例如，一个从未因生病或受伤而误工的青年人通常很少会考虑到伤残风险。尽管购买保险以预防伤残风险很重要，但人们可能根本没考虑到。一个人可能购买了某种保险，但风险并不存在。有效的风险识别需要一个人把组织机构作为一个整体来观察，把所有可能产生影响的不确定性考虑在内。例如，一个家庭的户主偏好于股市交易，那么该家庭可能存在着承受股票市场风险的情况。如果你的爸爸是一个股票经纪人，他未来的收入就紧紧地依赖于股票价格的走势，他的人力资本因而受到股票市场状况的影响，也许他不应该将其他的非人力资本也投到股票上。另外，一个与你爸爸年龄相仿的长辈是政府官员，与你爸爸的收入相同，他很可能被劝说将其有价证券投资的一大部分投资于股票，因为作为政府官员其人力资本并未遭受股票市场的风险。这里的原则同样适用于企业投资分析。例如，一个在海外以固定的外币价格购买原料、销售产品的公司，对公司经理来说，仅考虑汇率的不确定性对公司收入和成本的影响并没有多大的意义，对公司的所有股东而言，重要的是公司收入减去成本之后，汇率的不确定性产生的净效应。尽管公司的收入和成本都受到汇率变化的严重影响，但公司承受的汇率不确定性的风险可能为零。

让我们观察一下收入同时受到价格和产量不确定性影响的农民。假定农作物歉收导致价格相应上涨，结果，农业收入（价格与产量乘积）是个常量。尽管农民最初似乎不仅面临着价格风险，而且面临着产量风险（农作物歉收的风险），但农业收入整体分析水平上却可能没有风险。采取措施减少农民承担的价格变动风险，可能产生增加农民收入不确定性的不良影响。为识别风险暴露程度，有必要设一个检验表，列出企业组织承担的所有潜在风险及其相互关系。对一个公司而言，这需要大量的具体知识，包括企业所处产业的经济学知识、公司技术及供货来源等。

风险识别是在风险事故发生之前，人们运用各种方法系统地、连续地辨识所面临的各种风险及风险事故发生的潜在原因，以便查找企业各业务单元、各项重要经营活动及其重要业务流程有无风险以及有哪些风险。风险识别阶段需要考虑的主要问题有：需要考虑哪些风险？导致损失的风险事故有哪些？引起风险事故的主要原因和条件是什么？风险事故会导致哪些后果？风险识别的方法有哪些？如何增强识别风险的能力？

风险识别的方法有很多，诸如“访谈”“小组集中讨论”“头脑风暴”“调查问卷”“流程图分析”“历史数据分析”“行业调研”“重大事件备查簿”等均有效。风险管理的初期，“访谈”“小组集中讨论”“头脑风暴”“调查问卷”等定性方法运用较多，随着风险管理的逐步成熟，“历史数据分析”“行业调研”等定量分析将会得到更多的运用。

在上述诸多方法中，“流程图分析”是一种常见的风险识别方法。它是指根据企业的业务流程和管理流程来识别在实现企业目标过程中可能存在潜在风险的方法。流程图分析又分为两种方式，首先是静态地按照现有流程的顺序，逐一查找财务活动每个流程内部关键环节控制活动的潜在风险；其次是动态地着眼于流程与流程之间的关系，找出那些关键的环节可能存在的潜在风险。

二、风险衡量

风险衡量又称风险评估，这是与风险管理第一步识别风险相关的成本量化。例如，有一个刚从大学毕业开始工作的女生，她在大学读书时，父母所投的健康保险包括她在内。但如今她已没有任何健康保险了，因此她确认疾病是她面临的一项主要风险。为评估她的风险程度，需要一些信息，比如像她这样年龄和身体状况的人，得病的可能性有多大，治疗的费用又是多少等。很明显，获取她需要的信息的代价可能很高。公司雇佣保险精算师，即在财务计量经济学和保险经济方面受过专门训练的专业人员，由他们收集和分析数据，估计疾病、意外事故，或其他类似风险发生的概率。所以，风险衡量是人们对风险发生之后所产生的收益和成本的计算评估。计算风险是风险衡量的基础。人们根据风险衡量的结果采取适当的科学方法管理风险。

面对财务资产的风险，家庭和企业常常需要专家的建议，对他们面临的风险进行评估，并通过量化，在风险与各类资产如股票、债券的投资回报之间进行权衡。有时候，人们通常求助于专业的投资顾问、共同基金公司，或其他财务中介及服务公司帮助他们做这些评估。

三、风险管理方法的选择

根据风险的特征和活动规律，人们研究发现，减少风险有四种基本方法：（1）风险回避；（2）预防并控制损失；（3）风险留存（retention）；（4）风险转移。

其中，风险回避是一项有意识地避免某种特定风险的决策。因为考虑到风险太大，人们会决定避免从事某种职业，公司会避免从事某些经营活动。但是，回避风险并非总是可行的。例如，所有的人都必然面对疾病的风险，这是不可避免的。

预防并控制损失是为降低损失的可能性或严重性而采取的行动。这种行动可以在损失发生之前、之中或之后采取。例如，为避免得病，可以吃得好点、睡眠充足、不抽烟、远离感冒人群等。如果你已经感冒，可以躺在床上休息，降低转成肺炎的可能性。

风险留存指承担风险并以自己的财产来弥补损失。这种情况有时是因为过失而产生，例如某些人没有察觉到风险的存在或没有对风险给予足够的重视。但也有可能是有意识地决定承担风险。例如，有的人可能选择用其积累的财富负担治疗疾病的费用，而不够买健康保险。家庭预防性储蓄正是为了承担留存的风险。风险留存又称风险承担或风险保留，它意味着企业面临风险采取接受的态度，从而承担风险带来的后果。企业所面临的财务风险有很多，通常企业能够明确辨识的风险只占全部风险的少数。对于未能辨识出的风险，企业只能采用风险承担。对于辨识出的风险，企业也可能由于某些原因采用风险承担。

风险转移指将风险转移给他人。将带有风险的资产卖给别人或购买保险，便是这种风险管理方法的例子。不采取行动回避风险，而是依靠别人弥补损失是另一个例子。风险转移有三种基本方法：套期保值、保险、分散投资。

（1）套期保值：当一种行为不仅降低了一个人面临的风险，同时也使他放弃了收益的可能性时，我们就说这个人在套期保值。例如，农民为了减少收获时农作物价格降低的风险，在收获之前以固定价格出售未来收获的农作物，就意味着他放弃了收获时农作物价格升高而获得利润的可能性，它是在套期保值以减少农作物价格风险。如果你一次性订阅 3 年的杂志而非 2 年，你是在套期保值以减少杂志价格上升的风险。你减少了因订阅价格上升而产生的潜在损失，但是你也放弃了因订阅价格下降而可能获得的潜在收益。

（2）保险：人们事先支付额外的费用（保险费）购买一个合约以避免损失。通过购买保险，人们以一项确定的损失（为保险而支付的费用）替代了如果不保险而遭受更大损失的可能性。例如，如果你有一辆车，为应付毁坏、偷窃、伤害自己或他人的风险，你购买了某些保险。为防止明年因为这些意外情况而造成的潜在损失，现在你为汽车可能要支付 1000 元的保险费。1000 元的确定损失代替了数十万元损失的可能性。

保险和套期保值有着本质的区别。在套期保值时，你通过放弃潜在收益降低造成损失的风险。保险则是通过支付保险费，在保留潜在收益的情况下降低损失的风险。

（3）分散投资：人们把一笔钱分成若干份额分别投资在不同的资产上，从而优化投资结构以确保总体收益。分散投资意味着持有相同数量的多种风险资产，而不是将所有的投资集中于一项。分散投资降低了人们拥有任何单一资产面临的风险。让我们考虑一下经营风险的多样化问题。例如，因为新的遗传工程药物的发现在未来几年将提供巨大的经济利润，你考虑投资 100000 元于生物工艺学领域，你可以将全部投资放在正在生产新药的一家公司中。在这种情况下，你的生物技术投资是集中的而不是分散的。

分散化投资可以由个人投资者直接投资于市场，也可以通过公司或金融中介机构进行。你可以通过如下方式分散你在生物工艺学行业的投资：①投资于多家生产新药的公司；②投资于生产多种药物的一家企业；③投资于一个基金会，该基金会参股于多家生产新药的公司。

四、实施管理

对于已识别的风险，在决定了采取何种措施之后，接下来就是实施这些措施。这一阶段风险管理的基本原则就是使实施费用最小化。例如，如果你决定购买某种健康险，你应当选择提供最低价格的保险公司。如果你已决定投资于股票市场，你应当比较通过基金会购买股票和通过股票经纪人购买股票的成本。

按照风险管理的基本流程，制定风险管理策略后的工作是制定实施风险管理解决方案，也就是执行前一阶段制订的风险管理解决策略，从而进一步落实风险管理工作。在这一阶段，企业应根据风险管理策略，针对各类风险或每一项重大风险制定风险管理解决方案。方案一般应包括风险解决的具体目标，所需的组织领导，所涉及的管理及业务流程，所需的条件、手段等资源，风险事件发生前、中、后所采取的具体应对措施以及风险管理工具（如关键风险指标管理、损失事件管理等）。

监督与检查是企业实施风险管理的重要组成部分，也是确保风险管理有效运行的根本保证。企业风险管理状况会随着时间的不同而有所改变，主要因为外部或内部各项因素的变化可能会对风险管理产生多方面的影响，包括风险发生的可能性或影响程度的变更、控制活动的有效性降低、新风险的产生、企业的目标发生变化等。风险管理的监督与检查能够保障风险应对策略与企业的整体目标相匹配。企业应以重大风险、重大事件和重大决策、重要管理及业务流程为重点，对风险管理初始信息、风险评估、风险管理策略、关键控制活动及风险管理解决方案的实施情况，进行监督和检查。并采用压力测试、返回测试、穿行测试以及风险控制自我评估等方法，对实施风险管理的有效性进行检验，根据变化情况和存在的缺陷及时加以改进。

五、评价风险管理

风险管理是一个动态反馈过程，在这一过程中需要对决策进行定期的评价和修正。随着时间的推移和情况的变化，可能产生新的风险。有关风险可能性和严重性的信息可能更易获得。管理这些风险的方法可能越来越便宜。企业在开展风险管理之后，会对风险管理活动进行评估和总结，从而改进风险管理决策。风险管理的评价涉及风险转移和经济效率以及风险承担对资本配置的优化情况。

风险转移的制度安排通过两种基本方式对经济效率作出贡献——将现有的风险重新分配给最愿意承担风险的人，或根据新的风险承担状况在生产和消费上重新进行资源的分配。通过允许人们减少从事某种经营活动所面临的风险，有益于社会的企业家行为受到鼓励。

现有风险的有效承担。我们首先来研究人们中间进行风险的重新分配如何使每个人的境况变得更好。例如有两个处于十分不同的经济条件下的投资者，第一个是退休老人，100000元的养老储蓄是其唯一的收入来源，第二个人是一位拥有100000元的大学生，期望在大学毕业后会有更好的收入。通常，退休老人被想象成一个比较保守的投资者，而大学生则比较激进。也就是说，我们可以预期退休老人主要关心其投资收入的安全性，而大学生愿意承担更多的风险，期望获取更高的回报。假设退休老人现在的所有财产安全以股票的形式保存，这是他刚去世的在城里工作的大哥留给他的。而大学生的所有财产都存在父母几年前为其开设的银行存款账户中。如果他们能够交换资产，让退休农民拥有银行存款，大学生拥有股票，那么两个人的经济状况都将得到改善。金融系统的一个重要作用就是便利这种风险交换。这种风险交换的一个方法是退休老人出售股票，由大学生购买。几个金融中介机构可能加入这一过程。例如，退休老人可能将其股票存入经纪公司的账户中，并指示股票经纪人出售其股票，将销售的收入存入银行存款账户中。大学生将银行存款提现，通过其股票经纪人购买股票。在这一交易过程中，双方除了支付交易费用外，没有直接的交易发生。以前大学生和退休农民分别拥有 100000 元的资产，交易之后，他们每人仍拥有 100000 元的资产。交易的唯一目的和结果是使双方拥有的资产组合在各自特定的环境下能产生更具吸引力的风险和预期收益的组合。

风险可以优化资源配置。现在我们来分析重新分配风险的能力如何有利于一些有价值的项目的采用。这些项目在相反的情况下可能因为风险太大而不被采用。集中和分散风险的能力能够导致创造性活动和新产品开发的增加。例如，开发新药的情况。新药的开发、试验和生产过程研发活动，在一个相当长的时期内需要巨大的投资，而巨额投资的回报具有极大的不确定性。即使一个投资者有足够的财产资助新药的开发，对风险的厌恶也可能阻止他这么做。更具体地说，假设一个科学家发明了一种治疗感冒的新药，他需要 100 万元开发、试验和生产这种新药，在这一阶段，这种新药商业上成功的可能性很小。即使科学家自己在银行有 100 万元的存款，他也可能不愿将其全部投入新药中，他可能建立一个公司来开发这种药物，吸引其他投资者分担其发明的风险和潜在收益。除了集中和分散风险，风险承担专业化有利于激励风险性投资。潜在的投资者可能愿意接受与企业经营活动相关的风险。例如，假定一个不动产开发商准备在市中心建立一个商贸中心。银行和其他贷款机构只有在项目投保的情况下才答应资助该项目，即贷款机构接受商贸中心也许不会获得经营成功的风险，却不能接受其投资面临火灾的风险。承保火险的专业保险公司的存在，使得资助新商贸中心的计划成为可能。在市场竞争中，企业要求的回报率越高，所要承担的风险就越大。风险蕴含着盈利的机会，也包括失败的可能。企业要想取得预期的回报，就必须很好地管理风险。

集体主义和天下为公思想，以及公有制经济制度，使得中国企业的风险观念与美欧国家的风险观念存在很大差别。共同富裕的社会经济发展目标和公有制产权制度，将使得中国投资者和企业家的风险观建立在科学和理性的基础之上。所以，投资者和企业高级管理者研究风险管理，应以中国传统文化和公有制经济制度为现实基础。

思考与练习题

一、名词解释

1. 风险　不确定性　效用函数　选择公理　效用函数扩展知识　风险态度
2. 概率　期望值　均方差　变异系数　风险价值法　财务风险度量

3. 风险矩阵图法　情景分析　风险评分表
4. 风险管理目标　风险管理过程　风险识别　风险估计　风险处置　风险评价
5. 文化传统　国家制度　产权制度

二、思考题

1. 吴晓波的《大败局Ⅰ》和《大败局Ⅱ》著作里揭示了财务风险的哪些来源？
2. 确定性、风险和不确定性的主要差异是什么？
3. 财务风险的主要类别有哪些？
4. 风险估计方法有哪些，企业风险与财务风险估损方式有何区别？
5. 什么是风险管理，组织与个人的风险管理目标有何差别？

三、练习题

1. 列举实例解释和实证不确定情况下的五条选择公理。

2. 曾担任富达基金经理22年的凯伦·费尔斯通在《胜算》一书中，分享了自己总结的应对常见风险的四大核心原则：正确衡量风险的大小，选择合适的时机，依靠知识、能力及经验和对承诺和预测保持必要的怀疑。对她的说法，你的看法如何？

3.《金融世界》杂志曾刊登题为《马云的大金融之梦：阿里小贷“标准工业化”》（作者：汪孜博、张玉洁）的文章，引发了人们对于小微金融风险管控设计的重新思考。请你在阅读思考后回答作为新涉足金融产业的阿里金融，如何进行金融风险的管控？

4. 列举汇率风险的实例，并解释其基本原理。

5. 列举风险转移的实例，并解释其基本原理。

6. 列举一个分散投资的实例，并详细地计算其收益和风向，解释其基本原理。

参考文献

[1] 罗恩·顷波、安德鲁·弗里曼，黄向阳、孙涛主译：《风险规则》，中国大民大学出版社2000年版。

[2] 休·考特尼等，北京新华信商业风险管理有限责任公司主译：《不确定性管理》，中国大民大学出版社、哈佛商学院出版社2000年版。

[3] 孙星编：《风险管理》，经济管理出版社2007年版。

[4] 刘新立：《风险管理》，北京大学出版社2010年版。

[5] 詹姆斯·德阿克，丁一兵主译：《企业的泛风险管理：一种动态地处理风险与机遇关系的系统化策略》，吉林大民出版社2001年版。

[6] 约翰·赫尔，王勇、金燕敏译：《风险管理与金融机构》，机械工业出版社2008年版。

[7] 托马斯·E. 科普兰、J. 弗莱德·威斯顿，宋献中主译：《财务理论与公司政策》，东北财经大学出版社2003年版。

第七章

时间价值

时间价值是以资本增值为因变量，以时间、利息率和资产规模等因素为自变量，以一定时间内的资金运行方式为条件的一种函数关系。这一函数关系揭示了一定时间、空间内资本采取不同运动方式或一定量的资本采取同一运行方式而在不同时间内具有不同增值量的规律性。

第一节　一个经典的时间价值故事

一、故事描述与评论

我国明代中叶，上海开始成为全国棉纺织手工业的中心。公元1685年即清朝康熙二十四年，清政府在上海设立海关。19世纪中叶，上海已成为商贾云集的繁华港口。20世纪初的旧上海，其绸缎市场和茶叶市场的很多店主和经营者来自安徽省。安徽省徽州人王铁民先生20世纪初在上海做布匹生意已十余年。他于1931年农历年底在上海交通银行取出自己平时的存款后（存折上留存1元钱），就回家过年了。可是，过完春节之后，王铁民先生因家庭原因没有再回到上海继续做生意，而是在老家农村种地务农、养家糊口。2002年底，上海交通银行的工作人员在安徽省贵池县找到王铁民先生的儿子、91岁的王刚老人，将71年前王铁民先生的1元钱存款按年息10.71%的复利率计算，共计本息1370.95元交给他。曾在银行供职四十年的王刚老人是一位理财专家，他对此事很是感慨。经过思考，他与家人商量，并征得交通银行同意，决定暂不提取这1元钱的本息，而是照原利息和计息方式再存71年，由其孙子王康的儿子在2073年提取。

王刚老人询问家人这1元钱在141年后的本息额是多少，A：孙子王康回答为1879503.90元，即￥1×（1370.95×1370.95）；B：儿子王健则说是2741.90元，也就是1370.95×2。王刚老人的脸上最后还是露出了微笑，因为他们中有正确的答案。

显然，一笔钱投入生意上跨越了多个时期，其价值一定不菲。跨期和时间价值不仅对公司财务管理很有用，而且也是个人家庭财务决策的有效工具。了解复利终值机制的大多数人，都会被它在长期时间所产生的威力所震撼。以股票市场为例，伊博森（Ibbotson）和西格弗里德（Sinquefield）已计算出美国1926～1996年股市的整体回报[①]。他们发现，在1926

① Stocks, Bonds, Bills and Inflation [SBBI]. 1996Yearbook. Ibbotson Associates, Chicago, 1997.

年初投入股市1美元，在1996年末就会变成1370.95美元，这相当于以10.71%的年利率复利计算71年的结果，也就是 $(1.1071)^{71} = 1370.95$ 美元。

此例有趣的是，上海交通银行的年利息率与美国 Ibbotson 和 Sinquefield 两位先生计算的年资本收益率都是10.71%，是巧合，还是谁参考了谁？我们不得而知。显然，这是一个经典实例。该案例说明，单利与复利之间存在巨大差异。在10.71%的利率下，1美元的单利利息是每年0.107美元；71年的利息总额是7.6美元，即 $0.1071 \times 71 = 7.6041$（美元）。这要远远低于在本金和利息进行再投资情况下的所得到的利息1370.95美元。如果间隔时间更长，结果会更惊人。一个不懂复利的人可能认为如果回报率相同的话，1美元在141年末的价值可能是其71年末价值的2倍。然而，事实上，1美元在141年末的价值是其在71年末价值的平方。也就是说，如果回报率不变，投资1美元购买普通股股票在141年后的价值就会达到1879503.90美元，亦即［$1×（1370.95×1370.95）］。

几年前，据说一位人类学家在一件遗物中发现一则声明：恺撒借给某人相当于罗马1便士的钱，由于没有记录说明这1便士曾被还过，这位人类学家想知道，如果在21世纪恺撒的后代想从借款人的后代那里要回这笔钱，那么本息额总共会是多少？他认为，6%的利率是比较合适的。令他震惊的是，2000多年后，这1便士的本金和利息额之和大致是409后面再加48个0，该数额可能超过了整个欧洲人当时所有城里人的财富。

复利机制的威力可用来解释西方富有家族总是把其财富传给孙辈而不是子辈的缘由。财富隔代相传，其价值更大，并使家族可持续富有。而我们中国人，虽然有隔辈亲的传统，但财富多传给子辈，这样只会使我们的儿辈比较富有，不一定会使孙辈非常富有。因此，我国民间存在的“富不过三代”的现象，可能与我们对复利机制的威力理解不深有关。

二、单期时间价值案例与计算

【例7－1】 李志强先生正在考虑出售在城区老街的一个零售摊铺。昨天，有人提出以10000元购买，李先生正准备接受这一报价，今天又有人提出以11180元购买，但在一年后付款。李先生经过了解，已清楚两位买主都有诚意购买，并且都有支付能力。李先生应选择哪个报价？

两个报价与付款时间的图示，如图7－1所示。

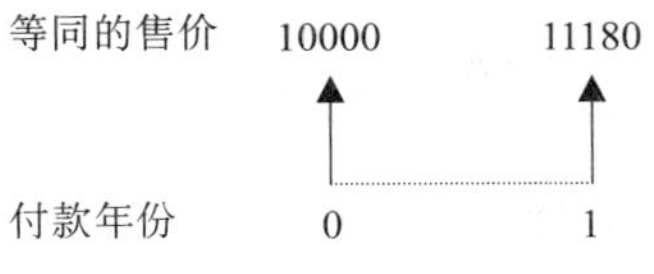

图7－1 李先生出售店铺的现金流量

李先生的财务顾问指出，如果他接受第一个报价，它可以将这10000元以现行存款利率4%存入银行。于是，一年后，它可以得到：$10000 + 10000 \times 4\% = 10000 \times (1 + 0.04) = 10400$（元），其中本金10000元，利息400元。由于10400元少于第二个报价11180元，所以财务顾问建议李先生接受第二个报价。在这里，10400元和11180元分别是前后两个买主报价的终值（Future Value），表明一个时期之后一笔资本的价值。

可以替代终值分析的方法是现值（Present Value）计算。对于本例题，我们还可以这样考虑现值的概念：李先生现在存入银行多少钱可以在一年后得到11180元？我们的计算是：

PV×（1+0.04）=11180（元），即以4%的利率进行投资，可以在一年后收到11180（元），现在需要投资多少？PV=11180/1.04=10750（元）。这样，现值公式可写为：

$$\text{投资的现值：} PV=\frac{C_1}{1+r} \tag{7-1}$$

式中，C_1为一期后的现金流量，r为适用的利率。在本例题中，r是李先生出售它的店铺所要求的回报率，人们有时称之折现率。

现值分析告诉我们，李先生一年后收到的11180元，其现值为10750元。这个价格高于第一个报价人的10000元，因而，李先生应接受第二个报价。在利率4%的条件下，不论买主现在付款10750元，还是一年后给他11180元，对李先生来说都是一样的。因为，现在给他10750元，他把这笔钱存在银行里，明年他就可以得到11180元。可见，不论是终值分析，还是现值计算，李先生都可以得出相同的结论。

【例7-2】华泰有限公司是一家有影响力的房地产公司，该公司的投资顾问张长弓先生正在考虑是否建议公司以84000元购置一块地。他很确信，来年这块地至少值90000元，公司能十分肯定地获得6000元的收益。如果银行的担保利率为5%，公司是否应对这块土地进行投资？公司投资顾问建议的现金流量时间图如图7-2所示。

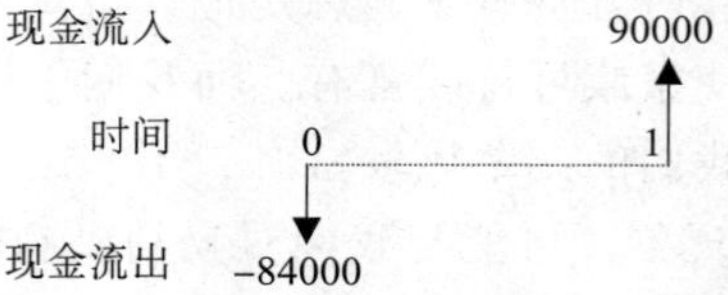

图7-2　投资土地的现金流量

稍有现值和终值概念的人就能认识到，这是一笔很合算的交易。若把这84000元用于买地，公司在明年就能得到90000元的收入；而如果将这笔钱存入银行，在5%的利率情况下，这笔钱在明年就能增长到：¥84000×（1+5%）=88200（元）。这就意味着公司把84000元投资在土地上，比投资在货币市场上能产生额外收益1800元，显然这是一个好的建议。华泰公司应该做这笔土地投资业务。这是用终值方法进行分析的结果。

也可以用现值方法进行分析。华泰公司可以计算土地明年售价的现值：

$$\text{现值}=\frac{¥90000}{1+0.05}=85714.29\text{（元）}$$

由于明年土地售价的现值85714.29元大于今年土地购买价格的现值84000元，说明现值分析同样证明华泰公司应该购买这块土地。

事实上，公司在经营过程中不仅想确定一个项目的现金流量现值和终值，而且更想确定一项决策确切的成本和收益。在上例中，华泰公司今年购置土地，明年出售的决策可以这样进行评价：

投资的净现值（Net Present Value，NPV）为：

明年出售土地收入的现值-今年土地购价=85714.29-84000=1714.29（元）

净现值NPV=未来收入现值PV-成本现值

上例计算说明，收入的现在价值与成本的现在价值的差额就是净现值。价值可加性表明，不同的价值经过时间折现之后就可以相加。在我们列出所有投资收益和成本在零期的现值之后，我们就可以知道这项投资的价值是1714.29元。这个1714.29元就是这项土地投资的净现值。所以，净现值就是投资项目未来现金流量的现值减去成本的现值的结果。净现值为正，说明投资项目可行；净现值为负，则说明投资项目不具有财务可行性，应放弃。

【例7-1】和【例7-2】都是关于投资收益和成本完全确定情况下的问题。即李先生的店铺交易、华泰公司的土地买卖，其当前成本支出和未来的收益都是肯定的。然而，在现实生活中，大家在多数情况下是不能确定未来的现金流量，这种不确定性在以后的案例中将被大量地陈述。

【例7-3】青岛专业艺术公司（Professional Art，PA）是一家从事现代绘画和雕塑投机的公司。其经理正在考虑是否值得以400000美元购买一幅毕加索真迹，然后来年出售。这位经理预计这幅画一年后会卖480000美元。当然，480000美元只是一个估计，这幅画也许价值更高或者不值这么多钱。假如银行的担保利率为9%，PA公司是否应该购买这幅画？

我们马上会想到以这个利息率去折现，得到现值：PV=480000/（1+0.09）=440366.97（美元）。由于现值440366.97美元高于400000美元，乍一看，似乎应该购买这幅画。

但是，这9%的收益率是人们在一个无风险投资项目上所能获得的收益。由于绘画投资的风险很大，从而需要一个更高的折现率。这位经理选择21%的折现率来反映这项投资的风险。换句话说，经理认为至少有21%的期望收益率才是对此类风险投资项目的一个合适的补偿。于是，这幅画的现值就变为：PV=＄480000/（1+0.21）=396694.21（美元）

此时，这位经理就会认为毕加索的这幅画的价值被高估了，因而不应该对这幅油画进行投资。

这幅画的净现值为：NPV=396694.21美元-400000美元=-3305.79美元<0。

不确定性的投资项目决策是当代公司财务的一种典型的决策方式。当然，现实中的实际情况要比这里复杂得多。任何实际案例只要存在风险，就会产生无风险情况下所不会遇到的问题。比如，在一个无风险现金流量例子中，适当的折现率只需查询几个银行就会得到。而选择一项有风险的投资折现率，则不是一件容易的事情。我们完全不知道刚才的毕加索油画的折现率应是11%、21%或者其他比例。折现率的选择十分复杂，我们在后面的章节里将继续讨论它。

三、单期价值小结

以会计年度为单期的资本时间价值，不存在单利计息和复利计息之分。单期的财务活动和经营项目有确定性和不确定性之分。确定性的交易主要存在于单期中。不确定性的投资项目决策，则是当代公司财务的一种典型的决策方式。人们日常生活中的财务活动收支多为单期价值。任何实际经营项目只要存在风险，就会产生无风险情况下所不会遇到的问题。单期财务活动多为确定性经济事项，但不确定性事项和风险也时有发生。现值和成本现值是单期价值的重要形态。经济活动在单期内，其财务管理与会计核算十分接近。

第二节 多期的离散时间价值

一、单利计息

单利制是一种当期利息不计入下期本金，从而不改变计息基础，各期利息额都相同的利息制度。目前，中国的商业银行储蓄存款实行的是单利制。例如，某人将平时积累的1万元存入银行，存款4年，年利息率3.60%，期满银行一次性还本付息。那么，此人4年后将获得本利和：10000 + 10000 × 3.60% × 4 = 10000 ×（1 + 3.60% × 4）= 11440（元）。

在这里，单利计息涉及的主要概念是：单期利息、多期利息、多期本利和（即终值）和本金（即现值）等。设本金为P，利率为r，单期利息即当年或当期利息为I_t，多期利息为I_s，终值为F，偿还期限为n年，于是：

当期利息 = 本金 × 利率，亦即 $I_t = P \times r$

多期利息 = 本金 × 利率 × 借款期限，亦即 $I_s = P \times r \times n$

终值 = 本金 + 本金 × 利率 × 借款期限 = 本金 ×（1 + 利率 × 借款期限），即 $F = P \times (1 + r \times n)$

$$现值 = \frac{终值}{1 + 利率 \times 借款期限}，亦即 P = \frac{F}{1 + r \times n}$$

利率有多种形式，如市场利率、官方利率、银行利率，以及年利率、月利率和日利率等。其中，年利率、月利率和日利率通常由百分之几、千分之几和万分之几表示。终值和现值公式中的利率应与借款时间相适应。

【例7-4】某个体公司在7月1日向中国银行股份公司借款50万元，借款合同规定当年10月5日归还，借款利率为月息6厘9，那么，该个体公司在借款期满时应偿还的本利和是多少？解题过程是：

借款期限（n）= 31 + 31 + 30 + 4 = 96（天），月利率(i) = 6.9‰，日利率(i) = 6.9‰ ÷ 30 = 2.3‱

因此，借款利息(I_S) = 500000 × 2.3‱ × 96 = 11040(元)

还款本利和(F) = 500000 + 11040 = 511040(元)

可见，单利计息下的多期时间价值，实际是每期相等的单期时间价值与时间的乘积。显然，这种价值计量方式对资本所有者是不利的。

我国的储蓄存款形式上是单利计息，但是，存款人存款数额的增加和存款期限的加长，其存款利率就会提高，这实际上具有复利计息的性质。

二、复利计息与终值

复利制是指当期末被支取的利息计入下期本金，改变计息基础，使每期利息额递增，利上生利的一种利息制度。在扩大再生产过程中，企业运用资金获取的收益要部分地追加投入生产经营过程中进行周转，至少要存入银行或投入资本市场，参加社会资金周转运行，避免闲置。这一行为就是复利过程。复利计算和评价资本时间价值比使用单利制要准确一些。复利机制涉及现值、终值、当期利息、多期利息之和、时间等概念，见表7-1。

表 7-1　　复利机制主要概念的演进

时间 t	本金	当期利息	终值
1	P	$P \times r$	$P + P \times r = P(1+r)$
2	$P(1+r)$	$P(1+r) \times r$	$P(1+r) + P(1+r) \times r = P(1+r)^2$
3	$P(1+r)^2$	$P(1+r)^2 \times r$	$P(1+r)^2 + P(1+r)^2 \times r = P(1+r)^3$
4	$P(1+r)^3$	$P(1+r)^3 \times r$	$P(1+r)^3 + P(1+r)^3 \times r = P(1+r)^4$
⋮	⋮	⋮	
t	$P(1+r)^{t-1}$	$P(1+r)^{t-1} \times r$	$P(1+r)^t$
⋮	⋮	⋮	⋮
n	$P(1+r)^{n-1}$	$P(1+r)^{n-1} \times r$	$P(1+r)^n$

可见，复利终值公式为：$F = P(1+r)^n$　　(7-2)

复利当期利息则为：$I_t = P(1+r)^{t-1} \times r$

多期利息之和的公式为：$I_s = F - P = P(1+r)^n - P = P[(1+r)^n - 1]$

多期利息之和实际是本金与多期总利息率之乘积。

多期与单期的区别不仅表现在时间上，而且表现在利率和本金等多方面。假设一个人准备借款 1 元钱，第一年末，借款人将欠放贷人本金 1 元钱再加上利率为 r 情况下的利息。如果此人的借款利息率为 9%，则借款人将共欠资本：$1 \times (1+r) = 1 \times 1.09 = 1.09$（元）。

但是，到了当年末，放款人有两个选择：一是他可以要回这 1.09 元，放贷人获得本金的（1+r）倍的回报，退出资本市场；二是他也可以在第二年不要回，而接着把它借出去。这种把货币资本留在资本市场并继续出借的过程，叫作“复利计息”（compounding）。

假设放贷人决定把他的贷款复利计息，为了这样做，他要得到第一年贷款的收益，即 1.09 元，并将之接着贷出。这样，第二年末，借款人将欠他：

$1 \times (1+r) \times (1+r) = 1 \times (1+r)^2 = 1 + 2r + r^2$

即 $1 \times 1.09 \times 1.09 = 1 + 0.18 + 0.0081 = 1.1881$（元）

这就是两年中这笔贷款按复利计算所能获得的总收入。公司财务活动通过提供迅速的贷款机会，使得资本市场把投资者最初的 1 元钱转变成两年后的 1.1881 元。第三年末，这笔资本就会变成 $1 \times (1.09)^3 = 1.295$（元）。

在这里的例题里，放款人收到的总额不只是他借出的本金再加上 1 元钱在两年的利息即 $2 \times r = 2 \times 0.09 = 0.18$（元）。除此之外，出借人还得到 r^2 的数目，这是第一年所产生的利息部分在第二年所产生的利息。$2 \times r$ 表示这两年里的单利（simple interest），而 r^2 则是利息的利息。本例中，利息的利息是：$r^2 = (0.09)^2 = 0.0081$。如果一笔资本按复利计息进行投资，利息会被进行再投资；而在单利情况下，利息没有进行再投资。“钱可以生钱，钱生的钱又可以使生出的钱更多”是解释复利过程形象生动的描述。如读者感兴趣，可设置横轴为时间、纵轴为终值的坐标系，自行画出复利与单利之间的差异图示。

【例 7-5】 张望超先生最近在体育福利彩票抽奖中赢了 60000 元，他准备用这笔钱在 5 年后买一辆汽车，张先生估计那时候该种汽车的价格将会达到 96630 元。张先生的购车现金流量，如图 7-3 所示。

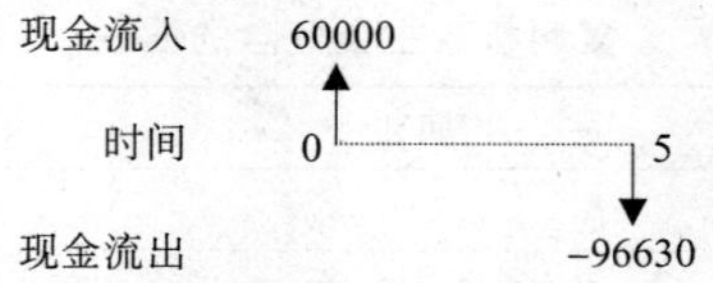

图 7－3 张望超购车的现金流量

那么，张先生必须以多高的利率进行存款才能使他在 5 年后买得起这种车子？购买价与初始现金流量的比率是：96630/60000＝1.6105，这就是说，他要获得一个利率，使 1 元钱能在 5 年后变成 1.6105 元。这个 1.6105 的值，被称作终值系数（future value factor）。实际上，通过“复利终值系数表”就会查到：10% 的利率就会使他买得起这种车。也可以这样计算：

$$60000\times(1+r)^5=96630\text{（元）}$$

式中，r 是购买这辆车所必需的存款利率。由于 96630/60000＝1.6105，可以得到：

$$(1+r)^5=1.6105\text{，从而 } r=\sqrt[5]{1.6105}-1$$

这里的 r，不论通过复利系数表的查找还是用复杂的手工计算，都可以求解。

三、折现与现值

前已讨论过，我们知道 9% 的年利率能够使投资者现在的 1 美元在两年后变成 1.1881 美元。另外，我们还想知道：一个投资者现在须付多少钱才能在两年后得到 1 美元？

我们可写出计算式：$PV\times(1.09)^2=1$（美元）

该式中的 PV 是现值，表明为了在两年后获得 1 美元，现在需要贷放的货币数目。求解该式得：$PV=\dfrac{1}{1.1881}=0.84$（美元）

这种计算未来现金流量现值的过程，叫作折现（discounting）。它是复利计息的相反过程。为了肯定这 0.84 美元确实是两年后 1 美元的现值，我们可以检验一下，现在借出 0.84 美元，两年后我们是否能恰好收回 1 美元。如果事实确实是这样，资本市场上就会认为两年后收到的 1 美元相当于现在拥有 0.84 美元。计算可得：

$\$0.84168\times1.09\times1.09=1$（美元）

这说明，如果资本市场上有确定的年利率 9%，那么，我们对现在拿到 0.84 美元或者两年后得到 1 美元没有偏好。我们没有理由认为这两个选择之间有差别，因为今天的 0.84 美元借出去两年后就能收回 1 美元。这个 0.84 的值即 $[1/(1.09)^2]$ 是用来计算未来现金流量现值的系数，简称现值系数（present value factor）。所以，在多期的情况下，求解现值的公式为：

$$\text{投资的现值：}PV=\frac{C_t}{(1+r)^t}\qquad\text{即前述式（7－1）}$$

式中，C_t——在 t 期的现金流量；

r——适用的利息率。

折现与复利计息的区别，可用图 7－4 表示。

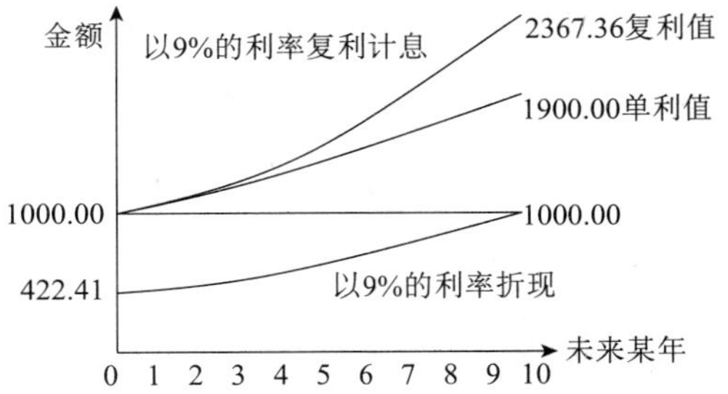

图 7－4　折现与复利计息的区别

【例 7－6】 中国北方车辆制造有限公司 5 年前发行了一种第 20 年末一次还本 100 元的债券，该债券票面利率 6%，每年年末支付一次利息，第 5 次利息刚刚支付过。目前，该公司又发行了一种与前债券风险相当的新债券，其票面利率为 8%。那么，受新债券利率影响，原来的旧债券现在的市价会是多少？

首先，旧债券的偿还期已由 20 年变为 15 年，适用的折现率（appropriate discount rate）为 8%；其次，旧债券现在的市价由 15 年里每年利息的现值之和以及本金现值共同组成。该公司每年支付给债券持有人的利息为 6 元。因此，公司前一种债券的目前市价应该是：

$$PV = \frac{6}{(1+8\%)} + \frac{6}{(1+8\%)^2} + \frac{6}{(1+8\%)^3} + \cdots + \frac{6}{(1+8\%)^{15}} + \frac{100}{(1+8\%)^{15}}$$

$$= 6 \times \sum_{t=1}^{15} \frac{1}{(1+8\%)^t} + \frac{100}{(1+8\%)^{15}} = 6 \times 8.559 + 100 \times 0.315 = 82.85(\text{元})$$

由于利率更高的优质债券的出现，原来到期 100 元的债券，现在只值 82.85 元。

该例题证明了多期内的各年现值具有可加性。此问题，以后章节还要讨论。

四、复利计息期数

到目前为止，我们都假定复利计息和折现都是以年为单位进行的。然而，在现实中，复利计息会在一年之中发生几次。比如，假如一个银行声明付给储户 10% 的年利率，半年复利计息。这就意味着银行中的一笔 1000 元的存款半年后变成：1000 元 ×1.05 =1050 元。再过半年就又变成：1050 元 ×1.05 =1102.50 元。这样，一年后的存款价值就是：

$$1000 \times \left(1 + \frac{0.10}{2}\right)^2 = 1000 \times (1.05)^2 = 1102.50 \ (\text{元})$$

当然，这笔 1000 元的存款如果以年为单位复利计息，一年后就会值 1100 元，即 1000 ×1.10。注意，半年复利计息的终值要高于年复利计息的终值。如果以年为单位复利计息，这最初的 1000 元是全年计息的本金。而半年复利计息，这 1000 元只是前 6 个月计息的本金，下半年计息的本金则是 1050 元。于是，本年复利计息投资者获得了“利息的利息”。

由于 1000 元 ×1.1025 =1102.50 元，10% 的年利率半年复利计息；实际上与 10.25% 的利率每年计息是一致的。换句话说，理性的投资者会认为 10% 的利率半年复利计息与 10.25% 的利率每年计息之间没有差别。但是，为什么 10% 的利率半年复利计息的终值会高于每年复利计息的终值呢？原因是资本周转时间缩短、速度加快了。

若 10% 的年利率每季度复利计息一次，则一年末的终值为：

$$1000 \times \left(1 + \frac{0.10}{4}\right)^4 = 1103.81 \text{（元）}$$

推而广之，一年中一项投资复利计息 m 次的年末终值为：

$$F = C_0 \left(1 + \frac{r}{m}\right)^m$$

式中，C_0——投资者初始投资；

r——名义年利率（stated annual interest rate）。

名义年利率是不考虑年内复利计息的。它在不同的银行或金融机构中会有不同的称谓，如年百分比率（annual percentage rate）就是它的比较常用的同义词。例如，如果名义年利率是 10%，每月复利计息一次，那么投资者投资 1 元钱的年末价值是：

$$F = C_0 \left(1 + \frac{r}{m}\right)^m = 1 \times \left(1 + \frac{0.10}{12}\right)^{12} = 1 \times (1.00833)^{12} = 1.1047 \text{（元）}$$

这里说明，投资者的每年实际回报率是 10.47%，这个回报率就叫作“实际年利率”（effective annual interest rate）或者“实际年收益率”（effective annual yield）。由于复利计息的缘故，实际年利率要高于名义利率。实际年利率的公式可写为：

$$\text{实际年利率} = \left(1 + \frac{r}{m}\right)^m - 1$$

应注意，由于投资的年末价值包括利息和本金，所以要从公式里减去 1 才能去除本金，从而得到真正的利息收益率。

根据前面的例子，若 $C_0 = 1000$ 元，$r = 10\%$，则可以推导出表 7－2 中数据。

表 7－2　　推导数据列表

C_0（元）	复利计息次数（m）	C_1（元）	实际年利率 $= (1 + \frac{r}{m})^m - 1$
1000	每年（m = 1）	1100.00	0.10
1000	每半年（m = 2）	1102.50	0.1025
1000	每季（m = 4）	1103.81	0.10381
1000	每天（m = 365）	1105.16	0.10516

可见，复利计息期数的选择将引发实际年利率与名义利率之间产生差异。名义利率只有在给出计息间隔期的情况下才有意义，因而，名义利率是不考虑年内复利计息的一个时期内的模糊利率。例如，若名义利率（SAIR）为 10%，1 元钱在半年复利计息情况下的年末价值是 1.1025 元，在季复利计息情况下的年末价值是 1.1038 元。如果仅仅知道名义利率为 10%，但没有给出计息间隔期，就不能计算年末价值。显然，在复利计息期间不明确的情况下，人们是不会知道该按年、月、季或其他间隔期计算终值的。

相反，实际利率本身就有很明确的意义，它不需要给出复利计息的间隔期。例如，若实际利率（EAIR）为 10.25%，就意味着 1 元钱的投资在一年后就可变成 1.1025 元。当然，大家可以认为这是名义利率为 10% 在半年复利计息情况下得到的，或者认为名义利率 10.25% 在年复利计息或其他的复利计息方式下得来的。

所以，多年期复利计息的终值为：

$$FV = C_0 \times (1 + \frac{r}{m})^{mT} \qquad (7-3)$$

式中，m——每年复利计息次数；

T——投资项目的经营年数。

五、普通年金——等额分次收付资本流量

资金流量分次收付是企业计算、分析的资金流量分别在几个时间点上流动。它是企业在n期内多次发生的收入或付出的业务，形成的多时点收款数列。例如，某项目的销售收入在其经营期内共1.6万元，其中第一年收入2000元，第二年收入2000元，第三、第四年分别收入6000元，这样的资金流动称为分次收付，简称分付，与整付相对。分次收付资金流量又称系列收付款项，它可以是不等额分付，也可以是等额分付。等额分付最为常见，故先作阐述。等额分付有三个特点，可以从图7－5中看出。

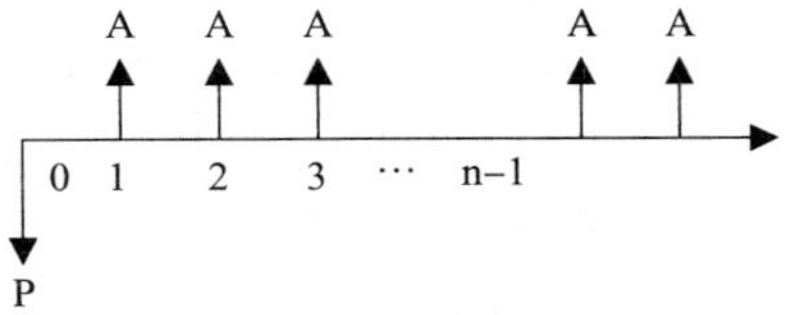

图7－5 等额分付类型资金流量

第一，几个等额分付数值A连续地发生在每期期末；

第二，现值P发生于第一个A所在的计息周期期初；

第三，终值F发生的时间与第n个A相同。

分次收付资金流量离散复利计算公式有四个，分别说明A与F、A与P之间的等值关系。

（一）普通年金终值：等额分付终值计算公式

$$F = A\left[\frac{(1+i)^n - 1}{i}\right] \qquad (7-4)$$

该公式表示在利率i的情况下，几个等额分付数值A与第n期末终值F的等值关系。因此，它适用于已知A求F的情况，如图7－6所示。

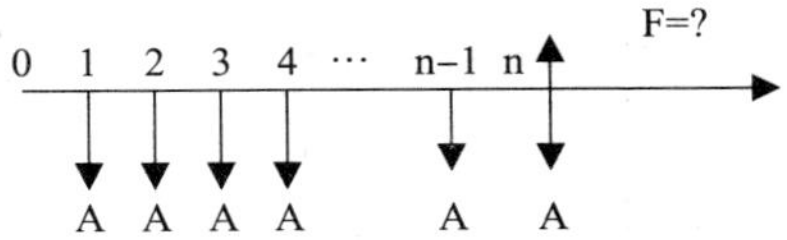

图7－6 等额分付终值现金流量

公式（7－4）的推导过程如下：

$$F = A + A(1+i) + A(1+i)^2 + \cdots + A(1+i)^{n-2} + A(1+i)^{n-1}$$

上式两边乘（1+i）得：

$$F(1+i) = A(1+i) + A(1+i)^2 + A(1+i)^3 + \cdots + A(1+i)^{n-1} + A(1+i)^n$$

两式相减，并化简得：

$$F(1+i)-F=A(1+i)^n-A$$

$$F[(1+i)-1]=A[(1+i)^n-1]$$

$$F=A\left[\frac{(1+i)^n-1}{i}\right]$$

式中，$[(1+i)^n-1]/i$ 是使等额分付值 A 与终值 F 等价的等值系数，称为等额分付终值系数，又称等额系列复利终值系数（Uniform - Series Compound - Amount Factor），用符号 $_{i-n}F_{AF}$，$_{i-n}U_{sacf}$ 或（F/A，i，n）表示，$_{i-n}F_{AF}$ 可通过年金终值系数表得出。

【例 7-7】 某小微企业从税后利润中每年提取 2 万元作为职工福利基金存入银行，若存款利率为 6%，5 年后职工可得多少福利基金？

$$F=A\left[\frac{(1+i)^n-1}{i}\right]=A\cdot{}_{i-n}F_{AF}$$

$$=20000\times{}_{0.06-5}F_{AF}=20000\times5.63709=112741.80\ (元)$$

5 年后职工可得福利基金 112 741.80 元。

系列收付款项的终值计算过程，实际上是将多时点资金数列逐一换算为未来某一时间的终值再求和的过程。如在 n 年内，已知每年年末存款 R_t（$t=1, 2, \cdots, n$），求第 n 年末一次取出的本利和一共是多少，这类问题就属于求系列收款终值的问题。它是由一次性存款现值求终值的发展，即分别将不同时点存款的现值按一定的复利率 i 和该存款实际存放年限逐一换算为第 n 年末的终值，再将它们加起来，便得到系列存款的终值。

（二）等额分付偿债基金计算公式

这是已知等额分付终值求等额分付值 A 的过程，实际是等额分付终值的逆运算。已知整取求零存就属于此类问题。根据公式（7-4），可得到公式（7-5）为：

$$A=F\left[\frac{i}{(1+i)^n-1}\right] \tag{7-5}$$

公式（7-5）表示在利率 i 的情况下，第 n 期期末的终值 F 与 n 个等额分付值的等价关系，如图 7-7 所示。

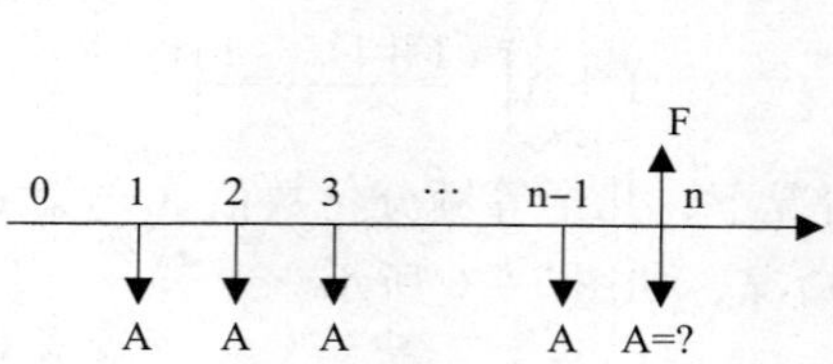

图 7-7　等额分付偿债基金资金流量

公式（7-5）适用于已知 F 求 A 的情况。式中，$\left[\frac{i}{(1+i)^n-1}\right]$ 称为偿债基金系数（Sinking - Fund Deposit Factor），也称基金存储系数，用符号 $_{i-n}F_{FFA}$，$_{i-n}$sfdf 或（A/F，I，n）表示，可查复利表取得。显然，$_{i-n}F_{FFA}$ 与 $_{i-n}F_{AF}$ 互为倒数。

【例 7-8】 企业拟在 7 年内每年末存入银行一笔资金，以便在第 7 年末归还一笔到期值为 1500 万元的长期负债，要求计算在存款利率为 6% 的条件下，企业每年至少应存多少钱。

已知 $F=1500$，$i=6\%$，$n=7$

$$A=F\left[\frac{i}{(1+i)^n-1}\right]=F\ (A/F,\ I,\ n)$$

$$=1500\times0.11914=178.71\ (\text{万元})$$

企业每年至少应存 178.71 万元。

（三）普通年金现值：等额分付现值计算公式

如果在公式（7－4）两边同乘以整付现值系数 $\frac{1}{(1+i)^n}$，根据 $P=F/(1+i)^n$ 原理，可得到等额分付现值公式如下：

$$P=A\ \left[\frac{(1+i)^n-1}{i(1+i)^n}\right] \tag{7-6}$$

该公式表示在利率为 i 的情况下，n 个等额分付值 A 与 n 期期初 P 的等价关系，因此它适用于已知 A 求 P 的情况，如图 7－8 所示。

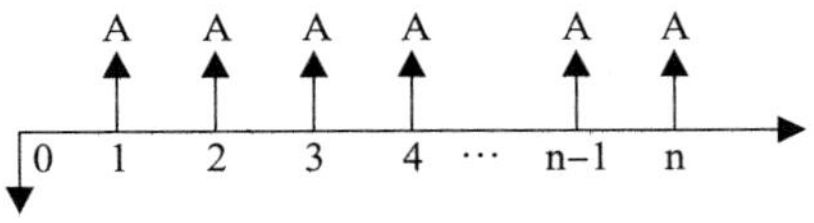

图 7－8　等额分付现值资金流量

上式中 $\left[\frac{(1+i)^n-1}{i(1+i)^n}\right]$ 是使 n 次等额分付值 A 与现值 P 等价的等值系数，称为等额分付现值系数，也称为等额序列现值系数（Uniform－Series Present Worth Factor），用符号 ${}_{i-n}F_{AP}$，${}_{i-n}U_{sp\omega f}$ 或（P/A，i，n）表示，可查复利系数表取得。

【例 7－9】 企业打算连续 5 年在每年年未取出 10 万元用于扶持某项事业，要求计算在年利率为 10% 的条件下，现在至少应一次存入银行多少现金。

根据题意 $A=10$，$i=10\%$，$n=5$

$$P=A\left[\frac{(1+i)^n-1}{i(1+i)^n}\right]=A\cdot{}_{i-n}F_{AP}=A\cdot{}_{0.1-5}F_{AP}$$

$$=10\times3.790=37.9\ (\text{万元})$$

企业现在至少应存入 37.9 万元现金。

对于公式（7－6），如果公式右边分子分母上分别同乘以 $\frac{1}{(1+i)^n}$，则公式（7－6）的另一种形式为：

$$P=A\left[\frac{1-(1+i)^{-n}}{i}\right] \tag{7-7}$$

（四）等额分付资金回收计算公式

这是等额分付现值的逆运算。它属于已知整存求零取的问题。其计算公式为：

$$A=P\ \left[\frac{i(1+i)^n}{(1+i)^n-1}\right] \tag{7-8}$$

该公式表示在利率为 i 的情况下，现值 P 与 n 个等额分付值 A 的等价关系，因此它适用于已知 P 求 A 的情况，如图 7－9 所示。

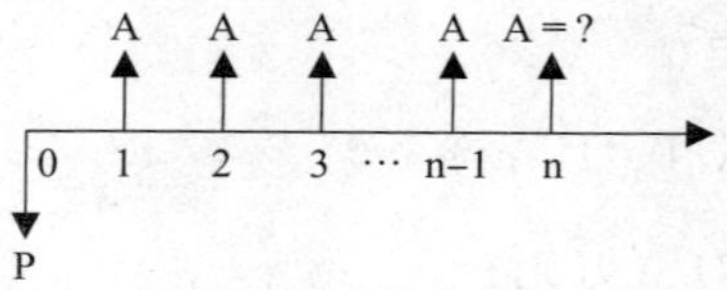

图 7-9 等额分付资金收回资金流量

上式中，$\left[\frac{i(1+i)^n}{(1+i)^n-1}\right]$是使现值 P 与等额分付值 A 等价的等值系数，称为等额分付资金回收系数，也称资金还原系数（Capital Recovery Factor），用符号${}_{i-n}F_{PA}$与${}_{i-n}F_{apg}$互为倒数。

【例 7-10】 企业拟投资 1000 万元建设一个预计经营期为 10 年的技术改造项目，若企业的预期资金收益为 10%，要求计算企业每年末至少要从这个项目获得多少收益才是合算的。

根据题意，P = 1000，n = 10，i = 10%

$$A = \left[\frac{i(1+i)^n}{(1+i)^n-1}\right] = P \cdot {}_{i-n}F_{PA}$$

$$= 1000 \times {}_{0.1-10}F_{PA} = 1000 \times 0.16275$$

$$= 162.75 \text{（万元）}$$

企业每年末应从该技术改造项目上至少收回资金增值 162.75 万元，才能收回该项目的投资额。

上述整付类型资金流量离散复利计算公式，财务管理人员应非常娴熟地掌握它们的计算方法和原理。等额分付资金量又称为年金，它是企业在一定时期内每隔相同时间（如 1 年）就发生相同数额的分次收付款项。年金是系列收付款项的特定形式，具体包括普通年金、先付年金、递延年金和永续年金等种类。凡是每期期末发生的年金称普通年金，又称后付年金。所以上述讨论的等额分付资金流量只是普通年金。日常经济生活涉及的年金问题，若不作特殊说明，通常均指普通年金。

六、资本回收期计算与其他年金

（一）资本回收期限

时间的长短是影响资金时间价值的直接因素。资金收回或偿还期的计算，是关于已知投资额 P、年资金回收额 A 和收益率 i 时，求资金周转期 n 的问题。

由等额分付资金回收公式（7-8）：$A = P\left[\frac{i(1+i)^n}{(1+i)^n-1}\right]$，可得：

$$A[(1+i)^n - 1] = Pi(1+i)^n$$

$$A(1+i)^n - A = Pi(1+i)^n$$

$$A(1+i)^n - Pi(1+i)^n = A$$

$(1+i)^n = \frac{A}{A-Pi} = \frac{1}{1-\frac{Pi}{A}}$，两边取对数，得：

$$n\lg(1+i) = -\lg\left(1-\frac{Pi}{A}\right), \quad n = \frac{-\lg\left(1-\frac{Pi}{A}\right)}{\lg(1+i)} \qquad (7-9)$$

【例 7-11】 某企业投入资金 5 万元，年回收资金 1.2 万元，投资内部收益率为 10%，则其投资回收期为：

$$n = \frac{-\lg(1-\frac{Pi}{A})}{\lg(1+i)} = \frac{-\lg(1-\frac{50000\times 10\%}{12000})}{\lg(1+10\%)} = 5.7\ (年)$$

这里计算的回收期为折现的实际回收期。它表明企业投放了资金 P，在收益率为 i 的条件下，每年获得利润为 A 时的投资回收期。

（二）先付年金、递延年金与永续年金

年金一般应同时满足两个条件：（1）连续性。在一定时期内每隔一段时间必须发生一次收或付款业务，形成系列，不得中断。（2）等额性。各期发生的款项必须在数额上相等。年金的基本形式是普通年金，其他年金形式都是在普通年金基础上发展起来的。

先付年金是在每期期初发生等额分次收付的一种年金形式，也称预付年金或即付年金。

先付年金终值计算公式为：

$$F_A = A\frac{(1+i)^n-1}{i}(1+i) \tag{7-10}$$

或 $F_A = A\left[\frac{(1+i)^{n+1}-1}{i}-1\right]$

先付年金现值计算公式为：

$$P_A = A\left[\frac{1-(1+i)^{-n}}{i}\right](1+i) \tag{7-11}$$

或 $P_A = A\left[\frac{1-(1+i)^{-(n-1)}}{i}+1\right]$

递延年金是在一定期间内（如 n 期），从 O 开始隔 S 期（S≥1）以后才发生系列等额收付款项的一种年金形式。凡不是从第一年开始的年金均可视为递延年金。其现值计算公式为：

$$P_A = A\left[\frac{1-(1+i)^{-n}}{i}-\frac{1-(1+i)^{-s}}{i}\right] \tag{7-12}$$

或 $P_A = A\left[\frac{1-(1+i)^{-(n-s)}}{i}\right](1+i)^{-s}$

永续年金是指无限期等额收付的特种年金。它是当期限 $n\to+\infty$ 时的普通年金。在实际经济生活中，并不存在无限期永远支付的永续年金。但可以将利率较高，持续期限较长的年金视同永续年金计算。因永续年金没有终点，故通常只能计算其现值。其计算公式为：

$$P_A = A\frac{1}{i} \tag{7-13}$$

由此，永续年金的年金公式和利率公式分别为：$A = P_A \cdot i$，$i = \frac{A}{P_A}$。

第三节 连续时间复利计算

一、连续时间复利法条件下的资本终值

从资本运动过程看，企业资本的流动是连续不断的。并且，资本也只有始终处于连续

不断运行之中才能产生增值。资本流量的连续复利计息（continuous compounding）时间价值计算，产生于公司财务实际工作之中，并且在离散复利时间价值计算法的基础上发展变化而来。前面的实例分析说明了复利计息一年可以不止一次，人们可以半年、每季、每天、每小时、每分钟复利计息，甚至可以在更短的时间内进行复利计息。最极限的情况是对无穷短的时间间隔进行复利计息，也就是一般所指的连续复利计息，令人惊讶的是，银行和其他金融机构或投资人经常使用连续复利计息方式，这就是学者们要研究它的原因。

当一笔资本投入生产过程，其利率为 i 时，在经过 n 年之后，该笔资本的离散性本利和 F 的计算公式为：

$$F = P \times (1+i)^n \tag{7-14}$$

若每年分 m 期计算时间价值，m 期之内连续不断，则 n 年内计息次数为（m×n）次，于是：

$$F = P \times \left(1+\frac{i}{m}\right)^{nm} = P\left[\left(1+\frac{1}{\frac{m}{i}}\right)^{\frac{m}{i}}\right]^{ni} \tag{7-15}$$

当 $m \to +\infty$ 时，则 $\left(1+\frac{1}{\frac{m}{i}}\right)^{\frac{m}{i}} \to e$，$e = 2.717828\cdots$，于是，$m \to +\infty$ 时，可得到连续复利资本终值公式：$F = P \cdot e^{in}$ (7-16)

式中，e^{in} 称为连续复利资本终值系数（continuous compounding factor），或称一元资本的连续复利本利和。

用连续复利时间价值计算法计算的本利和，大于使用离散性复利法计算的资本终值，即 $Pe^{in} > P \times (1+i)^n$，证明如下：

设：$F(i) = e^i - i - 1$，则，$F'(i) = e^i - 1$，当 $i > 0$ 时，则 $F'(i) > 0$

又因：$F(0) = e^0 - 1 = 0$，故：当 $i > 0$ 时，$e^i - i - 1 > 0$，亦即：$e^i > 1 + i$

又因：$n > 0$，故 $Pe^{in} > P \times (1+i)^n$，可用图 7-10 表示。

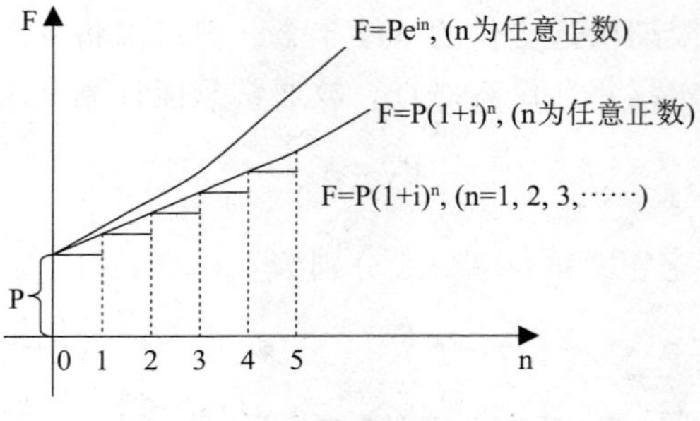

图 7-10　连续复利资本终值

【例 7-12】 某公司一次投资 50 万元以改善其经营能力，公司的投资收益率为 10%，经营期为 10 年。假设：公司内部收益的取得是连续性的；公司内部收益是按年取得的，即收益是离散性的。试分别计算两种假设条件的本利和。

$P=50$，$i=10\%$，$n=10$

（1）$F_1=Pe^{in}=50e^{0.1\times10}=135.91$（万元）

（2）$F_2=P\times(1+i)^n=50\times(1+0.1)^{10}=129.69$（万元）

故 $F_1>F_2$。所以，连续收益的本利和为 135.91 万元；离散收益的本利和为 129.69 万元。

二、资本流量连续折现条件下资本现值的计算公式

资本流量的连续折现（continuous discounting）时间价值计算方法也产生于企业财务管理实际工作中，并由离散性连续折现（通常称复利现值法）发展变化而来。对于其计算公式的表述，我们可直接根据连续复利法条件下资本终值的计算公式转换出来，表示如下：

$$P=Fe^{-in} \tag{7-17}$$

式中，e^{-in}称为连续折现资本现值系数。

用连续复利时间价值计算法计算资本现值，小于使用离散性复利法计算资本现值，即：$Fe^{-in}<F\times(1+i)^{-n}$，证明如下：

由 $e^i>(1+i)$ 不等式可知，当 $i>0$ 时，则一定有 $e^i>1+i$；

又因：$n>0$，即 $-n<0$，故：$Fe^{-in}<F\times(1+i)^{-n}$。可用图 7－11 表示。

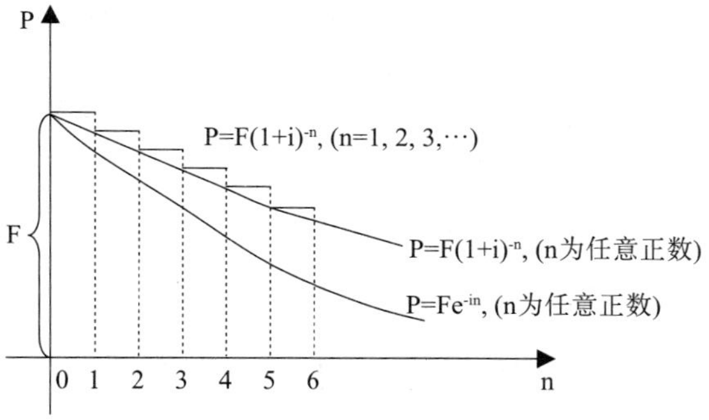

图 7－11　连续复利资本现值

【例 7－13】某公司预期 10 年后获取一笔收益 50 万元，公司的投资收益率为 10%，假设：此项收益的取得是连续性的；此项收益是按年取得的，即离散性的。试分别计算该收益在以上两种条件下的现值。

$F=50$，$i=10\%$，$n=10$

（1）$P_1=Fe^{-in}=50e^{-0.1\times10}=18.39$（万元）

（2）$P_2=F(1+i)^{-n}=50\times1.1^{-10}=19.28$（万元）

故 $P_1<P_2$。所以，若收益是连续性的则现值为 18.39 万元；若收益为离散性的，则现值为 19.28 万元。

三、等额序列连续复利终值和连续折现年金现值计算

目前，我们在实际工作中和财务管理教科书中，所计算的等额序列复利终值，基本上都

是按时间序列计算的在每期期末一次收入或支付一个等额值 A 的终值问题。现在，我们讨论的 A 不是依次收入或支付，而是在每一周期内都会连续发生的一个固定数值，即 A 是一个均匀流动的固定数值，要求计算这种均匀流量在 n 期后的终值问题。

设这种均匀流动的完全收入或支出的终值为 F，时间从零开始，利率为 i，在 n 期内每期都产生一个均匀流动的固定数值 A，则在从时间 t 到（t + Δt）的一段极短时间间隔 Δt 内，资本增量为 AΔt，因此：

$$\Delta F = A\Delta t e^{i(n-t)} \tag{7-18}$$

$$F = \int_0^n Ae^{i(n-t)}dt = \frac{A}{i}(e^{in} - 1) \tag{7-19}$$

式中，$\frac{(e^{in}-1)}{i}$ 称为等额序列连续复利资本终值系数。

显然，因时间价值计算方法不同，使得连续性复利资本终值大于离散性复利资本终值，即：

$$\frac{A}{i}(e^{in} - 1) > \frac{A}{i}[(1+i)^n - 1] \tag{7-20}$$

证明方法同图 7 - 10，可用图 7 - 12 表示。

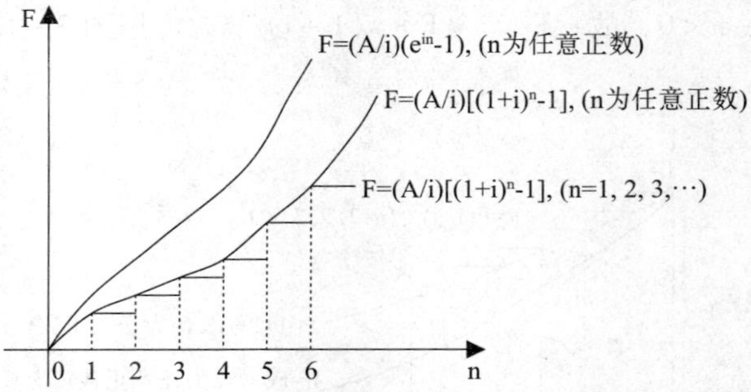

图 7 - 12 等额序列连续复利资本终值

【例 7 - 14】某公司每年投资 50 万元以改善其经营能力，公司的投资收益率为 10%，经营期为 10 年。假设：收益的取得是连续性的；收益的取得是离散性的。试分别计算两种条件下 10 年投资的本利和。

A = 50，i = 10%，n = 10

（1）$F_1 = A/i\ (e^{in} - 1) = 50/0.1 \times (e^{0.1\times10} - 1) = 859.14$（万元）

（2）$F^2 = A/i\ [(1+i)^n - 1] = 50/0.1 \times [(1+0.1)^{10} - 1] = 796.87$（万元）

故 $F_1 > F_2$。所以，当收益期间是连续性的，总投资的本利和为 859.14 万元；当收益期间是离散性的，总投资本利和为 796.87 万元。

同理，设已知在一定时期内反复连续地发生一个固定数值 A，它从时间 t 到（t + Δt）的一段极短时间间隔 Δt 内，资本增量为 AΔt，其资本现值增量 $\Delta P = A\Delta t e^{-i(n-t)}$，且连续复利资本现值为：

$$P = \int_0^n Ae^{-i(n-t)}dt = \frac{A}{i}(1 - e^{-in}) \tag{7-21}$$

并且，$A/i(1-e^{-in}) > A/i[1-(1+i)^{-n}]$，证明方法同图 7－10，可用图 7－13 表示。

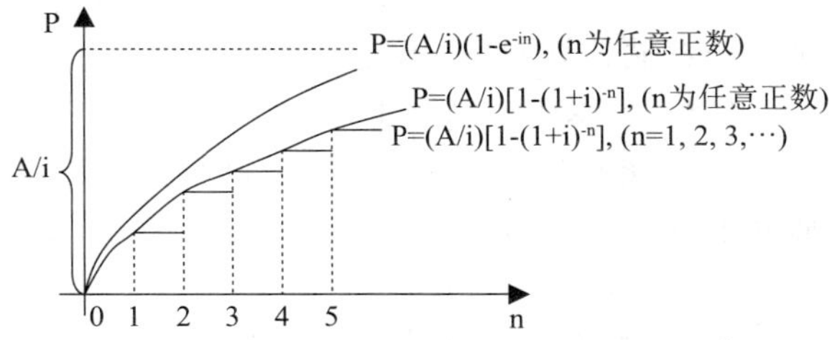

图 7－13　等额序列连续复利资本现值

【例 7－15】 某公司预期未来的 10 年，每年获取收益 50 万元，公司的投资收益率为 10%，假设：收益的取得是连续性的；收益是按年取得的，即离散性的。试分别计算 10 年连续性和离散性收益总额的现值。

$A=50$，$i=10\%$，$n=10$

（1）$P_1=A/i(1-e^{-in})=50/0.1\times(1-e^{-0.1\times10})=316.06$（万元）

（2）$P_2=A/i[1-(1+i)^{-n}]=50/0.1\times[1-(1+0.1)^{-10}]=307.23$（万元）

故 $P_1>P_2$。所以，若收益期间是连续性的，则收益总额现值为 316.06 万元；若收益期间是离散性的，则收益总额现值为 307.23 万元。

四、偿债基金存储额计算公式与折现资本回收额计算公式

利用公式（7－22），可计算出企业投资项目的每年偿债基金存储额。在等额序列连续复利法下的偿债基金存储额计算公式是：

$$A=F\times[i/(e^{in}-1)] \tag{7-22}$$

公式（7－22）是根据连续复利年金终值演变而来。式中，$i/(e^{in}-1)$ 称为连续复利偿债基金存储系数。

根据连续性时间价值函数与离散性时间价值函数之间的差异特征，连续性偿债基金存储额小于离散性偿债基金存储额，即：

$F\times[i/(e^{in}-1)] < F\times i/[(1+i)^n-1]$，证明同图 7－10，可用图 7－14 表示。

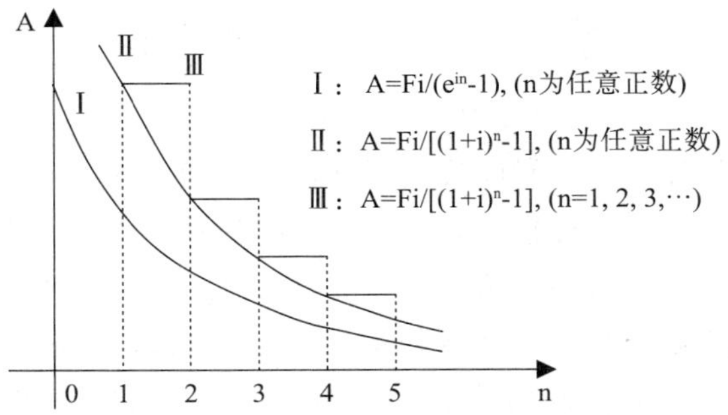

图 7－14　连续复利偿债基金存储

【例 7－16】 某公司 10 年后将获得一笔资本数额为 50 万元的收入，根据等额连续复利资本终值计算原理和方法，在年收益率为 10% 时，该项 50 万元收入在 10 年内的年等量均匀流入量应为：$A = F \times [i/(e^{in}-1)] = 50 \times [0.1/(e^{0.1\times10}-1)] = 2.91$（万元）

若按离散性复利偿债基金存储计算方法，则：

$A = F \times i/[(1+i)^n - 1] = 50 \times 0.1/[(1+0.1)^{10} - 1] = 3.14$（万元）

同理，利用公式（7－23），可计算出企业投资项目的每年投资回收额。在等额序列连续折现条件下，资本回收额的计算公式为：

$$A = P \times [i/(1-e^{-in})] \tag{7-23}$$

显然，公式（7－23）由连续复利年金现值公式演进而来。式中，$[i/(1-e^{-in})]$ 称为连续折现资本补偿系数。根据连续性时间价值函数与离散性时间价值函数之间的差异特征，等额序列连续折现资本回收额小于离散性等额序列折现资本回收额，即：

$P \times [i/(1-e^{-in})] < P \times i/[1-(1+i)^{-n}]$，证明同图 7－10，可用图 7－15 表示。

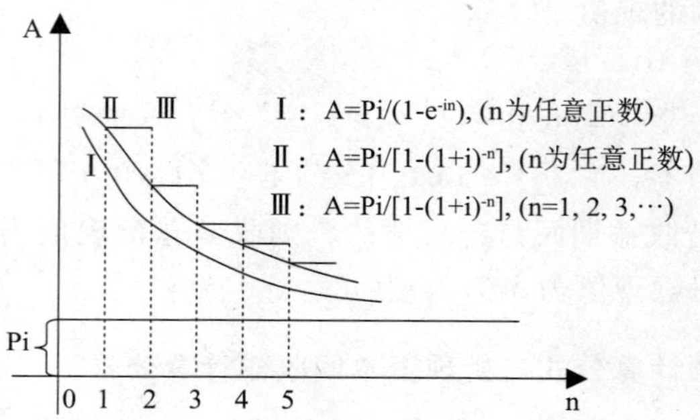

图 7－15　连续性复利折现资本回收额图

【例 7－17】 某公司投资 50 万元，根据等额连续复利资本现值计算原理，在年收益率为 10% 时，该项 50 万元投资在 10 年内的年等量均匀连续性复利折现资本回收额为：

$A = P \times i/(1-e^{-in}) = 50 \times 0.1/(1-e^{-0.1\times10}) = 7.91$（万元）

若按离散性复利折现资本回收额计算方法则：

$A = P \times i/[1-(1+i)^{-n}] = 50 \times 0.1/[1-(1+0.1)^{-10}] = 8.14$（万元）

第四节　时间的性质及其价值

我国人民研究时间，知道不同时间长度，其价值数额不同。不同时间性质，其单位时间价值亦不相同。俗话说，一年之计在于春。春天的时间对于农民而言十分金贵。然而，每个季度和时节各有特长，犹如“春有百花秋有月，夏有凉风冬有雪，若无闲事挂心头，便是人间好时节”。这是宋朝无门慧开禅师所作的打油诗，录入其评释古代禅门公案的《无门关》一书。此诗朗朗上口，最为佛门弟子所爱颂。对于人的生命周期里，一般地，20 岁至 50 岁是人类创造价值的最好时光。青少年不宜从事商业活动，老年人也不宜开展经济活动。青年、中年和老年之间的时间性质存在差异。

人们对时间价值概念的理解是，今天 1 元钱的价值大于 1 年之后 1 元钱的价值；股东投资 1 元钱便放弃了消费或使用这 1 元钱的权利或机会，在假定没有风险和没有通货膨胀的条件下，按牺牲时间为代价计算的应得报酬就是时间价值。应说明，一笔货币如果作为储藏手段保存起来，在不存在通货膨胀因素的条件下经过一段时间后，作为同名货币，其价值不会有什么变化。但同样一笔货币作为社会生产的资本加以运用，经过一段时间之后就会带来利润，使其价值量增加，这就是时间价值现象。

习惯上，人们说的货币时间价值，实际是作为资金使用的货币其被运用的过程中随着时间推移而带来的那部分增值。货币只有被当作资本投入生产和流通领域才能增值。作为资本的货币，流通本身就是目的，因为只有在这个不断更新的运动中才能实现价值增值。如果把它从流通中取出来，那么它就凝固为贮藏货币，即使贮藏到世界末日，也不会增加分毫。因此，货币时间价值的本质特征是，货币必须作为资金投入生产流通过程使用，否则便不存在时间价值。按马克思经济学理论解释，货币时间价值的实质是剩余价值的转化形式。资金时间价值原理是“时间就是金钱”这一观念的理论数量化的概括，是关于资金、时间和效益之间关系的理论。它通过一系列数学模型揭示出资金与其增值之间的数量关系因时间的不同和变化而发生变化的规律性。

资金时间价值的量指的是单位时间内的资金收益率或一定时期内资金收益额。显然，资金时间价值有相对数和绝对数两种表示形式。由于市场经济中竞争的存在，企业受利润平均化规律的影响，等量倾向资本在相同时间内应获得等量利润。因此，货币时间价值的一般形式，从相对量来看就是在不考虑风险和通货膨胀条件下社会平均的资金利润率，实务中常视同于无风险实际利率；从绝对量看就是使用货币资本的机会成本或资金成本，即无风险无通货膨胀下的利息。资金时间价值量的规定性与时间的长短呈同方向变动关系。

由于财务管理使用无风险实际利率表达资金时间价值，所以企业一般采用复利方式计算资金时间价值；又由于企业把资金投入生产流通过程加以运用之后才产生时间价值，根据资金运行方式不同，复利计算方法有离散复利计算方法和连续复利计算方法之分。二者的区别在于：前者是将货币资金运行看作跳跃方式，货币资金的前后两次运动之间有明显的时间间隔，故又称间断复利法；后者是将货币资金的运行看作是连续的，货币资金前后两次运动之间没有明显的时间间隔，故又称瞬时复利法。因资金运行方式不同导致的资金时间价值计算方法的差异，财务决策人员必须给予认真对待。

利息计算有单利制和复利制两种制度。单利制是当期利息不计入下期本金，从而不改变计息基础，行期利息不变。复利制是指当期未被支取的利息计入下期本金，改变计息基础，使每期利息额递增，利上生利。在扩大再生产条件下，企业运用资金获取的收益要部分地追加投入生产经营过程中进行周转，至少要存入银行参加社会资金周转运行，避免闲置。这一行为过程与复利制原理一致，所以按复利制计算、分析和评价企业资金时间价值比使用单利制要相对准确一些。各市场经济发达国家的企业财务管理和国际贸易惯例中，也按复利制计算资金时间价值，以反映资金不断运动周转、不断增值的规律。因此，在企业财务管理工作中，特别是在制定长期投资决策时，必须按复利制计算有关财务经济指标。

思考与练习题

一、名词解释

1. 跨期　单期　时间　时间价值　离散时间价值　连续时间价值
2. 单利计息　复利计息　年金计息　递延年金
3. 现值　现值系数　终值　终值系数

二、思考题

1. 本金与资本称谓的差别是什么？
2. 货币时间价值的本质是什么？
3. 非货币资本的时间价值如何表述？
4. 存量，流量，资本流量。

三、练习题

1. 单项选择题

（1）一定时期内每期期初等额收付的系列款项是（　　）。

A. 即付年金　　B. 永续年金　　C. 递延年金　　D. 普通年金

（2）甲拟存入一笔资金以备三年后使用。假定银行三年期存款年利率为5%，甲三年后需用的资金总额为34500元，则在单利计算情况下，目前需存入的资金为（　　）元。

A. 30000　　B. 29803.04　　C. 32857.14　　D. 31500

（3）当一年内复利 m 次时，其名义利率 r 与实际利率 i 之间的关系是（　　）。

A. $i=(1+r/m)^{m}-1$　　B. $i=(1+r/m)-1$

C. $i=(1+r/m)^{-m}-1$　　D. $i=1-(1+r/m)$

（4）下列各项中，代表即付年金现值系数的是（　　）。

A. $(P/A, i, n+1)+1$　　B. $(P/A, i, n+1)-1$

C. $(P/A, i, n-1)-1$　　D. $(P/A, i, n-1)+1$

（5）某企业拟进行一项存在一定风险的完整工业项目投资，有甲、乙两个方案可供选择：已知甲方案净现值的期望值为1000万元，标准离差为300万元；乙方案净现值的期望值为1200万元，标准离差为330万元。下列结论中正确的是（　　）。

A. 甲方案优于乙方案　　B. 甲方案的风险大于乙方案

C. 甲方案的风险小于乙方案　　D. 无法评价甲、乙方案的风险大小

（6）已知甲方案投资收益率的期望值为15%，乙方案投资收益率的期望值为12%，两个方案都存在投资风险。比较甲、乙两方案风险大小应采用的指标是（　　）。

A. 方差　　B. 净现值　　C. 标准离差　　D. 标准离差率

（7）已知 $(F/A, 10\%, 9)=13.579$，$(F/A, 10\%, 11)=18.531$，则10年、10%的即付年金终值系数为（　　）。

A. 17.531　　　　B. 15.937　　　　C. 14.579　　　　D. 12.579

2. **多项选择题**

(1) 利息率是一定时期的利息占借贷资本额的比率。一般地，利息率小于市场平均利润率而大于零。影响利息率高低的因素主要有（　　）。

A. 当平均利润率不变时，利息率的高低由资本市场上借贷资本供求双方的竞争所决定；借贷资本若供不应求，利息率就上升；反之，利息率就下降。

B. 在一定的平均利润率水平和借贷资本供求均衡时，利息率由一个国家的习惯和法律传统来决定。

C. 利息率的高低还受到预期价格变动率、财政政策、货币政策、借贷时间长短、借贷资本风险大小等多种因素影响。

(2) 资本收益率通常由（　　）等部分构成。

A. 纯利率，或实际利息率　　B. 通货膨胀补偿率　　C. 风险报酬率

(3) 一般地，人们把一定会发生的事件概率定为1，把不可能发生的事件概率定为0，而一般随机事件的概率定为介于0与1之间的任意数，概率越大，说明事件发生的可能性越大。那么，如果随机变量如收益率只取有限个值，并且对应这些值有确定的概率，则称随机变量是（　　）分布；如果随机变量的取值很多或者有无数多个情况出现，并且对每种情况和数值都赋予一个概率，分别测定其收益率，则可使用（　　）分布描述。

A. 离散型　　　　B. 连续型　　　　C. 其他

参考文献

[1] 理查德 A. 布雷利（Richard A. Brealey）、斯图尔特 C. 迈尔斯（Stewart C. Myers）；弗兰克林．艾伦（Franklin Allen）：《公司财务原理》（英文版，原书第8版），机械工业出版社2007年版。

[2] Zvi Bodie，Robert C. Merton：Finance（英文影印版），高等教育出版社2002年版。

[3] 兹维·博迪、罗伯特·C. 莫顿，欧阳颖等译：《金融学》，中国人民大学出版社2003年版。

[4] 罗伯特·C. 莫顿：《连续时间金融》，中国人民大学出版社2005年版。

[5] 斯坦利·R. 普利斯卡，王忠玉译：《数理金融学引论——离散时间模型》，经济科学出版社2003年版。

[6] 威廉·L. 麦金森，刘明辉、薛清梅主译：《公司财务理论》，东北财经大学出版社2011年版。

[7] 托马斯·E. 科普兰、J. 弗莱德·威斯顿，宋献中主译：《财务理论与公司政策》，东北财经大学出版社2003年版。

第八章

择机与期权

远期合同的签订使得订立合同双方都具有履行约定的义务。通过签订合同，双方被限制到了一定的时间点上必须要执行某项约定，或者说，应该履行某种义务和行使权利，于是出现了即使想反悔也无法反悔的情境。在商业活动中，契约精神至关重要，那么，是否能够存在这样一种机制，使我们只享受权利而不需要承担义务呢？或许你会说，这是白日做梦，但在金融活动的实践中，这种金融衍生产品就在人们的设想中诞生了，这就是期权。从字面意思看，期权即未来时期的一项权利而非义务。实际上，它是权利购买者货真价实的一项权利。应注意，世界上没有免费的午餐，要想获得权利，就得付出代价。否则，谁会给予你这项权利呢？权利的购买方用一笔资金购买了自己的权利。期权究竟是什么？它具体又是如何产生的？它的价值如何确定？期权可以用来做什么？恰如其分地抉择对财务意味着什么？本章内容将会给出答案。

第一节　零和博弈与被锁定的选择权

一、案例描述与评论

期权作为一种金融衍生工具，其发展历程相比较其他金融衍生工具，具有更加曲折的历程，通过以下例子让我们来了解一下期权最早产生的表现。

案例 1：最早的期权——橄榄榨油器的租赁权

最早的期权概念出现在古希腊时期，亚里士多德在他的著作《政治学》中曾经描述过这样一个案例，古希腊著名科学家、哲学家和政治家泰勒斯（约前624～约前547），出生于统治米利部的贵族家庭，既有很高的政治地位，又很有钱。但他为了求知而到埃及去旅行和学习，回来后又继续钻研科学知识。这样一来，他所继承的家产花费得所剩无几。

某天夜晚，泰勒斯仰面朝天向一个广场走去，他正一心一意地观察天上的星辰，没注意前面有个土坑，一失足，整个身子都掉进坑里了。有个商人走过来奚落说："你自称能够认识天上的东西，却不知脚下面的是什么。你研究学问得益真大啊，跌进坑里就是你的学问给你带来的好处吧！"泰勒斯爬出坑，镇定地答道："只有站得高的人，才有从高处跌进坑里去的权利和自由。像你这样不学无术的人，是享受不到这种权利和自由的。没有知识的人，就像本来就躺在坑里从来没爬出来过一样，又怎么能从上面跌进坑里去呢！"他机智的反驳使那个商人自讨了个没趣。但是，那个商人不想认输，继续挖苦泰勒斯说："可你的渊博的知识能给你带来什么呢？金子还是面包？”泰勒斯说：“咱们走着瞧吧！”

泰勒斯运用他的天文、数学和其他科学知识，经过周密的预测和计算，断定下一年橄榄将会大丰收。于是，他变卖家产，用相当廉价的租金买断了附近所有的橄榄榨油器的租赁权。如此一来，他就拥有了全部橄榄榨油器的租赁权，这就意味着如果下一年有人想用橄榄榨油器榨取橄榄油，他们不得不听从泰勒斯对价格的制定，泰勒斯用一部分资金买断了橄榄榨油器的所有潜在使用权。第二年，橄榄果真获得大丰收，人们争相租用榨油器。这时，泰勒斯用很高的价钱将手头拥有的榨油器出租。一天，泰勒斯见那个曾嘲笑过他的商人也来求租，就上前说：“尊贵的富翁啊，看到了吧？这些榨油器都是我用知识搞到手的。像你这样的富翁也只好求助于我。然而，我追求的不是这几个钱，而是为了证明科学知识对人的生活是大有用处的。知识是无价之宝，是最伟大的力量！”

这个故事虽然经常被用来说明知识的力量，但是在这个故事当中，却蕴含了最初期的期权思想。泰勒斯利用他自身所具有的隐性知识对橄榄的生长状况和收获情况做出了判断，并在此基础上，利用一定的权利金买断了所有橄榄榨油器的使用权，这就意味着如果有人想要使用橄榄榨油器，就只能到泰勒斯这里进行租赁。这里泰勒斯付出了一定的资金，但是获得了一项权利，他并没有购买榨油器，因为这对他来说过于昂贵，他难以承担这么多榨油器的购买成本，并且泰勒斯并不是橄榄油商人，他不需要购买榨油器，但是通过付出权利金他获得了以一定价格租借橄榄榨油器的权利，从而使这些权利成为一种商品标的，泰勒斯垄断了榨油器的使用权利，并且可以以更高的价格租出这些榨油器，也就意味着他以较低的价格从榨油器拥有者手中租来榨油器，然后以一个较高的价格将这些榨油器租给使用榨油器的农户或者商人，而需要租借榨油器的人，由于无法从其他渠道获得榨油器的使用权，不得不去泰勒斯那里租借。反过来看这件事，如果泰勒斯的预期是错误的，那又会怎样呢？

如果泰勒斯的预测是错误的，意味着下一年的橄榄不会大丰收，也就是说橄榄榨油器的使用就会变得不那么火爆，但是依然会有人租用榨油器，这就使得泰勒斯无法确定一个较高的价格租出他的橄榄油榨油器，但如果他能够以高于自己租借橄榄榨油器的价格卖出这些使用权，他依然可以获得一个收入；当然，在最极端的情况下，当下一年由于自然灾害导致橄榄颗粒无收，完全不需要使用榨油器，那么对于泰勒斯来说，他也不需要真的去租借这么多榨油器，对于他来说，他放弃了租借榨油器的权利，当然他损失了全部的权利金，这些权利金就成为他锁定这些榨油器使用权的成本。也有人认为期权就是一种保险。

通过这个案例可以说明，泰勒斯开动自己的商业脑筋，造就了期权的最初形态，即通过付出一定的费用买断某种权利。但这个时候期权仍然没有形成其雏形，因为期权的产生必须有两种要素的存在——交易的证券化和投机交易的兴起，这两点都和商业活动的高度集中趋势具有密切关系，首先出现了大型的做市中间商，随后产生了交易所。投机交易的产生是期权交易的必要条件，其原因就在于期权交易是一种零和博弈策略，交易的双方由一方付出权利金获得一种权利，而另一方获得权利金但是承担一种义务，在双方最终都会完全按照合约执行的情况下，一方获得的收益成为另一方的损失，两者合计起来获得总收益总和为零。从这个角度来看，权利买入方的最大成本是付出的权利金，这就类似于购买了一种保险，保险的成本是全部的保费。在这个交易中，期权的买卖双方都有利可图，期权卖出的一方认为商品的走势不会向着不利于自己的方向发展，而自己可以没有任何成本地获得一笔权利金（保险费）收入，而期权买入的一方认为，商品的价格极有可能向着不利于自己的方向移动，或者想尽可能避免其向着不利于自己的方向移动，而为此付出一定的保险费用是值得的。这就构成了期权交易的一般思维。

但是，值得关注的是，期权的正式交易地位在很长的一段时间没有得到认可，原因就在于其容易被过度地使用而成为一种投机工具，一旦人们以全部的资金投入以权利金为特征的期权交易中，以试图博取更大的利益时，避险保值工具就成为一种赤裸裸的投机工具，稍有不慎就会导致投资者血本无归。

案例 2：最黑暗的期权投机史——荷兰郁金香投机泡沫

在同学们学习第三章资本时，我们已使用过郁金香投机工具的案例。让我们在这里再回顾一遍这个有趣的例子。

真正使期权交易广泛为人们所知是一场击溃了荷兰金融体系的“郁金香投机泡沫”事件。由于众人对郁金香的追捧，使郁金香拥有了极高的投资价值和收藏价值。一般达官显贵家里都摆有郁金香，作为一种奢侈品向外人展示。一块豪华的郁金香铁片，一次用郁金香装饰的豪华晚宴，都成为向世人昭示主人尊贵地位的象征。正因如此，郁金香开始受到狂热的追捧，并且成为投机商追逐的对象。机敏的投机商开始大量囤积郁金香的球茎以期待价格的上涨，囤积导致郁金香的价格进一步上涨，而这种价格的上涨又反过来助长了荷兰人对郁金香的投资热情。1636 年，由于郁金香珍贵品种的需求量不断增长，阿姆斯特丹、鹿特丹、莱顿、哈莱姆及其他一些城市的股票交易场所设置了定期的销售市场。人们围着小小的郁金香球茎团团转，一个个充满了自信。同其他期货交易一样，许多人转眼之间就成了巨富。狂热很快唤起了最广泛的群众阶层对郁金香贸易的兴趣。根据《花朵的盛开和凋零》记载，贵族、市民、农民、商人、海员、足球运动员、女佣，甚至连烟囱清扫工和老裁缝们，都沉醉在郁金香的投机热潮中，他们都希望不用工作就能尽快致富。

就在此时，期货的交易已经不能满足更多投资者获利的需要，这些交易所还为投机者开设了郁金香期权合同交易。批发商通过向种植者购买认购期权的方式，在合约签订时就锁定未来郁金香的最高进货价格。收购季到来时，如果郁金香的市场价格比合约规定的价格还低，那么批发商可以放弃期权，选择以更低的市场价购买郁金香而仅损失权利金（为购买期权付出的费用）；如果郁金香的市场价格高于合约规定的价格，那么批发商有权按照约定的价格从种植者处购买郁金香，控制了买入的最高价格。

这是最早的商品期权。投机的盛行使得期权交易成为合同的买卖，期权交易成为一种纯粹的保证金信用交易。期权价格代表了其所表示的交易获利的可能性，一纸看涨期权合同在行权之前，郁金香价格越高它就越值钱，因为这份合同意味着持有者可以极低价格购买郁金香球茎。因保证金交易可让更多低收入者有机会进入郁金香市场参与投机，其“以小搏大”的特点让郁金香投机加剧。更加疯狂的是，期权代表的相对标准化合同使得资金量较少的交易者可以只购买 1/10 甚至更少的郁金香交易份额，从而进一步加大了期权合同的流动性，提升了期权的价格。买方投机者购买郁金香交易的期权合同，购买的是以一定价格买入郁金香球茎的权利，但随着合同的流转，这种权利的价值越来越高，通过合同的交易转手获得的利润也越来越大。同时，卖出球茎的人购买了以一定价格卖出球茎的合同，保证自己能在郁金香球茎价格下降的时候以特定的价格卖出自己的球茎。这实际上是一种保险。由于郁金香价格的疯涨，该保险的售出者基本上稳赚不赔。在这样的操作下，郁金香价格更加无限制地持续上涨。过去通过1000美元投机郁金香现货，月收益可达2万美元，但现在通过期权的保证金信用交易，1000美元的投资可以变成月收益10万美元！

但是，伴随着一个标志性事件的出现，一位船员将船上一个商人购买的郁金香球茎当作洋葱吃掉，人们才开始意识到郁金香只不过是一种植物，这个时候，郁金香的价格出现了断崖式的下跌。因此，以郁金香为基础的期权合同的价格也一落千丈，持有买入产品期权合同的人手头的合同一文不值，损失惨重，而卖出看跌期权的人由于无力购买如此多的郁金香而宣告破产，社会信任基础动摇，金融体系崩溃，短短两周时间内，郁金香的价格下跌了90%，郁金香泡沫正式宣告破裂，荷兰爆发大规模的金融危机。

期权从诞生开始就广受争议，曾经一度被认为是一种歪门邪道，并且被SEC建议取消，原因就在于期权具有较强的投机可能性。从上述例子来看，期权并不是对于实际货物的交易，也就是说，在期权当中进行的投资仅仅是一种权利的投资，并且是一种被锁定的选择权，一旦权利金交付，权利就产生了，且这是一种不可撤回的权利，你可以选择不行权，但是这种选择将会导致自己的权利金全部损失。因此，如果一个不关注期权对应实物操作的投资者，为了得到一份期权以及买断这份期权上价格的变化，将会把自己全部投资用于购买权利，这就导致了一旦权利变化的方向不是其判断的方向，他将会损失所有的投资，而从单纯的期权合同买卖者角度来看，期权带给他们的是一种价格可以变动的金融衍生产品，如同另一种"物品"一样，他们只关注期权价格的变化，并且从价格变化中获利，在没有现货需求作为支持的情况下，这就是一种单纯的投机。美国证券交易委员会（SEC）在举办听证会的时候曾经为了防止美国股市崩溃的情况再度出现，决定取缔期权，原因是"无法区分好的期权和坏的期权之间的区别，为了方便起见，将予以全部禁止"。而期权经纪人荷尔伯特·费勒尔到国会进行听证会作证时，发生了以下这段谈话：

SEC成员询问费勒尔："如果只有12.5%的期权履约，那么其他87.5%购买了期权的人不就扔掉了他们的钱了吗？"

费勒尔回答说："不是这样的先生们，如果你为了你的房子购买了失火保险而房子却并没有着火，你会说你浪费了钱吗？"

这一番谈话简单而直接地回答了期权存在的意义。期权就像一种保险一样，是用来转移风险的工具。期权的购买者为了避免风险的发生，而期权的卖出者盯着的则是保险费。在一份纯粹的保险合同中，双方的交易是不能够产生价值的，经济利益会从一方转移到另一方，双方的经济利益总是保持平衡。

案例3：期权的正确打开方式——真正的期权使用方法

假设你打算购买一套300万元的三居室房子，你认为这个价格是比较合适的，并且愿意在这个价位购入这个资产。但是为了防止价格上涨，你希望把价格锁定在300万元，如果可以把价格锁定在300万元，那么你将有时间去观察其他的房子是否合适，如果确实要买，也有时间付诸行动。也就是说，这个时候，你需要一个权利可以让你以300万元的价格买入这套房子。

这时你找到房主与她协商能否签署一份协议，具体的条款在协商之后确定为房主同意将房子为你保留3个月，在此期间将不会将房子卖给任何一个人，无论其出多高的价格，你都可以以300万元的价格购买，即使房子的价格真的上涨到了320万元，你仍可以以300万元的价格购买。至于何时购买取决于你。但是，如果房价降到280万元以下，基于双方签署的合约，你可以选择放弃。根据律师的说法，你有权利购买房子而不是一项义务。也就是说，无论房价上涨或者下跌，你都有权利以300万元买入房子，或者放弃购买。

在这项合同中，房主不会平白无故地赋予你这项权利，他也会从中获得好处，由于房主持有房子等待你的确认，他就必须获得补偿，也就是说他会获得一笔资金上的支付。通常房主会索要房价的一定比例的补偿金，比如1%即3万元作为保留房子3个月的权利金。

这项交易对于双方来说（前提条件是在一个房地产价格不会普遍上涨的情况下，否则房主不会为了一点权利金与你签订这份合约，因为房屋价值的增值要远大于收到的权利金）都是可以获得好处的。作为房主来说，他在保留资产的情况下，获得了一笔可自由支配的现金，并且这笔现金无须偿还；而作为买主来说，用3万元买断了房子的价格涨幅，如果价格过高，可以以约定的300万元成交，从而降低购房成本，而如果房屋价格下降或者改变了主意，可以放弃行权，以更加优惠的价格购买，这本来就是你所期望的情况。对于房主来说，如果最终你没有行权，那么他会获得一笔收益，而他还可以继续与其他人签订类似的合约来获得收益。

当然，作为买主的你还有另外一种策略。如果房价上涨，而且你不打算买这座房子了，那么你所持有的这份权利将会带来更大的收益，因为上涨到320万元的房子如果使用了这份期权将会节省20万元的成本，因此将这份权利卖给另一个想购买这套房子的人，你也可以获得收益。

这一个简单的例子大体说明了期权的运作原理，并且说明了期权的几种平仓形式，如你可以行权或者通过对冲自己手头的期权来获利平仓。由此，我们就正式进入了期权的世界。接下来，你需要了解期权的概念内涵与基本种类和期权的成本收益分析。

二、期权的基本要素与期权种类

期权是一种标准化的合约，根据上文所叙述的对于购买房屋期权的描述，期权合约赋予期权的购买者（即权利的买方）向期权出售者（即权利的卖方）支付一定数量的金额后，拥有在一定时期以特定的价格向期权出售者购买或者销售特定数量的标的资产的权利，而当期权购买者行使权利的时候，期权的出售者必须无条件地履行销售或者购买中标的义务。因此，期权交易是一种面向未来的交易，期权的买卖双方在基础资产的价格判断上出现了截然不同的预期，从而导致有的人愿意承担风险，而有的人想要规避风险。期权是一种赋予持有人在未来的某个日期或该日期之前的任何时间，以固定价格购进或者售出一种资产之权利的合约。这是一种独特类型的财务合约，因为它赋予购买者的是做某事的权利而不是义务。购买者仅在执行期权是明智之举时才会利用它，否则期权将被弃之不顾。期权的买方要买入期权，必须支付给期权卖方一定的期权费，获得在特定日期以特定价格购买或者销售某种标的物的权利，而并不是标的物本身。也就是说，通过权利费，买卖的是一种购买的权利，并且在这个协议中，期权买卖双方的权利义务是不对等的，期权买方只有权利没有义务，而权利卖方只有义务没有权利，买方有权决定何时执行期权、是否转卖期权以及是否放弃权利的行使。

（一）期权的基本要素

期权是以事先确定的价格，允许投资人在未来一段时间内买入或者卖出某项资产的权利。一项期权当中包含了以下五个要素，这是在开立一项期权时最应该关注的问题。

1. 标的物。期权的标的物指的是期权合约中双方约定交易的对象。在期权交易中，任何资产都可以成为期权交易的标的物，只要其价格是伴随着市场的波动发生变化的，存在价格的改变，就可以成为期权的交易对象。一般地，一些简单的基本标的物有：农产品、股票、固定资产等；一些较为复杂的标的物有：期货合约、外汇、利率等。这些标的物都可以充当期权载体进行交易。

2. 行权价格（Strike Price）。顾名思义，行权价格是期权合同约定的到期时候标的物的执行价格，也就是约定的以何种价格促成双方之间的交易。具体来说，期权的买方以该价格买入或者卖出标的物，而期权的卖方则必须以合同约定的行权价格将标的物卖给期权的买方。这个价格是不能改变的，也就是通过权利金的交付最终确定的成交价格，对于期权的卖方来说具有强制约束力。

3. 期权费（Premium）。期权费或者权利费也称为期权的价格，是期权的买方在购买权利的时候支付给期权卖方的费用，这也是期权持有者获得这项权利必须支付的价格。而作为权利的卖方，由于其负有在权利被执行的时候将标的资产买给期权买方的义务，因此，权利费也可以视为其获得的经济上的补偿。

4. 标的资产价格。标的资产的价格是交易者通过期权交易的标的物的价格，也就是交易者最关心的能够以多少成本购入资产或者出售资产能够获得多少收益的问题。标的资产价格的确定可以使买卖双方了解在当前的市场环境中，该项标的市场公平交易价格是多少，而这项数值就决定了在购买期权的时候期权的买方需要付出的权利费。如果标的资产的价格比行权价格更加有利，那就说明即使执行权利，权利的买入方也无法获得正的收益，反而会因为支付了权利费而有所损失，这个时候期权的权利费就会非常低；反之，如果期权的行权价格比标的资产的价格更加优惠，就意味着如果期权买方当前就行使权利，即刻就可以获得不菲的收益，因此，权利费要更高一些，从而反映这种盈亏事实。因此，标的资产的价格的确定决定了期权费的高低，也就是权利买入者的成本。

5. 到期日。期权合约一般都有一个有效期，这个有效期的最后一天是期权的到期日，持有者需要在期权到期之前作出决策，是执行这项权利还是放弃这项权利。如果权利持有者忘记了自己购买的期权，将会被默认为需要执行这项权利，于是期权买入者的保证金账户中就会被强行指派指定的标的物资产，并且从保证金账户中扣除相应的资金；而如果期权的买方不想要执行权利，那么他的选择有两种，放弃权利，或者在期权到期之间将手头的期权出售出去，也就是通过对冲进行平仓，这种平仓的策略有可能会使期权持有者提前确定自己的收益或者损失。当然，期权到期日之后，期权就会失效，权利会自动终止。

可见，期权的要素有标的物、价格、费用、合约、时间，以及人的选择行为等因素。期权逻辑与套利规则不同。在期权这种财务工具产生之前的全部投资回报问题论述，均可归结为套利定价理论（也称为武断定价法）。在套利定价理论框架下，投资人根据其对未来不确定性的“最佳信息”来构造一个投资回报的模型，然后将各种不确定性的因素都考虑在这个模型里面。对投资人来说，任何一个基于套利定价理论的模型中包括的变量越多，那么，这个模型就考虑得越周到。在套利定价理论的框架内，投资人对未来不确定性因素判断得越准确，投资模型就越正确，投资回报就越有保障。期权投资则从完全相反的思路来着手解决问题。期权是以事先确定的价格，允许投资人在未来一段时间内买入或者卖出某项资产的权利。简言之，其他投资方式都需要投资人事先对不确定性的事件采取行动，投资的成败也就取决于投资人对不确定性事件的判断。期权则是在收到新信息之后，再采取行动的权利，这是处理不确定性的最好办法。因此，期权普遍存在于社会经济的各个领域。

（二）期权的主要类别

了解期权，需要知道期权的分类，而基本的期权分类是比较简单的，可以根据交易标的进行分类、根据期权持有人所持有的权利不同进行分类、根据期权的交易状态进行分类，也可以根据期权的行权期限进行分类。

1. 根据交易标的进行分类。期权根据交易标的物不同，划分为现货期权和期货期权。现货期权交易的是现实流通的产品，一切能够在市场上流通的产品都可以成为期权交易的对象，包括实物商品和金融商品。前文已经提及，只要是价格能够发生波动，存在规避价格波动动机的商品都可以作为期权交易的对象，如大宗商品、农产品、能源、贵金属以及股票、外汇、利率等，都可以成为期权的交易标的。而期货期权指的交易标的物是期货合同，也就是规定期货合同的买卖价格，从而锁定期货的交易价格。

2. 根据期权持有人所持有的权利不同进行分类。期权可以划分为看涨期权也称为买权（Call Option）以及看跌期权也称为卖权（Put Option），分别用来表示权利持有者所持有的权利的种类。看涨期权，顾名思义，是购买标的物的期权持有者认为价格是上涨的，为了防止价格上涨，或者希望以较低的价格购买到标的物而持有的权利，持有看涨期权的权利人可以以一定的价格买入某种标的物，如果该标的物在市场上的价格真的发生了上涨，那么他就有权以行权价格买入该标的物，并且以市价出售获利；而如果市价低于行权价格，那么意味着市场价格是买入更优价格，看涨期权持有者会采取放弃期权的行权而在市场上以更低的价格买入标的物。

持有看跌期权者对价格的预期是下降的，他们在出售商品的时候担心价格是下降的，因此需要提前锁定销售价格，通过持有看跌期权，他们有权以行权价卖出标的物。如果标的物的价格下降的时候，他们可以以较高的行权价卖出标的物获利；如果标的物价格上升的时候，说明市场当中这种标的物的价格具有更大的优势，看跌期权持有者可以选择放弃期权行权，而以更高的市场价格出售标的物。

3. 根据期权的交易状态进行分类。期权的交易状态可以分为买入期权和卖出期权两种。期权合同的签订必须有交易双方，根据看涨期权和看跌期权的分类来看，持有期权的权利人都是为了在一定程度上规避标的资产的价格变化带来的风险，称其交易为买入期权；而与之相对的，期权交易存在买方就一定存在卖方，期权的卖方则承担了卖出权利的义务，称为卖出期权，他们对于标的物市场价格变化的判断与期权的买方相反，他们通常认为价格可能会保持稳定波动幅度不大，甚至有可能向买入期权者认定的反方向运动。

4. 根据期权的行权期限进行分类。根据期权的行权时间可以将期权划分为欧式期权、美式期权和百慕大期权。欧式期权是指期权持有者只能在权利到期日执行期权；美式期权则意味着权利持有者可以在期权到期之前就选择行权，并且可以在期权到期之前的任何日期执行自己的权利；而百慕大期权则是介于两者之间的一种期权类型，权力持有者不必等到期权到期再行权，但是也不会像美式期权一样随时随地可以行权，一般会选定几个特定的时间点作为行权日期，期权买方有权在这几个特定的日期行使自己的期权。

需要注意的是，这种期权的分类和所在的地区无关，而与期权的行使时限有关，它们体现出来的特征与期权所提及的地域的人文习惯有关。

（三）期权交易的分类组合与成本收益分析

根据前文所述，期权分为看涨期权和看跌期权两种，而根据期权的交易状态又划分为买入期权和卖出期权两种，因此，两两组合就出现了买入看涨期权、卖出看涨期权、买入看跌期权、卖出看跌期权等四种成本收益组合。

1. 买入看涨期权。投资者买入看涨期权，就可以获得在指定日期或者之前以某一特定价格从期权对手手中买入约定数量的标的物的权利。此时假设期权费为 f，行权价格为 k，行权日标的物的市场价格为 Vt。那么对于期权购买者来说，其付出的成本为期权费 f。

如果到了行权日，标的物的价格 Vt 高于期权费与行权价格之和 f + k，看涨期权持有者一定会执行期权，因为现实当中发生了他所预期的事情——标的物的资产价格上涨了。这时看涨期权的持有者就可以按照行权价格 k 从卖方手中购买标的物，而买到的标的物在市场上可以以 Vt 出售，获得收益 Vt - f - k （Vt > f + k）。如果在行权日，标的物的价格 Vt 大于行权价格，但是小于期权费与期权行权价格之和 （k + f > Vt > k），期权持有者依然会行使权利，因为只要行使权利，期权持有者就可以在标的物上获得 Vt - k 的收益，虽然这个收益不足以完全弥补期权费 f，但是如果不行权，将会损失所有的期权费。如果期权到期日，Vt 价格小于 k，说明市场价格更加有利于期权持有者购买标的物，这时权利持有者不会再从权利卖出方购买标的物，因为这样更加不划算，此时，期权持有者将损失所有的期权费，从期权交易的本身来看并没有产生收益。

因此，买入看涨期权的成本收益图可以用图 8 - 1 表示：在 b 点，Vt = k，一旦超过 b 点，权利持有者就会行权，从而引起期权盈亏线上扬；而在 a 点，Vt = k + f，出现盈亏平衡点，超过盈亏平衡点之后，权利持有者在期权合约上将会出现盈利，并且从图中的期权盈亏线走势来看，看涨期权持有者的成本是有限的，为期权费 f，而受益是无限的。

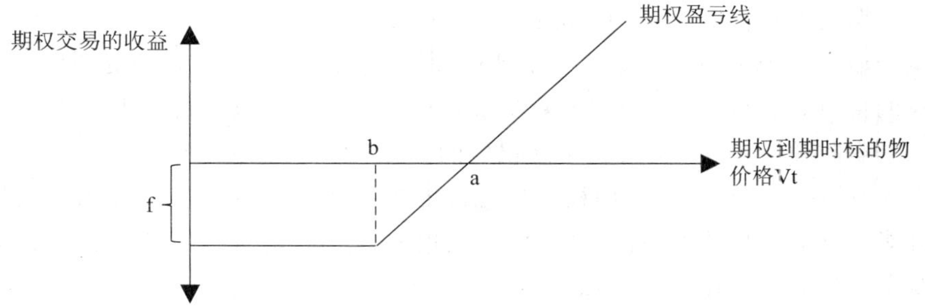

图 8 - 1　买入看涨期权的成本收益图

2. 卖出看涨期权。与上面买入看涨期权相对应的，是卖出看涨期权，也就是作为权利的卖出方和收取权利金的一方，前文已述及其判断价格的走势与期权持有者是相反的。在卖出看涨期权的时候，如果行权之日标的物的价格低于行权价格，看涨期权的持有者不会行权，也就是说不会向期权卖出者购买标的物，合约自动终止，看涨期权的卖出者获得了全部的权利金；而如果行权之日标的物的价格高于行权价格则权利持有者就会执行期权，而期权卖出方有义务以期权合同约定的价格将标的物出售给买方，而如果 Vt > k，且期权卖出方手头并没有现货标的物，那么他就需要到市场上以 Vt 的价格购入标的物，并且以 k 的价格卖给对方，产生损失，但是由于其收取了权利金，弥补了一部分损失；只有当 $Vt > k + f$ 时，在市场上买入标的物所支付的金额超过期权买方支付的金额以及权利费之和，看涨期权的卖出方才会真正产生损失。

因此，看涨期权的卖出方的成本损益情况用图 8－2 表示：在 b 点，$Vt = k$，一旦超过 b 点，权力持有者就会行权，从而引起期权盈亏线下降；而在 a 点，$Vt = k + f$，出现盈亏平衡点，超过盈亏平衡点之后，权利卖出者在期权合约上将会出现亏损，并且从图中的期权盈亏线走势来看，卖出看涨期权的收益是有限的，最高收益为期权费 f，而损失则是不确定的。

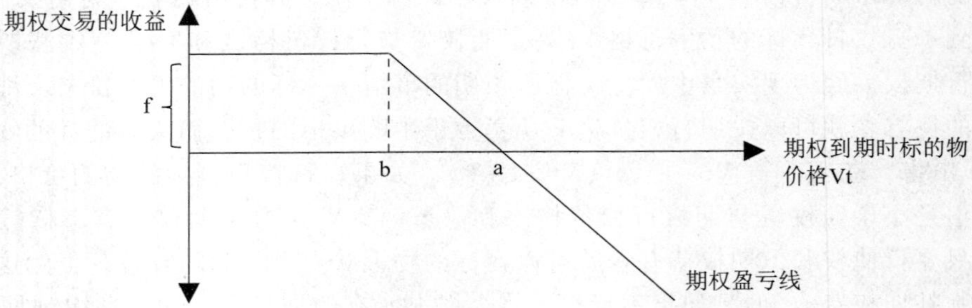

图 8－2　卖出看涨期权的成本收益图

3. 买入看跌期权。投资者买入看跌期权，就可以获得在指定日期或者之前以某一特定价格向期权对手卖出约定数量的标的物的权利。看跌期权的买入者对于价格的预期是下降的，由于目的在于出售标的物，因此，买入看跌期权的人担心价格的下跌会使其收入下降从而通过看跌期权买断价格下跌的空间。

如果到了行权日，标的物的市场价格高于行权价格（$Vt > k$），看跌期权的买方就不需要行权，因为在市场当中出售标的物就能够获得不错的收益，此时作为看跌期权的买方，其损失为全部的期权费；而如果标的物的市场价格 Vt 低于行权价格（$Vt < k$），看跌期权持有者一定会执行期权，因为现实当中发生了他所预期的事情——标的物的资产价格下跌了。这时看跌期权的持有者就可以以市价 Vt 买入标的物，然后按照行权价格 k 向期权卖方卖出标的物，此时获得收益 $k - Vt$，但是由于期权费的存在，买入看跌期权者不能完全覆盖自己的成本；而当 Vt 进一步下降，低于期权费与行权价格之差 $k - f$ 时，在市场当中交易产生的收益 $k - Vt$ 就能够覆盖期权费 f，即 $k - Vt > f$，这时看跌期权的持有者就会获得正的收益，这也就是看跌期权持有者的盈亏平衡点。

因此，买入看跌期权的成本收益图可以用图 8－3 表示：在 b 点，$Vt = k$，一旦 $Vt < k$，权利持有者就会行权，从而引起期权盈亏线上扬；而在 a 点，$Vt = k - f$，出现盈亏平衡点，超过盈亏平衡点之后，权利持有者在期权合约上将会出现盈利，并且从图中的期权盈亏线走势来看，看跌期权持有者的成本是有限的，为期权费 f，而受益虽然不是无限的，但是会以资产价格降到 0 为限。

4. 卖出看跌期权。与上面买入看跌期权相对应的，是卖出看跌期权。在卖出看跌期权的时候，如果行权之日标的物的价格高于行权价格，看跌期权的持有者不会行权，合约自动终止，看跌期权的卖出者获得全部的权利金；而如果行权之日标的物的价格低于行权价格，则权利持有者就会执行期权，而期权卖出方有义务以期权合同约定的价格 k 向期权买方购买约定的标的物。一般来说权利卖出方没有标的物的实物需求，因此会以 Vt 的价格在市场上出售标的物，产生损失，但是由于其收取了权利金，弥补了一部分损失；只有当 Vt < k - f 时，在市场上卖出标的物所得金额和权利费之和会少于期权卖方获得的金额，看跌期权的卖出方才会真正产生损失。

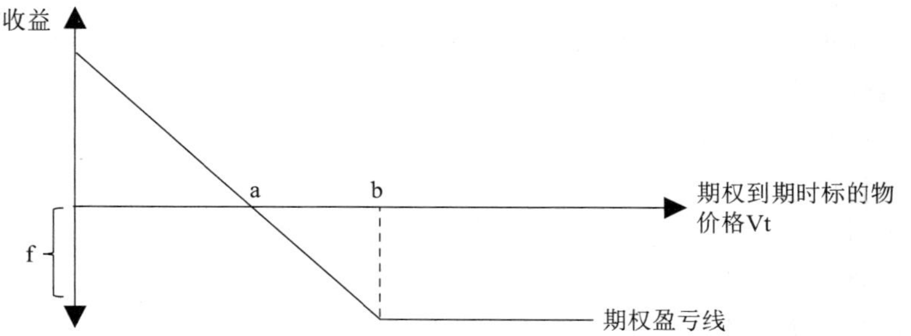

图 8-3　买入看跌期权的成本收益图

因此，看跌期权的卖出方的成本收益情况如图 8-4 所示：在 b 点，Vt = k，一旦低于 b 点，权利持有者就会行权，从而引起期权盈亏线下降；而在 a 点，Vt = k - f，出现盈亏平衡点，超过盈亏平衡点之后，权利卖出者在期权合约上将会出现亏损，并且从图中的期权盈亏线走势来看，卖出看涨期权的收益是有限的，最高收益为期权费 f，而损失则是不确定的。

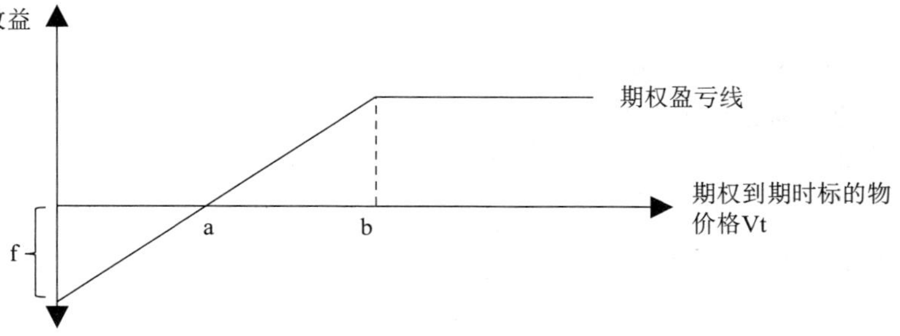

图 8-4　卖出看跌期权的成本收益图

期权作为一种高级的财务工具，完全活动在资本市场里，几乎与物质生产部门没有直接联系，但它却具有表达信息、不确定性和资源能力等功能，这三项功能构成期权的本质特征。

第二节　合约与期权价值

一、跨期财务活动的独立性及其条件

合约是社会成员之间（人与人之间、人与组织之间或各种组织之间）在实现合作时就

利益分配达成的协议或契约。制度安排是人们在共识基础上形成的多人或多组织多次重复的情境中的人或组织的行为规范。合约是制度安排的本质。规范是保证不侵犯他人利益的约束。财务活动的有序开展，依赖于财务合约的权威性和法律性。即使是这样，从事经济活动的个体规避风险仍然是一种普遍的现象。财务活动服务于物质生产经营并相对独立地运行，对于未来商品生产和交易是一种规避风险的好方法。财务活动一方面为物质生产过程提供货币资本供给，均衡配置物质生产过程所需的各种要素资本；另一方面发现价值、为物质生产活动提供财务决策，共同创造价值；此外，财务活动还可独立于物质生产过程之外发现价值，进而筹资、放贷、投资，独立地创造价值。在这个动机的驱动下，期货交易的产生就成了必然。期货交易是一种古老而又年轻的交易方式，早在公元前2000年，印度巴林群岛就有期货的交易记录，在古希腊罗马时代也有类似的历史记录，并且形成了中央交易所、易货交易所和货币制度等，并且能够按照固定的时间、在固定的场所开展正式的交易活动，由此签订远期交易合约，来约定货物购买的时间和交易时的价格。在罗马帝国鼎盛时期，罗马议会大厦广场就作为一个中央交易所存在，并且这种中央交易所的基本原理被一直延续下来。商品远期合约的交易是以现货市场为基础的，是商品交易产生的内在矛盾不断得到解决的产物。历史上在13世纪的欧洲产生了远期合约的交易，商人、手工业者和推销商等组织了实现宣布时间和地点的集市交易形式，这种交易形式在12世纪的英国和法国已经具有了一定的规模。例如，法国北部出现的"香槟市场"，直到13世纪开始，在普遍采用的即期现货交易的基础上开始出现根据提交的样品质量来签订远期交易合约的做法。商品交易的现金收支活动开始独立于工厂和商店，形成了独立的财务活动。

伴随着交通和通信的发展，集市性的交易场所被固定成为室内交易所，14世纪出现了历史上第一家商品交易所——安特卫普商品交易所，并进行早期的期货交易。随后出现的17世纪的阿姆斯特丹的郁金香球茎投机事件正如本章开头所举的例子，实际上就是以现货为基础的期货交易被引申为期权交易后价格变化风险无限扩大的后果。17世纪日本封建诸侯利用稻米进行账面交易或者仓单交易，1730年日本的Dojima大米市场开始进行远期合约的交易，并正式开设了商品交易所。美国的商品市场自1752年开始，主要进行农产品、纺织品、皮革、金属和木材等的交易，早期的现货交易为远期交易创造了有利条件。美国近代的期货交易于19世纪初期首次出现在美国中西部边疆地区，这与芝加哥的商业发展和中西部地区小麦交易是不可分割的，芝加哥以其独特的地理位置和战略地位树立了自己在期货交易中的核心地位。19世纪美国交通运输的进一步发达使得农场主的压价、仓储、运输等问题得到了解决，芝加哥孕育了早期的期货市场，到1848年，芝加哥期货交易所由82位商人自发发起并组建，交易所成立初期采用远期合约交易方式，随着交易的标准化进程，远期交易逐步演变成为标准化的期货交易。

人们跨时间开展财务活动的前提是社会物质生产活动高度发达，老百姓有了一些资本积累和财富，财务管理职业成为社会成员谋生的手段。只有社会扩大再生产活动各环节均衡发展，经济、政治、文化、科学、军事、教育和自然生态协调均衡发展，财务活动的相对独立性才可能持续发展。因此，人们从事财务活动不能离开社会扩大再生产过程和社会环境。研究和发展社会扩大再生产和增加百姓财富是财务活动存在独立性的基本条件。

二、从远期合约到期货交易

（一）远期合约

远期合约从其签订和执行来看，是一种相对简单的衍生工具，远期合约（Forward Contract）是一种确定在某个时间以某一个特定价格购买或者卖出某种资产的合同。与即期交易相对应，即期交易强调的是在当前时间点上以当前的价格对资产进行买卖。远期合约一般情况下都是场外交易合约，存在于两个金融机构或者金融机构及其客户之间，场外交易的特点就是可以不受交易所的约束和监管，而且可以切实根据交易的实际需要来订立合同的内容，合同的格式并不标准，成交额不确定。在远期合同的交易中，具有购买需求的一方称为持有多头头寸（Long Position），而另外一方则作为卖出方，持有空头头寸（Short position）。远期合约在执行的时候以双方的信用为履约的保证，多数远期合约的谈判都由双方在私下直接交涉，存在相当程度的信息不对称，导致远期合约的定价效率较低，对于远期合约的执行来说，双方只能采用交割的方式，也就是说远期合约的签订双方在不违背合约、诚信执行合约的前提下，必须对自己制定的合约严格遵守，在场外交易以及私下协商的前提条件下，远期合约的签订必然是适应某种交易需求的，这就导致远期合约的条款是根据远期合约签订双方的具体需求签订的，协议购买的商品的数量完全不可预测，因此，远期合约的双方必须将其持有至到期并予以执行，这样的远期合约是无法转让的。远期合约的多头持有者在执行的日期必须按照约定好的价格向对方购买标的物，而空头持有者也必须以约定的价格向多头持有者卖出这种标的物，也就是说远期合约只能通过执行进行平仓。早期的期货交易在没有进行标准化之前实质上就是一种远期交易，但是伴随着期货的出现，远期合约的主要交易对象在逐步缩小，目前远期合约在交易的过程中主要对汇率和利率进行交易。在这两种交易之中，企业与银行之间通过场外市场（OTC 市场）形成对于汇率和利率的协议，这是基于企业有真实的外汇兑换需求和借款需求而产生的，企业根据自己所需要的货币金额与贷款金额与银行签订协议，约定以某一个特定的汇率兑换某种货币，或者以某一个特定的利率贷入某笔款项。

举例来说，在外汇远期合同当中，当一个存在于美国的企业需要一笔英镑支付货款，但是这笔支付发生在 3 个月之后，那么美国企业就需要将美元兑换成英镑进行支付。由于这笔支付发生在 3 个月之后，伴随市场上汇率的变化，美国企业在兑换英镑的过程中就可能会因为汇率的变化而产生额外的美元支出，成为一项风险因素，如企业理财规划部经理判断美元相对于英镑将会发生贬值，那么这就意味着兑换等量的英镑将会付出更多的美元，企业将会出现额定购买成本以外的损失。因此，企业会倾向于与银行签订远期合同，来确定一个远期汇率，这个汇率的决定是基于银行对于未来汇率走势的判断来确定的，但是更加接近于当前的汇率水平。如果 3 个月后，美元兑英镑的汇率升水，也就是说美元升值，那么对于美国企业来说，不签订远期合约是划算的，因为可以节省兑换英镑的支出；而如果美元贬值，发生了企业预期的事情，则企业可以用约定的汇率兑换英镑，对于银行来说，在美元贬值的过程中，需要承担汇率变化带来的损失。

（二）期货合约

由于远期合约只能在场外交易中进行，并且流动性不足，为了更好地满足对于标的物交易避险的需求，标准化的期货合约（Future Contract）就产生了。期货合约的功能与远期合约是完全相同的，但是期货合约主要是在交易所中进行交易的。由于需要不断地进行交易，因此期货合约不可能根据具体交易需求确定每份合约的交易量，而是将交易标准化，期权的买卖双方无须知道具体的交易对手是谁，因为所有的期货合约都是标准的，价格都是由期货市场决定，并且交易所在促成期货交易的过程中采用了保证金制度，这就使得期货的交易过程受到严格的监管并且存在交易金额上的保证。保证金要求交纳期货交易额度的一定百分比，并且一旦买卖期货之后，随着期货价格的浮动，账户当中将会出现浮动的盈亏，当浮动亏损即将超过账户当中可用的保证金的时候，交易所就会通知期货交易者补充保证金，否则将会强制将其持有的期货平仓。有了这种标准化合约和保证金机制，就可以保证期货交易双方的地位，不会因为信用问题出现交易失败。期货合约是标准化后的远期合约，但是由于其标准化、容易流通、价格发现机制完善等特点，在现实当中的适用范围要广于远期合约。

期货可以分为商品期货和金融期货两种大类，其中商品期货又区分了工业商品、农产品和其他商品等，如我们所熟悉的大豆期货、铜期货等都是期货的标志性交易标的物；而金融期货主要的交易对象是金融资产及金融工具，股指、利率、汇率等都可以成为期货交易的标的物。需要注意的是，不同于远期合约的非标准化特征，期货合约最大的特点就是标准化，标准化的优势就在于期货合约可以方便地在期货交易市场上进行交易，而这也就意味着期货合约的平仓方式有两种，既可以像远期合约一样，通过实物交割来进行平仓；但是借助于期货合约的易交易性，期货合约可以通过相反方向的操作进行平仓处理。例如，初期买入期货，那么就意味着期货持有者拥有期货的多头头寸，在临近期货合约到期之时，如果期货的多头持有者并不想真正地执行这份期货，或者说只是想通过期货的交易进行套期保值，那么他可以将期货合约卖出，这样其手头就不再持有期货合约，即通过相反的操作进行平仓；类似的，期货合约可以卖空，也就是即期卖出期货合约，这表明期货卖出者持有的是期货的空头头寸，那么在平仓的时候，就需要在自己认为合适的时候买入期货合约进行平仓。因此，标准化的期货合约的平仓方式有两种，实物交割平仓和对冲平仓。值得注意的是，在现实当中，实物交割平仓占期货平仓的很小一部分比例，而大部分的期货采用的是对冲平仓。

因此，我们可以发现，远期合同和期货合同的作用都是根据约定的价格进行成交，不同的是，远期合约是场外交易，不能标准化，无法进行交易，而且必须进行实物交割，对交易双方的信誉要求程度较高；而期货合约是标准化的远期合约，合同条款、合同金额都是标准化的，在保证金制度和交易所的双重保证下，交易双方都不需要担心交易对手的诚信问题，期货合约的交易量大，可以采用对冲平仓的方法了结手中的期货头寸。有一个共同点值得大家关注，远期合约和期货合约交易的都是标的物本身。

（三）从标准化的期货合约到期权合约

期货合约作为对标的物的直接买卖，购买期货合约的目的在于标的物本身，不论期货交易的目的是通过在期货市场上的价格差来弥补现货交易中的亏损还是直接按照既定的价格交易期货的标的物，期货合约都是标的物价格的直接量化标准，并且期货价格的变化与现货价格的变化趋势是趋于一致的。而在我们前面的讲述中，期权合约的存在主要是为了交易一种购买标的物的权利，期权的交易并不涉及标的物本身，如果不进行实物的交割，而是关注期权价格的变化，期权与标的物是没有任何关系的。

期权和期货的共同之处在于，两者都是标准化的合约，标准化的合约就可以带来交易的便利，持有的合同可以通过交易所进行交易，从而有利于更加准确地发现期货合约和期权合约的价值。而两者之间的不同之处在于：

1. 买卖双方的权利和义务不同。期权是单向合约，买卖双方的权利与义务不对等，买方有以合约规定的价格买入或卖出标的资产的权利，而卖方则被动履行义务。期货合约是双向的，双方都要承担期货合约到期交割的义务。

2. 履约保证不同。在期权交易中，买方最大的亏损为已经支付的权利金，所以不需要支付履约保证金。而卖方面临较大风险，可能亏损无限，因而必须缴纳保证金作为履行义务的担保。而在期货交易中，期货合约的买卖双方都要交纳一定比例的保证金。

3. 保证金的计算方式不同。由于期权是非线性产品，因而保证金非比例调整。对于期货合约，由于是线性的，保证金按比例收取。

4. 清算交割方式不同。当期权合约被持有至行权日，期权买方可以选择行权或者放弃权利，期权的卖方则只能被行权。而在期货合约的到期日，标的物自动交割。

5. 合约价值不同。期权合约本身有价值，即权利金。而期货合约本身无价值，只是跟踪标的价格。

6. 盈亏特点不同。期权合约的买方收益随市场价格的变化而波动，但其最大亏损只为购买期权的权利金；卖方的收益只是出售期权的权利金，亏损则是不固定的。在期货交易中，买卖双方都面临着无限的盈利与亏损。

从期货到期权合约的变化显示了金融衍生工具交易者对于避险、投机的需求的变化及对于金融衍生工具的探索，期权的存在事实上是在交易的基础上派生出来的权利性合约，这种合约的存在使得人们能够锁定一个权利，但同时又可以放弃这项权利。

三、如何判断应该为权利支付多少成本

如何判定应该为权利支付多少成本，就是一个确定期权价格的问题。在了解了期权的基本含义以及远期合约、期货合约和期权合约的演化关系之后，我们需要关注期权的价格问题。如何确认期权的价格也就是说我们为了获得一项期权需要付出多少成本是一个值得探讨的问题，这关系到期权交易者能否在期权的交易中获得收益。作为对于期权初步了解的内容，我们需要关注的是影响期权价格的因素以及其影响方式，看跌期权和看涨期权价格之间的关系，以及欧式期权的定价。

（一）影响期权价格的因素及其影响方式

为了了解期权的价格的确定，我们必须首先了解期权的价格的影响因素，在了解期权价格的影响因素之前，首先需要明确一个问题，就是期权的价值的构成。根据前文的叙述，期权是一种面向未来的权利，并且期权的执行是在一定时间之后，执行期权会给权利持有者带来收益，从而对冲其在现货交易过程当中可能产生的损失。因此，这就说明了两个问题，期权的价值包含了一部分在订立期权的时候本身就有的价值，叫作内涵价值，还有一部分是伴随着时间的推移而产生的不确定性带来的价值，叫作时间价值。

内涵价值反映的是标的物的市场价值与订立期权时的行权价格之间的差值，也就是说期权购买方在购买期权合约之后立刻行权能够带来的收益，也是期权在市场上所能够确立的最低价格。分别从看涨期权和看跌期权的角度来看期权的内涵价值：对于看涨期权来说，期权

的持有者预期价格是上涨的，想要通过期权的交易锁定交易标的物较低的价格，这就说明行权价格越低，在行权的时候期权持有者获得的收益越大，期权代表的价格就越高，当标的物市场价 Vt 大于行权价格 k 的时候，立刻执行期权将会带来收益，收益为 Vt－k，当 Vt 小于等于行权价格 k 的时候，立刻执行期权对期权持有者来说将意味着损失，所以权利持有者会选择不行权而放弃期权，所以期权的价格为零。这就引申出期权内涵价值不同导致的三种期权状态：实值期权、平值期权、虚值期权。实值期权指的是期权标的物的市场价格大于行权价格，而且差价幅度越大，期权的内涵价值就越大；当标的物的市场价格等于期权价格的时候，期权立刻执行恰好不能带来收益，这个时候叫平值期权；而当行权价格高于标的物价值的时候，期权也不能给权利持有者带来收益，权利持有者是寄希望于未来一段时间标的资产价格的变化，这个时候的期权叫作虚值期权。

由于期权代表的是一项未来的权利，在期权的有效期内，标的物的市场价格会发生波动，这种波动有可能会给期权持有者带来收益，这就构成了期权的时间价值，即伴随着时间的推移，期权的买方可能获得的额外报酬，同时也是期权卖方因为承担风险而要求的额外补偿。

从期权的价值构成来看，至少存在三个因素会影响期权的价值——标的物市场价值、行权价格以及行权的时间。但是，更进一步来看，期权的价格的影响因素还包括标的物价格的波动率、无风险利率两个因素。因此，在判断期权价格的时候，至少有五个因素。下面我们分别来分析五种要素的含义以及其影响期权价格的方式。

1. 标的物市场价格。在理解了期权的逻辑和基本要素之后，我们可以通过判断期权内涵价值得知，如果其他条件保持不变，期权标的物的市场价格越有利于期权持有者，那么期权的价格就越高。如对于看涨期权来说，当标的物市场价格高于行权价格的时候，期权的持有者可以即时获利，而且标的物市场价格比行权价格高得越多，意味着可以以更加有利的价格买入资产；对于看跌期权来说，当标的物的市场价格低于行权价格的时候，期权的持有者可以即时获利，标的物市场价格低于行权价格越多，可以以更加有利的价格卖出标的物。因此，对于看涨期权来说，标的物市场价格越高，期权价格越高，而对于看跌期权来说，标的物市场价格越低，期权价格越高。

2. 行权价格。与标的物市场价格相反，行权价格是期权持有者在执行期权时的成交价，也是期权持有者能够接受的心理价格底线，一旦标的物资产价格劣于行权价格，那么期权持有者会选择不行权，因此，行权价格接近甚至超出期权持有者的心理预期底线，期权价格越低。对于看涨期权来说，当其他条件不变，行权价格越低，意味着其距离标的物价格越远，期权价值越大；相反对于看跌期权来说，行权价格越高，期权价值越大。

3. 行权时间。期权的行权需要经过一段时间，而在这段时间之内，标的物价格很有可能会发生变化，而且时间越长，留给价格发生较大变动的可能性就越大。因此，不论对于看涨期权还是看跌期权而言，期权的行权时间越长，期权的价值就越大，体现在期权报价上为到期期限越长，期权价格越高。

4. 标的物价格的波动率。任何事物的运行，其价值的变化从统计学意义上来说都符合一定的统计学分布，在对经济事物进行研究的过程中，我们通常会把价格的分布近似等同于正态分布的形态，那么就意味着未来价格的变化会出现一定的波动，这种波动可以理解为不同价值与价值均值之间的差距的程度，产生差距越大，说明价格的波动性越大；反过来说，如果波动率越大，那就意味着某种标的物资产的价格发生较大变动的可能性就会增大。前面我们分析指出，当标的物价格与行权价格之间的差距向着有利于期权持有者的方向扩大的时候，期权持有者就会获得越多的收益，那么价格波动剧烈的话，期权持有者就更有可能得到一个较大的价差，从而获得更大的收益。因此，不论是看涨期权还是看跌期权，对于一种价格比较容易发生波动的标的物资产，它的期权价格会更高，即标的物价格的波动率越高，期权价值越大。

5. 无风险利率。在财务管理领域当中，现值的概念已得到广泛认可，货币资本具有时间价值，我们判断一项投资是否可行，需要将其未来现金流量和收益进行折现，以判断与当期投资之间的关系。因此，在判断投资一项期权是否能够盈利的时候，我们需要关注未来期权行权的时候支付或者收到的现金其折现值的大小。如果认定这些现金流是不变的情况下，折现值的确定就与报酬率存在反向关系，我们用无风险报酬率来衡量货币的收益情况，而折现率在确定未来现金流现值的过程中存在于分母上，折现率越高，未来现金流的现值越小。对于看涨期权而言，未来支付的现金流是在交割标的物的时候支付，当无风险报酬率升高的时候，其折现值下降，也就意味着从现值角度看，交割标的物支付的金额下降，对于看涨期权的持有者来说，能够增加其收益；对于看跌期权，未来交割标的物能够收回现金流，同样的当无风险报酬率上升的时候，收到的现金流的现值下降，说明收益降低。因此，无风险报酬率上升，能够使看涨期权的价值上升，而使看跌期权的价值下降。

上述五要素对于期权价格的影响具体如表 8－1 所示。

表 8－1　　期权五要素对期权价格的影响

要素	变化方向	看涨期权价值	看跌期权价值
标的物市场价格	增加	上升	下降
行权价格	增加	下降	上升
行权时间	增加	上升	上升
标的物价格波动率	增加	上升	上升
无风险利率	增加	上升	下降

（二）看涨期权和看跌期权之间的平价关系

看涨期权与看跌期权之间存在一定的关系，我们认为在欧式期权的条件下，具有相同的到期日，并且均以单一证券为标的物的看跌期权和看涨期权的价格之间存在一个固定的关系，我们称之为看涨—看跌期权平价。这个平价理论的意义在于：如果我们已经知道了一种以某种资产为标的物的欧式看涨期权的价格，那么我们就可以推测出以相同的资产为标的物的欧式看跌期权的价格。这是看涨期权和看跌期权之间最基本的关联关系。

例如，我们假设现在拥有一个投资组合。在该组合里，我们买入持有一份普通股股票，一份看跌期权（目的是锁定股票出售价格，如果股票价格过低，我们会选择通过看跌期权出售股票）。与此同时，我们再卖出一份看涨期权（如果股票价格较高时，我们需要以期权行权价格卖出手头的股票头寸，而股票价格波动不大的时候，我们可以保留期权费，这种策略在期权交易市场当中叫作卖出备兑看涨期权），我们所持有的两种期权都是以普通股为标的物的，同时，我们将两种期权的到期日 T、行权价格 k 确定为同一个，股票标的物的价格为 S。于是，期权到期时，该投资组合可能会出现以下状态，如表 8 - 2 所示。

表 8 - 2 看涨—看跌期权组合行权价值

状态	持有股票价值	看涨期权价值	看跌期权价值	投资组合价值
S≥k	S	-（S-k）	0	k
S<k	S	0	k-S	k

从表 8 - 2 来看，当标的物资产的价格高于行权价格的时候，资产组合卖出看涨期权的权利持有方会选择行权，这个时候我们需要以 k 的价格卖出股票，由于股票的市值为 S，所以在看涨期权上就产生了 S - k 的净损失，但是由于我们持有股票头寸，因此，股票的价格为 S，而此时，看跌期权由于股票价格偏高，我们持有投资组合选择不行权，于是期权本身已经没有价值，所以，这个组合的总价值为 k，即行权价格；而相反，当标的物资产的价格小于行权价格的时候，我们持有看跌期权就会选择通过看跌期权出售标的物股票，出售价格就是行权价 k，而看涨期权由于标的物资产低于行权价格，其价值为零，因此，这个组合的总价值也是 k。也就是说，在上述假设下的组合不论到期的时候处于何种状态，证券组合的价值都是标的物的行权价格 k，因此，我们可以认为从该证券组合中获得的支付是无权无风险的，可以用无风险利率对其进行贴现，将期权的权利费（看涨期权为 C_0，看跌期权为 P_0。很显然，我们在初始时刻的成本为标的资产的价格 S，看跌期权的价格 P_0，收入为看涨期权的价格 C_0，则初期的投入为 $S + P_0 - C_0$）考虑进来的话，假定无风险利率为 r，则有如下公式：

$$S + P_0 - C_0 = \frac{k}{1 + r} \tag{8-1}$$

对其进行重新整理后可以得到平价公式：

$$C_0 - P_0 = \frac{S(1 + r) - k}{1 + r} \tag{8-2}$$

此时，如果我们假定期权的行权价格 k 等于当前股票的价格 S，则会产生一种特殊的情况。当 S = k 的时候，我们可以得到：

$$C_0 - P_0 = \frac{Sr}{1 + r} > 0 \tag{8-3}$$

这个公式说明了当估价的参数相等（影响期权价格的几大因素，如标的物资产价格、行权价格、波动率、期限以及无风险利率等），并且执行价格等于股票价格，看涨期权的价格是会大于看跌期权的。而看涨—看跌期权的平价公式在等量连续复利的情况下应该表示为：

$$C_0 - P_0 = S - ke^{-rt} \tag{8-4}$$

这个平价公式显示了欧式看涨期权和看跌期权之间的关系，可以通过一个得到另一个。

（三）期权定价的确定

期权价格实际是期权标的物和期权合约自身两方面价值因素作用的合一。期权的实质是社会扩大再生产过程之外的另一套财务活动。因此，期权具有资产组合思想和规避风险基因。我们在了解了影响期权的要素及其影响特性，以及欧式期权的看跌—看涨期权平价关系之后，需要了解期权是如何确定自身价格的。在这里，我们需要了解期权定价的基本原理。在进行期权定价的过程中，多位学者都给出了自己的判断和证明，其中最主要的两种定价方法分别为二项式定价模型和布莱克－斯科尔斯期权定价模型（B－S期权定价模型）。

1. 股票看涨期权定价的简单二项式模型。二项式定价方法是对期权价格较为直观的认识方法，该方法由考克斯、罗斯、鲁宾斯坦和雷德勒曼与巴特提出，被称为Cox－Ross－Rubinstein二项式期权定价模型。二项式期权价格计算模型当中，只考虑标的物资产价格上升与下降两种情况，且在整个考察期内，假定股价每次上升和下降的波动幅度和概率是不变的。模型的考虑从单期直到存续期内的若干期，根据股价的历史波动率模拟出股票在整个存续期内可能存在的变化路径，并对每一路径上的每一个节点计算期权行权收益，并用贴现的方法计算出最初的期权价格。下面我们对二项式期权价格模型公式进行两阶段推导，第一阶段为单期的二项式期权价格模型，第二阶段为扩展后的多期二项式期权价格模型，从而得到一般期权定价的二项式模型。

（1）单期期权的二项式期权价格定价公式推导。我们假定以股票为交易标的物。假设股票价格为S，上涨的可能性为p，则股票价格下跌的可能性为（1－p），并假设股票价格上升的幅度为u（则上涨后的股价为uS），而下降的幅度为d（则下降以后的股价为dS）。则在单期期末，股票的价格有可能以p的概率上升到uS，而有（1－p）的概率下降到dS，为了保证不存在无风险套利机会，推导过程假设$u>1+r_f>d$，而d在n个期间的极限是价格为0，无风险报酬率$r_f>0$。如图8－5所示。

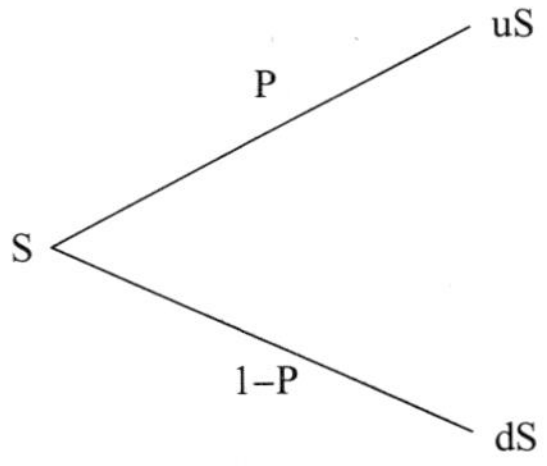

图8－5　股票价格

为了推导期权价格，我们需要构造一个无风险套期保值的投资组合（注意无风险套利与无风险套期保值的区别）。该组合由购买1股股票S的需求以及m份以该股份为标的物的看涨期权组成，在这个组合中，期权到期后，如果执行期权，就可以以较低的价格支付价款，从而在购买股票上得到收益，并获得这1股股票；如果不执行期权，则到期后就可以以较低的股价买入股票，在期权上的收益为0，假设行权价格为X。由此我们可以得出，在无风险套期保值的情况下，不论价格上涨或者下跌，期末的支付都应该是一样的，从而保证投资组合无风险，并且这个组合的支付的无风险利率折现值应该等于期初的股票价格。根据上述分析我们可以得到公式如下：

$$uS - mCu = dS - mCd \tag{8-5}$$

而期权获得的Cu和Cd可以用下列二项式模型表示，如图8－6所示。

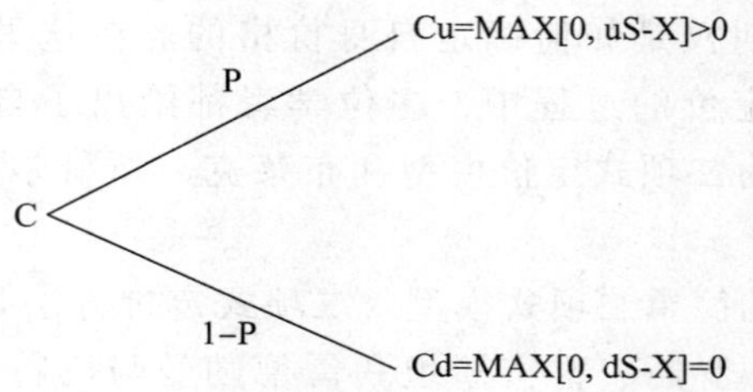

图 8-6 单个期间看涨期权到期收益情况

从上述式子中我们可以解出对应股票股数的看涨期权份数：

$$m=\frac{S(u-d)}{Cu-Cd} \tag{8-6}$$

这就可以使得不论股价上涨还是下跌，都有相同的期权成本。而根据无风险套期保值投资组合来看，投资组合的当前价值乘以 $1+r_f$ 等于期末的支付额。用公式表示如下：

$$(1+r_f)(S-mC)=uS-mCu \tag{8-7}$$

$$C=\frac{S[(1+r_f)-u]+mCu}{m(1+r_f)} \tag{8-8}$$

此时将股票对应的看涨期权份数 m，也就是套期保值比率代入上式中得到：

$$C=\left[Cu\frac{(1+r_f)-d}{u-d}+Cd\frac{u-(1+r_f)}{u-d}\right]\div(1+r_f) \tag{8-9}$$

通过观察可以发现，两分数部分相加正好为 0，所以将 $\frac{(1+r_f)-d}{u-d}$ 定义为 p，而 $\frac{u-(1+r_f)}{u-d}$ 就成了（1-p），于是上述公式可以被简化为：

$$C=[p\cdot Cu+(1-p)\cdot Cd]\div(1+r_f) \tag{8-10}$$

我们称 P 为套期保值概率，该变量属于［0，1］之间，并且符合概率分布。进一步来说，假设投资者风险中立，则在均衡状态下，风险中立者在对普通股的投资中的普通股投资要求仅为无风险报酬率。因此上述公式可以用来计算看涨期权的价值。

（2）期权二项式定价公式的重要特性。看涨期权的定价当中有三条重要的特性。

①看涨期权的价格与股票上涨的概率无关。因此，尽管投资者对上涨概率有同质性期望，他们应该承认看涨期权的价值与其他因素有关，比如上涨的幅度 u，股票价格 S，行权价格 X，无风险利率 r_f。股票价格本身就是投资者关于上涨概率不同看法的集合。

②个体对风险的态度与推导看涨期权的定价公式无关。获得上述公式推导结果的假设仅为：所有投资者都偏好于获得更多的财富而不是获得更少的财富，这条假设可以消除套期保值利润存在的可能性。

③确定看涨期权价值的唯一随机变量是股票本身。股票的价格不依赖于其他因素，如所有证券的市场证券组合。

（3）推广到多个期间的二项式定价模型。第二阶段将单期期权公式推广到多期，将期限因素纳入期权定价公式当中，说明期权的期限如何影响期权的价格。首先我们考虑，两阶段期权的股票价格与看涨期权的收益情况。简单地假设两个期间的无风险利率为 $(1+r_f)^2$，运用单个期间的期权定价模型，可以计算和确定单个期间的期权在第一期期末、第二期期初的价值：

$$Cu = [pc_{uu} + (1-p)c_{ud}] \div (1+r_f) \tag{8-11}$$

$$Cd = [pc_{du} + (1-p)c_{dd}] \div (1+r_f) \tag{8-12}$$

图 8-7 为二阶段期间股票价格的二项式过程，其中，S 为股价，u 为上涨幅度，d 为下跌幅度。图 8-8 是二阶段看涨期权的二项式收益情况。

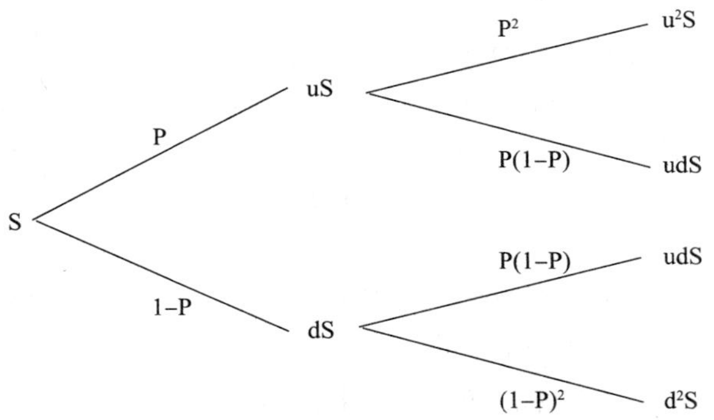

图 8-7　二阶段期间股票价格的二项式过程

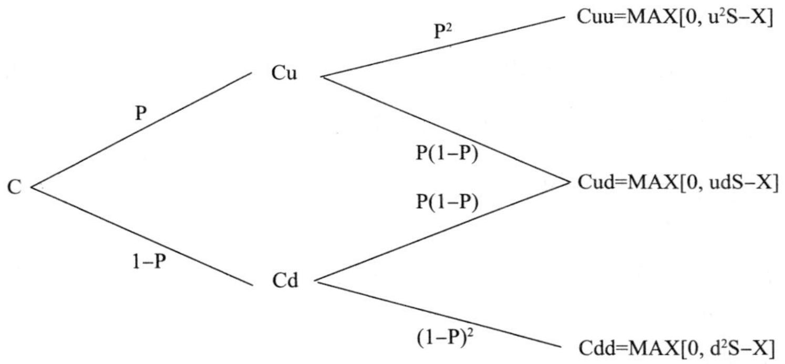

图 8-8　二阶段看涨期权的二项式收益情况

在上述看涨期权的公式中，我们可以根据公式（8-10）构建第一个期间内的无风险套期保值组合，以确保产生无风险套期保值的机会，从而得到看涨期权的现值公式，将单个期权在第一期期末和第二期期初的价值代入公式（8-10），可以得到

$$C = [p^2C_{uu} + p(1-p)C_{ud} + p(1-p)C_{du} + (1-p)^2C_{dd}] \div (1+r_f)^2 \tag{8-13}$$

上述公式是利用两个单期的二项式模型所得到的结果，括号内的各项为单个期间定价模型公式中的二项式展开。其中，C_{uu}、C_{ud}、C_{du}、C_{dd} 为看涨期权在第二个期间之后的可能取值。

接下来，将期权持续期间有两个扩展到 T 个区间的一般看涨期权，每一最终结果对应的概率乘以最终结果并以 T 个时期进行无风险利率的贴现，则收益的一般形式为：

$$MAX\ [0,\ u^n d^{T-n} S - X]$$

其中，用 n 来表示股票价格上涨的期数，T 表示总的期数，每种收益的概率的一般形式可以用二项式分布表示为：

$$B(n|T,p)=\frac{T!}{(T-n)!\ n!}p^{n}(1-p)^{T-n} \tag{8-14}$$

将所有的由于执行期权而带来的收益与概率相乘，并将所有可能的收益加总，就可以得到：

$$C=\left\{\sum_{n=0}^{T}\frac{T!}{(T-n)!n!}p^{n}(1-p)^{T-n}MAX[0,u^{n}d^{T-n}S-X]\right\}\div(1+r_f)^{T} \tag{8-15}$$

此处我们仅处理非负数收益的问题，因此，假设 $n\geqslant a$ 的时候，$MAX[0,u^{n}d^{T-n}S-X]$ 为正，我们考虑的是 $u^{n}d^{T-n}S-X$ 部分，因此，将公式（8－15）拆分为两部分。

$$C=S\left[\sum_{n=a}^{T}\frac{T!}{(T-n)!n!}p^{n}(1-p)^{T-n}\frac{u^{n}d^{T-n}}{(1+r_f)^{T}}\right]-X(1+r_f)^{-T}\left[\sum_{n=a}^{T}\frac{T!}{(T-n)!n!}p^{n}(1-p)^{T-n}\right] \tag{8-16}$$

第二个中括号当中的部分为完整的二项式分布 $B(n\geqslant a|T,p)$ 的累计概率，也就表示了期权为实值期权（in the money）（此时 $n\geqslant a$）的累计概率，此处的概率指的是无风险套期保值投资组合决定的套期保值概率。第一个中括号内是股票价格乘以完整的二项式分布累计概率。我们令 $p'=\left[\frac{u}{1+r_f}\right]p$，令 $1-p'=\left[\frac{d}{1+r_f}\right](1-p)$，则可以将第一个中括号内的部分改写为：

$$\sum_{n=a}^{T}\frac{T!}{(T-n)!n!}p^{n}(1-p)^{T-n}\frac{u^{n}d^{T-n}}{(1+r_f)^{T}}=\sum_{n=a}^{T}\frac{T!}{(T-n)!n!}(p')^{n}(1-p')^{T-n} \tag{8-17}$$

至此，可以将欧式看涨期权的定价模型总结为：

$$C=SB(n\geqslant a\mid T,p')-X(1+r_f)^{-T}B(n\geqslant a\mid T,p) \tag{8-18}$$

其中，a 为大于 $\dfrac{\ln\frac{X}{Sd^{n}}}{\ln\frac{u}{d}}$ 的最小非负整数，如果 $a>T$，则 $C=0$（也就是说，无论如何上涨都无法使股票价格上涨，那么期权价值为0）。从公式（8－17）来看，看涨期权的价格会伴随着股票价格 S 的上涨而增长，而伴随着行权价格 X 的增长而下跌。另外，无风险利率 r_f、到期前的时期数 T，以及二项式分布的方差 $Tp(1-p)$ 都会影响看涨期权的价值。

2. 扩展为连续期间的二项式模型——BSOP 期权定价模型。当我们将一段时期划分为 n 小段的时候，也就意味着一个期权变成了 n 期的期权，每一期期末的价格都在发生变化，当 n 趋向于无穷大的时候，考克斯等人证明了 $B(n\geqslant a\mid T,p')$ 收敛于 $N(d_1)$，而 $B(n\geqslant a\mid T,p)$ 收敛于 $N(d_2)$。

这里 $d_1=\dfrac{\ln\frac{S}{X}+r_fT}{\sigma\sqrt{T}}+\dfrac{1}{2}\sigma\sqrt{T}$，而 $d_2=d_1-\sigma\sqrt{T}$。

因此，布莱克—斯科尔斯（BSOP）公式作为一种极限情况是二项式定价模型的极限形式。其表达方式为：

$$C=SN(d_1)-Xe^{-r_fT}N(d_2) \tag{8-19}$$

这是用来确认期权价格的最直接公式，也是迄今为止用途最为广泛的期权定价公式。由于 BSOP 模型的产生，很多带有期权性质的问题可以在数量上实现量化。财务活动由于期权定价理论的参与而变得异常丰富起来。在计算公式（8－19）里，$e^{-r_f T}$是连续时间价值现值系数。这是财务管理工作者与一般经济工作者（经济学家、会计师）的不同之处。虽然连续时间价值的计算比离散时间价值复杂一些，但财务管理工作者有这种偏好。因为这样计算更科学、更准确，也更合理。所以，对期权工具的娴熟使用程度是评估和衡量一个财务专业工作者的基本要求。很明显，财务管理专业工作者应拥有高等数学知识的基本训练。

四、虚拟财务活动的客观性与收益和权利

近半个世纪以来，期权理论在西方发达国家得到了迅速发展，期权不仅应用在金融市场上，而且被广泛地应用到了财务管理的领域中，成为企业财务活动的重要组成部分。期权不仅仅是一种避险工具和投资获利工具，更加成为现代企业的财务管理分析中的新思路和新方法。期权理论在企业财务中的应用，使得很多传统的财务难题得到了解决，财务理论因此得到了长足的发展。期权在财务领域的应用，更多地体现在期权思维在具体决策当中的使用。本节我们关注以下几种期权的用途：实物期权、期权激励以及从期权角度看待企业价值。

（一）实物期权

在企业进行投资活动的过程中，我们常常采用净现值的方法对企业的投资项目进行是否应该做出投资的判断，其依据的原理在于，根据货币的时间价值，企业未来的现金流入应该折现到投资的时刻，来判断是否比投资额要高，也就是说，企业投资任何一个项目产生的未来现金流入的折现值减去期初投资，如果此值大于零，表示这个项目可以给企业带来正的现金流入，而如果此值为零甚至为负，说明这个项目无法给企业带来正的收益，反而会让企业产生损失，应该予以放弃。在这种评估方式中存在一个问题，忽略了企业的经营裁量权，以及忽略了项目的不确定性。我们知道作为一个企业，在经营过程当中是存在一定的弹性的。

我们来思考一下，如果一个项目在经过了一段时间的运行后，管理者发现这个项目的市场预期并不如原来想象得好，那么管理者会怎么处理呢？有很大的可能性他会选择终止这个项目的运行以降低损失，而不是持续地进行投资；而如果发现一个项目的收益状况非常好，能够给企业带来持续增长的现金流的时候，也就是说收益率非常可观的时候，企业的管理者又会怎么做？管理者可能又会倾向于扩大投资，增加对这个项目的投入，从而使这个收益率高的项目持续为企业带来丰富的现金流入。这就说明，企业的管理者在投资一个项目的过程中是存在判断权和选择权的。因此，从这个角度上考虑，这种在经营过程中产生的现实选择权，就构成了企业的一种期权，并且企业的管理者有权决定是否执行期权，也就是说，这是管理者持有的一种期权。虽然这种期权并不真实存在，是一种虚拟的权利，但是这种选择权却是客观存在的，其的存在能够给企业带来额外的价值，这种选择权或者调整权叫作实物期权。

实物期权包含三种：延期期权、扩张期权、放弃期权。

1. 延期期权（option to delay）。当一个企业在投资的过程中，拥有延迟开发一个项目的权利，并且在这个时期内这种权利是排他的，这种实物期权叫作延期期权。传统的净现值测算方法一直在试图寻找一个一直都“很好”的项目，也就是说，直到项目终结为止，项目带来的所有的现金流的折现值将会超过初期的投资额，这样的项目当然会被接受。但是需要

注意的是，一个项目可能在今天并不是一个好的项目，而在一段时期之后，由于环境发生变化，这个项目就成为一个好的项目，将会给企业带来很好的价值；而如果环境一直不允许进行一个项目的运营，也就是说不论在何时，开始这个项目都将意味着企业会遭受损失，那么管理者会选择放弃执行这个项目，以防止进一步的投资造成企业更大的亏损。

例如，一个公司投资购买了为期一年的某部电影的游戏改编权，但是由于这部电影尚未公映，并不知道其市场接受程度，因此做出了只投资游戏平台建设（其他游戏也可以公用），而不对游戏进行实质性开发的决策。这个时候，意味着企业有权在一年时间内作出开发游戏的决策，在这一年时间内，当企业的净现值大于0的时候，也就是说未来现金流的现值大于开发游戏的投资额时，企业会采取开发的策略，而如果预测未来的净现值始终为非正数，则企业不会选择开发这款游戏，因为一旦投资就会产生损失。标的资产价格为未来现金流的净现值PV，而行权价格为开发游戏的追加投资I，当 PV > I 的时候，NPV = PV - I，而当 PV ≤ I 的时候，NPV = 0，不开发。根据延期期权的特性判断，类似于美式看涨期权。

2. 扩张期权（option to expand）。扩张期权存在于一个企业在开发一个项目的过程中，发现这个项目能够带来更多的收益，于是决定加大投资力度，但是这是基于项目开始以后的判断。这个时候初始投资就成为期权的期权费，以便于企业能够产生追加投资的可能性。

例如，一位企业家在投资一个新兴旅馆项目的时候进行了净现值的测算，在使用二叉树法对可能产生的收益进行测算之后发现，未来的加权平均收益为负数，该项目不应该进行投资。但是在考虑了实际的经营决策之后，他认为，当这个旅馆经营的过程中如果发现经营良好能够带来较多的收益的时候，可以选择再开十家分店来增加自己的收益，也就是说，能够赚钱的概率分支当中由于旅馆数量的上升使得总收益上升，增加了获利概率分支的收益，从而使得整个决策的期望收益上升，允许进行追加投资的权利给这个项目带来了额外的获利的可能性。并且，当未来收益大于追加投资额的时候，管理者就会行权，追加投资，而当小于投资额的时候，管理者就会选择放弃。从特性上判断，这也是一种美式看涨期权。

3. 放弃期权（option to abandon）。一个企业在经营一个项目的过程中，如果发现这个项目带来的损失较大，或者实时预测其好转的可能性较小，企业就会选择在中途停止项目进行止损，并且出售目前的现金流获得权来获得一些残值，从而防止继续投资产生的额外损失，并弥补前期的投资损失，这种决策权叫作放弃期权。这种实物期权一般存在于大型项目、新兴产业项目当中，因为这些项目在前期预测过程中可能存在疏漏以及较大的偏差。

例如，某企业在投资进行了一个较大规模项目的时候，前期论证中发现该项目可能无法使企业盈利，但是由于项目的稀缺性决定先行上马，但在后期运营过程中发现该项目难以实现持续稳定的收益，并且未来现金流的折现值已经小于将项目资产处置后得到的净现金流入L，此时，企业较为理性的处理方式为停止项目，并将项目所有资产进行出售，以获得清算收入，而当未来现金流的折现值大于或等于L时，该项目仍然具有运营的可行性，放弃项目的决策不需要做出，从这个特性上来看，放弃期权符合美式看跌期权的特点。

（二）期权激励

在当前市场竞争日益激烈的情况下，企业与企业之间的竞争正逐渐成为人才的竞争，谁能拥有高素质、经验丰富的高管团队，谁就在市场竞争中获得先机。因此，给予管理者和科技人员期权激励时有发生。期权激励是认股权证在企业经营管理中的一个突出表现。

认股权证是公司发行的一种有价证券，具有期权性质，其赋予权利持有者一种权利，在限定的期限内可以以特定的价格购买公司的普通股股票。对于外在的投资者来说，认股权证发挥融资作用，提高财务工具吸引力。对于管理者来说，认股权证的直接作用是给予公司员工一种努力工作的动力。由于被赋予了以一定价格购买公司股票的权利，因此，行权的时候公司股价越高，持有股权激励的认股权证的价值越大。

期权激励主要有两种方法，一种给予被激励人员以购买公司股份的权利，使其成为所有者，分享企业收益；另一种被称为虚拟股票期权，其特点为被激励人员名义上持有股票，但实际上享受的是假设期权行权而带来的现金收益，也就是说不能获得股票，而是获得行权日股票市价与行权价格之间的差价对应的现金收入。

根据期权价格的影响因素，授予期权的价格、激励条件、激励期限、所在企业股票价值变化的波动程度等都会影响激励期权的价值。

例如，恒大采用 7.4 亿股期权激励 8000 多名员工。在 2017 年国庆节尾声之际，中国恒大实施了行业有史以来最大力度的一次期权激励计划，以提升员工工作的积极性。2017 年 10 月 6 日，恒大发布公告称将向 7994 名中层管理干部授予共计 7.3457 亿股期权，约相当于恒大已发行股份的 5.7%，授予的期权激励的有效期为 2017 年 10 月 6 日至 2027 年 10 月 5 日，为期 10 年，行权价格为 30.2 港币 1 股，与授权日的股份收市价一致。对于此次期权激励的初衷，恒大在公告中表示希望进一步激励广大中高层管理干部发挥其积极性，为公司业绩持续增长作出贡献，同时将股东利益、公司利益和管理层利益更好地结合在一起，使广大管理层干部得以分享公司业绩持续增长的成果。公开资料显示，恒大此前在 2009 年、2010 年、2014 年间也启动过股权激励计划。如果按照目前恒大 30 港元/股左右的股价计算，拥有此次购股权的管理层已获利不少，增幅至少达到 10 倍。而达成此次期权激励的动力来自于人才之争，各大房企求贤若渴，在国家对于房地产企业的调控压力增大的前提条件下，过分依靠资本和土地储备都不足以支撑企业的长远发展，而人才的差异成为企业之间的差异所在。因此，期权激励给予管理者充足的空间，在提高其风险承担能力和意愿的基础上，促使其提升企业的业绩以及其市场表现，从而更好地将企业与人才的利益捆绑在一起。

（三）公司价值分析

运用期权理论对企业的资产价值、资本结构、投资、筹资决策等问题进行分析，可为企业财务管理提供一个新的视角。企业价值由股东的权益资本价值和债权人的债权资本价值组成。假设企业全部资产是股票 E 和债券 D 的组合，并假设股票不付红利，债务清偿之前企业也不发行新股。对企业所有者来说，权益投资的有限责任制使所有权成为一种看涨期权。如果一个企业只有股权和一年期不付息债券，债券的到期面值为 F，那么，债券当前价值为 $D = F/(1+r)$，此处 r 是风险收益率，从而反映债权人暴露在债权违约的风险之下。

当企业经过一年的经营之后，债权到期，企业资产价格大于行权价格，说明在偿还了债权人的债务之后，股东还有剩余权益，此时，$V-F>0$，股东会执行其所持有的期权，即偿还债权人的债务。股东从债权人手中以等于债券面值的价格购买了企业的所有权而拥有公司，他们的收益是企业的资产价值减去债券面值，即 $V-F$；而当 $V<F$ 时，说明经过一年的经营，企业的负债大于企业的资产总价值，企业出现了违约的情况，即资不抵债。此时，股东会放弃执行自己的权利，于是股东拥有的价值为 0。基于上述分析，权益到期日股东的收益如图 8－9 所示。

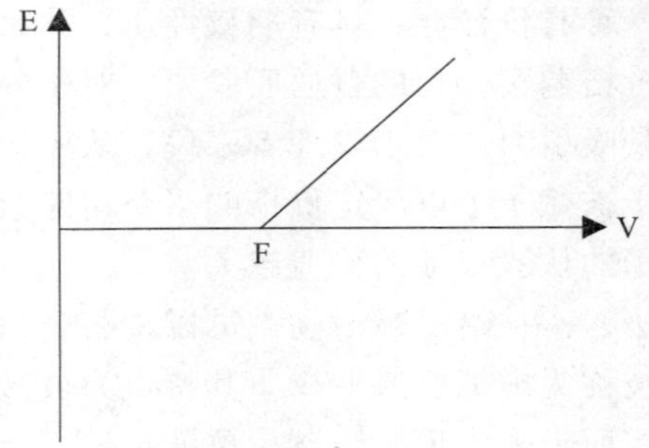

图8－9 权益到期日的股东收益

因此，从上述分析来看，在财务活动当中，很多利用期权的场景并不是真的产生了权利，也不是真正产生了期权。但是期权产生的思想根源在于付出一定的成本来获得一定的保障，即通过付出期权费来获得一定的收益。在财务活动中，产生的成本和权益是客观存在的，因此，期权的产生一定要基于客观存在的成本和收益，并且具有期权的收益—成本特性，这样就可以利用期权定价的公式来计算各种概率以及价格，为财务管理活动提供更加广阔的思路和理论的基础。

第三节 布莱克－斯科尔斯期权定价模型

一、布莱克－斯科尔斯期权定价模型的诞生

传说，布莱克与斯科尔斯先生是受下列故事的启发，提出了期权定价模型。

假设有一个疯狂的亿万富翁赌客，提出用1亿美元和赌场老板进行一场赌博。双方约定，通过简单的游戏来决定胜负。投掷三次骰子，如果三次投掷的结果均为“小”，那赌场老板就必须赔偿亿万富翁8亿美元，而如果三次投掷中有一次出现了“大”，赌客就将其1亿美元的赌注输给赌场老板。我们都知道三次投掷的过程中，结果全是“小”的概率为：$1/2 \times 1/2 \times 1/2 = 1/8$，因此赌客提出的赔偿条件是公平的，因为他只有1/8的机会赢得8亿美元的赌注，而赌场老板有7/8的机会赢得1亿美元的赌注。

现在的问题是：如果该赌场的总资产仅有100万美元，那么，赌场老板是否应该接受这个亿万富翁的挑战呢？

答案是肯定的。

因为有三次投掷的机会，只要在第一次或第二次投掷中出现“大”的情况，那么该赌客就输了1亿美元。“赌场模型”的解决方案就是：在第一次投掷前，赌场要寻找到另外一批赌客，然后赌场和这些赌客进行一次性的投掷赌博。如果出现“大”的情况，那么，赌场就输给这些赌客1亿美元。而与此同时，原先的亿万富翁赌客也输给赌场1亿美元。这样赌场一进一出，正好平衡。如果出现“小”的情况，那么，赌场就从这些赌客手里赚取了1亿美元。然后进入第二轮投掷，加上亿万富翁预先交给赌场老板的1亿美元，此时赌场老板手中已有了2亿美元，他需要找另外一批赌客，重复一遍他在第一次投掷中的办法；这样经

过第二轮，他要么已经击退亿万富翁，要么已经持有4亿美元。以同样的办法进入第三轮的投掷，他就可以安然度过这场赌局，而不必承担任何破产风险。

布莱克和斯科尔斯提出了这样一个问题：赌场老板应该以什么样的代价来邀请其他赌客来“对冲”他和亿万富翁的赌博风险，使之有权平安地进入下一轮投掷。这个问题的实质就是：（1）构建一个无风险的对冲合约，就是获得一个“保障自己进入下一轮投掷”的权利。这项权利使得赌场老板可以在第一次或第二次投掷中就击退亿万富翁，只要他掷出一个“大”。这是一个典型的期权。（2）赌场老板应该用什么代价来获得这项权利？（3）整个事件中，对交易的双方都是公平的，没有人能够在不承担风险的情况下获得超额利润。据说，两位大师就是从这个假想的赌场模型出发，推算出那改变世界的期权定价法：布莱克－斯科尔斯期权定价模型。

关于“赌场模型”，有两个重要的线索需要提醒大家：

第一，不存在任何“无风险套利机会”是布莱克－斯科尔斯期权定价法的基本前提，脱离了这个前提，无从谈论对期权价格的定量分析。在赌场模型中，赌场老板可以吸引其他赌客来帮助他对冲风险；但是，这种活动本身只为他赢得下一轮继续投掷的权利，而没有给他带来任何直接的利益，即没有套利的机会存在。

第二，赌场老板在经历了这次赌局之后，没有赢得任何新的价值。他仍然只拥有自己价值百万的赌场。所有那些他吸引来对冲风险的赌客，可以被看作是赌场老板购买的套期保值的合约。这个赌场模型再次提醒我们M&M定理和有效资本市场的正确性。

股票、债券、外汇、期权等都是财务工具，但期权是一种比较先进的财务工具。财务载体和财务工具有所不同。任何能够表达信息、不确定性和能力等财务要素的方式，都可以被视作财务载体。而一旦该财务载体被资本市场纳入交易体系中就成为财务工程所利用的财务工具了。用来表达信息、不确定性和资源能力等财务要素的财务工具可以是一份合约，也可以是一项权利。比如以“所有权”作为载体的财务工具是股票，而表现为“处置权”的财务工具则是期权。任何可以表达客户所需要的信息，帮助防范不利于客户的不确定性，以及表达各种能力的财务载体都可进入财务学视野，成为财务工具。人们利用财务工具主要有两种目的，一是防范风险；二是获取收益。

二、无收益资产期权的定价

（一）无收益资产欧式期权定价公式

人们对风险的态度有规避、中性和爱好等三种情况。风险规避者的边际效用随其财富增加而下降。风险规避者宁愿获得完全确定的报酬而不会选择具有等额期望值的不确定报酬。即风险规避者绝不参加那种期望奖励等于参赛价格的活动。边际效用随风险喜爱者的财富增加而增加。风险爱好者本质上是具有赌博性质的挑战者，他们总是愿意参加机会均等的赌博。但是，也有许多人对风险的态度和处理方式是介于规避和爱好之间，这就是风险中性者。在风险中性的条件下，即所有投资者都是风险中性的，那么，所有现金流量都可以通过无风险利率进行贴现求得现值。此时，欧式看涨期权到期时（T时刻）的期望值为：

$$\hat{E}[\max(S_T - X, 0)]$$

其现值为：

$$C = e^{-r(T-t)}\hat{E}[\max(S_T - X, 0)] \tag{8-20}$$

对数股票价格的分布为：

$$\ln S_T \sim \varnothing\left[\ln S + \left(r - \frac{\sigma^2}{2}\right)(T-t), \sigma\sqrt{T-t}\right] \tag{8-21}$$

对式（8-20）求解：

$$C = SN(d_1) - Xe^{-r(T-t)}N(d_2) \tag{8-22}$$

其中，

$$d_1 = \frac{\ln(S/X) + (r + \sigma^2/2)(T-t)}{\sigma\sqrt{T-t}}$$

$$d_2 = \frac{\ln(S/X) + (r - \sigma^2/2)(T-t)}{\sigma\sqrt{T-t}} = d_1 - \sigma\sqrt{T-t}$$

我们可以从以下几个方面理解这个公式的含义：

（1）$N(d_1)$是复制交易策略中股票的数量，$SN(d_1)$就是股票的市值，$-Xe^{-r(T-t)}N(d_2)$则是复制交易策略中负债的价值。

（2）$N(d_2)$是在风险中性条件下S_T大于X的概率，即欧式看涨期权被执行的概率，$Xe^{-r(T-t)}N(d_2)$是X在风险中性条件下期望值的现值。$SN(d_1) = e^{-r(T-t)}S_TN(d_1)$是$S_T$的风险中性条件下期望值的现值。

（3）从金融角度来看，欧式看涨期权可以分拆成资产或无价值看涨期权多头和现金或无价值看涨期权空头，$SN(d_1)$是资产或无价值看涨期权的价值，$-Xe^{-r(T-t)}N(d_2)$是X份现金或无价值看涨期权空头的价值。

根据欧式看涨期权和看跌期权之间存在平价关系，可以得到无收益资产欧式看跌期权的定价公式：

$$P = Xe^{-r(T-t)}N(-d_2) - SN(-d_1) \tag{8-23}$$

（二）无收益资产美式期权定价

期权价格等于期权的内在价值加上时间价值。同理，无收益资产美式期权的定价，可参考无收益资产欧式期权定价公式中的看涨期权、看跌期权和内大价值原理加以确定。

三、有收益资产的期权定价

（一）有收益资产欧式期权定价公式

对于欧式期货期权，其定价公式为：

$$C = e^{-r(T-t)}[FN(d_1) - XN(d_2)] \tag{8-24}$$

$$P = e^{-r(T-t)}[XN(-d_2) - FN(-d_1)] \tag{8-25}$$

其中：

$$d_1 = \frac{\ln(F/X) + \sigma^2/2(T-t)}{\sigma\sqrt{T-t}}$$

$$d_2 = \frac{\ln(F/X) - \sigma^2/2(T-t)}{\sigma\sqrt{T-t}} = d_1 - \sigma\sqrt{T-t}$$

（二）有收益资产美式期权定价

1. 美式看涨期权。当标的资产有收益时，美式看涨期权就有提前执行的可能。我们可用一种近似处理的方法。该方法是先确定提前执行美式看涨期权是否合理，若不合理，则按欧式期权处理；若在t_n提前执行有可能是合理的，则要分别计算在T时刻和t_n时刻到期的欧式看涨期权的价格，然后将二者之中的较大者作为美式期权的价格。

2. 美式看跌期权。由于收益虽然使美式看跌期权提前执行的可能性减少，但仍不排除提前执行的可能性。因此，有收益美式看跌期权的价值仍不同于欧式看跌期权，它也只能通过较复杂的数值方法来求出。

思考与练习题

一、名词解释

1. 期权　看涨期权　看跌期权　实物期权　内涵价值　时间价值　二项式模型
2. 单期期权　多期期权　实值期权　平值期权　虚值期权　平价理论

二、思考题

1. 期权产生的根源是什么？
2. 期权按照不同分类方式都可以做哪些分类？
3. 期权价格的影响因素有哪些？如何影响期权价格的？
4. 买入看涨期权、卖出看涨期权、买入看跌期权、卖出看跌期权的收益—成本分析。
5. 请说明远期合约、期货合约和期权合约的不同与演化过程。
6. 如何通过二项式模型推导期权的价格？
7. 三种实物期权的实现机理是什么？
8. 从期权角度出发的公司价值分析过程。

三、练习题

1. 早年的IBM公司“订单的困惑”（The Order Puzzle at IBM）是一个有趣的财务故事。有客户向IBM公司定购2500万美元的特殊电脑系统，而IBM公司目前尚无现成的能力来提供全套解决方案。该公司的技术中心提出：需要100万美元的研究经费，以便设计出一套生产方案。但是技术中心不能保证其设计的方案最终在经济上可行：有50%的可能，技术中心可以设计出一套成本为1000万美元的方案（经济上可行）；另有50%的可能，技术中心设计出的方案成本为4000万美元（经济上不可行）。

问题：是否要把这100万美元的研究经费拨给技术中心？

2. 请自己编写一个期权案例。

参考文献

[1] 迈克尔·辛西尔：《走进期权》，机械工业出版社2015年版。
[2] 斯蒂芬·A. 罗斯：《公司理财》（第九版），机械工业出版社2012年版。

［3］托马斯·E. 科普兰、J. 弗莱德·威斯顿，宋献中主译：《财务理论与公司政策》，东北财经大学出版社 2003 年版。

［4］屠立鹤、孙世敏：“高管股票期权激励、市场竞争与风险承担”，《证券市场导报》，2017 年第 4 期。

［5］Advanced Financial Management，BPP，中国进出口出版集团 2017 年版。

［6］张立达：《财务管理学》，立信会计出版社 2007 年版。

第九章

现金流量

第一节　两个典型的财务实例

一、第一个实例的描述与评论

（一）实例1：KM药业年度财务报告重述及其现金流量异动

上海证券交易所KM药业因2016年至2018年期间，涉嫌虚开增值税发票增加销售收入超过百亿元，于2019年5月下旬被政府税务机构立案稽查。经查询，KM药业成立于1997年6月，主营业务是中药饮片和化学药品等医药产品的研发、生产和销售，以及中药材贸易业务，注册资本497386.17万元。截至2018年底，其公司财务报告显示，总资产7462793.756万元，净资产2802668.98万元，年销售收入1935623万元，归属于上市公司股东的净利润113518.85万元。2019年4月30日凌晨时分，KM药业发布了2018年报、2019年一季报、2018年度财报非标审计意见等20多份公告。在20多份公告中，一份标题为《关于前期会计差错更正的公告》赫然在列，KM药业通过自查，决定对2017年财报进行重述：其中，2017年财报中的货币资金多计299.44亿元，营业收入多计88.98亿元，营业成本多计76.62亿元；另外，未分配利润、经营性现金流等多项财务指标出现重大差错。

2019年5月5日，KM药业收到上海证券交易所上市公司监管一部《关于KM药业媒体报道有关事项的问询函》（以下简称《问询函》）。该问询函主要内容如下：

"根据本所《股票上市规则》第17.1条等有关规定，现请你公司进一步核实并披露以下事项。

一、公告显示，前期差错更正涉及采购付款、工程款支付、确认业务款项等环节的会计处理，请公司核实并补充披露差错调整整体情况，包括：（1）分科目列示更正前后的具体会计处理、依据及其合规性；（2）各会计差错追溯调整的具体报告期及调整依据。请会计师发表意见。

二、公告显示，公司核算账户资金时存在错误，造成货币资金多计299.44亿元。请公司核实并补充披露：（1）多计货币资金的存放方式、主要账户、限制性情况、是否存在违规资金使用及资金的主要去向；（2）货币资金核算出现重大差错的具体原因、涉及的主要交易事项、交易安排、交易对手方及是否为关联方等具体情况；（3）结合公司近年的融资情况，说明是否存在募集资金违规使用的情形；（4）公司资金管理制度及执行存在重大缺陷的具体情况；(5) 结合公司现存债务规模、现有货币资金的受限情况等，说明各项债务的后续资金偿付安排，并充分提示风险。请会计师及相关保荐机构发表意见。

三、公告显示，其他应收款少计 57.14 亿元。同时，根据年审会计师出具的非经营性资金占用及其他关联资金往来情况的专项说明，其他应收款余额中包括其自查的向关联方提供资金余额 88.79 亿元。请公司核实并补充披露：(1) 其他应收款少计的具体原因及责任人；(2) 逐笔披露前述少计款项及提供资金往来涉及的单位名称、是否为关联方、往来款项形成的主要交易事项、付款安排、交易金额等情况，并就是否为非经营性资金占用发表明确意见。请会计师发表意见。

四、公告显示，由于采购付款等会计处理存在错误，造成存货少计 195.46 亿元。请公司核实并补充披露：(1) 分类列示少计存货的具体项目、品种及金额；(2) 少计存货涉及的主要事项、交易对手方及是否为关联方等情况；(3) 是否存在虚构交易事项及具体情况和责任人；(4) 结合市场价格变化、存货保质期、库龄、存货用途等因素，分存货项目和品种评估并说明现有存货的价值、是否存在减值或减值风险。请会计师发表意见。

五、公告显示，由于工程款支付等会计处理存在错误，造成在建工程少计 6.32 亿元。请公司核实并补充披露：(1) 少计在建工程的具体项目、预算数、各期投入额、累计投入额、工程进度、资金来源等具体信息；(2) 结合在建工程进度、市场发展状况、实际投入等情况，分项目评估少计在建工程是否存在减值。请会计师发表意见。

六、公告显示，公司在确认营业收入和营业成本时存在错误，造成营业收入多计 88.98 亿元，营业成本多计 76.62 亿元。请公司核实并补充披露：(1) 结合具体业务类型及相应的收入确认会计政策，说明收入确认及成本结转出现差错的具体原因；(2) 虚增收入与成本涉及的主要交易事项、交易对手方及是否为关联方等情况；(3) 是否存在虚构交易事项及具体情况和责任人。请会计师发表意见。

七、年报显示，公司对 2016 年的主要会计数据进行了调整，营业收入、扣非前后的净利润分别调减 69.48 亿元和 14.99 亿元，总资产、净资产分别调减 15.72 亿元和 14.01 亿元。请公司：(1) 补充披露 2016 年的具体调整事项、相关会计处理、调整原因及依据、对报表科目及其项目构成的影响；(2) 全面核实以前年度的会计差错情况，补充披露相关情况并进行更正。

八、针对前期会计差错更正事项，请年审会计师补充披露：(1) 差错更正所涉事项履行的审计程序、与前期相比存在的差异以及是否遵循相关职业准则的要求；(2) 结合前期审计工作，说明未及时发现前期差错的具体原因及责任人。

九、公司 2018 年财务报表被出具保留意见的审计报告，主要涉及立案调查事项、关联方资金往来和在建工程项目。请公司核实并补充披露：(1) 无法提供关联方资金往来、在建工程相关资料的具体原因；(2) 所涉在建工程的具体项目信息、自查过程、相关会计处理及对各期财务报表的影响。

十、针对财务报表审计保留意见，请年审会计师补充披露：(1) 已实施审计程序但未能获取充分、适当的审计证据的具体原因，存在哪些需要获取但无法获取的主要审计证据，获取过程中存在的主要障碍，以及以前年度获取情况及与本年获取存在的差异情况；(2) 说明“上述事项对财务报表可能产生的影响重大，但不具有广泛性”的评估依据以及审计意见的恰当性。

十一、公司2018年财务报告内部控制被出具否定意见的审计报告，主要涉及资金管理、关联交易管理、财务核算等问题。同时，公司非财务报告内部控制也存在重大缺陷。请公司核实并补充披露：（1）上述内控缺陷的具体情况、产生原因、相关责任主体的认定和追责安排等；（2）对上述业务环节的内控制度进行全面自查，披露已实施或拟实施的整改措施、整改责任人及整改进展，并充分提示相关风险。

十二、请公司全体董事、监事、高级管理人员对前述会计差错、内部控制缺陷事项，全面自查涉及的规范运作及信息披露问题，就是否存在信息披露违规行为进行详细说明，同时结合自身具体职责履行情况，就是否勤勉尽责、是否存在主观故意、是否存在管理层舞弊行为明确发表意见。请你公司于2019年5月6日披露本问询函，并于2019年5月14日之前披露对本问询函的回复。”

………

上述实例表明，企业高管人员故意篡改年度财报数据，使本已十分微弱和惨淡的现金流量变得更加困难，制造了保持虚假微利假象。近300亿元企业现金突然蒸发。投资者用脚投票，KM药业股价下跌了70%，股东是最大的受害者，企业因此陷入经营低谷。2019年4月底，KM药业以“会计差错”为由，减少近300亿元现金，引来中国证监会和上海证券交易所的重点监管核查，并最终被确认存在重大财务造假行为。

（二）实例1说明和评论

该实例表明，企业现金流量与净营运资本变动额、固定资产变动额和公司治理结构存在密切联系，现金流量犹如企业的血液，它比利润更重要。企业即使陷入短暂的亏损和微利，只要现金流量正常，企业仍可以持续经营。可是，如果现金流量不畅通并影响到公司目标的实现，即使企业某一时期的财务报表显示为盈利状况，也难以持续经营。现金流量状况具有企业的战略特性，我们先简单梳理一番KM药业的财务数据变动，如表9-1所示。

表9-1　　KM药业年度财报重述及其财务数据重大更正

调整项目	更正前数据（亿元）	更正后数据（亿元）	前后差值（亿元）
货币资金	341.51	42.07	多计299.44
存货	157	352.47	少计195.5
营业收入	267.77	175.78	多计89
营业成本	184.5	107.88	多计76.6
未分配利润	109.85	77.28	多计32.58
销售商品、提供劳务收到的现金	287.66	184.66	多计103
购买商品、接受劳务支付的现金	243.24	170.23	多计73
支付其他与经营活动有关的现金	9.24	47.47	少计38.22

注：作者参考2018年12月20日全景财经网制作。

一份公告更正了多达22个重要项目，几乎将2017年的财务报告全盘推翻。经过调整后，KM药业的2017年营收由265亿元减至176亿元；净利润由41亿元减为21.5亿元，调减幅度达48%。2018年度的财务报告显示，KM药业2018年营收为193.56亿元，净利润11.35亿元，比上年同期下降47.2%，业绩下滑明显。

2016年至2018年期间，KM药业生产经营绩效和市场占有率急剧下滑，虽然公司技术研发投入依然保持稳定增长，但研发投入存在高度不确定性、外部性和抵押能力有限等特征，使研发支出呈现投入大和风险高的特征。在销售收入大幅度降低的情况下，该企业先后使用虚假银行单据虚增存款、通过伪造业务凭证和虚开增值税发票增加销售收入超过百亿元，并且使用部分资金转入关联方账户，买卖本公司股票获利。对于上市公司，这种违规行为很容易被财务专业人士识破。某证券投资分析师于2018年10月发表了一篇质疑KM药业会计报表真实性、经营现金流和存货等问题的公众号文章。此文发布的第二天——2018年10月16日便有数家网站转载，随后KM药业股价触及跌停，并连续跌停十余日。虽然KM药业发布了澄清公告，但其于2019年初披露2018年度财务报告时，财务窘况终于浮出水面。

上海证券交易所的《问询函》可谓是打蛇七寸，击中要害。KM药业财务机构大存大贷的问题与其实际经营情况不一致，公司现金流量断裂的问题就暴露了出来。2018年12月28日，中国证监会向KM药业发出《立案调查通知书》，KM药业于2019年1月2日向公众发出《关于收到中国证券监督管理委员会立案调查通知的公告》。中国证监会初步调查并很快查明：KM药业披露的2016至2018年财务报告存在重大虚假，涉嫌违反《证券法》第63条等相关规定。一是使用虚假银行单据虚增存款，二是通过伪造业务凭证进行收入造假，三是部分资金转入关联方账户买卖本公司股票。2019年1月4日深夜，KM药业发布公告坦诚，公司生产经营陷入严重危机，财务账户上的货币资金仅剩10.48亿元，而当年到期的债务有180多亿元，企业短期流动性资金非常紧张，支付到期债务的偿债压力巨大。

一般地，企业每个季度末，上市公司财务负责人会将真实利润数据和按照年初计划年度利润目标分解的季度利润数据报告给董事长或CEO，由他们来确定当季度对外披露的利润数据。KM药业的问题在于，利润是一个综合财务指标，其影响因素十分复杂，但许多因素可以控制和掩盖。可是，企业所需正常的现金收支具有刚性，难以控制，当公司出现财务困境时，问题就暴露出来了。许多时候，企业造假收益会高于造假成本，使一些不良公司心存侥幸频频造假。某些非上市企业为了逃避税收，故意把会计盈利改成账面亏损。某些上市公司为了抬高其市场价值和售股变现，故意多报利润。虽然会计账面上多报利润要多缴税金，但在上市公司市盈率的乘数效应下，假设市盈率为20，多报1亿元利润，就可以多增加20亿元市值，股票市价会上扬，大股东售股套现，获取私利。与此同时，公司业绩随意“变脸”和股价“闪崩”事件经常发生，导致数万股民深陷巨额损失之中。现金流量犹如人体血脉，属于企业财务活动正常运行的基石。

二、第二个实例的描述与评论

（一）实例2：文本资料

在沈艺峰、沈洪涛所著《公司财务理论主流》（东北财经大学出版社）第四章第三节，在对自由现金流假说寻找经济学诠释时，著者叙述了格鲁斯曼与哈特的契约论经典实例，内容如下。

格鲁斯曼和哈特在《收购出价、搭便车难题与公司理论》一文中，用一个简单例子描述经济生活中的搭便车问题：从前，城市里有一条脏乱差的街道，治安也不好，房价很低。有一个人出现，从原有屋主们手中买下了这条街道，并且花了一点力气把街道整饬得干净、整洁。然后，这个人就能够在市场上以一个相对较高的价格将街道上的房子卖出去，以此赚取一定的利润。但是，有一位屋主十分“机智”，他预感到街道被买下之后房子可能会升值，因此他选择成为一个“钉子户”，坚决不卖自己手中的房子。整饬街道是个整体的、公共的门面功夫，他的房屋虽然不属于新的街道主，却一定会享受到房屋环境被改善的好处，甚至进一步，他也可以把房子卖掉，不花任何加工成本地收获一笔房屋升值的现金红利。这位“钉子户”的行为就是典型的“搭便车”问题。

这种不劳而获、近似悖德的“搭便车”行为，在我们当代生活中十分常见。在北京、上海、广州、武汉、西安这类大城市中，年轻人租房已经成为一种必然选择。初入社会的年轻人往往无法承担得起“好房子”的租金，从而选择条件较差的房源，并花费一些心思进行自定义装修，把简陋的出租屋变成自己温馨的小家。然而，有些房东就如同格鲁斯曼、哈特故事中所述的“钉子户”，在看到租客所带来的房屋升值之后，进行无理的租金上调，并以另找租客为由，逼迫原租客以更高的租金续约，或者将原租客赶走并以高价招租，收获更多的收入。房东没有对房子付出任何的加工成本，却实打实地从租客处分了一大杯羹。

该实例表明，这是相比格鲁斯曼的故事更加恶劣、也更加真实的“搭便车”问题，有计划的“机会”可以改进现金流量水平。

（二）实例 2 说明和评论

这个小故事是如何与现金流量理论联系起来的呢？

这是因为，可供企业管理者自由支配的现金流量规模与企业治理结构的优化存在内在联系。代理问题是公司财务治理一个重要方面。由于所有权与经营权分离，管理层为追求自身利益最大化，并不一定会按照股东利益最大化的目标行事。激励作为解决代理问题的一类方法，收购就是其中的一个。股东与代理人之间的利益差别和信息不对称，造成了代理成本。代理理论从不同角度对公司并购进行解释，并形成不同观点。第一种观点是，并购能够解决代理问题，公司的代理问题可以通过公司内部治理和外部市场机制得到有效控制。法玛和詹森 1983 年的研究表明：在所有权与经营权分离时，如果公司拟订方案和执行决定的决策管理权与审批方案和监督执行的决策控制权分离，以此限制代理人的个人决策能力，就可以有效避免或减少损害股东利益的情况发生，并且激励制度和经理人市场也可以使代理问题得到缓解。曼妮认为，在上述财务机制不足以控制代理问题时，并购市场为这一问题的解决提供了最后的外部控制手段。即如果公司的管理层因为代理问题使业绩下滑、股价下跌，就会给管理者带来压力，进而使其改变行为方式并忠于股东，否则会被接管。第二种观点是，穆勒 1969 年提出一种假设：管理者的报酬取决于公司的规模大小。因此，管理者有动机通过收购来扩大公司的规模，从而忽视公司的实际报酬率，这种观点被称为管理主义。可见，该观点与并购可以解决代理问题相反。该理论认为，并购是代理问题的一种形式，而不是解决办法。詹森和鲁贝克对并购公司的数据进行分析发现，并购公司的股票价格不但没有上升，反而下降。因此，他们认为并购固然可以解决目标公司的代理问题，但并购公司本身存在的代理问题可能导致并购支付价格过高，因而浪费了并购公司股东的财富。对此，财务学家罗尔提出了管理层自负假设。他认为，在公司并购过程中，目标公司的市值增长是并购公司管理层评估目标公司价值时过于乐观的自负所犯错误的结果，实际上该项交易可能没有投资价值。那么，如果接管是毫无价值的，为什么会有公司进行竞价收购呢？罗尔认为，可用并购公司管理层自负来解释他们为什么要竞价。一个特定的竞价者常常傲慢地认为自己对目标公司的估价正确，由此生产了并购溢价，其实这是他自以为是的结果。

但是，格鲁斯曼和哈特认为，收购只能减轻代理问题，而不能彻底消除。原因正是我们上文所讲的“搭便车”问题——并不是所有的收购都能让股东心甘情愿地让出股份。正如上文故事中的“钉子户”，如果有些股东能够断定“收购方如果实现成功收购，公司业绩会得到提高，股东能够得益”，那么股东可能就会坚持不卖出手中的股票，等待收购之后股价上升而赚取差价。收购方付出了大量的收购成本，而这一部分股东却可以坐享其成，从收购中分一杯羹。因此，这样的“搭便车”行为也打消了一部分收购方的收购愿望，导致许多应该发生的收购实际上并没有发生。

收购无法真正消除代理问题的影响，这促使格鲁斯曼和哈特去寻找更加有效的手段和方法。他们提出，通过破产的震慑作用可有效地监督管理者，并且牵涉到负债到期支付对管理者的约束作用。并购和举借债务这两点都是詹森自由现金流量假说的重要内容。并购是自由现金流量假说的核心，债务则是制约现金流量的关键。虽然“搭便车”的故事不宜直接与现金流量联系，但经济活动中常见的“搭便车”现象在自由现金流假说的发展历史中扮演了重要的角色。

第二节　现金的流动性及其数量

一、现金与现金流量

“一文钱难倒英雄好汉”是我们祖辈经常说的一句话，也是我国百姓对现金重要性的表述。当人们在互联网中使用微信支付工具和支付宝软件付款成为日常生活的习惯时，人们身上持有一些现金的情况已经很少了。人们持有或企业库存的现金主要是家庭个人或企业财务机构专门管理的一部分货币。尽管如此，现金仍然是个人和企业拥有流动性最强的资产。财务制度要求人们科学理性地使用和管理现金，进而提高现金的流动性、安全性和收益性，本章阐述的现金及其流量机制，主要是论证现金收支及其财务活动如何维护生产经营活动持续经营，并发现价值和创造价值。

现金流量是企业在一定会计期间按照现金收付实现制，通过一定经济活动产生的现金流入流出数量。这里的经济活动主要是经营活动、投资活动、筹资活动，以及非经常性财务事项。实际上，现金流量是企业一定时期内现金和现金等价物流入和流出的数量。例如，销售商品、提供劳务、出售固定资产、收回投资、借入资金等，可发生现金流入；购买商品、接受劳务、购建固定资产、现金投资、偿还债务等，可形成现金流出。衡量企业经营状况是否良好，是否有足够的现金偿还债务，资产的变现能力等，现金流量是非常重要的指标。工程经济中的现金流量，是拟建项目在整个项目计算期内，各个时点上实际发生的现金流入、流出以及现金流入和流出的差额。现金流量一般以年度、季度、月度等计息周期为时间量的单位，用现金流量表反映。现金流量表是重要的会计报表之一。法定会计报表中的现金流量表，说明了现金及其等价物是如何发生变动的。

现金流量管理中的现金，不是通常所理解的手持现金，而是企业的库存现金和银行存款，以及现金等价物。企业持有的期限短、流动性强、容易转换为已知金额的现金，价值变动风险很小的投资等，通常被称为现金等价物。即一项投资被确认为现金等价物，必须同时具备四个条件：期限短、流动性强、易于转换为已知金额现金、价值变动风险小。所以，现金流量中的现金包括手持或库存现金、可以随时用于支付的银行存款和其他货币资金。

在时间上，现金流量有初始现金流量、经营中现金流量和终结现金流量之分。其中，初始现金流量是开始投资时发生的现金流量，一般包括：（1）固定资产投资支出，诸如固定资产购入或建造成本、运输成本和安装成本等支出；（2）流动资产投资支出，诸如购买材料现金支出、在产品和产成品上的现金支出等流动资产投资；（3）其他投资费用支出，诸如与长期投资有关的职工培训费、谈判费、注册费用等现金支出；（4）原有固定资产的变价收入和其他流动资产变价收入，形成现金流入量。

经营中现金流量又称现金流量营业流量，指的是投资项目投入使用后，在其寿命周期内由于生产经营所带来的现金流入和流出的数量，一般以年为单位进行计算，实为营业现金收入。经营中的现金流出是营业现金支出和缴纳税金的支出。如果一个投资项目的每年销售收入等于营业现金收入，付现成本等于营业现金支出，那么，年营业净现金流量（NCF）可用下列公式计算：

每年净现金流量(NCF) = 营业收入 - 付现成本 - 所得税

或者,每年净现金流量(NCF) = 净利 + 折旧,在这里,折旧是非付现成本。

或者,每年净现金流量(NCF) = 营业收入 ×(1 - 所得税率) - 付现成本 ×(1 - 所得税率) + 折旧 × 所得税率

终结现金流量是投资项目完结时所发生的现金流量，主要包括：（1）固定资产的残值收入或变价收入；（2）原有垫支在各种流动资产上的资金的收回；（3）停止使用的土地的变价收入等。

根据现金流量的内容不同，可将现金流量分为经营活动现金流量、投资活动现金流量和筹资活动现金流量。在这里，经营活动是指直接进行产品生产、商品销售或劳务提供的活动，它们是企业取得净收益的主要交易和事项。经营活动的范围很广，它包括了除投资活动和筹资活动以外的所有交易和事项。对于工商业企业而言，经营活动主要包括：销售商品、提供劳务、购买商品、接受劳务、支付税费等。一般地，经营活动产生的现金流入项目主要有：销售商品、提供劳务收到的现金，收到的税费返还，收到的其他与经营活动有关的现金。经营活动产生的现金流出项目主要有：购买商品、接受劳务支付的现金，支付给职工以及为职工支付的现金，支付的各项税费，支付的其他与经营活动有关的现金。

投资活动是指长期资产的购建和不包括现金等价物范围内的投资及其处置活动。长期资产是指固定资产、无形资产、在建工程、其他资产等持有期限在一年或一个营业周期以上的资产。此处的投资活动，既包括实物资产投资，也包括金融资产投资，它与《企业会计准则——投资》里的“投资”概念有差别。会计学上的“投资”是指企业为了通过分配来增加财富或者为谋求其他利益而将资产让渡给其他单位所获得的另一项资产。购建固定资产不是会计核算上的“投资”，但财务管理视购买固定资产为投资。之所以将“包括在现金等价物范围内的投资”排除在外，在于已经将包括在现金等价物范围内的投资视同现金。一般来说，投资活动产生的现金流入项目主要有：收回投资所收到的现金，取得投资收益所收到的现金，处置固定资产、无形资产和其他长期资产所收回的现金净额，收到的其他与投资活动有关的现金；投资活动产生的现金流出项目主要有：购建固定资产、无形资产和其他长期

资产所支付的现金，投资所支付的现金，支付的其他与投资活动有关的现金。

在财务上，出售资产和借入货币资本等筹措集中资本的活动称之筹资活动，它是引发经济组织的自有资本和债务的规模及其结构发生变化的活动。此处的资本，既包括实收资本，也包括资本溢价——股本溢价；此处的债务是对外举债，诸如向银行借款、发行债券以及偿还债务等活动。应注意，在会计上，应付账款、应付票据等商业应付款等属于经营活动，不属于筹资活动。一般地，筹资活动产生的现金流入项目主要有：吸收投资所收到的现金，取得借款所收到的现金，收到的其他与筹资活动有关的现金；筹资活动产生的现金流出项目主要有：偿还债务所支付的现金，分配股利、利润或偿付利息所支付的现金，支付的其他与筹资活动有关的现金。

企业现金流量表的内容是按照经营活动、投资活动和筹资活动进行分类报告，目的是便于报表使用人了解各类活动对企业财务状况的影响，进而有效估量未来现金流量。

企业重视和关注现金流量，在于现金流量具有多种作用。这些作用主要是评估企业获取现金的能力、偿债能力、收益质量，以及对企业投资活动和筹资活动做出评价。

二、现金流量管理的基本定律

现金流量管理是现金的流动性及其数量管理。人们分析和评估企业的现金流动性及其数量，可以有效地判断和预测企业资本配置状况和收入增减状况及其趋势。企业的现金流动性主要与库存、应收款和应付款有关。企业付款与回款周期对于企业财务状况影响很大。企业有效地组织付款与回款是有效保障企业经营活动正常运行的财务基础。首先，企业财务管理能力与企业生产经营活动的发展和业务增长应相匹配，科学有效地组织现金流量是企业财务的基本工作。如果企业财务没有及时保障生产经营活动对货币资本的需求，企业就会面临风险。其次，企业主营业务的高速增长，会在一定程度上减弱企业付款和回款周期的控制能力。如果企业经常发生付款期滞后的问题，就会导致企业信誉降低，引发重大经营风险。再者，一些诸如房租、税费、发工资等潜在付款周期，有时未反映在财务报表上，如果现金数量较大，必定会给企业现金流动性带来重大影响。因此，严格的现金流量管理是企业财务活动可持续发展的关键。

企业的产品平均回款期是企业会计账目上的产品变成现金的平均时间，它是决定现金流动性的根本因素。企业的零应收账款政策是减少坏账损失和提高现金流动性的重要财务政策。当应收款平均回款期比应付款周期短的时候，企业的现金流量属于良性状态。一般地，只要企业应收账款收账期超过一个月，企业就会面临难以收回货款的风险。企业应收账款规模越大，期限越长，其存在坏账的风险就越大，现金流就面临财务危机。在社会经济仍然以大机器工业为生产方式的企业生产经营过程中，企业现金流量的变动主要由净营运资本变动额和固定资产变动额引起。企业采购原材料需要支付现金，于是增加存货和减少现金——发生了现金流出量。由于存货和现金都是流动资产，所以净营运资本不发生变动。现金流量不等于净营运资本。一般地，成长性企业的净营运资本变动额是正数。在通常情况下，一项净营运资本投入的增加，会引起现金流量的减少。同理，企业固定资产投入的增加、固定资产出售额减去固定资产获取成本后，会形成固定资产净变动额，其净变动额将引发资本性支出的现金流量发生。由于企业的资产价值等于负债的价值和权益的价值之和，因而企业生产经营活动中资产的现金流量等于流向债权人的现金流量和流向权益投资者的现金流量。资产的市场价值最大化是现金流量管理的基本目标。现金流量管理基本规律如下：

1. 良好的现金流管理可以使企业“一本万利”：当企业付款周期比收款周期长时，那么业务越多，从供货商那里获得的“无息贷款”也就越多，因此企业发展速度就会越快。

2. 当应收款收账期小于应付款周期时，企业现金流属于良性，两者之间差异越大，企业资金增长就越快。应收款收账期为企业提供了一个警戒值，一般地，如果其大于一个月，就不适合企业继续扩张。

3. 若企业无法很好地解决内部融资问题，那么企业再多的外部资金来源最终也只能供他人支配和使用，对企业本身的增长发挥作用很小。有效组织企业内部现金收入和支出的平衡，是加速现金流量和提升现金流量规模的前提。

4. 最优现金持有量取决于经济规模大小和要素资本均衡配置的要求。最优的现金存量流动性是现金流量管理的基础。

企业的现金存量、现金流量与现金增量之间具有内在联系，只有现金流量紧密反映企业的生产经营活动时，企业生产经营才是健康和可持续发展的。企业遵循这些管理规律，财务管理中的现金流量机制就会发挥作用。

应注意，增量现金流量是公司实施决策项目时未来现金流量的差值。在计算投资项目净现值时，只有增量现金流有意义。例如，某公司两年前曾打算开发某产品，曾支付10万元咨询费，但因种种事由使项目未能继续下去。现在旧事重提，在进行投资分析时，这笔费用是否是相关成本呢？答案是否定的。在任何一个阶段，以前支付的费用都是沉没成本。在决策过程中的每一阶段，只有未来的成本和收入与决策相关。增量现金流量概念表面上很容易理解，但在实际计算中很容易出错。一个简单办法是，假设可能出现两种情况：第一种情况是项目被采纳；第二种情况是项目被拒绝。在这两种情况下，都会发生的现金流量则是不相关现金流量，因此与投资决策无关。只有在第一种情况下发生的现金流量才是增量现金流量，与决策有关。管理者在评估增量现金流时，沉没成本不能算作增量现金流。因为沉没成本不管公司是否接受，该项目均已发生了。增量现金流量是财务管理的重心。

三、自由现金流量的形成

迈克尔·詹森（Michael C. Jensen）将自由现金流量定义为：“自由现金流量指满足所有具有正的净现值的投资项目所需资金后多余的那部分现金流量。这些投资项目的净现值按相关资本成本贴现计算出来。”现金流量在财务学里的定义比较复杂，它曾被用于泛指净现金流量、经营性现金流量和总现金流量等概念。其中，净现金流量是现金流量表中的一个指标，是指一定时期内，现金及现金等价物的流入（收入）减去流出（支出）的余额（净收入或净支出），反映了企业本期内净增加或净减少的现金及现金等价数额。净现金流量有营运型和投资型两类。营运型净现金流量是对现有企业常规经营运行情况下的现金流入的描述，而投资型净现金流量是对拟新建、扩建、改建的企业在建设期，投产期和达产期整个寿命期内现金流入和流出的描述。经营性现金流量指企业从经营活动中获取的利润减去与长期投资有关的成本以及对证券的投资后剩余的现金流量。各种自由现金流量对应的折现率如表9－2所示。

表 9－2　　不同权利要求者的现金流表

权利要求者	权利要求者的现金流	折现率
债权人	利息费用（1－税率）＋偿还本金－新发行债务	税后债务成本
优先股股东	优先股股利	优先股资本成本
普通股股东	普通股股权自由现金流（FCFE）	普通股资本成本
企业：普通股股东＋债权人＋优先股股东	企业自由现金流量＝普通股股权自由现金流＋利息费用（1－税率）＋偿还本金－新发行债务＋优先股股利	

詹森的自有现金流量模型更多是从经济学的角度来考察现金流量，他看中的是自由现金流量概念的外延。所谓外延指的是，詹森所重视的不是何为自由现金流量，他关心的是如何支配自由现金流量。按照詹森的观点，“如果公司要有效率，要让股东价值最大化，此类现金流量就必须支付给股东”。詹森认为，与其把大量的自由现金流量投入低收益的项目上浪费掉，还不如通过增加股利或股票赎回把它们还给股东。但是，为什么管理者不愿意把自由现金流量还给股东？詹森指出，主要是因为存在以下两方面的原因：一方面，把自由现金流量还给股东，减少了管理者所能控制的公司资源，而管理者需要通过对公司资源的控制来实现公司的增长，因为管理者的业绩和报酬都是与公司的增长紧密相连的；另一方面，要是像詹森所说的那样，现在把自由现金流量还给股东，将来需要钱的时候再通过借债来解决，那么，众所周知，负债是要还本付息的，举债等于是让管理者背上了实践“承诺”的负担，管理者要是无法保持他们“按时依约还本付息”的承诺，就可能“把公司带到破产法庭上去”。如此一来，管理者无疑就给自身套上了“资本市场监督”的枷锁。

在自由现金流量的使用上面，股东和管理者之间存在利益上的冲突，因此，公司越是产生出巨额的自由现金流量，股东与管理者在股利支付政策上的利益冲突就越严重。由此可见，自由现金流量的争夺只是一种表层的现象，内在的实质还是公司内部不同相关利益人之间的利益冲突。虽说管理者是股东的代理人，必须服务于股东利益最大化的目标，但由于管理者和股东之间存在信息不对称，且管理者本身私心作祟，存在道德风险，往往会偏离股东利益最大化的目标。因此，当管理者和股东之间存在利益冲突时，股东就必须要对管理者的行为进行监督和约束。监督和约束不可避免地会带来成本，詹森把这些成本称为代理成本。存在自由现金流量并非坏事，坏事出在自由现金流量的代理成本上。

在詹森的研究基础上，许多学者也对自由现金流进行了研究，得出了不同的计算方法，其中具有代表性的主要有四种：Tom Copeland（1990）认为，自由现金流是债权人和股东真正可以获得的来自于公司的现金流，他给出的计算公式为：

自由现金流量＝税后净营业利润＋折旧与摊销－营运资本净支出－资本性支出

Bradford Cornel（1993）提出的自由现金流的定义与 Tom Copeland 类似，他认为自由现金流量是公司创造的现金流入额，扣除长期资本投资和营运资本投资后属于投资者的部分，计算公式为：

自由现金流量＝（营业利润＋股利收入＋利息收入）（1－所得税率）＋递延所得税增加＋折旧－资本支出－营运资本增加

K. S. Hackle 等人（2001）认为，自由现金流量等于经营活动现金净流入与随意性支出部分的总额扣除资本性支出后的部分，其中，随意性支出是指节省后不会影响公司发展的部分，计算公式为：

自由现金流量 = 净利润 + 折旧与摊销 - 总资本支出 + 随意性资本支出

美国标准普尔公司对自由现金流量的定义很简洁，也是美国投资者常用方法。该评估机构认为，自由现金流量可用税前利润扣除资本性支出来表示，计算公式为：

自由现金流量 = 税前利润 - 资本支出

第三节　自由现金流量假说

迈克尔·詹森（Michael C. Jensen）1986 年在《美国经济评论》上发表《自由现金流量的代理成本、公司财务与收购》一文时提出，自由现金流量是满足所有正的净现值投资项目所需资本后多余的那部分现金流量。他同时解释道，产生自由现金流量的根本原因是两权分离的现代企业制度股东与管理层目标的差异，外在原因是企业经营者与股东间的信息不对称。理论上，当企业存在自由现金流时，为保护股东利益，实现企业价值最大化，企业应该分发红利，或者进行股份回购。

使用自由现金流量概念，詹森将自由现金流量的作用原理概括为两个方面：（1）自由现金流量增多时，管理者在信息不对称条件下，出于自身利益的考虑，如保持对公司资源的控制和减少负债等，宁愿投资净现值为负的资产项目，也不会将剩余现金流以股利形式发放给股东。股东为了防止上述事件的发生而设置监督机构，对管理层进行监督，由此产生的成本就是代理成本。（2）收购也是管理者花掉多余现金的方式之一。拥有大量自由现金流量的管理者为庞大的现金流寻找出路时，收购就是一个较好的选择。詹森认为，收购方公司非常可能去收购那些业绩不良和低效益甚至价值毁灭的公司。

由此，詹森提出了自由现金流量假说：（1）负债是提高公司效率与监督管理者的有效机制；（2）自由现金流是决定公司收购决策的重要因素之一。

随后，美国标准普尔基于简单性原则，对自由现金流量给出的计算公式为：

自由现金流量 = 税前利润 - 资本支出

卡普兰则认为，与筹资相关的现金流量与自由现金流量无关，其定义是：

自由现金流量 = （税后净营业利润 + 折旧及摊销） - （资本支出 + 营运资本增加）

汉克尔等人认为，股东和债权人都关心自由现金流量，其定义是：

自由现金流量 = 税息前利润 + 折旧和摊销 - 所得税 - 必要资本性支出 - 营运资本净增加 + （发行新债 - 清偿债务本息）

即自由现金流量是股东自由现金流量与债权人自由现金流量的总和。显然，经济学家们对自由现金流量有不同的理解和表述。

一、负债是提高公司效率和监督管理者的有效控制机制

詹森提出自由现金流量理论，是想通过自由现金流量的概念来为他的关于公司控制权市场的理论提供服务。自由现金流量概念所能提供的这类“服务”包括如下两方面：（1）说明负债是提高公司效率和监督管理者的有效控制机制之一；（2）揭示自由现金流量是决定公司收购决策的重要因素之一。

为什么负债可以提高公司效率，发挥监督管理者的有效控制作用呢？詹森认为，负债具有“控制假设”（control hypothesis）的本质特征，这是负债在监督管理者及其组织提高效率方面的优点。通过发行债券来代替股票，管理者使股东成为债务的承受者（即债权人）。他们（即债权人）有权在管理者没能履行还本付息的承诺时把公司带到法庭上去。

股利政策和债务政策在支付未来现金流量方面的承诺是不同的。股利政策的承诺是没有法律约束力的，而在债务政策里，管理者受到法律的约束，必须定期依约还本付息。例如，哈特（O. Hart）和穆尔（J. Moore）非常敏锐地指出，企业债务可以分为“软”债务和“硬”债务。“软”债务是指次级债及可延迟支付债；“硬”债务是指优先债及不可延迟支付债。他们认为，管理者在“软”债务的使用上有相当的处置权，只有“硬”债务在控制管理者的个人行为时才能“发挥出重要作用”。哈特和穆尔指出，“硬”债务能够约束管理者乱花钱行为，其中不可延迟支付的短期债务迫使管理者吐出那些想用在建立公司“个人帝国”却无利可图的投资上的钱，而优先长期债务能防止管理者过度举债。

哈特和穆尔进一步解释：倘若企业根本没有或只有很少的长期债务，管理者轻而易举地就能够为那些净现值为负的投资项目举债融资，这样就会产生过度投资问题；相反，如果公司借入大量的长期债务，由于抵押品不足，管理者将无法通过举债为那些净现值为正的投资项目进行融资。这样，就会产生投资不足问题。因此，詹森说，“债务可以作为股利的一种替代品，它可以迫使管理者吐出现金来，而不是把它浪费掉”。企业投资不足和投资过度与现金流量的联系，如图 9－1 所示。

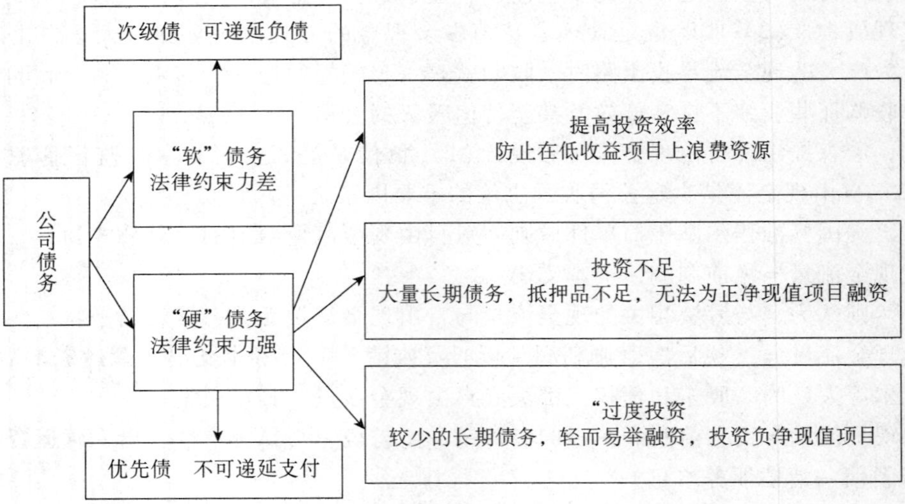

图 9－1　投资不足与过度投资

控制假设并不意味着债务发行总会有好的控制效应，根据詹森的《企业理论：管理者行为、代理成本和所有权结构》一文所表述的观点，增加债务会增加代理成本，新增的代理成本包括：其一，因为负债对公司投资决策的影响而引起的财富机会成本；其二，由债权人和公司支付的监督成本和约束成本；其三，破产与重组成本。因此，在考虑到债务对提高公司效率和监督管理者的有效作用的同时，我们也必须要认识到这部分成本的不利影响。詹森也承认“这些成本限制了债务的理想水平”。

进一步地思考，高负债公司还是低负债公司更容易破产？在高负债的公司里，公司一旦经营不善，马上就危及债权人的利益，无论是优先债权人还是次级债权人，大家都在同一条船上，会考虑如何进行公司的自愿重组，改换新的管理层。比起由法庭主导的正式破产程序，自愿重组在时间上比较节省，代价比较低，也不易受到干扰。所以，高负债公司反倒不容易破产。因此，詹森调侃说："比起在股东权益主导下的资产负债表的旧世界里，在高负债的新世界里，陷入破产的成本可能要小得多。"

二、自由现金流量是决定公司收购决策的重要因素之一

根据自由现金流量假说，收购是公司管理者花掉现金流量的方式之一。詹森注意到，大部分的收购方公司在收购前都有超乎寻常的业绩表现，这种业绩表现为以后的收购带来了丰沛的自由现金流量，只要公司管理者不想把自由现金流量还给股东，他们就必须为庞大的自由现金流量寻找出路，收购显而易见是一种不错的选择。拥有大量自由现金流量的收购方公司"非常可能"去收购那些业绩不良、低效益甚至价值毁灭的公司。詹森认为，公司奉行的多元化经营策略就属于这一类情形。

如表9－3所示，被收购的目标公司则分为两类情形：一类是在被收购前的业绩一塌糊涂，管理层表现糟透了；另一类则是业绩好极了，公司拥有大量的自由现金流量，唯一让人操心的是，公司管理者拒绝把自由现金流量支付给股东。只有收购这些拥有大量自由现金流量而又执行浪费资源政策的公司，才真正能够增加收购方公司的价值。因此，自由现金流量假说对公司收购决策的影响就体现在，自由现金流量理论可以预计哪一类兼并与收购更可能摧毁价值，而不是创造价值；它也表明收购如何既成为股东与管理者之间利益冲突的铁证，同时也是这一问题的解决方法。

表9－3　因自由现金流量引起的收购所产生的预期收益

项目		目标公司：较多自由现金流量	目标公司：较少自由现金流量
收购方公司	较多自由现金流量	目标公司＋ 收购方公司－	目标公司？ 收购方公司－
收购方公司	较少自由现金流量	目标公司＋ 收购方公司？	目标公司？ 收购方公司？

三、自由现金流量有关见解的经济学解释

（一）格罗斯曼和哈特的契约论

从詹森和麦克林（1976）的委托代理分析框架出发，格罗斯曼和哈森特认为，在所有权分散的公司里，管理者往往会有他们的自身利益，如非金钱利益消费。管理者这一自身利益显然偏离股东利益最大化目标。为促使代理人管理者能够按委托人股东的利益行事，"激励问题"便出现了。解决"激励问题"的方法很多，如公司间的收购和破产。

1. 公司间收购。被收购的压力迫使管理者必须追求利润（股东利益）最大化。不过，早先的格罗斯曼和哈特一直认为，收购这样的方法只能减轻"激励问题"的严重性，却还是

无法完全消除它。格罗斯曼和哈特提出“一个公众持股公司要是没有按照股东利益来运行，将会极为容易成为收购目标的普通常识”是“错误的”。原因在于：（1）公众持股公司里的股权是非常分散的，每个股东的持股数很少，以至于每个股东是否接受收购要约的个人决定，丝毫不会影响到收购的最终结果；（2）若股东认识到收购方成功的收购行为将有助于提高公司业绩，那么股东不仅不会卖出股票，反倒会把股票紧紧抓在手里，以期从收购成功后公司股票价格的上升中谋取一定的好处，也就是“搭便车”问题；（3）收购在实际操作过程中必须付出“重大的”的真实成本，在考虑成本的情况下，只有当收购所产生的社会福利超过社会成本时，收购才会发生。因为“搭便车”问题的存在，社会成本全部要由收购方来承担，而搭便车者却会分走收购所产生的社会福利，当收购对收购方而言无利可图时，“可能就有很多应该发生的收购却没有发生”。

2. 破产。格罗曼斯和哈特的新思路：管理者如果不追求利润最大化，结果会提高公司破产率。哈特后来在与穆尔合写的另一篇论文中提出，如果管理者能够发行次级债或可延迟支付债等“软”债务，则由于管理者有权决定债务的支付时间和方式，既可以利用负债的税收利益，又可以不用支付任何破产或财务困境成本。一旦公司破产，管理者能得到的非金钱利益消费就完全丧失了。因此，“比起冒牺牲非金钱利益消费的风险而言，管理者还是宁愿要利润最大化或接近于利润最大化”。

在《纯公司财务理论的若干方面：破产与收购》一文里，斯蒂格利茨（1972）在谈到资本结构理论时，就已把资本结构、破产和收购等问题合在一起讨论过。所不同的是，格罗斯曼和哈特进一步把这一观点加以模型化，突出了破产对管理者的监督功能。但是，据格罗斯曼和哈特的看法，虽然破产具有监督管理者的作用，它本身却取决于公司的资本结构，特别是公司的负债－权益比率，而更为重要的是，“决定公司资本结构的权力通常掌握在管理层的手中，而不是在股东的手中”。一般来说，由于负债提高了破产的概率，所以对于管理者来说，负债是吃力不讨好的。那么，为什么管理者又要通过公司举债呢？格罗斯曼和哈特认为，尽管管理者在不举债的公司里安全得多，但是市场会认为在不举债的公司里，管理者缺乏动力去争取利润的最大化，所以市场将会低估公司的价值。反过来说，对于公司举债，市场会认为管理者一定是不得已，宁愿努力实现利润最大化也不愿意丧失自身的利益，如此，市场可能给予公司较高的价值评价。格罗斯曼和哈特指出，管理者很在意市场对公司的价值评价，原因有三：（1）管理者的薪金取决于公司的价值；（2）收购方的出价与公司的价值密切相关，收购方必须付出的价格越高，收购成功的概率就越小；（3）公司的价值越高，管理者能够筹集到的资金就越多，而筹集到的资金越多，他们就越能够增加非金钱利益消费。“第三个理由才是最为关键之点”，格罗斯曼和哈特也把举债看成是“管理者预先承诺或约束行为的一种典范”。通过举债，债务对市场价值的影响必须得到考虑，所以管理者不得不调整他们的激励动机，把他们的激励动机与股东的利益捆绑起来。换句话说，“通过举债，管理者约束自己要从股东的利益出发来做事”。

可见，格罗斯曼和哈特的理论为自由现金流量假说提供了经济学上的理论诠释，其见解主要有两个方面：（1）强调债务对管理者的约束行为，这一点正是自由现金流量假说的核心。不对称信息理论虽然也提出公司的市场价值与其负债权益比之间存在一种正相关关系的论点，但是在不对称信息理论里，债务只被看成是“传递公司价值的一个信号”，不对称信息理论没有考虑到，一旦公司因为举债太多而导致破产的可能性太高时，管理者显然不可能利用债务作为信号的传递机制。(2) 强调了破产对管理者的威慑作用。格罗斯曼和哈特把破产的意义从莫迪格利安尼和米勒的旧资本结构理论框架里延伸出来，连接到詹森和麦克林的管理者激励机制理论上并加以发展。在莫迪格利安尼和米勒的模型里，破产成本仅仅只被用来作为与税收利益相互抵偿的东西；而在詹森和麦克林的分析框架里，管理者举债的原因被归结为他们意图获取除利息外的“新增加利润的全部利益”。詹森和麦克林认为：(管理者在大量举债的公司里) 怀有从事某些行动 (投资) 的强烈动机，这些投资虽然成功的概率很低，但一旦成功则收益巨大。果真能够如愿以偿的话，管理者就能得到这些收益的大部分；一旦事情变糟，则债权人要承担大部分的成本。不过，詹森和麦克林似乎不太看重破产的作用。格罗斯曼和哈特虽然同意詹森和麦克林的观点，把管理者举债动机归结到管理者的激励机制上面，但他们同时又认为“管理者举债的激励作用来自于如何避免破产的愿望”，这样一来，就为自由现金流量假说提供了新的经济学理论诠释。

(二) 威廉姆森的公司治理结构理论

威廉姆森 (1988) 提出，债券和股票不应被简单地看成仅仅是“财务工具”而已，最好是被看成“不同的治理结构”。

债券和股票代表不同治理结构的原因是威廉姆森认为，股票具有以下三方面公司治理特征：(1) 它享有剩余索取权；(2) 它与公司共存亡；(3) 它可以选举董事会，更换管理人员，决定管理人员的报酬，了解公司重要的投资和经营意向，审视公司决策和监督公司管理人员。

债券与股票在公司治理结构上的区别是，威廉姆森认为，债券是根据条约设计出来的治理结构，威廉姆森称为“条约治理” (rule - based governance)，股票则是允许有一定处置权的治理结构，威廉姆森称为“自行处置治理” (discretionary governance)。所以，与债券相关的治理结构“是非常市场化的东西”，与股票相关的治理结构“更富有进取性，与管理也更贴近”。威廉姆森指出，根据债券建立起来的治理结构是一种简单、适合于应付简单交易的需要。随着契约不完善程度的加深，公司治理结构就会转向更为复杂、成本也更昂贵的自行处置的治理结构。由于威廉姆森也遵循詹森把负债看成是“管理者的控制工具”的观点，所以他同样认为，公司控制权市场上的杠杆收购 (LBO) 正是约束管理者自由处置权的机制，“LBO 以债换股票这一特征”使公司治理结构从“自行处置治理”转到“条约治理”上。威廉姆森相信，在 LBO 的公司里，以债换股票可以实现公司增加价值。

威廉姆森关于负债的很多看法明显与詹森有殊途同归之处。威廉姆森认为，他与詹森理论的“同归”之处在于三个方面：(1) 无论是詹森的代理理论还是威廉姆森的交易成本经济学，都不赞同新古典企业理论把企业看成服从于追求利润最大化目标的生产函数；相反，威廉姆森把企业看成是一种公司治理结构，詹森则把企业看成是一系列契约的连接点。同时，不管是威廉姆森还是詹森，都假定人类是“有限理性” (bounded rationality) 的，本质上是机会主义者 (opportunism)，而且保持风险中性。(2) 虽然代理理论习惯于从事前的激励联盟角度来考察契约问题，而交易成本经济学主要认为企业作为一系列契约的连接点，其中的契约是“不完全的契约”，但两派理论都认识到契约设计的必要性。(3) 代理理论和交易成本经济学都坚持认为，对于公司治理而言，董事会是一个内生变量，是对管理者的一种控制工具，也是剩余索取权人的一种控制工具。除此之外，实际上，威廉姆森和詹森还有一个重要的共同之处，即他们都认为负债是对管理者的一种控制机制。威廉姆森与詹森的

“殊途”主要在于他们看待问题的理论视角不同，詹森是从“代理理论”的角度来谈，威廉姆森则是从交易成本经济学的角度来看，前者主要讨论“对契约和组织形式进行监督和约束的技术”；后者重点考虑“公司治理的契约关系”。两者的思想起源不同，交易成本经济学源自科斯（R. H. Coase）1937 年的文章，代理理论产生于伯利和米因斯 1932 年的著作，看待问题的方法也不同。由此，威廉姆森指出了代理理论与交易成本经济学在三个方面的主要区别。第一，交易成本经济学沿袭的是康芒斯（J. R. Commons）的学术传统，即把交易作为分析的基本单位，而詹森的代理理论却是把单个机构当作基本的分析单位。第二，在代理理论里起关键作用的是代理成本的概念，包括剩余损失（residual loss）；相反，在交易成本经济学里起关键作用的是交易成本的概念，包括不良配置成本（mal – adaptation cost）。前者属事前成本，后者属事后成本。第三，代理理论对争端的解决似乎不太“关心”，而如何避免争端以及处理争端的机制，则是交易成本经济学的中心内容。

（三）伊斯特布鲁克的股利代理成本论

伊斯特布鲁克认为，管理者并非剩余索取权者。企业管理者其实不是公司股东和其他相关利益者的完美代理人。只要有可能，管理者就会尽其所能追求自身的利益。管理者与公司股东及相关利益者之间，实际上存在着巨大的利益差异。因此，公司必须建立相应的机制，以确保管理者能最大化其他相关利益者的利益。建立相关机制就必然要付出一定的成本，即詹森和麦克林所谓的代理成本。于是，伊斯特布鲁克重温了詹森和麦克林的代理成本理论，并特别强调管理者对待风险的态度也是产生代理成本的根源之一。伊斯特布鲁克认为，管理者本身是厌恶风险的，他们往往倾向于选择风险较低、收益也较低的投资项目，但股东对待风险的态度却正好相反，他们偏好风险，喜欢风险较高、收益也较高的投资项目，所以“股东要管理者也像风险偏好者一样行事”。不过，追求高风险、高收益的结果是以牺牲债权人的利益为代价的。当债权人充分认识到股东和管理者的行为后，他们必然会通过各类法律条款或工具来约束管理者的行为，如挑选股利政策。如果债权人可以要求管理者限制股利的支付，把钱留下作为留存收益，再用留存收益来为投资项目提供资金上的支持，就能够降低企业的负债权益比，从而降低企业的风险，让债权人收回本息的权利得到充分的保障。这种做法实际上等于把股东的财富转移给债权人。另外，持续不断地支付股利，迫使公司必须筹集新的资金以继续他们的经营活动，而“能让公司持续地在资本市场上获取资金的最重要代价在于资本的提供者都是对管理者非常棒的监督者”，于是，股票购买者必然要促进有利于股东的监督机制的形成，确保公司的负债与权益比朝向有利于股东的方向调整，不至于把财富让渡给债权人。因此，股利就像是一架钟摆，它不仅可以减少管理者产生的代理成本，而且可以通过利益的重新分配来防止公司某一部分相关利益者从其他相关利益者那里攫取财富，“股利在建立资本市场的监督机制上所起的作用是显而易见的”。

伊斯特布鲁克的股利代理成本论和詹森的自由现金流量假说在若干方面有共同之处：（1）他们都认识到管理者不是股东完美的代理人，对管理者的监督、约束或激励必然出现代理成本；（2）对公司股利政策的理解不仅仅停留在“信号”“追随者效应”等理论假说上，而是更深入一步，从解决股东、债权人和管理者之间利益冲突的角度出发，充分认识到股利作为一个监督、控制和调节机制所起到的作用；（3）他们认为负债是监督和约束管理者的一种控制机制。

第四节 战略性现金流量管理

一、现金流量管理的战略特性

公司财务目标是公司从事财务活动所期望达到的结果，也是公司财务行为的努力方向和指南。关于公司财务目标有不同的观点，如利润最大化观点、每股收益最大化观点、公司价值最大化——股东财富最大化观点等。从大量的关于各种观点的分析来看，公司财务管理目标的选择以企业所有者价值最大化——股东财富最大化作为目标导向更加合理，以多利益主体的协调更具有现实意义，以动态指标和静态指标分别确定终极目标和具体目标更加科学。现代公司制度下的公司理财目标不是单一的，而是多元的、多层次的。所以，在对公司财务目标的定位时，应坚持动态、发展的观点，应该区分终极目标和具体目标（或称短期阶段目标）。终极目标是起主导作用的目标，更是公司财务活动的动力来源和自觉遵循的行为准则；而具体目标是在终极目标的制约下，体现公司财务活动的阶段特点和公司管理的主要目标。一般地，在企业成长过程中，一些公司会根据自身具体情况适当调节发展目标，公司的具体目标是动态、有阶段性特点和侧重点的，公司应该根据内外部环境变化和公司发展阶段以及资本的财务保证情况具体而定；公司财务的终极目标应定位于公司价值创造的可持续最大化。作为公司财务管理重要基础性内容的现金流量管理，必须以公司目标作为导向，围绕公司目标实施管理。

企业生命周期是指企业诞生、成长、壮大、衰退直至关闭的过程。按照企业生命周期理论，企业在发展过程中会经历初创期、成长期、成熟期和衰退期等阶段，高新技术企业往往还有种子期。在企业不同的发展阶段，企业关注的目标和重点会有所不同，现金流量循环也会呈现出不同的特点。成功的管理者必须能够准确分析和识别企业在生命周期的不同阶段的特点及定位，并能够根据对现金流量的需要，提出合适的财务结构。所以，战略性现金流量管理必须与各阶段的特点相匹配，要突出重点，不可一视同仁，等而视之。同时，还要注意在不同发展阶段，经营活动、投资活动和筹资活动现金流之间的转化和配合。

做好流动性、收益性和增长性的动态平衡，就是要处理好现金流入、现金流出和净现金流量利用之间的关系。换言之，现金流入管理的任务就是要维护适度的流动性，现金流出管理的任务则是侧重于收益性的提高，而现金净流量管理的主要任务就是要处理好长期发展和短期利益的关系，处理好积累和消费的平衡。

企业现金流量基本状况，关系企业可持续发展和公司治理结构优化以及企业目标能否实现，因而使现金流量的均衡流动成为财务战略的重要内容。所以，现金流量管理具有显著的战略性质。

二、现金流量策略

有杠杆企业的资产项目权益现金流量与无杠杆企业的资产项目权益现金流量的差别，对于企业股权结构和股东财富最大化有重要影响。因此，企业现金流量及其策略与公司治理结构有关。企业自由现金流量本应通过股利方式分配给投资者，不应该留在公司由管理者自由处理。因为所有净现值为正的资产项目所需资本都得到了满足，多余的现金实际是一种浪费，很容易被管理者自利行为挥霍掉，引发股东财富损失。如果公司治理结构科学合理，治理质量较高，自由现金流量数额就会较低。因此，一些股权资本比较集中的企业，如前三大股东的持股比例超过 51%，甚至第一大股东的持股比例在 51% 以上，应该注意，股权集中是使外部股东的控制权与现金流量管理权相互制约的重要方式。企业大股东拥有较大份额的公司资本股权，就有动力收集信息和监督管理者，从而尽可能避免管理者完全控制公司的问题发生。过多的自由现金流量很容易发生“内部人”控制问题。如果企业的股权资本比较分散，第一大股东的股权比例低于 10%，那么，企业董事会构成及其设计和企业内部控制权分配等，均应有严格的制度安排。显然，股权集中企业的现金流量策略不同于股权分散企业的现金流量策略。现金流量策略与企业内部治理结构类型存在密切联系。在企业财务管理工作中，只要涉及公司治理结构变动和公司目标的实现问题，都是企业的战略财务问题。

企业价值是对企业整体盈利能力的综合评价。评价一个企业的价值，可以采用许多指标，但许多研究成果表明，现金流是价值评估最好的方法，即企业价值取决于它在当期和以后各期创造的现金流量的能力。从定价思想看，就是采用现金流量折现方法为企业定价，即企业的价值等于企业以适当折现率所折现的预期现金流量的现值，价值创造是企业内部各层次的管理者运作的基础和导向。战略现金流管理，就是既要研究现金流量与企业价值创造之间的逻辑关系，从价值创造角度探讨现金流量的管理问题，又要研究现金流量的可持续模式，确保企业终极理财目标的实现。

自由现金流量是企业为维持持续经营而进行的固定资产投资以及营运资本投资之后可实际用于所有者进行收益分配的现金流量。简而言之，就是支付有价值的投资需求后能向股东和债权人派发的现金总量。每个企业都要认真关注和控制现金转换周期，要随时关注现金转换周期是否合理，既不能过长也不能过短。过长意味着营运资金占用过多，周转速度过慢，应该缩短周期，以减少投入的营运资金；过短，则意味着营运资金投入不足，可能会存在一定的交货风险。判断标准就是在保证正常经营和交货情况下，尽量减少营运资金的占用。

思考与练习题

一、名词解释

1. 现金流量　投资活动现金流量　筹资活动现金流量　经营活动现金流量　现金流入量　现金流出量　净现金流量　初始现金流量　期间现金流量　期末现金流量

2. 净营运资本　净营运资本变动额　固定资产变动额　权益现金流量　杠杆企业资产项目现金流量　自由现金流量　现金流量机制

二、思考题

1. 现金流量是如何产生的？
2. 现金流量按照不同分类方式都可以做哪些分类？
3. 现金流量管理的基本定律有哪些？

4. 自由现金流量的作用原理是什么？
5. 自由现金流量假说的主要内容是什么？
6. 如何计算现金流量？
7. 现金存量、现金流量与现金增量是什么？
8. 现金流量与公司治理结构是什么？

三、练习题

1. 试着依据某一上市公司财务年报，计算和分析其现金流量与利润总额之间的关系。

2. 假定我们正在考虑这样一个项目：用一种新的高效油泵替换我们正在使用的旧油泵。该投资初始现金流出 1600 元购买新油泵。旧油泵在今后两年里每年能产生现金流量 1 万元，而新油泵一年就能产生 2 万元的现金流量，此后油井就枯竭了。两种油泵的残值都可以忽略。具体与油泵替换有关的测定增量净现金所必要的计算数据如表 9 - 4 所示：

表 9 - 4　　测定增量净现金计算数据

时　间	每年年底		
	0	1	2
（a）新油泵的现金流量	- 1600 元	20000 元	0
（b）旧油泵的现金流量	0	10000 元	10000 元
（c）油泵替换的净现金流量	- 1600 元	10000 元	- 10000 元

在增量的基础上，通过新油泵增加效率所产生的净现金流量分别是 - 1600 元、1 万元和 - 1 万元。当我们求解该现金流量序列的内部收益率时，我们会发现求得的不是一个而是两个收益率：25% 和 400%。请问该计算结果是否正确，说明理由。

参考文献

[1] 理查德·A. 布雷利、斯图尔特·C. 迈尔斯，弗兰克林·艾伦，方曙红译注：《公司财务原理》（第 8 版），机械工业出版社 2007 年版。

[2] 斯蒂芬·A. 罗斯、伦道夫·W. 威斯菲尔特、杰弗利·F. 杰富，吴世农、沈艺峰、王志强等译：《公司理财》（第 9 版），机械工业出版社 2012 年版。

[3] 托马斯·E. 科普兰、J. 弗莱德·威斯顿，宋献中主译：《财务理论与公司政策》，东北财经大学出版社 2003 年版。

[4] 干胜道：《自由现金流量专题研究》，东北财经大学出版社 2009 年版。

第十章

资本预算的性质和规则

第一节　两个简要的财务实例

一、第一个实例的描述与评论

（一）实例1：每股收益最大化与现金流量现值最大化的区别

该实例来自托马斯·E. 科普兰教授主编的《财务理论与公司政策》（第三版）里的案例。在通货膨胀情况下，企业会计核算采取先进先出法（FIFO）和后进先出法（LIFO）两种方法处理存货，其结果存在很大差别。

在通货膨胀情况下，如果采用先进先出的方法，将会取得较高的每股收益。其原因是最早的那一批存货的制造成本低于新生产的存货的生产成本。因此，如果最早的那批存货（最早入库的存货）作为一项费用从收入中扣除，此时，公司的每股收益将会高于采用最新的存货成本（最后入库的存货）作为收入的扣除，如表10－1所示。

表10－1　后进先出法与先进先出法　金额单位：元

项目	后进先出	先进先出	存货成本
收入	100	100	第四批，每单位成本90元→LIFO
销售成本	－90	－25	第三批，每单位成本60元
经营收益	10	75	第二批，每单位成本40元
纳税（40%）	－4	－30	第一批，每单位成本25元→FIFO
净收益	6	45	
每股收益（100股）	0.06	0.45	

从表10－1中，我们会理解为什么在通货膨胀的情况下，管理者会被引导采用先进先出法。因为采用先进先出法后，每股收益会有所提高。但是，在通货膨胀时，先进先出会计技术是一种错误的会计技术。因为它会因多缴税收而使公司的现金流量减少。在此例中，产品是在前期一段时间内陆续生产出来的，因此，我们现在必须试着选定一种正确的存货会计方法。在表10－1中列出了存货出售的收入为100元，它与采用何种会计方法无关。产品的销售成本不会影响现金流量，但纳税却会引起现金流量变动。因此，若采用先进先出法，每股

收益为 0.45 元，每股现金流量为 （100 − 30） /100 ，即等于每股 0.70 元。另一方面，如果采用后进先出存货会计方法，每股收益仅为 0.06 元，每股现金流量为 （100 − 4） /100，即等于每股 0.96 元。因为股东们仅关心公司贴现的现金流量的大小。因此，他们会指定公司采用后进先出法，以获得较高的每股现金流量值。其主要原因是，后进先出法因上缴给政府的税金较少，所以可为公司提供更多的现金流量。

（二）实例 1 的财务理论解释

实例 1 揭示了企业每股收益最大化与股东财富最大化的区别所在。企业在会计核算中使用成本计算利润与企业在财务管理中使用现金流量计算利润，两者存在很大差异。会计师依据会计理念和方法在会计核算中为投资者和企业高级管理者提供的财务信息，是企业管理的基础数据。经济学家和财务管理者对利润的解释是：利润是资产项目报酬率超过同等风险资产项目所用资本的机会成本的部分。在经济学家看来，财务管理者必须准确知悉每个资产项目的现金流量及其时间模式和该项目投入资本的机会成本。在这里，公司现金流量模式与公司支付给股东的股利模式是一回事。因此，企业高级管理者在决策时使用的利润概念应为给予股东的现金流量，确切说是公司给予股东股利的贴现值。此处的股利概念是一个宽泛的股利，除了包括支付给股东的所有现金股利外，还包括资本利得、公司剥离给股东的利益、清算或破产时支付给股东的款项、股票回顾、股东的诉讼赔偿和因兼并或收购支付给股东的款项。股票股利不涉及现金流量，因而不包括在利润概念的定义中。

假设我们有一家完全由股权投资的公司，不需缴纳税金。[①] 同时，假定公司的资本来源是公司的收入（Rev） 和出售新股（m 股），每股价格为 S 元。公司的资本用途是支付工资、奖金、原材料和劳务 （W&S），投资 （I） 和支付股利 （Div）。在每个 t 期间里，我们可将公司的资本来源与资本运用的恒等式写成：

$$Rev_t + m_t S_t = Div_t + (W\&S)_t + I_t$$

为了进一步简化讨论的问题，我们继续假设该公司未发行任何新的股票，即 $m_t S_t = 0$。现在，我们可以将股利表达为如下公式：

$$Div_t = Rev_t - (W\&S)_t - I_t$$

这就是使用简单的现金流量所定义的利润。显然，股利是公司的收入扣减营运成本和公司的新投资额之后剩余的现金流量。在市场经济制度下，股东财富实际是公司支付税金之后的现金流量现值。其计算公式为：

$$S_0 = \sum_{t=0}^{\infty} \frac{Div_t}{(1+k_s)^t} = \sum_{t=0}^{\infty} \frac{Rev_t - (W\&S)_t - I_t}{(1+k_s)^t}$$

至于会计学上的利润定义，则不需要减少净投资额 I_t。相应地，新投资额的账面价值被资本化，并且反映在资产负债表上，以一定的折旧率（dep） 逐期被摊销。因此，会计学上的利润被定义为：

$$NI_t = Rev_t - (W\&S)_t - dep_t$$

若 ΔA_t 表示该年度公司资产账面价值的净变化，则公司该年度的投资总额 I_t 减去该年度累计折旧 （dep_t），就等于该年度公司资产账面净额，即 $\Delta A_t = I_t - dep_t$。

---

① 如果我们考虑税收和债务的因素，此处推导得出的结论将不会发生任何改变，但其推导计算过程将变得复杂一些。

会计核算提供的财务信息属于财务基础数据。企业股东财富可以通过净投资额——该年度公司资产账面净额进行调整得到：

$$S_0 = \sum_{t=0}^{\infty} \frac{Rev_t - (W\&S)_t - dep_t - (I_t - dep_t)}{(1 + k_s)^t}$$

$$= \sum_{t=0}^{\infty} \frac{NI_t - \Delta A_t}{(1 + k_s)^t}$$

上述案例告诉我们，会计师的工作目标是为投资人、债权人和企业管理者提供有关决策所需要的财务会计信息，财务管理师的工作目标则是发现价值、创造价值和实现股东财富最大化；如果企业财务经理过分关注会计学上的利润或者每股收益，就经常会受会计信息误导。公司的目标不是每股收益最大化，正确的公司目标是股东财富最大化。所以，会计学的利润定义与经济学的利润定义的最大区别在于：前者注重当期经营活动已发生的成本费用事实，而不重视已发生的现金流量；后者注重企业多期发生的现金流量和未来预期。在经济学对利润定义时，观察和计算已发生的现金流出时会扣减有关厂房和设备投资的全部支出。当经济活动涉及多期或跨期时，就需要制订财务计划和预算。科学技术的迅猛发展，市场和企业的经济活动不确定性，以及社会制度内部的快速演变，已超过人们生理预期能力，于是，人们愿意事先制订计划和预算，进而应对难以预测的未来现金流量和生活开支。

二、第二个实例的描述与评论

（一）实例2：会计学的利润定义和经济学的利润定义的进一步解释

企业兼并和重组的动因主要源于扩大市场占有率、提高公司效率、改变公司治理结构、税金考虑和信息考虑等，财务管理师主要关注企业并购与重组的委托代理关系变化、效率和税金等。企业并购案例很多，青岛的海信集团公司收购广东科龙电器公司、青岛啤酒股份公司在全国各地县市收购啤酒厂，以及中央管理企业众多并购事件，都是著名的并购案例。

这是企业合并中的商誉会计处理实例。由于并购案例十分普遍，此处仅提及一些并购的商誉会计处理要点。企业合并的会计处理方式主要有两种：联营法和购买法。联营法是将合并公司的利润表和资产负债表简单地相加。在购买法下，合并公司需在资产负债表中增加两个项目：（1）被并购公司资产的账面价值；（2）购买价格与账面价值的差额，此差额被称为商誉。我国《企业会计准则第20号——企业合并》（财政部会计准则委员会2006年2月26日颁布，2007年1月1日生效）对商誉的确认和计量作了新的规定。在非同一控制下的企业合并中，合并成本大于被购买方可辨认净资产公允价值的部分，确认为商誉；合并成本小于被购买方可辨认净资产公允价值的部分，直接计入合并当期损益。初始确认后的商誉，不再进行摊销，而是于每一个会计期末，按《企业会计准则第8号——资产减值》规定对其进行减值测试。鉴于商誉难以独立产生现金流量，应结合与其相关的资产组或资产组组合进行减值测试：（1）此处的资产组或资产组组合应是能够从企业合并的协同效应中受益的资产组或资产组组合，但不应大于《企业会计准则第35号——分部报告》所规定的主要分部或者次要分部；（2）企业应将商誉的账面价值按合理的方法分摊至相关资产组或资产组组合，以各资产组或资产组组合的公允价值分摊，公允价值难以可靠计量时，以账面价值为基础；（3）会计期末比较各相关资产组或资产组组合的账面价值与其可收回金额，并根据上述方法确认减值损失。显然，商誉是企业合并成本大于合并取得被购买方各项可辨认资产、负债公允价值份额的差额，其存在无法与企业自身分离，不具有可辨认性，不属于无形资产准则所规范的无形资产。研究证实，公司管理层在注销商誉金额巨大的情况下，更愿意选用联营法而不希望使用购买法会计处理方式。公司的管理层似乎较为重视使公司的每股收益最大化。十分遗憾的是，有些合并项目其实对并购公司的股东十分有利，但公司管理层因需要注销巨额的商誉而拒绝进行这些合并项目。这种做法对公司而言很不适当。无论使用联营法还是购买法，对公司现金流量的影响都是相同的。这主要因为，商誉是在税后作为费用项目被注销，它不会引起现金流出，亦不会改变纳税金额。

（二）实例 2 的财务理论解释——费雪分离原则

经常有人认为，投资者在使用每股收益评价公司股票价值时，使每股收益达到最大化是完全正确的。但是，股东实际上是使用贴现的现金流量现值对公司证券进行估价。企业并购是一种战略投资行为。投资决策的实质是投资者决定减少多少当前的消费量以便换取在将来获得更多的消费量。最优投资决策是最大化人们从消费中获得期望满意程度。这里假定，所有财务决策归结为有关消费问题，因为从根本上说，消费关系到人们的生存和生活问题。人们之所以选择储蓄或投资，主要是因为储蓄或投资能够产生未来消费的期望收益，超过当前消费产生的收益。在市场经济制度下，股东财富最大化可以理解为股东生命周期内消费现值达到最大化，亦即使每股价格最大化。所以，在财务学上，股东财富最大化可定义为：股东获得的未来现金流量贴现值最大化。

不论是企业并购活动，还是企业日常生产经营活动，财务管理者均应时刻牢记股东财富最大化财务目标。企业高级管理者一旦忘记公司财务目标，就会发生资本浪费和损失。现代企业普遍存在委托代理问题，企业的所有者个人可以将投资决策授权给企业管理者。企业投资决策的选择与投资者个人偏好无关。投资决策与个人效用偏好相分离——费雪分离原则。投资决策的选择只能依据市场供求关系和项目投资财务评价结果予以取舍，这是财务活动规律所决定的。会计信息和会计准则只是财务管理者考虑的重要因素。政府或行业协会发布会计准则的目的是维护会计核算秩序和会计信息的质量。如果不考虑股东个人效用函数的形状，可以不停地选择投资，直到不利项目的报酬率正好等于市场决定的报酬率为止，从而实现股东财富最大化。那些达到了项目资产收益最大化或项目现金流量贴现值最大化的投资决策，其投资决策原则都是相同或正确的，都是独立于股东的消费时间偏好。企业管理者受财务目标的引导，会去选择那些收益率高于市场报酬率的所有项目。理论上，如果投资的边际收益率等于由市场决定的资本机会成本，那么股东的财富将会最大。现代企业的委托代理问题，实质是管理者能否获得所有者给予的恰当激励，进而实现股东财富最大化的问题。

第二节　资本预算的假设、性质和方法

一、企业为什么要编制资本预算？

若将资本预算史写成专著，那一定是很厚的一本书。资本预算又称建设性预算或投资预算，主要是企业为了今后更好发展和获取更大收益而做出的资本支出计划。资本预算是综合反映经济建设资本来源和运用的预算。以往，人们将预算划分为日常预算和资本预算，前者

是会计年度内日常生产经营的短期现金收支预算，后者是跨年度多期固定资产资本性支出的预算。20 世纪初的预算支出主要用于经济建设，预算收入主要是债务收入。资本预算是财政复式预算的组成部分。资本预算产生有其深刻的社会经济历史背景。

资本预算首先出现在西方资本主义国家。资本主义经济是以生产资料私有制为基础的市场经济。生产社会化与生产资料资本主义私人占有之间的矛盾决定了资本主义社会必然要爆发周期性经济危机。1825 年，英国爆发了资本主义世界第一次经济危机，在 1836 年、1847～1848 年、1857 年、1866 年、1873 年、1882 年和 1890 年，又相继爆发了世界性资本主义经济危机。整个 19 世纪的资本主义国家极力主张自由竞争和自由放任的社会经济原则，奉行政府不干预经济活动的政策。各个资本主义国家主要通过资本主义生产方式自身内在调节来摆脱经济危机。可是，当人类进入 20 世纪之初时，在 1929～1933 年发生了资本主义发展史上最深刻最持久的一次经济危机。该危机从美国开始，迅速席卷了整个资本主义世界。此次经济危机之后，欧美资本主义国家开始普遍认为，原来的自由竞争和政府不干预经济的政策已经不适用，社会经济发展需要政府给予一定的参与、调控或干预，政府活动对经济增长具有积极或消极作用。

于是，国家财政的复式预算应运而生。1927 年，丹麦首先将国家预算分成经常预算和资本投资预算。为配合罗斯福新政需要，美国政府从 1933 年 7 月 1 日起实行复式预算制度，将预算分成“正常”和“非正常”两部分。此后，1938 年瑞典政府开始实行财政复式预算。瑞典著名财政学家 A. 塞纳在阐述资本预算产生背景时指出：“1911 年起瑞典设立了很多资本性基金，依靠这些基金积累了一些生产性资本归国家所有。生产性资本是指能产生直接货币收益的资本，如铁路、通信、水利电力工程和森林等公有资产”。当时瑞典政府将国家预算收入分为两部分：经常性收入和借贷利差收入。预算支出也同样包括经常性支出和资本积累两部分。1937 年瑞典预算政策改革中，正式引用了资本预算并于 1938 年开始实行。

显然，当经济活动和发展超出人们的视野与预期时，编制预算就成为可能和必要。而且，人类社会的生产方式在经历了小农经济、手工业、大机器工业、机械化和电子化之后，又开始经由科学技术现代化、信息技术和智能化时代，进入知识经济时代。当社会化再生产过程日趋复杂时，人类体力和智力的增长速度慢于社会财富增长速度时，就需要编制资本预算。以公司治理为例，股东的财富是用资本的机会成本——市场利率贴现的现金流量现值。在完善的市场经济中，所有的股东都会认为，管理者应当遵循的投资决策原则是：选择一切可以投资的项目直到边际收益率等于市场贴现率为止。可是，企业的所有权与控制权存在很大差别。一般地，人们很难有充分理由完全相信公司的管理者——公司所有者的代理人，总是能够处处以股东利益最大化为出发点采取各种行为策略。在大部分的委托代理关系中，公司的所有者必须花费大量的监督成本以察看和控制公司管理者，使其为股东敬业工作。因此，企业所有者面临的选择：是花费一定的监督成本还是采取一些报酬形式，以促使代理人总能从股东利益出发而采取各种行为策略的权衡。一般地，公司管理者总是寻找和选择最佳的投资项目和编制最优的资本预算，以实现公司目标。资本预算是企业所有者与管理者之间沟通经营理念的媒介。

二、资本预算假设

我们已经知道，财务假设是财务理论和财务管理实践的前提。关于投资决策的选择原则或基本假设，我们暂且假设：

1. 投资项目所产生的现金流量可以毫无误差地估计出来，并且公司资本的机会成本（又称为资本成本）也是已知的。

2. 资本市场是完备和无冲突的市场。在资本市场供求关系均衡情况下，公司的管理者可以把每个股东的意愿与投资决策相分离。

3. 企业所有者的监督成本为零，管理者会使股东财富达到最大化。

资本预算的这三个假设是企业管理者编制资本预算的前提和原则，也是财务管理中的投资决策假设。

在坚持资本预算假设或原则下，资本预算的关键在于管理者需要知道项目的现金流量和市场对相同风险的项目要求的报酬率。管理者在选择和制定投资决策时会面临三个主要问题。第一个问题是，他们必须在市场里寻找新的投资机会或者新的技术。新的投资机会和新的技术是公司成长的两个基础。遗憾的是，传统财务理论难以对这一问题提供有益的帮助。现代财务学具有发现价值、创造价值和均衡配置资本的功能，使得财务管理师有能力甄别和开发出新的财务战略，已找到新的投资机会和新技术。该问题的实质是财务管理师在不确定情况下，如何将人力资本、货币资本、实物资本、技术资本、信息资本和知识资本有效均衡地配置在一起，从而实现生产要素资本总额收益率最大化。第二个问题是，他们必须能够估计出项目产生的现金流量。企业投资的资产项目不论是人力资源培训、购买机器设备、新技术研发项目，还是收购企业、在资本市场购买股票或投资金融衍生工具，都必须测算其现金流量。这就需要财务管理师娴熟地掌握资本投入产出预算的财务期间、资产项目由市场决定的资本机会成本或市场贴现率，以及各种财务评估方法和资本预算技术。最后一个问题是，投资项目应根据合理的决策方法进行估价。资产价值评估——估值——财务管理的核心业务之一，就要求财务管理师娴熟地掌握资本预算的多种技术方法。

三、资本预算的性质及其技术标准

企业的筹资决策、投资决策、科技研发支出战略安排和公司治理方案设计，以及处理财务关系等，都可以采用资本预算方法。资本预算是财务管理的基础性工作。习惯上，人们常把投资决策方法称之资本预算技术。

科学的资本预算技术拥有的本质特性是：能够使股东财富达到最大化。这一本质特性可分解为如下四个原则性标准：（1）所有现金流量均被考虑；（2）现金流量以资本机会成本加以贴现；（3）资本预算技术应从相互排斥的一组项目中选择使股东财富达到最大化的项目；（4）管理者应当将每一个项目独立于其他项目单独考虑——价值相加原则。

在这里，第一个标准是强调某一资产项目的财务评估既要考虑其研发和投资时期的现金流量，也要考虑资产项目经营期的现金流量，还要将其废弃期间的现金流量计算在内。例如，有的资产项目初步设计投资期 1 年和经营期 4 年，财务评估结果为亏损项目；可是如果将经营期延长至 5 年，其财务评估结果就为盈利。资本预算既要计算投资期和经营期的现金流量，也要考虑计划经营期之后的后续期间现金流量情况。如同水力发电厂的建造成本很高，但其运营成本较低一样，火力发电厂虽然建造成本较低，但其后续的燃料和运营成本很高并且环保代价很高。第二条标准是说明资本预算遵循时间价值理念。第三个标准中的相互排斥项目是指一组项目中只能选择一个项目。例如，一个村庄计划在村庄旁边的小河上方建造一座桥梁，如果采用了钢铁制造的桥梁，就可排除建造木制桥梁的方案。亦即，一条河流在指定的位置可以建造多种类型的桥梁，但方案只能选一种。第四个标准中的独立项目是指那些允许管理者或经理人选择采用任一个或者全部的项目。或有项目是指那些必须同时被实施或者同时不被实施的项目，例如，建造一条隧道的同时必须再添置一套通风设备系统。那么，该条隧道和该套通风设备系统可视为一个单独的或有项目。第四条标准即价值相加原则揭示了：如果我们知道管理者所接受的不同项目的价值，那么，只需将这些项目的各自价值进行简单相加，就可以得出该公司的价值。这是一条至关重要的标准，因为它表示每个项目可以单独地考虑其各自优点，而不用将它们同其他项目放在无数的不同投资组合中进行考察。

可见，资本预算既是财务管理的基础工作，也是财务管理的技术方法。一项好的资本预算技术，其本质特性在于高效率地为实现财务管理目标提供优质服务；亦即资本预算本质上是一种服务于实现财务目标的技术方法。既然是一种技术方法，就会被人们不断地改进。这是资本预算的性质或本质特性。当财务管理目标有矫正时，资本预算方法也会改进和修正。

四、资本预算方法

在财务管理工作中，常用的资本预算技术主要有四种，分别是：（1）回收期法；（2）会计收益率法；（3）净现值法；（4）内部收益率法。

根据资本预算的本质特性及其四条技术标准，上述资本预算四种技术方法中，仅有净现值法是符合资本预算性质的正确方法。净现值法是目前唯一的一项与股东财富最大化目标相符合的资本预算技术。

让我们举一个简单例子说明。

表 10－2 列出了四个项目的估计现金流量，每个项目均有 5 年的生命周期。例子中的四个项目是相互排斥项目，故而只有其中一个项目可以使公司股票的价格达到最大化。也就是说，其中仅有一个项目可以使股东财富达到最大化。我们通常假设此时所有四个项目的风险水平是一致的。可是，根据本章资本预算假设中的一个基本假设，即该四个项目各自的现金流量已知且确定。因此，它们的风险水平为零。在没有风险情况下，应使用的正确的贴现率是无风险利率（如国库券利率）。

表 10－2　　相互排斥的四个项目

金额单位：元

年份	现金流量				10% 的现值系数
	A	B	C	D	
0	－1000	－1000	－1000	－1000	1.000
1	100	0	100	200	0.909
2	900	0	200	300	0.826
3	100	300	300	500	0.751
4	－100	700	400	500	0.683
5	－400	1300	1250	600	0.621

（一）回收期法

资本预算技术方法中的回收期法是指收回某个资产项目的全部最初投资额所需要的年限。如表 10－2 所示，四个资产项目的回收期分别是：项目 A，2 年；项目 B，4 年；项目

C，4 年；项目 D，3 年。

在上例的表 10－2 中，如果管理者坚持采用回收期法选择投资项目，那么管理者会选择项目 A，因为项目 A 的回收期最短。回收期法的优点在于决策成本很低，决策过程简便易行。可是，我们很快就会发现，回收期法没有考虑资产项目经营期内所有现金流量因素——没有考虑项目 A 在最后两年产生了负的现金流量；而且没有使用资本的机会成本对现金流量进行贴现——没有区分另一个回收期相同但第一年 900 元和第二年 100 元之间的时间价值差别。回收期法违反了资本预算性质中四个技术标准的前两条特性。因此，一些投资数额较大、经营周期较长和风险性较高的投资项目，不宜使用回收期法。

（二）会计收益率法

会计收益率（Accounting Rate of Return，ARR）是企业税后平均利润除以该投资项目的最初现金支出额。它与资产收益率（Return on Assets，ROA）和投资收益率（Return on Investment，ROI）十分相似，并且在某些领域的运用是完全相同的。同理，它们也具有一样的缺点。为简便起见，假设表 10－2 中的数据为会计利润，则项目 A 的税后平均利润为：

$$(-1000+100+900+100-100-400)\div 5=-80\text{（元）}$$

此时，项目 A 的会计收益率为：

$$ARR=\frac{\text{税后平均利润}}{\text{初始投资}}=\frac{-80}{1000}=-8\%$$

同理，我们可以计算出项目 B、C、D 的会计收益率分别是 26%，25% 和 22%，显然如果采用会计收益率选择投资决策，就会选择项目 B 作为最佳投资方案。会计收益率指标的优点是数据可直接从财务报表里整理和计算，比较通俗易懂。但其不足是，会计利润不等于现金流量，而且没有考虑货币的时间价值——未进行市场利率的贴现。所以，采用会计收益率法制订的投资方案比较粗糙和简单，不够严密。会计收益率法在资本预算中不是最优的技术方法。

（三）净现值法

我们知道，净现值法是管理者利用资产项目未来各期现金流入量贴现值之和，扣减该项目最初现金支出现值的差额作为资本预算的方法。此处的贴现值是以市场决定的资本机会成本作为贴现率计算出来的。当净现值大于零时，该资产项目符合财务要求，值得选择。我们假设上例的表 10－2 中的四个资产项目资本成本为 10%，那么项目 A 的净现值如表 10－3 所示。

表 10－3　　项目 A 净现值计算表　　金额单位：元

现金流量	×	现值系数	=	现值
-1000		1.000		-1000.00
100		0.909		90.90
900		0.826		743.40
100		0.751		75.10
-100		0.683		-68.30
-400		0.621		-248.40
		净现值	=	-407.30

由表 10－3 的计算可知，资产项目的净现值计算过程及其公式为：

$$NPV = \sum_{t=1}^{N} \frac{NCF_t}{(1+k)^t} - I_0$$

此公式中的 NCF_t 是指资产项目在 t 期间的净现金流量，即从经营期第一年算起（t=1）测算经营现金流量。I_0 是项目最初的现金支出，k 是公司的加权平均资本成本，N 是资产项目所持续的年限。同计算项目 A 净现值一样，项目 B、C、D 的净现值分别是 510.70 元，530.85 元，519.20 元。如果资产项目 A、B、C、D 是独立项目而非相互排斥项目，那么，我们会考虑接受 B、C、D 项目而拒绝采用方案 A，因为项目 A 的净现值小于零。又因为它们是相互排斥的项目，所以我们会选择净现值最大的项目 C 方案。选择净现值较大的项目相当于增加了股东的财富。这说明，净现值是一种正确的决策方法，该方法符合资本预算的最终目的。

（四）内部收益率法

内部收益率（Internal Rate of Return，IRR）是较常用的一种项目决策方法，其本身不受资本市场利息率的影响，完全取决于项目的现金流量，反映了项目内部所固有的特性。这是其称为“内部收益率”的原因所在。内部收益率是使资产项目未来各期净现金流量现值之和等于投资项目初始投资额现值的贴现率，即净现值为零的折现率。例如，X 项目的现金流量为（－100，120），设贴现率为 r，那么该项目净现值可表示为

NPV＝－100＋120/（1＋r），那么，贴现率 r 是多少时项目的净现值才为 0 呢？

先假设贴现率是 0.1，可以得到

$$NPV = \frac{120}{1+10\%} - 100 = 0.09$$

我们再试一个稍大的贴现率 0.3，可以得到 NPV ＝－100＋120/（1＋0.3）＝－0.08

由此可知，净现值为零的贴现率一定在 0.1 与 0.3 之间，若再选择贴现率为 0.2，此时，NPV＝－100＋120/（1＋0.2）＝0

通过试错法可以发现，当贴现率为 0.2 时，项目净现值为零。此时，我们就称 0.2 为项目的“内部收益率”。若市场贴现率低于 0.2，说明资金成本低于项目收益，公司就可以接受该项目；反之，若是高于 0.2，就应该放弃。将内部收益率（IRR）计算公式总结如下：

$$NPV = 0 = \sum_{t=1}^{N} \frac{NCF_t}{(1+IRR)^t} - I_0$$

内部收益率的基本法则（basic IRR rule）就是：若内部收益率大于市场贴现率，项目可以接受；若内部收益率小于市场贴现率，则项目不能接受。为什么要叫基本法则呢？因为现实中的很多项目并不像例题这么简单，并不遵循以上法则。仍使用表 10－2 中的数据，采用试错法计算项目 C 的内部收益率，如表 10－4 所示。

图 10－1 对上述表 10－4 里的计算数据进行了标示。可以看出，当贴现率增大时，现金流量的净现值就会减小。如果贴现率等于零，那么此时就不存在货币的时间价值，而且该项目的净现值就等于其现金流量的简单相加。对于项目 C 而言，当贴现率等于零时，其净现值等于 1250 元；在另一种极端情况下，当贴现率是无限大时，则未来的现金流量是无价值的，因而项目 C 的净现值就等于其目前的现金流量，即－1000 元。在这两个极端的贴现率之间，可以找到使净现值等于零的折现率。这就是使现金流入量现值与现金流出量现值相等的内部收益率。

表 10－4　　　　　　　　　项目 C 的内部收益率　　　　　　　　金额单位：元

年份	现金流量	现值（10%）		现值（20%）		现值（25%）		现值（22.8%）	
0	－1000	1.000	－1000.00	1.000	－1000.00	1.000	－1000.00	1.000	－1000.00
1	100	0.909	90.90	0.833	83.33	0.800	80.00	0.814	81.40
2	200	0.826	165.20	0.694	138.80	0.640	128.00	0.663	132.60
3	300	0.751	225.30	0.579	173.70	0.512	153.60	0.540	162.00
4	400	0.683	273.20	0.482	192.80	0.410	163.84	0.440	175.00
5	1250	0.621	776.25	0.402	502.50	0.328	410.00	0.358	447.50
			530.85		91.13		－64.56		－0.50

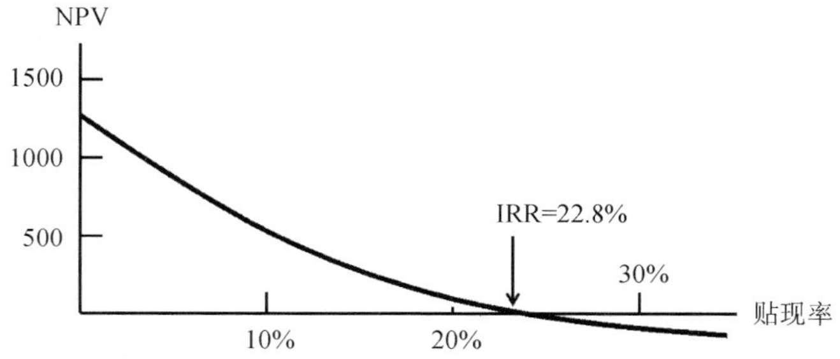

图 10－1　项目 C 在不同的贴现率下的净现值

因此，上述例子表 10－2 里的四个项目的内部收益率分别是：项目 A，IRR = －200%；项目 B，IRR = 20.9%；项目 C，IRR = 22.8%；项目 D，IRR = 25.4%。

显然，根据内部收益率规则，我们会选择项目 D 作为最佳投资方案。

资本预算技术方法蕴含着很多财务学原理。我们来考察表 10－5 中的 O、P 两个项目。

表 10－5　　　　　　　　O、P 两个项目的 IRR 和 NPV

项目	现金流量（元）		内部收益率	净现值（元）贴现率 = 0.2
	C_0	C_1		
O	－200	300	0.5	50
P	200	－300	0.5	－50

表 10－5 中两个项目的内部收益率均为 0.5，市场贴现率 r = 0.2，按照内部收益率基本法则，O、P 两个项目都应接受，但是我们也发现，项目 O 的净现值为正值，而项目 P 的净现值为负值，显然项目 P 应放弃。为什么运用基本法则出现失误了呢？

由表 10－5 中可以发现，O、P 两个项目的不同之处在于同期现金流出和流入的方向不同，O 项目先有现金流出后有现金流入，称为投资项目；P 项目先有现金流入后有现金流出，称为筹资项目。投资是购买资产的行为，筹资是出售资产的行为。进一步分析，基本法则隐含的条件是内部收益率和净现值成反比。我们比较项目 O、P 的净现值与内部收益率关系图，就能更直观地发现产生失误的原因，如图 10－2 所示。

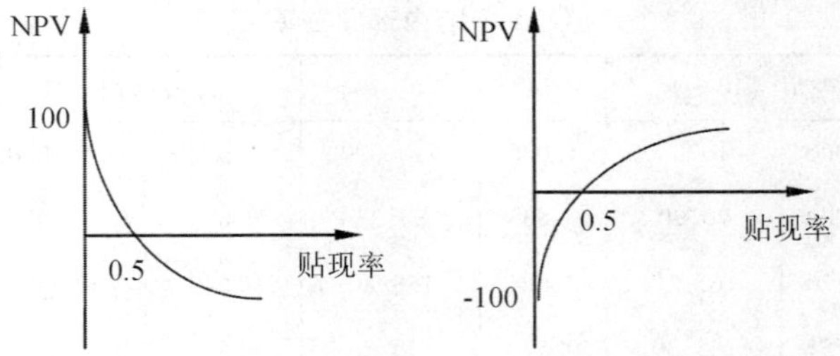

图 10－2　O 项目和 P 项目的净现值、内部收益率

图 10－2 显示，投资项目 O 项目的内部收益率和净现值成反比，符合基本法则隐含条件，因而能够根据基本法则做出正确判断，但融资项目 P 项目的内部收益率和净现值成正比，基本法则就不适用了。

对于融资项目的内部收益率法则是：若内部收益率小于市场贴现率，则项目可以接受；若内部收益率大于市场贴现率，项目不可接受。

五、资本预算多种方法的比较分析

前述例子说明，资本预算的各种技术方法如净现值法和内部收益率法，在选择项目时有时候会发生冲突。依据净现值法会选择项目 C，而依据内部收益率法则会选择项目 D。两种技术均考虑了全部的现金流量，且均使用了货币时间价值理念并对现金流量进行贴现。可是，我们必须从这四个相互排斥的项目中挑选出一个项目，以使股东财富达到最大化。因此，这两种技术方法中只有一种是可行的。我们对 B、C、D 三个项目的净现值和内部收益率加以分析。如果采用最低或较低的贴现率如 9%、8% 或 5%，经测算，项目 B 具有最高的净现值；如果采用居中的贴现率如 10%，项目 C 具有最高的净现值；如果采用最高或较高的贴现率如 11%、15% 或 20%，项目 D 具有最高的净现值。应注意，净现值法以相同的贴现率（10%）比较 B、C、D 三个项目。应牢记，这 10% 的贴现率不是任意选定的，它是市场决定的资本机会成本。前文述及，市场决定的贴现率是公司的管理者期望使股东财富达到最大化所应使用的一种贴现率。因此，采用其他的贴现率都是不正确的。所以，项目 C 是最佳项目选择。因为它在投资决策中使用资本机会成本为 10% 时，能够使净现值达到最大。不过，净现值虽然是一种科学有效的财务指标，但是，当比较多个初始投资额不等的资产项目时，各个初始投资额不等的方案就难以比较，如同资产总额不等的企业比较其年度利润总额并无财务意义一样。因此，使用资产项目的经营活动净现金流量现值与资产项目初始现金流出量现值之比——现值指数替代净现值，可以弥补净现值的不足。现值指数的财务规则是，当现值指数大于 1 时，表明该资产项目具有财务可行性，可以选择；否则，不可选择。

内部收益率法不以资本的机会成本作为贴现率。相反，内部收益率法内含的假设是：货币的时间价值依据内部收益率法，因为所有的现金流量均是以内部收益率贴现的。这一隐含的假设又称为再投资率假设。实际上，再投资率就是资本的机会成本。净现值法和内部收益率法均可得出有关再投资率的隐含假设。净现值法假设股东会以资本的机会成本将他们的资本再投资于企业。净现值法遵循了正确的再投资率假设。内部收益率法假设股东会以不同的内部收益率将他们的资本再投资于每个项目。我们已经假设各资产项目的现金流量已知并且十分确定，即各项目的风险水平相同。那么，为什么投资者能够以某一利率再投资于项目C，而以另一个利率再投资于项目D呢？很显然，内部收益率法隐含再投资率的假设是不符合逻辑的。内部收益率法虽然对现金流量进行了贴现，但其贴现率不是资本的机会成本。内部收益率法违反了资本预算性质中的第二条标准，同时，也违反了费雪分离原则。严格地说，如果内部收益率法与净现值法出现冲突，就违反了资本预算的第三条技术标准。资本预算所必须具备的第四个技术标准是管理者应该能够独立地考虑某个项目，而不必与其他项目一同考虑。这就是财务学上著名的价值可加性原则，公司价值等于各个项目价值之和。前述例子和一些财务管理实务表明，内部收益率法没有遵循价值可加性原则。

在企业生产经营过程中，一个资产项目的现金流量会有不同的现金流量模式——支出时间模式和收入时间模式的不同。例如，某个项目的投资额是100万元，投资期1年，经营期3年，其各年现金流量分别是：－100万元，80万元，30万元，20万元。另一个资产项目的投资额也是100万元，投资期和经营期也分别为1年和3年，但其各年现金流量却是：－100万元，25万元，65万元，98万元。显然，前一个项目的回收期很短，现金流量流入量是先多后少，后一个项目的现金流入量则是先少后多。又如，有这样一个小型投资项目，其投资额100万元，投资期1年，经营期5年，其各年现金流量分别是：－100万元，30万元，50万元，40万元，－10万元，60万元；这里的第四年现金流量为负数。这种改变正负符号顺序的现金流入量模式，说明该资产项目可能存在多个内部收益率。在投资决策或筹资决策中，如果估计的资产项目现金流量多次改变其正负符号，则会导致资产项目出现多重内部收益率，从而给投资决策或筹资决策的选择带来困难。导致资产项目经营期内某一年份现金流入量出现负值的原因较多，一个主要原因是一些环保项目如石油开采公司和化工企业等，需要在生产过程追加技术改造支出或营运资金投入等。在这种情况下，一般可以同时采取净现值法和内部收益率法等多种方法测算，进而找出最优的资产项目。当我们改进了内部收益率法的一些缺点后，使用内部收益率法做出的决策选择与净现值法的决策结果一样。

我们知道，如果项目的期限超过一年，则求解内部收益率的方程是多次方程，方程的正解的个数可能为0或者大于0的任意整数，也就是说，项目可能没有内部收益率，或者内部收益率不止一个。

根据代数理论，若现金流量改变符号N次，那么内部收益率的方程就有最多N个正解，也就是说，有最多达N个正的内部收益率。最简单的情况就是现金流量符号改变一次，即项目进行初始投资后所有的现金流量均为正值时，或者项目初始现金流为正值而后期均为负值时，这两种情况下内部收益率是唯一的，可分别根据投资型或融资型项目的内部收益率法则进行决策。

当项目有不止一个内部收益率时，究竟以哪个内部收益率值作为判断的依据呢？此时我们选用净现值法是明智的。若项目净现值大于0则选择，若净现值小于0，则放弃。有时候，项目含有内部收益率为变量的净现值方程会出现恒大于零的情况，此时就不用再求内部收益率，净现值恒大于0，项目就可以接受了。

第三节 资本预算的分类和规则

一、资本预算的分类

人们从不同的视角，可以将资本预算划分成不同类别。

（一）从投资目的视角出发的分类

1. 扩充型资产项目的资本预算。这是指使公司能够扩充已有的资产项目和产品或进入一个新的市场生产新产品的项目资本预算。当一个公司决定扩展它的产品种类和规格及其市场时，经常要开拓一条新的销售或者分销渠道，在这种情况下，公司必须设法准确评估客户对产品和服务的需求。扩充型项目在某种意义上是存在一定风险的项目。因为它要进入一个从未涉及过的领域。正因为如此，一般情况下扩充型项目的评估往往使用一个相对较高的、要求最低的收益率，同时也会取得高于其他项目的回报。

2. 调整型资产项目资本预算。这是与法律法规相一致的有关资产项目资本预算。社会责任的约束与调整型项目的决策有很大的关系。例如，在很多情况下环保部门会制定空气和水的清洁标准，任何项目都必须遵守这些标准。调整型项目并不是简单地追求股东利益，而是要首先遵守政府部门制定的行为标准。这样，追求股东财富最大化的资本预算技术方法和现金流量分析方法，在调整型项目中的适用性会有所降低。管理者应将遵守规则的成本降到最低。

3. 研发项目资本预算。研发项目是许多公司保证其长期发展能力的关键，特别是那些生产科技产品和提供科技服务的公司。科技研发活动有基础研究、应用研究和试验发展等三个环节，其研发结果的会计处理方式有资本化和费用化之分。由于科技研发支出的数额较大、风险性较高、周期较长，以及科研成果作为抵押品的作用有限等特征，研发支出的资本预算是财务管理工作的重要领域。

（二）从资产项目的相关性视角分类

1. 独立项目资本预算。相互独立的项目是指为达到投资目的仅有一种项目可供选择的投资项目。换言之，独立项目是对其做出接受或者放弃的投资决策都不会受其他项目投资决策影响的项目。比如你打算在青岛市开设一家快餐厅和在烟台市开设一家中药铺，这两个项目就是独立项目。独立项目的资本预算可以在同一时间和同一空间使多个资产项目同时投资的资本预算。尽管这样，人们总是在两种或多种方案中比较甄别和选择，即投资此项目和不投资此项目。可见，决策过程实质是比较择优过程。

2. 互斥项目资本预算。相互排斥的项目是指人们为达到投资目的会有多种可供选择却不能同时选择的项目。换言之，互斥项目是不能同时选择的两个或多个项目。比如项目甲是在你拥有的一块地皮上建一幢公寓楼，而项目乙是在同样的一块地上建一座电影院，项目甲和乙就是互斥项目。如果选择甲方案就不能执行乙方案。多种项目方案之所以互相排斥，原因较多。有的是同一项目的动工时间存在冲突，如乘动车前往北京出差就不需要乘飞机；有的是资金有限，如已租用了高级数控机床就不需再研制或购进数控机床；也有的是进行了一个方案，另一个方案就不再需要了，如一个小镇已建起了水力发电站，就不需再建火力发电站了。公司在一定时期的投资规模有限，或存在其他资源限制，不可能将可行的全部项目都实施，只能选取满足公司需要的关键项目。

3. 关联项目资本预算。相互关联的项目是处于独立项目和互斥项目两者之间的项目。因为它们之间既存在某些影响，又不能完全排斥对方。例如，如果项目 A 是生产一种新型的小型汽车，而项目 B 是生产中型汽车，那么两个项目都可以接受并进行生产，而小型汽车的一部分潜在顾客可能会被吸引而购买中型汽车。这两个项目是相互关联的，是因为一个收入的增加会使另外一个收入减少。关联项目资本预算实质是企业要素资本均衡配置的资本预算。在企业资本总额既定情况下，某一个资产项目的资本投入较多，另一个资产项目的资本投入就会减少。只有各种不同资产项目的货币资本投入及其存量实现均衡时，企业资本收益率才会实现最大化，进而使股东财富最大化。

（三）从资产项目风险程度视角的分类

从资本预算决策方案中是否引入风险变量出发，可以把资本预算分为确定性资本预算和不确定性资本预算两种类型。到目前为止，本章上述内容基本上都是确定性资本预算的性质、技术标准、方法和规则，因为确定性资本预算是假设所有未来现金流量已经确定条件下的资本预算。同时，假设适当的贴现率为无风险利率，资本预算技术的选择标准与股东财富最大化的公司目标相一致。当我们放弃资产项目未来现金流量已知并已确定作为贴现率由市场决定的资本机会成本为无风险利率，以及股东财富最大化目标等假设，本章前面阐述的确定性资本预算就变成了非确定性资本预算。

不确定性资本预算是假设在多时期的未来现金流量不确定情况下，人们如何确定风险项目并做出选择的资本预算。单一期间不确定资本资产均衡定价模型是多期间不确定资本预算的基础。当单一期间的贴现率不再是市场决定的由无风险率表示的资本机会成本，而是经过风险调整的贴现率时，则净现值计算公式为：

$$NPV_j = \sum_{t=0}^{N} \frac{NCF_{jt}}{[1 + E(R_j)]^t}$$

式中，NPV_j是第 j 个项目净现值；NCF_{jt}是在 t 时间下的第 j 个项目净现金流量；E（R_j）是第 j 个项目风险调整后必要收益率。

在这里，净收益率计算公式中原来的无风险率 k 由经过风险调整的市场必要收益率 E（R_j）替代。我们在学习货币资本的时间价值时获知，一般的资产项目收益率是由无风险收益和风险收益组成。因此，我们可以使用无风险利率的现行估值、市场预期收益率和资产项目系统风险等因素来确定多期的贴现率。其计算公式可以是：

$$E(R_j) = r_f + [E(R_m) - r_f]\beta_j$$

式中，E（R_j）是资产 j 的风险调整市场必要收益率（亦可称之加权平均资本成本）；r_f 是资产项目无风险利率的现行估值；E（R_m）是市场预期收益率；β_j 是资产项目 j 的系统风险，将风险因素引入净现值计算是不确定性资本预算的基本标志。

利率是货币资本的价格。采用风险利率替代无风险利率，使用不完全市场下实物资本多期间资本预算替代完全市场假设下单一期间货币资本投入的资本预算，权益资本市场非均衡和债务市场非均衡，以及经营期间之后的废弃问题等，都是不确定性资本预算需要解释和解决的问题。已有研究表明，对于多期间风险项目的资本预算，使用会计年度内单一期间风险调整收益率贴现现金流量难以完成资本预算任务。相反，在特定条件下，多期间资产项目的投资决策方法却可以应用于单一期间的资本预算。当然，如果机器设备和运输车辆存在二手市场，投资决策仅需进行单一期间资本预算即可。此时，公司应首先测算出资产项目第一期间的预期现金流量价值，然后再测算第一期间末预计二手市场价值，两者之和减去现行投资支出现值，即可做出选择。在实物资本的二手市场上，为简便起见，一些投资决策可根据单一期间资本预算完成资产项目选择。这就是以第一期间现金流量价值加上第一期间末的机器设备净残值为基准，若机器是值得购买的，那么以后该机器可能带来的价值就增加了该资产项目的可接受性。很显然，风险利率替代无风险利率作为贴现率、单一期间转换为多期间的跨期问题是不确定资本预算的两个基本问题。由于考虑了风险溢酬和风险成本，使未来两个期间或多个期间不确定现金流量价值的计算成为不确定资本预算的核心内容或工作重心。市场供求关系的变化莫测和利率波动风险是采取风险利率的现实依据。资产项目不同经营期间的连续关系及其收益波动是采取多期间而非单一期间的财务依据。

一般地，多期间资本预算总是假设两个互斥项目的收入相等。例如，机器设备重置成本的测算经常有这样一个假设：公司收入不因设备选择不同而变化。所以，多期间资本预算过程仅将与互斥项目选择相关的各种增量成本加以贴现，并选择最低贴现成本的资产项目。如果假设多期间风险调整收益率作为资本预算的贴现率，那么如何使用该方法比较风险调整为基础的现金流出量？当现金流出量有更大的变动时，正确的方法是将期望成本按更低贴现率进行贴现。只要现金流出量的绝对值与市场投资组合收益率——市场收益率呈正相关，越大的现金流出量变动意味着整个资产项目有越低的风险，即资产项目存在越低的贝塔系数。应注意，资产项目的协方差风险可包含收入流协方差风险和成本流协方差风险两个部分。如果成本与市场收益率呈正相关，市场收益率高、成本也高，反之亦然，则成本对资产项目协方差风险的作用是重大的，并且为负的影响。这意味着高风险资产项目的成本流必须用低贴现率甚至负的贴现率进行贴现，从而对风险进行适当调整。

考虑所投资的资产项目在可供选择的用途中的市场价值，是多期间资本预算决策的关键。任何资产项目均有其生命周期。企业的生存、盈利和发展是财务目标得以实现的基础，财务管理的任务就是在不确定情况下，跨期连续地均衡配置多要素资本，促进企业持续发展。在资产项目运行的任何时间，可以将资产项目出售给能够更好地利用该资产的人，或者废弃该资产项目而得到该资产项目残值，或者暂时停业直到经济条件好转才复业。所有这些可能性，都必须在期初资本预算决策中予以考虑。当公司面临不可逆转的危机时，即使有可以放弃资产项目的能力，也是有价值的备选。当废弃（或出售）一个资产项目时，期望清算价值（再出售价格）将是资产项目的最低价。这可能类似于美式期权的执行价格。当资产现值跌至清算价值之下时，废弃资产项目的行为等价于执行看涨期权。由于清算选择权是有价值的，一个可以清算的资产项目价值远大于那些没有废弃可能的资产项目。使用选择权理论可以很好地解释该原理。简而言之，即使继续经营资产项目的净现值为正数，有时候废弃一个资产项目也很有好处。基本原因是在较短时间后废弃该资产项目所得净现值，实际远高于继续经营的现值。

多期间资本预算关于废弃项目决策的一种常用方法是，计算没有废弃选择权的资产项目净现值加上废弃项目看涨期权价值。其计算公式是：

NPV（含有废弃）= NPV（不含废弃）+ 废弃看涨期权价值

资产项目收益方差越大，废弃资产期权价值就越大。根据财务理论，传统的废弃项目决策规律是，当废弃价值大于继续经营剩余现金流量的期望值时，资产项目应在第一年废弃（或出售）。遗憾的是，由于递延废弃可能会导致更多的净现值，第一次废弃机会可能被错过或者不是最优机会，该现象在出租车行业十分普遍。最优废弃决策的规律是，综合考虑剩余经营活动现金流量与未来废弃价值，以选择和确定最大的期望净现值。诚然，获得实物资本的废弃价值有时候也与人力资本的更多付出有关。所以，多期多要素资本均衡配置理论是资本预算业务的基础理论。

二、资本预算有关规则的归纳

资本预算的性质和技术方法标准决定了资本预算业务应遵循一定的财务规则。资本预算是促进企业实现股东财富最大化目标的财务管理活动。企业股东财富是股东持有股份与每股市价之乘积。因此，增加股东股份和提高每股市价是扩大股东财富的财务途径。那么，如何增加股东股份和提高每股市价呢？其方式有企业内部研发新产品以扩大生产规模和企业外部增加市场占有率以扩大市场价值份额。资本预算是投资人科学有效地将要素资本均衡配置于企业和市场之间的决策行为。资本预算决策行为是遵循一定的技术方法规则实现的。资本预算各种技术方法规则统称资本预算规则。接下来，我们将本章资本预算技术规则总结如下。

回收期的决策过程比较简单。资本预算回收期法的财务规则是：当投资项目的回收期少于投资者的期望回收期，则该项目具有财务可行性，可以选择；否则就可能被放弃。比如两年，所有投资回收期小于或等于两年的项目都可行，而那些回收期在两年以上的项目就不可行。应注意的是，回收期法未考虑现金流量时间序列和时间价值，忽略了回收期以后的现金流量，预期的回收期选择具有主观性。当然，回收期法也可以引入时间价值理念加以适当改进。

资本预算会计收益率法的财务规则是：测算出来的资产项目会计收益率如果高于目标会计收益率，则该项目具有财务可行性，可以选择；否则，如果资产项目会计收益率低于目标会计收益率，那么项目就不具有财务可行性，不应选择。应注意的是，目标会计收益率的确定带有一定的人为因素，如果采用公司近期会计收益率，那些本来收益率就高的公司会拒绝会计收益率较低但实际净现值大于零的项目，那些本来收益率较低的公司可能会接受会计收益率较高但实际净现值小于零的项目。这样势必会产生决策失误。

资本预算净现值法的财务规则是：接受净现值为正的投资项目符合股东利益。如果资产项目持续多个期间，我们可以对现金流量进行折现，计算出资产项目的净现值。如果项目存在风险，我们可以寻找一个存在类似风险的股票，把该股票期望收益率作为资产项目贴现率，对现金流量进行折现。与其他方法相比，净现值法主要具有三个特点：（1）净现值使用了资本的时间价值理念。虽然公司可以直接使用资产项目经营所获取的现金流量，如分配股利、进行项目投资或者支付利息等，但相比之下，利润包含了许多人为因素。对会计人员来说，利润是有用的，但却不能在资本预算中使用，因为利润并不等同于现金。（2）净现值包含了资产项目的全部现金流量。其他一些资本预算方法往往会忽略某一特定时期之后的现金流量，因而使用这些方法时应当小心。（3）净现值使用市场决定的资本机会成本作为贴现率，对现金流量进行了合理的折现。这是资本预算其他技术方法所不具备的优点。

内部收益率的基本法则（basic IRR rule）是：若资产项目的内部收益率大于市场贴现率，项目可以接受；若项目的内部收益率小于市场贴现率，则项目不能接受。与净现值法相比，内部收益率法仍有很多可改进之处。主要表现是，第一，内部收益率法没有遵循价值可加性原则，使管理者在使用内部收益率时不能将资产项目相互独立地加以考虑。第二，内部收益率法将投资于各个资产项目的机会成本等于该项目内部收益率。这就意味着再投资率假设违背了现金流量必须以市场决定的资本机会成本进行贴现的要求。第三，内部收益率法会在现金流量符号发生改变不止一次时，出现多个内部收益率。当然，如果假设所有项目的现金流入量均以市场的机会成本贷给公司，而且投资于该项目的现金流量的收益率即为内部收益率，则会防止该问题的发生。值得高兴的是，净现值法没有内部收益率法的固有缺点，而且净现值法的本质特性及其效果符合股东财富最大化的目标。

思考与练习题

一、名词解释

1. 资本预算　费雪分离定理　股东财富　每股收益　资本预算本质特性
2. 资本预算技术　资本预算技术标准　市场决定资本机会成本　贴现率
3. 回收期法　会计收益率法　净现值法　现值指数　内部收益率法
4. 确定性资本预算　不确定性资本预算　现金流量模式　资产项目废弃价值
5. 独立项目　互斥项目　关联项目　风险成本　收入流　成本流

二、思考题

1. 时间价值理念和风险价值理念对资本预算的作用。
2. 资本预算与资本均衡配置理论存在哪些关系？
3. 资本预算是否能发现价值和创造价值，为什么？
4. 单期资本预算与多期资本预算的主要差别有哪些？
5. 资产项目废弃决策规律是什么？
6. 比较会计学上的利润和财务学上的利润的异同之处。

三、本章练习题

1. 青藏中兴公司现在计划投资一个 10 万元的零风险项目。该项目只在第 1 期获得 10.7 万元的现金流量。该公司的管理层可能会考虑如下方案：

（1）使用公司现金 10 万元投资此项目。而 10.7 万元在这一期之后用于支付股利。

（2）放弃此项目，把 10 万元作为当期的股利支付给股东。

请利用净现值法规则比较这两个方案，并做出财务解释。

2. 通过研究一组投资项目数据来分析资产项目的回收期，如表 10 - 6 所示。

表 10 - 6　　项目 A、B、C 的预期现金流量　　金额单位：元

年份	0	1	2	3	4	回收期（年）
A	-100000	30000	70000	20000	10000	2
B	-100000	70000	30000	20000	10000	2
C	-100000	70000	30000	20000	20000	2

表 10 - 6 中 A、B、C 三个项目的回收期均为 2 年。请利用回收期法计算和选择投资项目。

3. 华升食品公司准备在异地开办一家酒馆，初始投资为 120000 元，工厂经营期限初步设计为 4 年，即每年折旧 30000 元，其账面资产额和预计的收入与成本如表 10 - 7、10 - 8 所示。

表 10 - 7　　华升食品公司损益　　金额单位：元

	第 1 年	第 2 年	第 3 年	第 4 年
销售收入	200000	150000	100000	80000
付现成本	100000	80000	60000	40000
折旧	30000	30000	30000	30000
税前净利	70000	40000	10000	10000
所得税（17%）	11900	6800	1700	1700
净收益	58100	33200	8300	8300

表 10 - 8　　华升食品公司账面资产　　金额单位：元

	第 0 年	第 1 年	第 2 年	第 3 年	第 4 年
累计折旧	0	30000	60000	90000	120000
账面资产	12000	90000	60000	30000	0

已知华升食品公司开办新酒馆的年度目标会计收益率为 25%，要求计算异地新酒馆的会计收益率，并做出资本预算决策选择。

4. 两个互斥项目的内部收益率计算。数据见表 10 - 9 所示。

表 10 - 9　　互斥项目现金流量、内部收益率和净现值　　金额单位：元

项目	现金流量（元）		内部收益率	净现值（元）贴现率 = 0.1
	C_0	C_1		
M	-200	300	50%	73
N	-300	420	40%	82

已知市场平均收益率为 8.5%，表 10 - 9 中两个项目内部收益率均大于市场贴现率，按内部收益率法财务规则，两个项目均可接受。但是，M、N 为互斥项目，只能选择其一。那么，应该选择哪个项目呢？

对于 M 和 N 这样投资规模不同的两个资产项目，如果使用增量现金流量开展分析，可得到如表 10－10 所示的数据结果。

表 10－10　增量现金流量方法　　金额单位：元

项目	现金流量（元）		内部收益率	净现值（元）贴现率＝0.1
	C_0	C_1		
N－M	－100	120	20%	9.1

请根据资本预算内部收益率法的财务规则，计算和分析资产项目 M 和 N 的内部收益率，并做出决策选择。建议在计算内部收益率时，将净现值、增量内部收益率、贴现率一并进行比较和分析，进而理解资本预算原理。

参考文献

[1] 托马斯·E. 科普兰、J. 弗莱德·威斯顿，宋献中主译：《财务理论与公司政策》，东北财经大学出版社 2003 年版。

[2] Stephen A. Ross：Neoclassical Finance，Princeton University Press，2005.

[3] Robert C. Merton：Continuous－Time Finance，Blackwell Publishers Inc.，1990.

[4] 斯蒂芬·A. 罗斯：公司理财（第九版），机械工业出版社 2012 年版。

[5] 罗福凯：财务学的边界（第二版），经济管理出版社 2017 年版。

第十一章

财务媒介与资本市场

第一节 财务媒介案例与评论

筹资活动是公司财务管理的重要组成部分。简单而言，筹资活动可以描述为：企业与投资者之间达成一致，签订契约，投资者将资金的使用权转移给企业，同时获得相应的收益权，相应地，企业则获得资金的使用权，并承担支付成本的义务。在这个过程中，资金在企业与投资者之间的传递媒介，本章称之为财务媒介。下面先通过几个案例来初步认识几种常见的财务媒介。

一、案例描述与评论

（一）早期的财务媒介

财务媒介早期在我国以“银票”的方式出现。北宋初年，四川省成都市出现了专为携带巨款的商人服务，经营现钱保管业务的“银票铺户”。现钱存款人把现金交付给铺户，铺户把存放现金的数额临时填写在用楮纸制作的卷面上，再交还存款人，当存款人提取现金时，每贯付给铺户 30 文钱的利息——支付 3% 的保管费。这种临时填写存款金额的楮纸券便称为“银票”。这时的“银票”只是一种存款和取款的媒介和凭据，而非货币。银票由民间商人自由发行，它是为了安全和便捷而充当商品和货币之间的古代财务媒介。专事银票经营业务的铺户称为票号，又有汇兑庄或票庄称谓。

宋仁宗天圣元年（1023 年），政府设益州银票务①，由京朝官一二人担任监官主持银票发行，并“置钞纸院，以革伪造之弊”。这便是中国最早由政府正式发行的银票——“官交子”。该“官银票”发行初期，其形制是仿照民间“私交”，加盖本州州印，只是临时填写的金额文字不同，一般是一贯至十贯，并规定了流通的范围。这比美国（1692 年）、法国（1716 年）等西方国家发行银票要早六七百年。因此，“官交子”也是世界上发行最早的银票。宋仁宗时，一贯至十贯一律改为五贯和十贯两种。到宋神宗时，又改为一贯和五百文两种。发行额也有限制，规定分界发行，每界三年（实足二年），以新换旧。首届银票发行 1256340 贯，备本钱 360000 贯（以四川的铁钱为钞本），准备金相当于发行量的 28%。“银票”流通范围基本限于在四川境内，后来在陕西、河东有所流行。古代银票发行和我国的

① 益州，我国古代一个地名，九州之一，也是汉武帝设置十三州（十三刺史部）之一。

纸币发行历史有关。北宋货币“交子”是我国完备的纸币。元朝货币以纸币为主，明初承元制，明太祖洪武年间发行“大明宝钞”，用桑皮纸为钞料，一贯现钞高一尺、宽六寸，是我国最大的纸币。清初不印制纸币，同治以后，时兴铜钱。

日升昌票号是我国古代最著名的民间票号。由山西省平遥县西达蒲村富商李大全出资与掌柜雷履泰共同创办，专营存款、放款和汇兑业务。日升昌票号前身是平遥县西裕成颜料庄，清嘉庆末年，社会经济发展迅速，埠际间货币流通大增，西裕成颜料庄业主首先在京、晋间试行汇兑办法，效果很好，便兼营汇兑业。清道光三年（1823年），西裕成颜料庄正式更名为日升昌票号，总号设于山西省平遥县城内繁华街市的西大街路南。其黄金时期年汇兑金额高达3800万两白银，可谓“日利千金”。其经营网点几乎遍布整个中国，商埠重镇、大中城市设有分号达35处之多。日升昌票号创立之后，继有祁县、太谷富商大贾竞相效仿，祁县乔致庸先生就是著名代表之一。后有南方票号崛起，对清末民初商业贸易和近代工业发展起到了重大作用。

财务媒介本身的真伪和安全问题早在古时已存在。古人防伪办法是在银票背面做记号，防止以假乱真。类似在银票上加了防伪标志。一般地，商家把壹、贰、叁、肆、伍、陆、柒、捌、玖、拾、百、千、万，天干地支年月日、斤两等字，在银票正面按原字写准确，客户都能看懂内容，比如白银伍万两，猴年马月牛日，但在银票背面就用别的汉字作密语相对应。只有正反两面的内容与密语对得上，这张银票才算是有效，否则就不会被承认。每位客户的银票密语大抵都不一样，每一张银票都有其特殊证明，票号背后的秘字就相当于它的身份证号。

（二）现代的财务媒介

自改革开放以来，中国的资本市场进行了自上而下的改革，目前形成了以商业银行为主，股票和债券市场快速发展的金融体系。上市公司也主要以银行贷款融资为主，其次才是股票和债券融资。下面首先通过三个小案例，来分别认识股票、债券、银行借款等财务媒介。

案例1：股票。万科企业股份有限公司（公司代码：000002）于2007年9月5日增发317158261股股份，保荐人及主要承销商为中信证券股份有限公司。此次增发采取原A股股东全额优先认购，原A股股东优先认购后剩余部分采用网上、网下定价发行相结合的方式发行。此次发行的价格为31.53元/股，募集资金总额为9999999969.33元，发行费用（包括承销费、保荐费、中介机构费以及其他费用）合计63398268.11元，剩余募集资金净额为9936601701.22元。上述发行情况由深圳南方民和会计师事务所有限公司审计，并出具了验资报告。

案例2：债券。万科企业股份有限公司（公司代码：000002）于2008年9月5日，面向公众发行公司债，简称08万科G2（代码：112006.SZ），到期日为2013年9月5日，票面价为100元，发行规模29亿元，利息率为7%，采取每年付息1次的付息方式，主要承销商为中信证券股份有限公司，并由国信证券股份有限公司、民生证券股份有限公司、第一创业证券股份有限公司、中国银河证券股份有限公司、平安证券股份有限公司组成承销团。该债券存在回售条款：“发行人发出关于是否上调本期债券无担保品种票面利率及上调幅度的公告后，投资者有权选择在本期债券无担保品种存续期的第3个付息日将其持有的债券全部或部分按面值回售给发行人。”

案例3：银行借款。宁夏英力特化工股份有限公司（公司代码：000635）于2007年1月

10日向国家开发银行借款6亿元，期限为12年，自2007年1月10日至2019年1月9日。该笔借款首次执行的借款年利率为6.84%，以后每年12月21日调整一次，调整后的利率为中国人民银行公布的同期贷款法定基准利率。该笔借款中的3.6亿元由宁夏英力特电力集团股份有限公司提供连带责任担保，2.4亿元由宁夏英力特电力集团股份有限公司持有的国电宁夏石嘴山发电有限责任公司30%股权作为质押担保。该笔借款用于公司年产20万吨PVC、17万吨烧碱技术改造项目。

为了表述方便，本章首先不考虑我国特有的资本市场制度，只从基本层面认识财务媒介。对比上述三个小案例，不难发现，无论是股票、债券还是银行借款，都是上市公司从外部投资者获取资金的方式，股票、债券和银行借款在此被称为财务媒介，也可以看成三种商品。案例1中万科将每一股股票卖了31.53元，获取资金9999999969.33元；案例2中万科将面值为100元的债券卖了100元，共获取资金29亿元；案例3中英力特向银行借了6亿元的贷款，将来需要每年还利息约0.41亿元，到期偿还本金6亿元。读完这些案例，可以思考以下问题：对于企业而言，究竟哪种商品卖得更合算，或者说成本更低呢，是股票、债券还是借款？同一家公司通过不同的财务媒介筹集资金，其单位融资成本是否相同，若不同，为什么？不同公司用同一种财务媒介筹集资金，其单位融资成本是否相同，若不同，为什么？带着这些问题，继续读下面的内容。

二、财务媒介的界定

从个人投资者手中的资金到企业可以自由运用的资本，需要经过一系列控制权和使用权的转让、形态的转变，在这个过程中资金依附于媒介进行流动，即财务媒介。财务媒介是一个比较宽泛的概念，资金依附的媒介及该媒介交易的市场均可成为财务媒介。本章为了表述方便，将前者界定为我们讨论的财务媒介，包括信贷合约、银行存单、股票、债券、期货、期权等货币资本载体和财务工具；后者称为金融市场或金融中介，包括证券公司、商业银行和保险公司等。此处的前者与后者存在密切关系，其关系可概括为鸡与蛋的关系。

如图11-1所示，一方面，具有资源禀赋的投资者手中有大量闲散资金，但是大部分投资者并没有好的自有项目进行投资，他们手中财富保值增值遇到困难；另一方面，市场上有很多具有良好项目并且缺乏资金的公司亟须融通资金。具有资金的投资者个人没有好的项目可以投资，具有好的项目的公司没有资金支持，这便是资金在融通和流动过程中遇到的矛盾和障碍。考虑到地域、时间差异等因素以及市场上双方的信息不对称性，资金从投资者自发流向公司是很难完成的，这种资本的自发流动受阻的现象就催生了金融市场和财务媒介的出现。

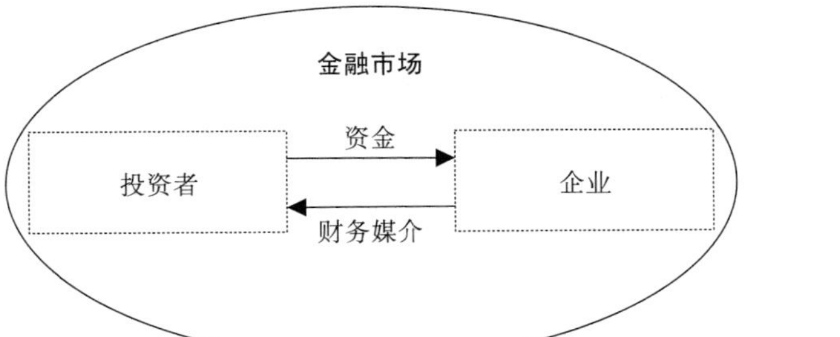

图11-1 资金通过财务媒介的流动

财务媒介多种多样，但是任何财务媒介在资金转移过程中都充当了桥梁和中介的作用。投资者将自己闲散的资金通过财务媒介交予公司，并获得一定的凭证，如大额存单、股票、债券、衍生金融产品等，而公司从财务媒介处获得了自己急需的资金，并将这部分资金用于实体经济，即参与公司的运营，例如购买设备、投入研发、租赁厂房等。公司将资金用于生产经营后获得收益，按照财务媒介约定的内容，通过发放股利或者支付利息的方式将资金返还给投资者，从而实现投资者资金的保值增值。闲散的资金就是这样通过财务媒介从投资者手中变为企业的资本，也正是这样的过程将金融市场和实体经济联系起来，往往金融市场与实体经济是相辅相成的关系，金融市场的繁荣会促进实体经济的发展，实体经济越发达的地方往往金融市场也会很繁荣。财务媒介的重要性在于，它既是财务工具又是财务载体。人们开发财务工具，在一定意义上是在研究和开发财务媒介。所以，财务媒介理论和技术的课程内容与财务计量经济学、数量财务、财务工程等课程内容密切相关，财务媒介的科学先进程度是财务学发展的标志。本章仅阐述财务媒介的原理。其有关理论和技术将在财务计量经济学、数量财务、财务工程、公司财务等课程里陆续学习到。

第二节　财务媒介

本节主要阐述常见的财务媒介：货币、信贷合约、存单、存折、大额存单、银行卡、支票、股票和债券等。

一、货币

我国的货币如同中华民族光辉灿烂的传统文化一样，既有悠久的历史，又有繁多的形制种类。先秦时期，我国各地已开始形成刀币、布币和环钱等制度。秦汉时期，我国货币以环钱为主要形制。北宋时期出现了世界上最早的纸币交子，明朝将白银作为主要的流通货币。货币是度量价格的工具和购买货物的财务媒介，也是保存财富的手段。同时，货币还是财产所有者与市场经济中关于交换权的契约。该契约实质上是所有者之间的约定。货币本质是交易媒介。货币能够作为交易媒介，要有信用才能流通。如果货币本身是商品，就不存在信用来自哪里的问题；如不是商品，那么货币作为财务媒介，其信用可以来自政府、银行、企业或个人。如果信用货币的信用失去了，货币就失去媒介功能。现在，货币是市场经济制度中的重要财务媒介。

货币的契约性质决定了货币可以有不同的表现形式，比如一般等价物、贵金属货币、纸币、电子货币等。它可以用作交易媒介和储藏手段，以及延期支付标准和记账单位。真正的货币是金属货币，如作为货币的黄金白银。我们现在用的货币严格说是货币替代品，其中主要是纸币，还有铸币，它们充当财务媒介，虽有货币的功能但本身不是商品，其价值低于票面价值，属于“债”的凭证或一种要求权。货币替代品是债务人（包括政府和银行）发行，有货币证券（凭证）和信用媒介之分，分别对应于商品信用和流通信用。货币证券有 100% 现金准备，即只能贷出它自己的资金和顾客信托它的金额。信用媒介是超出准备金部分的发行。货币证券和信用媒介被统称为通货，它们都在流通。通常，我们在日常生活中难以区分一个货币替代品究竟是货币证券还是信用媒介。

与财务媒介货币密切联系的通货膨胀，是经济活动中的一种特殊现象。通货膨胀表面上是一般物价水平的普遍上涨，其背后是通货的过度增加，亦即“货币替代品”的过度信用扩张。通货膨胀是通货中“信用媒介”供给数量的大幅增加。货币证券对应于商品信用，一般不能扩张。人们往往把通货膨胀等同于物价上涨，其实通货膨胀与物价两者之间没有相关关系。物价下跌也可以是通货膨胀。所以，通货膨胀要从通货而不是从物价本身角度去认识，通货多了就会发生通货膨胀。

不仅如此，财务媒介货币如果管理不当，还可能引发经济危机。一般地，资产价格大幅度急剧下跌，经济泡沫迅速破灭，称为经济危机。通货膨胀会引发经济危机。当财务媒介货币中的信用媒介大幅增长，就会形成通货膨胀和表面上的繁荣。当通货膨胀十分严重时，就会形成经济危机和真实的衰退。通货膨胀与经济危机的交替就是一个经济周期。当市场供求关系和社会再生产过程资本配置过度失衡，以及政府的信用扩张过度时，就可能会导致经济周期波动，进而人为干扰市场利率，误导企业家投资决策，从而进一步加剧资源错配和浪费。

二、信贷合约

（一）产品概念与流程

信贷合约多是指以金融机构为贷款人，现阶段多体现为商业银行，在接受借款人的申请时向借款人提供贷款，由借款人到期返还贷款本金及利息的合约。

信贷合约应该在国家法律法规允许的范围内签订，并且其资金流向一般会有明确说明。商业银行等金融机构在与企业签订信贷合约时会明确借款用途，通过这样的规范性产品，可以监督资金的流向，在风险可控的前提下确保资金回笼。

信贷合约是经济生活中最普遍存在的一种产品型的财务媒介，商业银行这种主体型的金融媒介将储户的闲散资金汇聚，然后以信贷合约产品的方式提供给企业，从而促进了资金从投资者到企业资本的转化，同时信贷合约的利息收入成为商业银行的重要利润来源，而返还给储户的利息也能够满足期望收益较低的投资者的要求。就目前阶段来说，商业银行信贷合约是财务媒介中相对于企业融通资金成本最低、安全性最优的选择。

私人之间的借贷行为也需要签订信贷合约。我国古语：“亲兄弟，明算账”的规则，今天依然十分有效。由借贷双方签字的借条实际也属于合约。

银行与客户签订信贷合约的一般流程如图 11－2 所示。

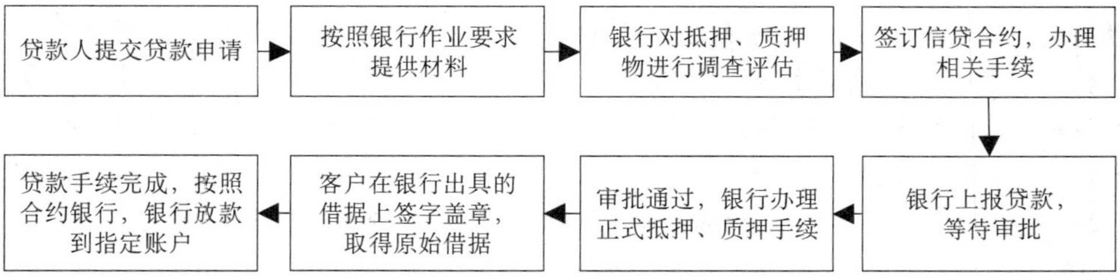

图 11－2 信贷合约一般流程

信贷合约存在着成本和收益分析问题。从贷款人视角看，银行等金融结构以较低的价格（即存款利率）吸收投资者的资金，收集、评估借款人的信息，以较高的价格（即贷款利率）转让资金的使用权予以借款人，通过存贷利率差获得收益，并承担收集、分析信息的成本。同时，借款人获得资金后，经营有可能失败，也可能成功，存在不确定性，所以贷款人还面临到期不能收回本息的风险。

正常情况下，贷款人不能直接参与公司的经营，但为了保证本金与利息的正常回收，贷款人可以通过合约来要求或限制借款人的行为。如：借款后下一年的营业利润不得少于100万元、借款后三年内发放的股利不得超过净利润的20%等。一旦借款人不能按时偿还利息和本金，贷款人获得企业的控制权，可以对企业进行破产清算。

从借款人视角分析借贷合约得知，借款人将借来的资金投向特定的项目，获得投资收益。在不考虑税收的情况下，投资收益超过借款成本的部分为借款人获得的净收益。假定借款人在投资前，根据其获得的信息能够估算项目的收益率，当收益率越高时，事后借款人投资的意愿就越强。

假定贷款利率是5%，项目的收益率有三种情况：11%、6%、4%。当收益率为11%时，项目产生的收益大部分由股东享有，此时借款人投资意愿最强；当收益率为6%时，尽管项目能够给股东带来收益，但是大部分收益却被贷款人获取，且借款人还得承担项目可能失败的全部风险，因此，此时借款人的投资意愿将较低；当收益率为4%时，投资该项目，股东不仅不能获得收益，还会用自有资金支付贷款人的利息，此时，借款人将会放弃该项目，不会借款。因此，整体上，借款人需要承担两方面的成本：到期偿还利息；到期不能偿还债务时，进入财务困境的成本。

阅读材料1：中国的利率市场化

正如阿尔钦所说产权残缺影响了价格机制正常作用的发挥，伴随着银行业改革的不断进行，政府与银行间的产权关系也逐渐完整，但要想利用价格机制降低交易成本，达到对资源的有效配置，中央政府在金融体制改革的同时也逐步推行了利率的市场化。与我国渐进式的银行业改革相一致，按照“先外币、后本币；先贷款、后存款”的总体思路，政府对利率市场化采取逐步推进的方式，以求经济金融的稳步增长。

外币利率改革在先，是因为政府无法完全控制外币利率的调整，同时由于市场基础较为成熟，改革的步伐相对较快。2000年9月，外币贷款利率放开，300万美元以上大额外币存款利率由金融机构与客户协商确定。2003年7月，小额外币存款利率管制币种由7种外币减少为4种。同年11月，小额外币存款利率下限放开。2004年底，央行放开了一年期以上小额外币存款利率。

1983年，政府开始了贷款利率的市场化。国务院规定人民银行在基准贷款利率的基础上，具有上下浮动20%的选择权。1996年5月1日，政府为了支持优先发展的行业，降低企业的财务成本，规定金融机构对这类企业的贷款利率，实行下浮、不浮或少浮，同时将流动资金贷款利率浮动限度由20%降到10%。1997年亚洲金融危机爆发，在经济下滑的环境下，由政府替代银行进行风险定价的管制利率弊端日益凸现：由于银行对大客户的贷款相当于批发，对中小企业的贷款相当于零售，管制利率将批发价格和零售价格一刀切，造成银行没有积极性给中小企业贷款（易纲，2009）。为改善这种状况，人民银行专门出了一个扩大对小企业贷款利率浮动幅度的通知，要求各商业银行、城市信用社对小型企业贷款利率最高上浮幅度由现行的10%扩大为20%，最低下浮幅度10%不变，农村信用社贷款利率最高上浮幅度由现行的40%扩大为50%。2003年底，银行股份制改革逐步建立了银行业的现代企业制度，为发挥银行对资源的配置作用打下了基础，而作为其调节资源的工具——利率，也逐步放开。2002 年，利率市场化改革试点在全国八个县农村信用社进行，并将贷款利率浮动幅度扩大到 100%。2004 年 10 月，央行基本取消了金融机构人民币贷款利率上限，仅对城乡信用社贷款利率实行基准利率 2.3 倍的上限管理，人民币贷款利率过渡到上限放开、实行下限管理的阶段。2013 年 7 月 20 日，为了进一步推进利率市场化改革，央行全面放开了金融机构的贷款利率管制，主要包括“取消金融机构贷款利率 0.7 倍的下限，由金融机构根据商业原则自主确定贷款利率水平；取消票据贴现利率管制；取消农村信用社贷款利率 2.3 倍的上限，由农村信用社根据商业原则自主确定贷款利率等”。

与贷款利率市场化相比，存款利率市场化更为谨慎，主要是为了防止在没有健全的产权约束机制和经营体制的条件下，出现商业银行高息揽储，形成不计成本的恶性竞争，危害金融稳定，扰乱经济发展。为探索存款利率市场化的有效途径，1999 年 10 月，央行放开了保险公司 5 年以上，3000 万元以上的存款利率。但由于金融机构资本约束机制难以在短期内形成、片面追求扩张的冲动依然较强，在零售市场上存款利率的放开可能导致金融机构间哄抬利率的非理性价格竞争（易纲，2009）。2004 年 10 月，与贷款利率下限管理同步实行了存款利率上限管理，即要求人民币存款利率下限为 0，上限为各档次存款基准利率。

三、存单、存折、大额存单和银行卡

存单是银行和投资机构据此办理储蓄业务的一种信用凭证。一般用于一次存取的整存整取、定活两便储蓄。银行或金融投资机构签发存单和存折后，对储户的存款负有经济责任。存单只能使用一次，用了之后就作废了。存折或存款簿是用来记录存款人银行交易的记账本。可以连续多次使用，其面积大小会因不同国家以及银行机构而不同。

大额存单是由商业银行业存款类金融机构面向个人、非金融企业、机关团体等发行的一种大额存款凭证。与一般存单不同，大额存单在到期之前可以转让，期限不低于 7 天，投资门槛高，金额为整数。我国大额存单于 2015 年 6 月 15 日正式推出，以人民币计价。作为一般性存款，大额存单比同期限定期存款有更高的利率，大多在基准利率基础上上浮 40%，少部分银行上浮 45%，而定期存款一般最高上浮在 30% 左右。可转让存单最早产生于 20 世纪 60 年代的美国。由于美国政府对银行支付的存款利率规定上限往往低于市场利率水平，为了吸引客户，商业银行推出了可转让大额存单。大额存单是由银行业存款类金融机构面向非金融机构投资人发行的记账式大额存款凭证。购买存单的客户随时可以将存单在市场上出售变现。这样，客户能够以实际上的短期存款取得按长期存款计算的利息收入。从国际经验看，不少国家在存款利率市场化的过程中，都曾以发行大额存单作为推进改革的重要手段。从我国的情况看，随着利率市场化改革的加快推进，除存款外的利率管制已全面放开，存款利率浮动区间上限已扩大到基准利率的 1.5 倍，金融机构自主定价能力显著提升，分层有序、差异化竞争的存款定价格局基本形成，同时，同业存单市场的快速发展也为推出面向企业和个人的大额存单奠定了坚实基础。

银行卡是经批准由商业银行向社会发行的具有消费信用、转账结算、存取现金等全部或部分功能的信用支付工具。银行卡减少了现金和支票的流通，使银行业务突破了时间和空间的限制，发生了根本性变化。显然，财务媒介的材料改进与科技发展水平密切相关。银行卡按是否给予持卡人授信额度分为信用卡和借记卡；按信息载体不同分为磁条卡和芯片卡；按

发行主体是否在境内分为境内卡和境外卡；按发行对象不同分为个人卡和单位卡；按账户币种不同分为人民币卡、外币卡和双币种卡。借记卡按功能不同分为转账卡、专用卡、储值卡，借记卡不能透支。转账卡具有转账、存取现金和消费功能。专用卡是在特定区域、专用用途（是指百货、餐饮、娱乐行业以外的用途）使用的借记卡，具有转账、存取现金的功能。储值卡是银行根据持卡人要求将资金转至卡内储存，交易时直接从卡内扣款的预付钱包式借记卡。借记卡可以在网络和 POS 消费，或者通过 ATM 转账和提款，不能透支，卡内的金额按活期存款计付利息。消费或提款时资金直接从储蓄账户划出。借记卡在使用时一般需要密码（PIN）。借记卡按等级可以分为普通卡、金卡和白金卡；按使用范围可以分为国内卡和国际卡。信用卡有贷记卡和准贷记卡之分。贷记卡是指发卡银行给予持卡人一定的信用额度，持卡人可在信用额度内先消费、后还款的信用卡。准贷记卡是指持卡人先按银行要求交存一定金额的备用金，当备用金不足支付时，可在发卡银行规定的信用额度内透支的信用卡。

四、股票

让我们首先了解产品概念和流程。股票作为一种产品型的财务媒介和工具，其本质特征是一种有价证券。股票是股份公司在筹集资本时提供给出资人的证明文件，出资人凭借此凭证行使对于股份公司的所有权。

中国首次公开发行股票的一般流程如下：

（1）改制阶段：建立符合公司法要求的现代股份有限公司制。各中介机构进入开展工作，召开创立大会，确定改制方案等。

（2）辅导阶段：由具有主承销资格的证券公司进行辅导，辅导期限一年，每次辅导有效期三年。

（3）申报阶段：申报材料准备，申报发行审核委员会审核，审核发行。

（4）股票发行及上市阶段：股票发行申请经发审委审核后，取得中国证监会同意发行的批文，刊登招股说明书，进行路演，按照发行方案发行股票。

（5）刊登上市公告书，在交易所安排下完成挂牌上市交易，完成上市。

接下来，我们应关注股票的成本与收益分析。

股票赋予了股东清晰的权利。我国《公司法》（2006 年）规定：“股份有限公司的设立，可以采取发起设立或者募集设立的方式，即发起人认购全部或部分股份。”通过股票发行来筹集公司的资本，而完整的股票具有四方面的权利：一是流通权。《公司法》规定股票可以依法进行转让，即可以买卖、质押和赠予。投资者可以用现金在证券交易所购买公司的股票，股东也可以在交易所将所持股份出卖给其他投资者获取现金，股东还可以将所持股票质押给银行获取贷款，或者直接转赠他人。但是流通权并不等于股东可以随意撤资，恰恰相反，《公司法》第三十六条规定，“公司成立后，股东不得抽逃出资”，以此来保证企业资产的完整性和经营的持续性，同时也保证了全体股东和债权人的利益不会因为个别股东的行为而受到损害。二是投票权。《公司法》第一百二十六条规定：“股份有限公司资本划分为股份，每一股的金额相等”；第一百二十七条规定：“股份的发行，实行公平、公正的原则，同种类的每一股份应当具有同等权利”，即股票具有同股同权的特征。作为其中一项重要的权利，股东根据所持股份的比重拥有投票权，通过选取董事、决定企业重大经济决策等方式，参与企业的经营管理。三是收益权。股东作为资本的投入者，关注的是投资回报，其中投资回报包括公司发放的现金股利和股票股利以及股票价格上升带来的增值部分。另外，股东根据所持股票份额还可分享公司的未分配利润，即剩余收益。四是信息权。《证券法》要求上市公司必须持续进行信息披露，包括："应当在每一会计年度的上半年结束之日起2个月内，向国务院证券监督管理机构和证券交易所报送并公告中期报告""应当在每一会计年度结束之日起4个月内，向国务院证券监督管理机构和证券交易所报送并公告年度报告""对发生可能对上市公司股票交易价格产生较大影响的重大事件，投资者尚未得知时，上市公司应当立即将有关该重大事件的情况向国务院证券监督管理机构和证券交易所报送并公告临时报告"。

相互联系的四项权利——流通权、投票权、收益权和信息权，保证了股东在公司中的权益。信息权要求企业按时披露信息，股东据此判断公司的前景，预期股票的收益。若预期收益低于股东的目标值，流通权则保证了股东可以通过二级市场将股票换成现金；若预期收益大于股东的目标值，股东则继续持有公司股票，按照持股比例分享企业的红利和资本增值，即实现剩余收益权。同时，股东还可以通过投票权，参与企业的经营决策，若决策合理则投赞成票，若决策不合理则投否决票或者抛售公司的股票，即"用脚投票"。综合而言，信息权是投资者了解企业经济状况和发展前景的重要途径，收益权保证了股东逐利目标的实现，流通权和投票权是股东个人意愿的表达手段，四项互相联系的权利就保证了上市银行的股东具有清晰的权利。

同时，股份制企业实行"有限责任制"，确定了股东承担责任的边界。我国《公司法》第三条明确指出："股份有限公司的股东以其认购的股份为限对公司承担责任"，其具体的含义为：公司作为独立的法人，应当以其全部资产承担清偿债务的责任，债权人有要求公司以全部财产清偿债务的权利。当公司的资产不足以清偿全部债务时，公司的债权人不得请求公司的股东承担超过其出资义务的责任，更不得将债务转移到股东身上。很显然，股东有限责任有其适用条件：一是投资人要按时完成出资义务，成为公司的股东。二是股东和公司人格的彼此独立和互相分离。首先，公司法人人格须独立于股东而存在。公司要享有独立的财产所有权，具有完全的民事权利能力和民事行为能力，能够以自己的名义从事民事活动，并能够独立地承担民事责任。其次，股东有限责任的适用必须遵循公司和股东彻底分离的原则，包括公司财产和股东财产的彻底分离，股东远离公司的经营管理，股东财产权和公司经营权的彻底分离。

五、债券

债券这种产品型财务媒介其本质是一种契约关系，也是一种有价证券，它的发行主体往往是具有良好信用的政府、金融机构以及工商企业。当债券发行人具有筹资需求时，利用债券的形式，向投资者发行，同时承诺按一定利率支付利息并按约定条件偿还本金。债券购买者或投资者与发行者之间是一种债权债务关系，债券发行人即债务人，投资者（债券购买者）即债权人。债券是一种有价证券。由于债券的利息通常是事先确定的，所以债券是固定利息证券的一种。在金融市场发达的国家和地区，债券可以上市流通。在中国，比较典型的政府债券是国债，另外企业债也占了很大的比例。前面第二节已经对中国主要的债券种类进行了介绍，下面以公司债为例，简单对其发行程序进行说明：（1）材料准备；（2）正式申请与审核；（3）发行准备；（4）正式发行；（5）上市流通。

同理，债券也有成本和收益问题。

购买债券者为债券持有者。投资者将自己的资金购买公司发行的债券，成为该公司的债权人，按照债券合约的条款定期收到利息，到期收回本金。正常情况下，债券持有者也不能直接参与公司的经营，但是也可以通过债券契约对公司的经济行为提出要求或者进行限制。同时，与银行等贷款人类似，债券持有者也需要承担企业到期不能偿还债务的风险。

出售债券者为债券发行人。公司将自己的产品卖出去，获得资金，投资到已有项目或新的项目中，获取更高的收益。与银行贷款一样，当投资失败时，公司无力偿还债券到期利息和本金，可能面临破产清算的风险。

六、支票、本票和汇票

支票是出票人签发的，委托办理支票存款业务的银行或者其他金融机构，在见票时无条件支付确定的金额给收款人或者持票人的票据。通常，支票制度也适用汇票的有关规定。支票的主要特征有二：第一，支票是委付证券，其付款人必须是有支票存款业务资格的银行或非银行金融机构。第二，我国的支票只有即期支票，支票无承兑制度。

支票记载事项包括：绝对记载事项、相对记载事项、非法定记载事项。我国《票据法》和《支付结算办法》规定，两项绝对记载事项可以通过出票人以授权补记的方式记载，其中包括支票的金额、收款人名称，未补记前不得使用。支票具有使用方便，手续简便、灵活等特点；一般地，支票提示付款期限自出票日起 10 天内有效或 7 天内有效；支票可以背书转让，但用于支取现金的支票则不得背书转让。

支票既有记名支票、不记名支票、划线支票、保付支票，以及现金支票和银行支票等多种类型的划分，也有普通支票、现金支票、转账支票等三种类型划分。

支票的申办应首先开立支票存款账户，申请人必须使用其本名，并提交证明其身份的合法证件、签名、印鉴，以及可靠的资信和资金。

支票适用范围主要是同城票据交换地区内的单位和个人之间的一切款项结算，异城之间也可使用支票进行支付和结算。

常见支票主要是现金支票和转账支票。在支票正面上方有明确标注。现金支票只能用于支取现金（限同城内）；转账支票只能用于转账（限同城内，如青岛市包括崂山和胶州）。

填写支票，应注意出票日期和数字必须大写，大写数字使用零、壹、贰、叁、肆、伍、陆、柒、捌、玖、拾、佰、仟、万、亿、元、角、分、零、整（正）等易于辨认和不易涂改的字样填写，不得用0、一、二、三、四、五、六、七、八、九、十、另、毛等简化字代替，也不得任意自造简化字。例如，2021 年 8 月 5 日，应写成：贰零贰壹年捌月零伍日。在填写月、日时，月为壹、贰和壹拾的，日为壹至玖和壹拾、贰拾和叁拾的，应在其前加“零”；日为拾壹至拾玖的，应在其前面加“壹”。如 2 月 12 日，应写成零贰月壹拾贰日：10 月 20 日，应写成零壹拾月零贰拾日。

由于笔画简单，不管是阿拉伯数字 1、2、3…，还是汉字小写数码一、二、三……，容易被涂改伪篡。所以，一般文书和商业财务票据上的数字都要采用汉字数码大写：壹、贰、叁、肆、伍、陆、柒、捌、玖、拾、佰、仟，由于“万、亿、兆”本身笔画已经比较复杂，使用机会也少，没有必要再用别的字代替。

汉字数码出现大小写两套字制，有多个传说，最著名的是明朝初年一起涉及十二名高官，六个部左右侍郎的重大“郭桓贪污案”，他们利用空白账册做假账，篡改数字侵吞钱粮，累计高达 2400 多万石。该数字几乎和当时全国秋粮实征总数相当。朱元璋对此大为震怒，下令将郭桓等同案犯几千人斩首示众，同时制定了惩治经济犯罪的严格法令，并在财务管理上进行技术防范，把汉字中的数字改为了难以涂改的大写。

现在，银行票证、流动支票、实用发票、合同协议、账目单据等各类经济文本必须标明大写数字，已经成为约定俗成的规则。随着高科技的发展，金融机构又开发应用了电子支付密码、指纹智能验证、特定身份识别等更为复杂的防伪技术，从而进一步增强了国家财产和私人资金的保密性与安全性。

同支票一样，本票和汇票也都是财务媒介，都是设权有价证券、格式证券和文字证券，可以流通转让。具有相同的票据功能——汇兑功能、信用功能、支付功能。

但是，本票和汇票又不同于支票。本票是约定（约定本人付款）证券；汇票是委托（委托他人付款）证券；支票是委托支付证券，但受托人只限于银行或其他法定金融机构。我国的票据在使用区域上有区别。本票只用于同城范围的商品交易和劳务供应以及其他款项的结算；支票可用于同城或票据交换地区；汇票在同城和异地都可以使用。而且，其付款期限不同。本票付款期为 1 个月，逾期兑付银行不予受理。我国汇票必须承兑。因此，承兑到期，持票人不能兑付。商业承兑汇票到期日付款人账户不足支付时，其开户银行应将商业承兑汇票退给收款人或被背书人，由其自行处理。银行承兑汇票到期日付款，但如果承兑到期日已过，持票人没有要求兑付的如何处理，《银行结算办法》没有规定，各银行都自行作了一些补充规定。如中国工商银行规定超过承兑期日 1 个月持票人没有要求兑付的，承兑失效。支票付款期为 5 天（背书转让地区的转账支票付款期 10 天。从签发的次日算起，到期日遇惯例假日顺延）。

汇票和支票有三个基本当事人，即出票人、付款人、收款人；而本票只有出票人（付款人和出票人为同一个人）和收款人两个基本当事人。支票的出票人与付款人之间必须先有资金关系，才能签发支票；汇票的出票人与付款人之间不必先有资金关系；本票的出票人与付款人为同一个人，不存在所谓的资金关系。

支票和本票的主债务人是出票人，而汇票的主债务人，在承兑前是出票人，在承兑后是承兑人。远期汇票需要承兑，支票一般为即期无须承兑，本票也无须承兑。

汇票的出票人担保承兑付款，若另有承兑人，由承兑人担保付款；支票出票人担保支票付款；本票的出票人自负付款责任。

支票、本票持有人只对出票人有追索权，而汇票持有人在票据的有效期内，对出票人、背书人、承兑人都有追索权。

汇票有复本，而本票、支票则没有。

七、比特币与区块链技术

在财务学里，金银、期货和期权都是重要的财务媒介。其性质和财务规则与上述财务媒介相同相似。人类进入 21 世纪之后，“炒房”成为我国一些富豪和百姓的投资方式。此时，房屋变成了财务媒介。因此，财务媒介的产生和消失与经济发展水平、科学技术发展水平密切相关，财务媒介的历史就是科技发展的历史。财务管理专业人士如何开发新的财务媒介，成为财务管理人员、财务公司和财务学研究的重要课题。

区块链起源于比特币，2008 年 11 月 1 日，一位自称中本聪（Satoshi Nakamoto）的人发表了《比特币：一种点对点的电子现金系统》一文，阐述基于 P2P 网络技术、加密技术、时间戳技术、区块链技术等电子现金系统构架理念，这标志着比特币的诞生。两个月后理论步入实践，2009 年 1 月 3 日，第一个序号为 0 的创世区块诞生。几天后，2009 年 1 月 9 日出现序号为 1 的区块，并与序号为 0 的创世区块相连接形成了链，标志着区块链的诞生。近年来，世界对比特币的态度起起落落，但作为比特币底层技术之一的区块链技术，日益受到重视。在比特币形成过程中，区块是一个一个的存储单元，记录了一定时间内各个区块节点全部的交流信息。各个区块之间通过随机散列（也称哈希算法）实现链接，后一个区块包含前一个区块的哈希值，随着信息交流的扩大，一个区块与一个区块相继接续，形成的结果就叫区块链。区块链涉及数学、密码学、互联网和计算机编程等很多科学技术问题。从应用看，区块链是一个分布式的共享账本和数据库。它具有去中心化、不可篡改、全程留痕、可以追溯、集体维护、公开透明等特点。这些特点保证了区块链的"诚实"与"透明"，为区块链创造信任奠定基础。而区块链丰富的应用场景，基本上都基于区块链能够解决信息不对称问题，实现多个主体之间的协作信任与一致行动。

第三节　财务媒介的估值

一、理解财务学中的估值

如果想解释财务媒介的估值为何日趋重要，就得从快速发展的财务计量经济学里找原因。20 世纪及其之前的财务学理论，主要是对物质生产企业财务活动的描述和财务管理业务操作规则的解释，基本上没有物质生产企业财务决策分析和非物质生产企业——投资公司或财务公司决策论证的内容，因此，那时候的财务学专业学生基本上不需要高等数学。即使是遇到资本资产价值评估问题，也是只用数千年以来的传统经验估价方法。例如，我国古代集市上的牲口是最早的财务工具。李聃《道德经》上一段有趣的论述是："天下有道，却走马以播；天下无道，戎马生于郊。"大意是：通过观察牲口市场上马的价格变动，就可以判断出天下是否太平，当马的价格低到农民得以用马来耕地播种时，往往是和平时期就要来临了；当好战的国王们积极准备下一次战争时，马的价格就会上升，由此可以判断战争即将临近。所以，只要观察附近牲口市场上马的价格就可以预测和平与战争。古代牲口市场的例子说明，任何一个投机商只要具备了对战争前景的准确信息，可事先卖出马匹而买入耕牛，或买入马匹卖出耕牛，从而获利。现在健在的出生于 20 世纪 40～60 年代农村的很多人，曾经见过牲口市场上远商近贾纷然而至、人流如潮的景象，买卖双方和经纪人都身穿长袖大袄，买卖双方讨价还价均不直接说出，而要用手语在袖筒里摸手指头确定价格。然而，当人类已进入基于科学技术创新的知识经济时代，就需要用财务学理论分析和论证跨时间配置资本并规避不确定性问题时，估值就开始处于财务学理论的核心位置。财务计量经济学就成为资本资产估值的基础性技术。同机器设备、房屋、技术等资产一样，财务媒介也是企业的重要资产。财务媒介的开发和估值已成为财务管理者的核心工作之一，而且财务中的连续时间价值方法要比用离散时间价值测算资本价值困难得多，前者至少涉及高等数学的定积分计算，而后者使用高中数学即可解决问题。然而，在发达资本市场经济下，财务活动的很多问题如衍生财务工具定价，使用连续时间价值方法处理问题很便利，亦更科学合理。在很多情况下，人们使用估计证券收益的概率测度作一个变换，就很方便地把风险厌恶问题处理了。在某些很弱的限定条件下，连续时间价值方法下的变换会影响据以刻画证券价格演化趋势的随机过程漂移程度，但却不能影响证券价格的波动率。

在资本市场里，人们通过对证券市场上存在的各种证券进行交易，所能得到所有可能的收益集合，称之为资产张成（asset span），以 M 表示。如果市场是完备的，则无风险权益资本收益一定在资产张成上；如果市场是不完备的，那么，人们很难确定地构建一个有着非零的无风险收益的资产组合。显然，估值与风险、套利和时间等概念有关。

由于信贷合约是企业与银行两者之间的买卖合同，一旦订立，双方的借贷关系就已确定，且在整个借款期限内合同一般不会流通，即借贷双方都不会变更，因此，一般对银行债务只需要按照账面价值计量。相反，股票、债券都可以在证券交易所进行流通，所以需要知道二者在每个时点上的价格，是以产生估值的必要性。

尽管股票、债券的估值模型较多，但其基本的原理都是将投资者购买股票、债券后获得的每期现金流折现到现在时点上的价值总和。简单而言，股票与债券两种产品的估值可以看成投资者愿意出多少钱买这两种产品。在这个过程中，以后每期现金流、折现率的估算是两种产品价值估计的关键，也是难点。

二、股票的估值

一只股票的价值大小涉及每股净资产价值、每股收益、市场价值、投资者持有时间和企业竞争力及其未来收益预期，以及市场供求状况和宏观经济环境等多种因素。股票的估值方法比较多。我们可以采取离散时间的无风险利率方式估值，也可采用连续时间的风险利率方式估值，还可以采用传统的会计方法估值。一般地，我们财务管理专业人士至少应会采用离散时间价值估值方法，即通常采用市场平均收益率的资本机会成本作为贴现率，测算对其未来能够带来的净现金流量现值加以确定。

如图 11 - 3 所示，一般假定公司持续经营，投资者持有股票无穷期，每一期获得现金股利为 A，折现率为 R，投资者在 0 点上愿意支付 P_0的价格，可由式（11 - 1）计算。

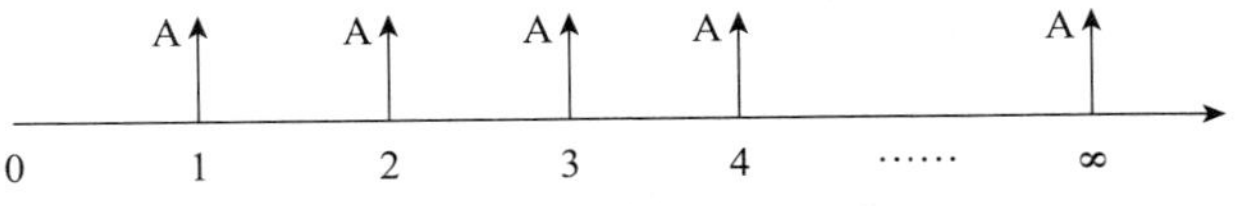

图 11 - 3 零增长的现金股利

$$P_0 = \frac{A}{(1+R)^1} + \frac{A}{(1+R)^2} + \frac{A}{(1+R)^3} + \cdots$$

$$P_0 = \frac{A}{R} \qquad (11-1)$$

企业发放现金股利可能不是常数，有可能保持一个稳定增长或者非规律性变动。无论是哪种情况，都可以用上述股利折现模型对股票进行估值。尽管估值的道理比较简单，但实际资本市场上股票的价格却在不停地波动。若所有投资者对同一家公司都利用上式得到相同的股价，那买卖股票不会获利，也就不会产生交易。而二级市场上之所以会存在买卖股票的行为，是因为部分投资者认为现在市场上的股价高于其真实价值，而另一部分投资者认为现在的股价低于其真实价值，二者通过证券交易所达成交易，产生股票的流通。为什么对同一家公司，不同的投资者会有不同的估值呢？这主要源于信息的不对称，因为在股票的估值过程中需要将未来多期的现金流折现，但将来公司能够产生多少现金流，投资者并不清楚，每位投资者都是根据其自身搜集的信息进行判断，所以存在差异。

三、债券的估值

投资者购买债券后，每期能够获得利息，到期收回本金，按照与股票估值相似的做法，将每期的现金流进行折现即为债券的价格。假定债券四项基本的要素为：面值（F）、票面利率（R_0）、期限（T）、到期收益率（R）。

如图 11－4 所示，根据债券面值（F）和票面利率（R_0），可以计算每期的利息（C），在债券到期日 T 收回本金（即面值）F，投资者在 0 点上愿意支付 P_0 的价格，可由式（11－2）计算。

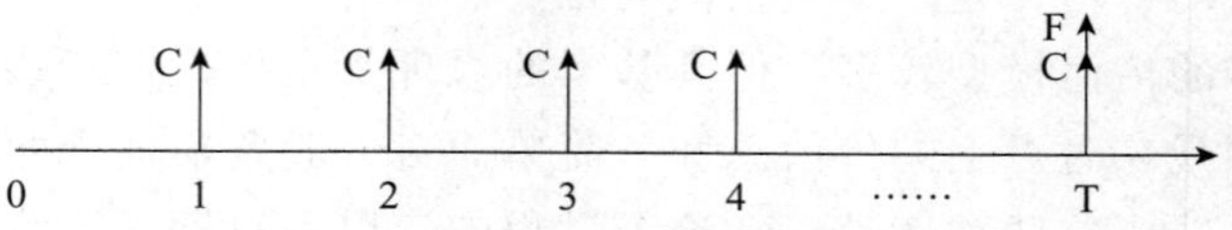

图 11－4 债券的利息与本金

$$P_0 = \frac{C}{(1+R)^1} + \frac{C}{(1+R)^2} + \frac{C}{(1+R)^3} + \cdots \frac{C}{(1+R)^T} + \frac{F}{(1+R)^T}$$

$$P_0 = C\left[\frac{1-\frac{1}{(1+R)^T}}{R}\right] + \frac{F}{(1+R)^T} \tag{11-2}$$

在债券的估值过程中，涉及两个利率：票面利率和到期收益率，前者主要用来计算投资者每期能获得的利息，后者是投资者实际的收益率，也是企业债券融资的实际成本。当票面利率大于到期收益率时，债券的价格高于其面值，称为溢价发行。相反，当票面利率小于到期收益率时，债券的发行价格低于其面值，称为折价发行。当票面利率与到期收益率相等时，债券的发行价格等于其面值，称为平价发行。溢价是企业对其以后各期多付的利息预先得到的补偿，是向投资者预收的一笔款项。折价是企业对其以后各期少付的利息预先给予投资者的补偿。

四、折现率

在股票和债券的估值过程中，都需要确定折现率，实际上，折现率与价格二者只要知道其一就可以通过折现模型计算另外一个，两者是等价关系。折现率，其本质就是企业筹集资金的实际成本，也是投资者期望的报酬率，通常采用市场平均收益率、实际利率、到期收益率等进行表述。使用由市场决定的资本机会成本，是贴现率或折现率的最佳选择。

估算折现率的方法也较多，在此只阐述其基本原理。折现率是对风险的一种补偿，而这个风险主要源自企业资金的用途，当企业将资金用于风险较高的项目时，折现率越大，相反，若投资于风险较低的项目，折现率也就越小。通常可以根据市场上相似项目的平均收益率或者根据企业自身的平均资本成本进行替代。折现率的高低与时间长短、经济发展水平、物价上升水平、居民平均消费水平等因素有关，实际是由折扣率演变而来。长时间长途贩运的食物受时间和气候等因素影响，可能会发生自然损耗，使抵达目的地的食物发生少量损失，这就需要对食物数量做一些折扣。甲先生由朋友乙推荐参与一项重要投资项目并获得十分可观收益，甲先生将收益额的5%交给乙先生以表酬谢。这5%的酬谢实际是投资项目收益折扣额。商业银行吸收客户存款并将存款的一部分贷放给实业企业家，商业银行从企业家那里收取本息之后，将利息的一部分转还给存款客户，这也是一种折扣。

财务专业人士依据成本收益匹配、理性经济人和市场有效性等假设，在计算估测存折、股票、债券和其他财务媒介的价值时，一般都要确定折扣率。但是，也有例外，贵州大学财务专业贺姓同学曾祖是贵州省遵义市刁水镇的刁水村村长，1935年1月至3月期间，毛泽东带领工农红军在赤水河流域与国民党军队打仗。彼时，贺姓同学曾祖贺老汉借给中国工农红军五石稻米，借据有刘伯承先生签字画押。现在，这张借据已成古董，其市场价值已远远大于票面价值，显然不可能有折扣。

第四节 资本市场

一、我国现行资本市场的由来

市场和企业是社会再生产过程中的两个重要组织系统。在经济学家罗纳德·科斯（Ronald H. Coase）看来，当市场交易成本高于企业内部管理协调成本时，企业便产生了。企业的存在正是为了节约市场交易费用，亦即以费用较低的企业内交易代替费用较高的市场交易；当市场交易的边际成本等于企业内部的管理协调边际成本时，企业规模扩张的边界就出现了。显然，市场和企业存在一定的替代关系。在古代，企业尚未产生，市场就出现了。百姓的生产物品有了剩余，就会以其剩余物品交换自己难以生产而又需要的物品。此时，就产生了市场。由于产品交易和现金结算时间与生产时间的分离，财务活动开始具有相对独立性，现金的储存和交易活动就出现了，在企业或生产活动外部的现金交易市场就诞生了。

在计划经济体制下，政府是主要的储蓄者，居民储蓄极少，财务中介系统发挥聚集和分散功能。政府是主要的投资者，通过财政和信贷对国有企业投资。此时，中国人民银行是唯一的金融机构，隶属于财政部，实质是国家财政功能。在这种制度背景下，金融中介、金融产品就没有市场需求，更谈不上发挥对资源的市场化配置作用。

1978年改革开放后，我国从传统的计划经济转向具有中国特色的市场经济体制，资本市场经历了重大调整。首先，建立了以国有商业银行为主，及股份制商业银行、城市商业银行、外资银行、农村信用合作社等多层次、较为完整的银行体系。其次，为了弥补财政赤字、筹集重点建设资金，1981年国债恢复发行。1988年财政部在全国61个城市试点国债流通转让，标志着我国国债二级市场正式开端。最后，1990年12月和1991年7月上海证券交易所和深圳证券交易所先后建立，以延中实业（600601）、真空电子（600652）、飞乐音响（600651）等为代表的“老八股”，以深发展（000001）、深万科（000002）、深金田（000003）等为代表的“老五股”分别在上交所和深交所挂牌交易，标识着我国股票市场正式起步。至此，我国初步建立了由银行间货币市场、股票交易市场和商业银行柜台市场所组成的资本市场。

随着我国经济的不断发展、国企改革的进一步深化，金融体制改革也随之稳定而有序地进行，无论是银行贷款市场、债券市场还是股票市场都得到了长足的进步。据央行每年公布的《中国货币政策执行报告》的相关数据所示，2001～2010年非金融机构融资总额从2001年的约1.7万亿元增加到2010年11万亿多元，增长5倍多（见表11－1）。其中，信贷融资由开始的约1.3万亿元增加到2010年的约8.4万亿元，平均每年融资规模达到4.2万亿元，占每年融资总量的比例平均为80%，是我国非金融机构融资的主要来源。通过股票融资的金额也有较大增长，由2001年的1252亿元增加到2010年的6116亿元，增长了近4倍。同时，据国泰安数据库统计，股票市场的上市公司数从1990年的10家增长到2010年的2063家，但总体上，股票融资占融资总量的比例还较小，平均为5.7%。企业通过发行债券融资的金额，2001年相对较小，只有147亿元，但到了2010年该数额增加到约为1.2万亿元，是同期股票融资额的近2倍。

表11－1　2001～2010年国内非金融机构融资情况　金额单位：亿元

年份	融资总额	本外币贷款		股票融资		国债		企业债券	
		金额	比例	金额	比例	金额	比例	金额	比例
2001	16555	12558	75.9%	1252	7.6%	2598	15.7%	147	0.9%
2002	24233	19228	79.3%	962	4.0%	3718	15.3%	325	1.3%
2003	35154	29936	85.2%	1357	3.9%	3525	10.0%	336	1.0%
2004	29023	24066	82.9%	1504	5.2%	3126	10.8%	327	1.1%
2005	30677	24617	80.2%	1053	3.4%	2997	9.8%	2010	6.6%
2006	39874	32687	82.0%	2246	5.6%	2675	6.7%	2266	5.7%
2007	49817	39205	78.7%	6532	13.1%	1790	3.6%	2290	4.6%
2008	59984	49854	83.1%	3657	6.1%	1027	1.7%	5446	9.1%
2009	129678	105225	81.1%	3904	3.0%	8182	6.3%	12367	9.5%
2010	111136	83572	75.2%	6116	5.5%	9735	8.8%	11713	10.5%

注：股票融资不包括资产型定向增发融资，不包括金融机构融资。

与资本市场发展相匹配，我国逐步建立了较为完整的法规体系。1993年全国人民代表大会常务委员会第五次会议通过了《公司法》，对各类公司的设立、活动、解散等进行了规范，1999年、2004年、2005年各届全国人大常务委员会对其进一步作了修改和完善。1998年全国人大第六次会议通过了《证券法》（2004年、2005年修订），对包括股票、公司债券等各类证券的发行、交易和上市进行了详细规定，为保证企业能够正常融通资金提供了法律基础，促进了我国资本市场的发展。《商业银行法》（1995年颁布、2003年修订）对商业银行、存款人和其他利益方的权利、责任和义务进行了明晰，为我国银行业的稳健运行和发展起到了保障作用。依据《公司法》《证券法》等基本法规，各部门还通过行政文件、部门规章、操作指南等进一步细化了基本法规的条款，提高了法规的可操作性，为相关法规的有效实施提供了保证。

综上，我国资本市场源于传统的计划经济，但经过几十年的发展，建立了较为完整的信贷市场、债券市场和股票市场，但是目前仍然以间接融资——信贷市场为主，相关法规的建立和完善也对我国资本市场的发展起到了重要作用。

二、信贷市场

产权理论的一个核心思想是，产权安排对企业有效发挥资源配置功能具有决定性的作用，而产权的清晰界定是产权安排中最基本的问题。产权界定越明确，产权安排的价值就越大（巴泽尔，1997）。有的学者甚至认为，产权的清晰界定既是建立现代企业制度的核心，又是社会主义市场经济赖以运行的前提。然而，巴泽尔认为只要交易成本大于零，商品或者资本的各种属性的所有权被分割后，产权就不能被完整地界定，从而部分有价值的资源和一些属性的所有权就被留在“公共领域”，产生寻租和侵权行为。为降低各种资源或属性的所有者之间因利益不一致而产生的冲突，就需要组织来进行控制，建立制度，做出排他性的规定，约束和限制权力，避免互相侵权。我国金融体制改革就是在不断地明确政府与银行之间的权责利关系中进行的，在这个过程中，中央政府主要担任了组织的角色，通过建立相关制度，做出对产权的清晰安排，发挥银行对资源的配置作用。

改革开放前，我国实行的是计划经济体制。为适应这种体制，国有金融体制表现“大一统”的银行管理制度，中国人民银行是我国唯一的国家银行，集中央银行、政策性银行和商业银行职能于一身，吸收城镇居民所持有的现金和国有企业所掌握的信贷资源，清算国有部门之间的支付，而企业的投资资金主要由财政拨款，只有短期信贷才通过人民银行解决。此时，银行与政府之间的产权关系是清晰的，只不过政府是产权变化性的主导者，银行只是被动地执行国家政策，对资源的配置发挥极其有限的作用。

随着我国经济改革的深入发展，企业竞争力不断增强，居民家庭收入持续增长，人们对金融服务产生了新的需求。从1979年至1984年，金融体制改革先后恢复了农业银行、建设银行、中国银行和工商银行等四大国家专业银行，此阶段，这些银行都分别有自己特定的经营范围，彼此的银行业务并不交叉。中国人民银行则在1983年9月由国务院决定，自1984年1月1日起行使中央银行职责，至此，以中央银行为核心、商业银行为主体的金融机构体系开始形成。1979年开始实施“拨改贷”政策，即国有企业的融资渠道由财政拨款转变为银行贷款。不过此时，银行信贷资金仍然由行政计划决定其分配，银行难以对国有企业实施硬预算约束，受到政府青睐的国有企业，即使盈利能力很低，仍可以从银行获得贷款，而发放给它们的贷款往往很难收回，最终形成了不良贷款。

在国有企业、银行和政府三者之间产权不清的情况下，银行出现大量坏账，如表11-2所示，1994年底，国有商业银行的不良贷款达6371.26亿元，占总贷款的20%，这是一个十分严重的财务问题。为了解决不良贷款问题，我国国有银行改革步入第二阶段，即1994~2002年的国有独资商业银行阶段。首先，1994年我国成立了三家政策性银行，对国有银行的政策性业务和商业性业务进行了分离，同时，也明确了四大行按照商业银行的规范进行改革的目标。其次，1995年颁布的《中华人民共和国商业银行法》规定商业银行实行“自主经营、自担风险、自负盈亏、自我约束”，以效益性、安全性、流动性为经营原则，明确了商业银行的地位、性质、业务、权益等，为国有商业银行改革提供了法律依据和保障。最后，受到1997年亚洲金融危机的冲击，我国政府实施了一系列的信贷约束政策，包括《贷款通则》的实施，要求银行“严格控制信用贷款，积极推广担保贷款”，增强了国有商业银行的质量和风险防范意识。另一方面，为了防范和化解金融风险，1998年中央政府通过取消人民银行地方分支机构的放款权、上收国有商业银行地方分支机构的信贷审批权、强化信贷人员责任终身制等手段，加强了对金融资源的控制。尽管这一阶段的改革使得国有商业银行在独立性和商业性等方面得到了加强，但是产权关系不清，治理结构低效仍然是主要问题。在此情况下，吴敬琏（2002）指出如无行政上的压力，没有人会真正关心国有银行的资金风险和经济效益。结果不良贷款率仍然居高不下，表 11－2 显示 2001 年和 2002 年不良贷款率仍然分别高达 25.37% 和 26.10%。

表 11－2　　1994～2011 年商业银行不良贷款情况一览表

年份	不良贷款率（%）	不良贷款余额（亿元）
1994	20.00	6371.26
1995	22.00	8597.33
1996	24.40	11574.69
1997	27.00	14279.88
1998	35.00	21453.21
1999	39.00	25027.47
2000	29.18	19521.8
2001	25.37	18773.8
2002	26.10	22080.6
2003	19.74	19641.3
2004	15.57	15751
2005	8.90	12196.9
2006	7.50	11703
2007	6.70	12009.9
2008	2.40	4865.3
2009	1.60	4264.5
2010	1.10	4336
2011	1.00	4278.7

注：1994～2004 年统计的是国有商业银行的不良贷款情况，数据来源于施华强（2005）；2005～2011 年统计的是主要商业银行（包括国有商业银行和股份制商业银行）的不良贷款情况，数据根据 2006～2011 年《中国银行业监督管理委员会年报》的相关数据整理。

2001 年底中国加入世界贸易组织，承诺 2006 年 12 月 11 日中国金融市场对外资银行全面开放，而据 1998 年世界前 1000 家大银行的评定结果于 1999 年第 7 期英国《银行家》杂志公布的结果（见表 11－3），该表显示我国四大商业银行的盈利能力排名远远低于其总资产和总资本的排名。

为适应改革和市场化的需要，2003 年底 2004 年初，国有商业银行进入以建立现代企业制度为目标的股份制改造阶段，主要包括加强外部监督，健全相关金融法制，改善银行内部公司治理等举措。2003 年 4 月，中国银行业监督管理委员会成立，承担原由中国人民银行承担的监管职责，加大了对银行的外部监管。2003 年 12 月 27 日，全国人大常委会第六次会议通过的《中华人民共和国银行业监督管理法》更是为银行监督管理机构从事监督管理工作提供了法律保障。对银行内部的改革主要包括，通过注资和财务重组改善资产质量，提高资本充足率。2003 年底，国务院批准成立了汇金公司，对四大国有银行全面实行股份制改造和资产重组。2003 年 12 月 31 日，汇金公司向中国银行、中国建设银行分别注资 225 亿美元，以启动两行股改。2005 年 4 月，汇金向中国工商银行注资 150 亿美元，并通过公开拍卖的形式，将 2787 亿可疑类不良资产出售给信达资产管理公司。另外，为了完善商业银行公司治理制度，2002 年 6 月中国人民银行颁布了《股份制商业银行公司治理指引》，对银行建立股东大会、董事会等组织机构以及有效的激励和约束机制提出了要求。第二，引进战略投资者（见表11－4）。2004年3月，银监会出台了《关于中国银行、中国建设银行公司治理改革与监管指引》，对两家试点银行引入境外战略投资者提出了具体要求："通过引进战略投资者特别是境外战略投资者，不仅要增强资本实力，改善资本结构，还应借鉴国际先进管理经验、技术和方法，促进管理模式和经营理念与国际先进银行接轨，优化公司治理机制。"第三，完成公开上市。经过了一系列的注资、重组和发行新股，中国建设银行于2005年10月27日在香港联交所挂牌交易，中国银行和中国工商银行也在2006年先后上市，中国农业银行则在2010年完成上市。

表11－3　　1998年国有商业银行各项指标及其排名

指标	工商银行		中国银行		建设银行		农业银行	
	规模	排名	规模	排名	规模	排名	规模	排名
一级资本（亿美元）	222.13	6	147.12	18	59.88	65	48.02	88
总资产（亿美元）	3912.13	17	2990.07	30	2031.16	48	1900.95	51
税前利润（亿美元）	4.17		4.25		12.15		0.95	
实际利润增长率（%）	14.1	288	－74.2	655	20.1	216	－83.7	666
资本利润率（%）	2.5	831	3.4	815	21.2	286	2	840
资产利润率（%）	0.11	852	0.14	844	0.6	612	0.05	875

注：数据见李萱（2000）。其中，资本利润率＝税前利润/年平均资本；资产利润率＝税前利润/年平均资产。

表11－4　　四大商业银行引入境外战略投资者情况一览表

	入股日期	境外投资者	入股比例	协议出资额	持股数量
工商银行	2006－04－28	高盛集团	5.75%	25.822亿美元	164.76亿股
		安联集团	2.25%	8.247亿欧元	64.33亿股
		美国运通	0.45%	2亿美元	12.76亿股
建设银行	2005－08－29	美洲银行	9.00%	25亿美元	174.8亿股
	2005－08－29	新加坡淡马锡控股全资子公司富登金融	5.88%	14.66亿美元	99亿股
中国银行	2005－08－18	苏格兰皇家银行集团控制的RBS China	9.61%	30.48亿美元	209.43亿股
	2005－08－31	新加坡淡马锡控股全资子公司亚洲金融	4.80%	15.24亿美元	104.74亿股
	2005－09－27	瑞士银行UBS	1.55%	4.9157亿美元	3.38亿股
	2005－10－01	亚洲开发银行	0.23%	7374万美元	5067万股

注：中国农业银行没有引入战略投资者。数据根据四大商业银行首次公开发行股票（A股）招股说明书整理所得。

经过一系列的改革，目前我国银行业主要由大型商业银行、股份制商业银行、城市商业银行、城市信用社、外资银行、农村金融机构和其他金融机构等组成。如表11－5所示，工农中建及交通银行总资产规模、利润总额都在我国整个银行业中占有主导地位，分别达到49.2%和57.3%。

表11－5　　2010年我国银行业资产、所有者权益及利润状况　　金额单位：亿元

金融机构	资产总额		所有者权益总额		利润总额	
	总额	占总额比例（%）	总额	占总额比例（%）	总额	占总额比例（%）
大型商业银行	468943.0	49.20	28611.0	49.06	5151.2	57.29
股份制商业银行	149037.0	15.64	8166.0	14.00	1358.0	15.10
城市商业银行	78526.0	8.24	4822.0	8.27	769.8	8.56
城市信用社	22.0	0.00	2.0	0.00	0.1	0.00
外资银行	17423.0	1.83	1854.0	3.18	77.8	0.87
农村金融机构	141684.0	14.87	6670.0	11.44	810.8	9.02
其他金融机构	97417.0	10.22	8196.0	14.05	823.2	9.16
银行业金融机构	953053.0	100	58322.0	100	8990.9	100

注：数据来源于中国银监会2010年年报整理所得。大型商业银行包括工商银行、农业银行、中国银行、建设银行和交通银行；股份制商业银行包括中信银行、光大银行、华夏银行、广东发展银行、深圳发展银行、招商银行、上海浦东发展银行、兴业银行、民生银行、恒丰银行、浙商银行、渤海银行；农村金融机构有农村信用社、农村商业银行、农村合作银行、村镇银行、贷款公司及农村资金互助社；其他金融机构有政策性银行、非银行金融机构如信托公司、财务公司、租赁公司、货币经纪公司和汽车金融公司、资产管理公司等。

三、股票市场

（一）首次公开发行（IPO）市场

整体上，IPO发审制度可以分为三个大的阶段：1990～1992年的探索阶段、1993～2000年的审批制和2001年4月至今为核准制。

1990～1992年是我国企业IPO发行审核制度的探索阶段，此时全国没有统一的发审制度，上海、深圳两个证券交易所也分别由当地政府和人民银行管理。上海市政府和深圳市政府分别于1990年和1991年颁布了《上海市证券交易管理办法》和《深圳市股票发行与交易管理暂行办法》，以地方性法规的形式规范股票发行上市。最初的13家上市公司，即"老八股""老五股"基本都是上海和深圳地方的股份公司，地方政府决定企业是否可以上市。此阶段，股票发行与认购过程极不透明，管理较为混乱。

1993～2000年，我国IPO发行实行审批制。此时，国务院证券委员会（简称"证券委"）是全国证券市场的主管机构，中国证券监督管理委员会（简称"证监会"）是证券委的监督管理执行机构。1993年4月22日，国务院证券委通过《股票发行与交易管理暂行条例》，对全国企业发行股票作了统一规定，要求符合申请条件的企业必须经过审批才能发行。1993年12月29日，全国人大常委会颁布《公司法》要求企业向社会公开募集股份时，必须向国务院证券管理部门递交募股申请，并获得批准。随着两项法规的颁布与实施，我国股票发行制度正式进入行政色彩浓厚的审批制度。

企业首次公开发行股票不仅仅是一个财务问题和资本市场问题，也是一个重要的产权制度安排和法律法制问题。在我们这样一个拥有重农轻商传统文化的后现代国家，建立股票市场不是一件轻松的事情。我们在上一节阐述股票这一财务媒介时，已经知道了首次公开发行股票的基本程序。简言之，企业进入资本市场公开发行股票，首先需要聘请会计师事务所、资产评估机构、律师事务所等专业性机构，对其资信、资产、财务状况进行审定、评估和就有关事项出具法律意见书后，按照隶属关系，分别向省、自治区、直辖市、计划单列市人民政府（以下简称“地方政府”）或者中央企业主管部门提出公开发行股票的申请。其次，需要在国家下达发行规模内由地方政府对企业发行申请进行审批，中央企业主管部门在与申请人所在地地方政府协商后，对中央企业的发行申请进行审批；地方政府、中央企业主管部门应当自收到发行申请之日起30个工作日内做出审批决定，并抄报证券委；接下来，将被批准的发行申请送证监会复审；证监会应当自收到复审申请之日起20工作日内出具复审意见书，并将复审意见书抄报证券委；经证监会复审同意的，申请人应当向证券交易所上市委员会提出申请，经上市委员会同意接受上市，方可发行股票。不难看出，审批制下申请上市的企业需要通过三级行政审批：由地方政府或中央企业主管部门进行初审，由证监会进行复审，最后还得通过证券交易所上市委员会同意批准。

审批制大致又可分为两个阶段：额度管理和指标管理。1995年之前，主要采取控制股票发行总量和速度的“额度管理”，即国家计划委员会、证券委等部门联合研究并报国务院批准，根据经济发展和产业政策确定每年股票发行的总规模（新发行股票的总面值），各省市及部委再进行分配，将额度分配给其所属的企业。由于额度给了地方政府，导致地方政府成为公司是否能够成功上市的首要决定者，而地方政府作为相对独立的行政主体关注的不再是对资源的有效配置，而是更多地考虑利益均衡、政策导向等，造成一系列问题：（1）各地区资本相对分割，资源配置效率差异较大；（2）为了减轻财政负担，地方政府倾向于让急需资金、问题大的地方国有企业上市，而业绩好的企业常因“暂无资金扶持之需要”被拒绝上市；（3）为了增加本地上市公司数量，提升业绩考核指标，地方政府选择让规模较小的企业上市；（4）由于额度有限，面临稀缺的资源时各企业努力争取，导致严重的政治寻租行为，腐败问题时有发生。

由于额度管理存在严重弊端，1997年开始审批制向指标管理过渡，即“总量控制，限报家数”，由国务院证券主管部门确定在一定时期内发行上市的企业家数，然后向省级政府和行业主管部门下达股票发行家数指标，省级政府或行业主管部门在上述指标内推荐预选企业，证券主管部门对符合条件的预选企业同意其上报正式申报材料并进行审核。与额度管理相比，指标管理首先降低了地方政府对企业是否能成功IPO的决策权，其次由于家数限制使得上市公司的规模有所提升，相关数据见表11-6所示。

表11-6　　1990~2001年上市公司数及资产规模情况一览表

年份	上市公司数（个）	资产规模（百万元）			
		均值	最小值	中位数	最大值
1990	7	203.9	0.98	20.26	1169
1991	11	396.7	11.67	134.1	2036
1992	52	717.7	21.16	345.8	5144
1993	175	967.6	53.44	490.3	15362
1994	282	1084	88.1	608.8	18034
1995	306	1281	114.8	705.5	17770
1996	510	1132	103.3	578.9	19026

续表

年份	上市公司数（个）	资产规模（百万元）			
		均值	最小值	中位数	最大值
1997	708	1249	89.88	673.5	26157
1998	813	1408	118.8	853.3	27033
1999	910	1552	122.6	950.9	26960
2000	1046	1761	114.5	1113	38967
2001	1123	2282	35.66	1188	360000

注：数据来源于国泰安数据库；资产规模是指 IPO 当年公司期末资产的总和。

2015 年 12 月 27 日，中国国务院实施股票发行注册制改革的举措获得中国最高立法机关的修法授权，于 2016 年 3 月起，施行股票发行注册制。所谓股票发行注册制，是指发行人申请发行股票时，必须依法将公开的各种资料完全准确地向证券监管机构申报。证券监管机构的职责是对申报文件的全面性、准确性、真实性和及时性做形式审查，不对发行人的资质进行实质性审核和价值判断，而将发行公司股票的良莠留给市场来决定。注册制的核心是证券发行人提供的材料不存在虚假、误导或者遗漏。

不管是额度管理，还是指标管理，审批制形成了较为统一的证券发行审核制度，通过专门的监管机构和流程对申请企业进行形式和实质审核，进而决定企业是否能够上市，完成对社会资本的配置，这对我国证券市场的发展起到了积极作用。但随着经济和资本市场的发展，这种带有浓厚行政色彩的发审制度的弊端越来越凸显。在审批制下，上市额度（指标）按照计划分配给各个地区、部门，各个企业则在相应地区排队争取，等候上市，各级政府分配上市额度。而在 GDP、就业、社会稳定、税收等多重目标考核下，地方政府往往不能仅根据企业的发展前景、资金需求进行分配，更多地体现计划性特征，国有企业由于其特殊的企业性质而能够获得更多的上市机会。综合来看，审批制是我国证券发审制度的初级阶段，对初期的资本市场发展有积极作用，但这种外生于资金需求方（企业）的制度安排，不能真正意义上发挥资本市场有效分配资源的功能。

1999 年 7 月 1 日《证券法》的实施，以及《中国证监会股票发行审核委员会条例》《中国证监会股票发行核准程序》等文件的相继出台，构建了股票发行核准制的基本框架，股票发行审核制度开始朝着市场化方向改革。2001 年 3 月 29 日，中国证监会宣布取消股票发行审批制，正式实施核准制。核准制是介于审批制和注册制之间的中间形式，它一方面取消了额度和指标管理，并引进证券中介机构来判断企业是否达到股票发行的条件；另一方面证券监管机构对申请企业进行形式和实质审查，主要审核股票发行的合规性和适销性条件，并有权否决股票发行的申请。

2001 年 3 月实行核准制下的"通道制"，即向综合类券商下达可以推荐拟公开发行股票的企业家数，只要具有主承销商资格，就可获得 2 到 9 个通道。通道制改变了过去行政机制遴选和推荐发行人的做法，而主承销商在一定程度上承担起股票发行风险，同时也获得了遴选和推荐股票发行的权力。

2004 年 2 月正式施行的《证券发行上市保荐制度暂行办法》（以下简称《暂行办法》），进一步加强了主承销商和保荐人的责任，"通道制"改为"保荐制"。保荐制下，企业发行上市不但要有保荐机构进行保荐，还需有保荐代表人资格的从业人员具体负责保荐工作。保荐工作分为两个阶段：尽职推荐和持续督导阶段。《暂行办法》第十九条要求："保荐机构应当尽职推荐发行人证券发行上市；发行人证券上市后，保荐机构应当持续督导发行人履行规范运作、信守承诺、信息披露等义务。"

"通道制"和"保荐制"是核准制的两种方式，改变了过去由地方政府遴选和推荐发行人的做法，加强了证券中介的作用，主承销商获得了遴选和推荐股票发行的权力，也相应地承担起股票发行过程中的风险。证券中介机构往往由专业人员组成，相对于地方政府具有更高的筛选能力。同时，作为营利性组织，券商明确的逐利性目标，综合收益与风险，必然加强对申请人发行条件的审核。遴选能力的提升和逐利动机的加强使得核准制较审批制具有更高的发行效率，促进了我国资本市场的发展。但是核准制存在两方面的问题：一是证券发行审核委员会具有最终股票发行的否决权，政府权力依然较强；二是大部分证券公司都是由地方政府所有或者受到干涉，进一步影响了股票发行。

在核准制下，尽管地方政府和中央主管部门退出初审程序，但是企业发行股票仍须征求省级人民政府和国家发改委的意见[①]，并由保荐人推荐发行。进一步地，如果考虑到地方政府的经济利益、国有企业的政治关联以及券商的政府背景，那么国有企业仍可能具备优先上市的能力。随着改革的进一步深化，"十三五规划"明确提出要加强金融市场的基础建设，为逐步推行 IPO 发行的注册制创造条件。

中国 IPO 审核制度变迁过程及各阶段特点见表 11－7。

表 11－7　　IPO 审核制度变迁过程及各阶段特点

审核制度	时间段	管制机构	管制特点
探索期	1990～1992	上海政府、深圳政府以及中国人民银行	地方政府决定企业是否可以上市，主要是交易所本地公司上市
额度制	1993～1997	国务院证券委、中国证监会及地方政府	地方政府权力过大，上市公司规模较小，国有企业获得更多上市机会
指标制	1998～2000	中国证监会及地方政府	"总量控制、限报家数"，上市公司仍以国有企业为主
通道制	2001～2003	中国证监会	地方政府逐渐退出发行审核，但发审委具有最终审批权，券商有保荐权并承担相应风险
保荐制	2004 年至今	中国证监会	建立中小板，上市民营企业大幅增加

（二）配股、增发市场

与 IPO 政策演变相似，中国上市公司后续的权益再融资（包括配股、增发）市场制度也存在较大的变动，体现为强管制到弱管制的转变。

由表 11－8 可见，发行证券的上市公司首先需要满足财务门槛指标，例如"最近三个会计年度连续盈利。扣除非经常性损益后的净利润与扣除前的净利润相比，以低者作为计算依

① 2006 年 5 月 17 日证监会颁布实施的《首次公开发行股票并上市管理办法》第四十九条规定："中国证监会在初审过程中，将征求发行人注册地省级人民政府是否同意发行人发行股票的意见，并就发行人的募集资金投资项目是否符合国家产业政策和投资管理的规定征求国家发展和改革委员会的意见。"

据”“最近三个会计年度加权平均净资产收益率平均不低于6%”“最近三年以现金或股票方式累计分配的利润不少于最近三年实现的年均可分配利润的20%”等。其次，需要符合发行准入条件的上市公司还得面临发行定价、发行时机、发行规模等方面的行政管制，例如，“发行价格应不低于公告招股意向书前20个交易日公司股票均价或前一个交易日的均价”“两次配股时间间隔不少于一个会计年度”“拟配售股份数量不超过本次配售股份前股本总额的30%”。从纵向上看，证监会对权益再融资的财务指标的要求总体趋于减少，尤其是2006年证监会颁布的《上市公司证券发行管理办法》更是取消了对定向增发的财务要求。

表 11-8　　配股、增发相关法规

时间	法规名称	业绩要求
配股		
2001.3	《关于做好上市公司新股发行工作的通知》	最近三个会计年度加权平均净资产收益率大于6%；三年盈利；具有良好发展前景
2006.5	《上市公司证券发行管理办法》	三年盈利；具有良好发展前景
增发		
2001.3	《关于做好上市公司新股发行工作的通知》	最近三个会计年度加权平均净资产收益率大于6%；三年盈利；具有良好发展前景
2002.7	《关于上市公司增发新股有关条件的通知》	最近一年年净资产收益率大于10%；最近三个会计年度加权平均净资产收益率大于10%；三年盈利；具有良好发展前景
2006.5	《上市公司证券发行管理办法》	公开增发：最近三个会计年度加权平均净资产收益率大于6%；三年盈利；定向增发：无业绩要求；具有良好发展前景

除了显性的法规要求，申请企业还需要符合国务院、发改委等部门及国家政策指向的要求。比如[①]，（1）企业性质管制：“……促进国有企业的改革和发展，1997年股票发行将重点支持关系国民经济命脉、具有经济规模、处于行业排头兵地位的国有大中型企业，优先推选符合发行上市条件的国家确定的1000家重点国有企业、120家企业集团以及100家现代企业制度试点企业，特别要优先鼓励和支持优势国有企业通过发行股票收购兼并有发展前景但目前还亏损的企业……”；（2）产业政策管制：“股票发行仍要重点支持农业、能源、交通、通信、重要原材料等基础产业和高新技术产业的企业，从严控制一般加工工业及商品流通性企业，金融、房地产等行业的企业暂不受理”，“发行股票所筹资金投向必须符合国家的产业政策和有关规定固定资产投资项目和技术改造项目，必须按规定取得国家或地方有关部门的立项批文”；（3）准入管制：“上市公司向社会公众增资发行人民币普通股必须获得地方或国务院有关部门的推荐，并占用其股票发行指标”。因此，一方面，如红光实业的问题企业，在当地政府赋予“高新技术企业”“全国百家现代企业制度试点企业”等“光环”

① 参见《中国证券监督管理委员会关于做好1997年股票发行工作的通知》（证监［1997］13号），该文于2006年《首次公开发行股票并上市管理办法》发布后失效。

后，仍能上市[1]；另一方面，那些长期受到多重管制的行业，如房地产企业，则面临上市难、再融资难等困境。

严格的申请条件，使得我国上市公司成功配股、增发的公司家数较少。根据国泰安增发、配股数据库统计显示（见表11－9）：1998～2012年共有1759家次上市公司进行了权益再融资，平均每年只有117家次，占平均每年上市公司数的7%。2006年之后，由于证监会通过实施《上市公司证券发行管理办法》取消了定向增发对公司的财务指标要求，非公开发行成为2006年后上市公司主要的权益再融资方式。1998～2012年上市公司通过增发、配股获得的资金从396.23亿元增加到3345.25亿元，增长将近8.5倍，这种增长还是主要由2006年定向增发带来的。

表11－9　**增发、配股融资情况统计表**　单位：亿元

年份	配股		公开增发		定向增发		合计
	家数	融资额	家数	融资额	家数	融资额	融资额
1998	154	363.08	8	33.15	N/A	N/A	396.23
1999	121	287.78	5	55.1	1	4.65	347.53
2000	168	542.06	20	179.37	N/A	N/A	721.43
2001	103	375.87	18	158.22	N/A	N/A	534.09
2002	20	53.71	29	166.22	N/A	N/A	219.93
2003	25	67.83	16	114.59	N/A	N/A	182.42
2004	22	102.87	12	168.71	N/A	N/A	271.58
2005	1	1.42	4	269.8	N/A	N/A	271.22
2006	3	11.52	7	111.32	48	905.32	1028.16
2007	7	232.55	30	675.03	139	2200.48	3108.06
2008	8	139.5	28	518.23	102	1547.96	2205.69
2009	10	105.97	14	261.69	111	2412.85	2780.51
2010	20	1487.62	9	340.16	155	2876.12	4703.9
2011	13	372.56	10	288.79	163	3988.08	4649.43
2012	8	139.51	6	115.47	141	3090.27	3345.25
合计	683	4283.84	216	3455.86	860	17025.74	24765.43

注：数据来源于国泰安增发、配股数据库；N/A表示该年度没有相应的融资方式。

现在，我国已经实行注册制股票公开发行制度。注册制取代核准制有助于将资金引流到实体经济领域，有助于技术创新。注册制使资本市场里的风险投资企业和技术创新企业有了更便捷的进入和退出机制。注册制是我国社会主义市场经济制度在处理政府与市场两者关系上有了新的进步。这种资本市场化制度有助于有限稀缺资本在实体企业中有效均衡配置。

以增发或配股预案公布日到股票上市流通日计算成功再融资一次所需时间（统计数据见表11－10），增发的时间长度（中位数）为284天，配股的时间长度（中位数）为

[1] 参见刘峰：《制度安排与会计信息质量——红光实业的案例分析》，2001年。

316天。

表 11 - 10　　增发配股时间长度一览表

年份	增发时间长度（天）	配股时间长度（天）
2001	218	283
2002	439	444
2003	654	496
2004	401	598
2005	482	603
2006	157	569
2007	240	201
2008	290	217
2009	281	552
2010	335	237
平均	284	316

注：增发（配股）时间长度等于增发（配股）预案公布日到股票上市流通日的天数。

综上所述，我国企业能否成功上市以及上市后是否能获得增发、配股等再融资的资格受政府的影响较大，这往往导致国有企业被照顾，而民营企业获得融资资格更难。比较了国企与民企发布配股预案的比率和成功实施配股的比率，可以看出，证监会在配股审批中优先考虑国有企业，民企发布预案和成功实施配股的比率都明显低于国企。

简要回顾我国现行股票市场的形成，有助于同学们认识股票市场的复杂性和重要性。股票市场状况作为国民经济活动的晴雨表，既是中央政府经济决策的重要依据，也是老百姓增加财富的重要财务媒介。

四、债券市场

1984年开始，一些企业自发地向社会和其他企业通过企业债筹集资金。为了对此进行规范，国务院于1987年3月27日颁布《企业债券管理暂行条例》，要求中国人民银行对企业发行债券实行集中管理、分级审批制度，这是我国企业债规范发展的起点。为防止企业不能及时兑现债券和防范非法集资问题，1993年8月国务院颁布《企业债券管理条例》（以下简称《条例》），对企业发行债券做出了严格的规定，包括发行规模（“国家计划委员会会同央行等多部门拟定全国企业债券发行的年度规模和规模内的指标，获得国务院批准后，下达各省、自治区等，未经国务院同意，任何地方、部门不得擅自突破企业债券发行规模，并不得擅自调整年度规模内的各项指标”）、发行条件（“企业经济效益良好，发行企业债券前连续三年盈利；所筹资金用途符合国家产业政策”）、发行价格（“企业债券利率不得高于银行相同期限居民储蓄定期存款利率的40%”）。严格的发行条件虽降低了我国企业债券的信用风险，但同时也阻止了企业债的发展，尤其是资信较弱的中小企业。据WIND数据库统计显示，1993～2004年企业债规模较小，平均每年只有117亿元。

《条例》第三十七条规定：“企业发行短期融资券，按照中国人民银行有关规定执行”，该条款赋予了央行短期融资券的审批权。2005 年 5 月央行颁布了《短期融资券管理办法》（以下简称《管理办法》）。与《条例》相比，《管理办法》对发行融资券降低了门槛要求：由三年盈利降低到最近一个会计年度盈利；发行利率或价格不再要求不得高于存款利率的 40%，而是规定"融资券发行利率或发现价格由企业和承销机构协商确定"。较低的发行条件让短期融资券得到较快的发展，有资料显示，短期融资券规模在过去十余年时间里已超过同期的企业债、公司债和中期票据总和。

中国证监会于 2006 年 5 月和 2007 年 8 月分别颁布了《上市公司证券发行管理办法》和《公司债券发行试点办法》，对上市公司发行公司债实行核准制，并对发行条件（"近三个会计年度加权平均净资产收益率平均不低于 6%、最近三个会计年度实现的年均可分配利润不少于公司债券一年的利息……"）、发行价格（"债券的利率由发行公司与主承销商协商确定"）、发行期限（"可转换公司债券的期限最短为一年，最长为六年"）做了较为详细的规定。对比《条例》可见，公司债不再实行审批制，而是采取证监会核准的方式；且公司债的发行利率由公司与券商协商，较《条例》宽松。为了进一步发展我国公司债，2015 年 1 月证监会通过了《公司债券发行与交易管理办法》，规定"公司债券可以公开发行，也可以非公开发行"，公开发行的条件剔除了对企业净资产收益率的要求，非公开发行的要求相对更低。由统计资料可知，我国上市公司的公司债发行规模与法规的要求变化一致，由 2007 年的 112 亿元增加到 2015 年 10316. 20 亿元，尤其是 2015 年《公司债券发行与交易管理办法》颁布后发行规模由 2014 年的 1445. 62 亿元突增到 10316. 2 亿元，增长 7 倍多。

2008 年 1 月，国家发展和改革委员会颁布了《关于推进企业债券市场发展、简化发行核准程序有关事项的通知》（以下简称《通知》），简化了企业债券的发行环节，由"先核定规模、后核准发行"两个环节，简化为"直接核准发行"，并规定发改委具有核准权。同时，《通知》还放松了企业债券的用途，不仅可以用于补充营运资金，还可以用于固定资产投资、收购股权、调整债务结构。有资料显示，我国企业债发行较早，发行规模由 1996 年的 9 亿元增长到 2015 年的 3421. 02 亿元，增长近 380 倍。但与公司债、短期融资券相比，企业债券的发行规模还相对较小。

2008 年 4 月，央行颁布了《银行间债券市场非金融企业债务融资工具管理办法》，随后银行间交易商协会据此制定了《银行间债券市场非金融企业中期票据业务指引》，对中期票据实行注册制，并规定："企业发行债务融资工具应由金融机构承销，企业可自主选择主承销商；债务融资工具发行利率、发行价格和所涉费率以市场化方式确定。"[①] 与公司债、企业债相比，中期票据的发行市场化程度相对较高，中期票据的发行规模增长较快，有效地满足和支持了经济发展对货币资本的需求。

可见，我国公开市场债务主要包括公司债、企业债、短期融资券和中期票据。不同形式债务的发行审批权分别由证监会、发改委、中国人民银行在内的多个部门承担，如表 11 - 11 所示。我国债务市场审批程序严格且复杂，对资金的投向、利率也有限制。企业债的发行由发改委审核，同时也涉及人民银行和银监会；发行总规模由监管层决定；2004 年开始，

① 这两点规定对短期融资券同样适用。

先核定规模、再批准发行[①]，2008 年改为直接核准发行；资金用途受限于产业、行业、宏观调控、固定资产投资等政策，且不得用于如弥补亏损等用途。公司债的发行由证监会核准，参照股票发行；资金投向同样在管制范围之内。短期融资券、中期票据发行的复杂性相对小，涉及部门包括交易商协会和人民银行。

表 11-11 各类债券发行要求

种类	企业债	公司债	短期融资券	中期票据
发行对象	企业	公司[②]	非金融企业	非金融企业
管理部门	发改委（1998 年前人民银行审批）	证监会	交易商协会（2008 年前人民银行备案）	交易商协会
发行制度	核准	核准	注册	注册
发行市场	银行间债券市场、交易所	交易所	银行间债券市场	银行间债券市场

在市场经济制度下，企业债务的借入受到债务期限结构、利率、投资收益率、股票资本、市场规模，以及企业资本结构等多种因素制约。不论实力强大的跨国公司，还是竞争力较弱的小微企业，参与债券市场出售和购买债券的行为都要受到一定的财务理念和财务规则约束。有限参与债券市场交易是优化资本结构和资本均衡配置的基本要求。我国有很多高新科技企业，其产品技术性能和市场占有率均位列世界市场前列，获得了很多业界或政府大奖，但却长期微利或亏损，其市值也比较低下。究其原因，在于这些科技企业缺乏先进的财务管理，恣意举借债务，过度出卖信用。

思考与练习题

一、名词解释

1. 金融市场　货币市场　资本市场　股票　债券　财务媒介　财务工具
2. 无风险利率　风险利率　连续时间价值　离散时间价值　资产张成　资产组合

二、思考题

1. 股票和债券的基本原理是什么？
2. 股票和债券的各自特征是什么？
3. 财务媒介的价格与折现率之间的关系是什么？
4. 直接融资和间接融资的差别是什么？
5. 财务媒介的基本要素有哪些？
6. 上海证券综合指数是什么？

① 即核定规模：企业提出发债规模申请、发改委审核、报国务院同意。批准发行：获准发债规模后，企业提出发行申请、发改委审核并会签人民银行和证监会。

② 2005 年后只提及公司。2005 年前，为股份有限公司、国有独资公司和两个以上的国有企业或者其他两个以上的国有投资主体投资设立的有限责任公司。

7. 沪深 300 指数是什么?

三、练习题

1. 当拥有资源、信息和事件概率，根据财务媒介知识，设计一种财务工具。
2. 根据我国市场经济制度背景，设计一套适合公有制经济的财务媒介。
3. 请试着绘制财务媒介地图。
4. 请描述新中国货币史。
5. 试设计一种单位内部使用的电子货币。
6. 财务媒介估值方法综述。
7. 上海证券交易所、深圳证券交易所、香港证券交易所的简要比较和分析。

参考文献

[1] Armen A. Alchian, Harold Demsetz. The Property Right Paradigm. The Journal of Economic History, 1973, 1: 16 - 27.

[2] 李萱:"国有商业银行竞争力比较研究",《金融研究》, 2000 年第 9 期。

[3] 吴军、白云霞:"我国银行制度的变迁与国有企业预算约束的硬化——来自 1999 ~ 2007 年国有上市公司的证据",《金融研究》, 2009 年第 10 期。

[4] 祝继高:"产权性质、股权再融资与资源配置效率",《金融研究》, 2011 年第 1 期。

[5] 吕思勉:《中国通史》, 中华书局 2015 年版。

[6] 威廉·N. 戈兹曼, 哥特·罗文霍斯特, 王宇、王文玉译:《价值起源》, 万卷出版公司 2010 年版。

第十二章

财务机构的性质及其工作机制

第一节　企业组织变革的故事

一、“乐百氏公司”组织架构的过去和现在

乐百氏（广东）饮用水有限公司是法国达能集团旗下的一家食品饮料企业，由实力雄厚的达能集团管理。目前主要以饮用水的生产和经营为其核心业务。公司创办于20世纪90年代，经过十余年的发展，已在广州、北京、天津、成都、重庆和中山等地建立6家工厂，成为中国饮用水行业值得信赖的优质品牌。乐百氏公司拥有超过20余年的制水经验，致力于用专业的制水工艺，为消费者提供优质的饮用水以及健康的生活。1989年，何伯权和杨杰强、王广、李宝磊、彭艳芬等五人，揣着广东省中山市小榄镇政府出资的95万元，租赁广州乐百氏的品牌，创办了中山市乐百氏保健制品有限公司。随后，何伯权先生与其伙伴们发奋图强，敬业工作，非常坚定地研究开发和推广乐百氏产品，在短短几年中投入巨额的研发和广告费用，企业快速发展，业绩卓著。1997年，中山市乐百氏保健制品有限公司全面收购了广州乐百氏公司，成为“乐百氏”品牌的真正主人。

从1989年创业初始至2001年8月，中山市乐百氏保健制品有限公司的组织结构一直采用直线制组织方式。公司按照产、供、销分成几大部门，再由全国各分公司负责销售。直线制组织是一种最早最简单的组织形式。它的特点是企业各级行政单位从上到下实行垂直领导，下属部门只接受一个上级的指令，各级主管负责人对所属单位的一切问题负责。厂部不另设职能机构（可设职能人员协助主管人工作），一切管理职能基本上都由行政主管自己执行。直线制组织结构的优点是：结构比较简单，责任分明，命令统一；缺点是：它要求行政负责人通晓多种知识和技能，亲自处理各种业务。这在业务比较复杂、企业规模比较大的情况下，把所有管理职能都集中到最高主管一人身上，显然难以胜任。因此，直线制只适用于规模较小、生产技术比较简单的企业，对生产技术和经营管理比较复杂的企业并不适宜。

2001年9月至2002年3月，中山市乐百氏保健制品有限公司的组织结构调整为职能制组织方式，即公司实施了产品事业部制。这在乐百氏历史上虽然实施的时间很短，但为现在实施区域事业部制奠定了基础，实现了组织结构变革中的平稳过渡。职能制组织结构是各级行政单位除主管负责人外，还相应地设立一些职能机构。如在厂长下面设立职能机构和人员，协助厂长从事职能管理工作。这种结构要求行政主管把相应的管理职责和权力交给相关

的职能机构，各职能机构就有权在自己业务范围内向下级行政单位发号施令。因此，下级行政负责人除了接受上级行政主管人指挥外，还必须接受上级各职能机构的领导。职能制组织的优点是能适应现代化工业企业生产技术比较复杂，管理工作比较精细的特点；能充分发挥职能机构的专业管理作用，减轻直线领导人员的工作负担。其缺点也很明显：它妨碍了必要的集中领导和统一指挥，形成了多头领导；不利于建立和健全各级行政负责人和职能科室的责任制，在中间管理层会出现有功大家抢，有过大家推的现象；在上级行政领导和职能机构的命令发生矛盾时，下级就无所适从，影响工作正常进行，容易造成纪律松弛，生产管理秩序混乱。由于这种组织结构形式的明显的缺陷，现代企业一般都不采用职能制。

架构调整无疑是一个公司的重大战略转变，也必然是外界甚至内部的各种环境变化促成的。值得令人关注的是，乐百氏在不到 8 个月的时间里，就进行了两次架构调整，原因何在？因为，自 2000 年 3 月与法国最大的食品饮料集团达能签订合作协议，并由达能控股后，直线职能制的弊端更加暴露无遗。为了完成销售任务，分公司都喜欢把精力放在水和乳酸奶这些好卖的产品上，其他如茶饮料那些不太成熟的产品就没人下功夫，这对新产品成熟非常不利。更糟糕的是，由于生产部门只对质量和成本负责，销售部门只对销售额和费用负责，各部门都不承担利润责任，其结果就变成了整个集团只有何伯权一个人对利润负责。乐百氏公司销售额的直线下降，使拥有半个多世纪国际运作经验的达能集团不愿看到这种局面，因此，寻求变化势在必行，其中组织架构的改革就是为适应新形势的举措之一。

乐百氏公司最初创业时，何伯权等五个年轻人租用“乐百氏”商标开始创业。创业伊始，何伯权等与公司的每个员工都保持一种很深的交情，甚至同住同吃同玩，大家都感觉得到，乐百氏公司就是一个大家庭，“有福同享，有难同当”，公司的凝聚力很强。这时采用直线职能制这种架构模式，使乐百氏在创业初期得到快速稳定的发展。12 年间，五位创始人不但使乐百氏公司从一个投资不足百万的乡镇小企业发展成中国饮料工业龙头企业，而且把一个名不见经传的地方小品牌培育成中国驰名商标。然而，随着乐百氏的壮大，原来的组织结构显得有点力不从心。此时，再按前面那位高层人士的话说，何伯权不可能再与公司的每一个员工情同兄弟，同吃同住。面对瞬息万变的外部市场和日益复杂的委托代理关系，以及技术创新的压力，原来的领导方式发生了变化，起不到原有的作用。何伯权有些迷茫了。

稳定性战略是组织在市场条件和竞争环境很少发生重大变化时所普遍采用的一种战略。以职能部门划分工作任务，实行集权式决策，控制跨度狭窄，通过“命令链”进行经营决策来维持日常的组织运行。其优点是能够实现规模经营，使组织资源充分利用；对中低层管理人员的创新能力、决策水平、工作经验要求较低，可以节约沟通和协调成本；容易实行标准化操作和高度的正规化经营；决策权的集中可在某种程度上提高决策的时效性。这种结构对于乐百氏初创之时，再恰当不过。但是，当企业规模和经营业务发生重大变化之后，原来的组织方式就开始不适应了，这就需要改变。事实证明，组织变革是企业可持续发展的条件之一。迄今为止，在过去的 20 多年里，乐百氏饮品公司先后经历了直线制、职能制和事业部制等组织结构形式，正在向组织结构扁平化改进。

组织结构的扁平化是通过减少管理层次裁减冗余人员，建立一种紧凑的扁平组织结构，使组织变得灵活敏捷，提高组织效率和效能。企业内部组织扁平化的优点在于信息流通畅，决策周期缩短；创造性和灵活性加强，员工士气和生产效率提高；可以降低成本。管理层次和职工人数的减少，带来产品成本降低，使公司竞争优势增强。重要的是，扁平化组织有助于增强组织反应能力和协调能力。

可见，传统的企业组织结构主要有简单结构、职能型结构和事业部型结构等方式，每一组织结构方式均有自身的优点和不足。现代企业的组织结构主要有团队结构、矩阵项目结构和无边界组织结构等方式，其中，团队组织结构是一种采取高度集中的小型团队处理大多数大项目的公司结构。在团队结构中，整个组织由执行组织的各项任务小组组成。在这种组织里，对员工的授权特别大。在团队组织内部，基本不存在从高层到低层的管理职权链。其优点是员工参与更多并获得授权，从而减少了职能部门之间合作的障碍；其不足是指挥链不清晰。矩阵项目组织结构是企业将不同职能部门的专家分派到项目小组工作，专家在项目完成之后再返回各自的职能部门。当然，一个项目刚完成，另一个新项目可能已经开始。该组织结构的优点是流动性和灵活性很强，适应经营业务变化；其不足是增加了人力资源管理成本和组织成本。无边界组织结构指的是企业适应互联网发展和网络经济发展，突破企业、客户和供应商之间的边界或框架，由少量专职核心员工组成的虚拟组织。因此，无边界组织既是一种虚拟组织，又像是一种网络组织。所以，无论组织如何变革，该组织都是一种学习型组织，都要适应科学技术的发展和满足企业员工之间分工与合作需要，并遵循成本收益规则。

二、企业组织的主要内容及其科学化

企业组织是企业所有者委托企业家开展经营活动所建立的组织机构。从企业组织发展史看，不论企业及其内部组织机构如何发展变化，但公司制企业反映企业资本所有制性质的董事会机构、总经理经营管理层机构和所有者与职工监事会机构，都会存在。此外，企业的会计机构或财务机构一般情况下也会存在。企业组织的主要内容不仅包括划分哪些部门和设置哪些结构，还包括组织内部机构的岗位设置、职权与权力设置，以及指挥链设计等。组织结构设计涉及工作专业化和部门化、组织指挥链、管理跨度，以及组织性质认定等要素。

企业组织管理与组织再造工作的意义非同一般。“三个和尚没水吃”的典故已是众所皆知，类似“三个臭皮匠，胜过诸葛亮”的故事也时有传闻。其实这就是组织管理的效果。决定一个企业是否优秀，能否可持续发展，不是仅看企业家多么伟大，最重要的是看企业组织结构是否能让平凡的员工通过平凡的努力，创造伟大的业绩。反之，则会让优秀的员工仅仅做出平凡的业绩。那么，是什么导致了这两种截然不同的组合效果呢？为什么“整体可能大于各部分的总和”，也可能相反呢？其根本的原因就在于组织结构不同，要素资本组合在一起的方式不同，从而造成了要素资本间配合或协同关系的差异。

组织结构管理得好，可以形成整体力量的汇聚和放大效应；否则，就容易出现“一盘散沙”，甚至造成力量相互抵消的“窝里斗”局面。也许正是基于这种效果，约130余年前，英国著名经济学家马歇尔教授已将“企业家及其组织能力”视为劳动、土地和资本之外的第四个生产要素。因此，美国钢铁大王卡内基这样说道：“将我所有的工厂、设备、市场、资金夺去，但只要公司的人还在，组织还在，那么，四年之后我仍会是个钢铁大王。”由此，不难看出组织结构管理及组织工作的重要性。财务组织是财务人员从事管理工作的场所及其制度安排。财务组织机构的科学性、有效性和稳定性，则是财务管理有效性的基础。

自然界许多事物存在自组织性，社会机构也如此。每个人都是一个自组织系统。人又由若干个子系统组成，如神经系统、呼吸系统、消化系统、循环系统、泌尿系统、生殖系统等，这些系统是谁组织安排的？当然是人自己。人的某些子系统也具有自组织性，如循环系统的血液循环无须大脑指挥，即使人睡着了，血也照样循环着，心脏照样跳动着。又如，食物只要在口中吞咽下去，肠胃的运转就自动进行。企业组织也有自组织性。企业的研发设计系统、生产系统、销售系统、财务系统、信息系统等，一般都有各自的自组织性。在正常情况下，企业的自组织性特征不会消失。财务机构的自组织性特征同样十分显著。所以，企业家应善于研究企业组织的内在逻辑性和科学性。当财务活动严格遵循财务规律运行发展时，财务机构的科学性和自组织性就会发挥作用。

第二节　财务机构的产生及其组织方式

一、账房的出现

据郭道扬先生考察，在秦汉时期，我国政府就已经设立"财计组织"（《会计史研究》第一卷)，2004)。彼时，政府里的"财计组织"含会计、财务、财政和审计等多项管理内容。根据历史唯物主义观点，人类社会的历史和一切活动，均决定于人类社会生产活动的发展程度。大约隋唐时期，我国的工商业开始出现大规模发展。此时，会计、财务、财政等活动开始出现一定程度的分离。实际上，在我国秦汉时期，政府的国务活动开支与政府家眷及皇室生活开支已经分离。这就说明，独立的财政收支业务已经形成，中央政府跨期均衡配置货币资本的独立业务已经形成。因此，我国历史上财务组织机构的产生，也是由我国古代社会再生产发展程度和经济发展程度所决定。人类社会独立的财务机构的出现是人类社会扩大再生产过程发展客观要求的结果。在西方，当会计和司库分离时，作为财务前身的司库就开始履行财务机构职责。

在民间，财务组织被称为账房（也称帐房）。早在我国的秦汉时期，帐房有军帐或军事指挥所之意，那时候的军事活动频繁，后来，亦有帐篷和蒙古包之意。对此，我国古代典籍多有记载。而民间百姓所说的帐房，则多指会计核算和财务管理机构，同时含有管理财物出入的处所或工作人员之意。古代的账房就是今天的财务机构，它是应社会生产活动发展的客观要求应运而生。现在，人们在某种闲聊场合也会听到这样的语言表达："内人是我家的账房先生"，其意是"我家的货币和钱财均由我太太负责管理"。

古代的账房先生与掌柜是店铺的主要管理人员。掌柜是店铺的所有者和经理。古时候，企业规模较小，多数企业的所有者和经营者合二为一。在今天，掌柜相当于商场、酒店和商业银行的大堂经理。迄今为止，任何企业都会设立会计核算机构或财务机构（不论财务和会计是否分离），但并不是所有的企业都设立董事会。所以，财务机构的产生基本上与企业的出现同时发生。在经济学或财务学上，财务机构的出现是社会扩大再生产发展的必然结果。财务机构的性质由社会扩大再生产发展及其所有制的性质所决定。对于企业内部财务机构而言，财务机构的性质和特征取决于企业的性质及其特征。现代企业制度与公司制、产权与委托代理关系等，决定着现代企业的财务机构发展及其性质。

二、美国企业的财务组织

我国在1979年开始进行全社会范围内的改革和开放，引进国外先进技术、管理经验和货币资本。经济改革开放之初，企业管理出版社 1981 年出版了一本《财务管理》教材（中国工业科技管理大连培训中心编），该教材是美国著名大学财务学教授在我国讲课的讲稿整理而成，通俗易懂。其中，在讲解“美国企业的财务组织”时，该教材（第 10 页）有如图 12－1 所示：

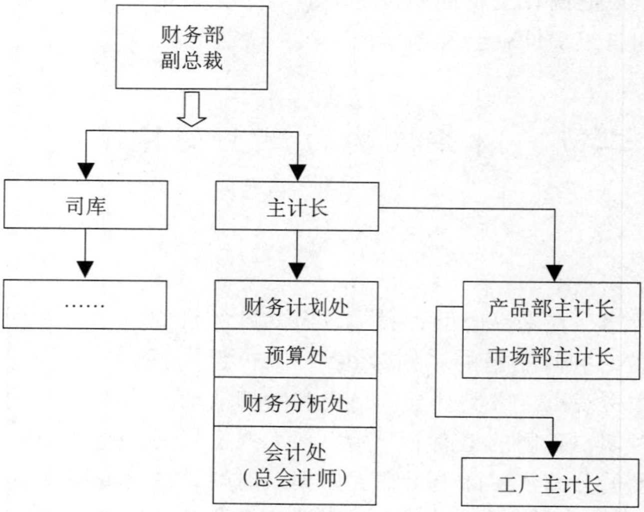

图 12－1 美国 20 世纪 80 年代企业的财务组织

美国企业财务组织中的司库是企业现金管理主管，负责办理现金收入、保险支持和银行借款等财务活动，与会计上的现金出纳不同，司库不做会计核算工作。主计长（Controller）类似于现在的财务总监。主计长是美国地方政府的公职人员，属于城市的财政和审计主管，主要是监督和审计美国市级各个财政部门的财政运转和预算执行情况，据说在美国，一个城市除了市长外，最有影响力的就是主计长官衔。在我国的会计和财务教材里，Controller 是从国外翻译而来的“主计长”。最常见的是 Financial Controller，业内统称 FC，很多在外企工作的财会人都把成为 FC 作为自己的目标，中文译为“财务长”，实际是我国的财务总监。美国企业的主计长分管财务计划处、预算处、财务分析处和会计处（含总会计师）。这说明，财务组织里的主计长岗位很重要，责任重大。

在图 12－1 里，“财务部副总裁”指的是分管企业财务工作的副总裁，通常企业该副总裁的工作岗位在企业财务部。在我国，许多企业也设立分管财务工作的副总经理。美国企业财务组织中的“会计处（总会计师）”，就是企业的会计核算和财务报告编制机构，具体负责会计信息确认、计量、记录和报告，该机构由企业总会计师具体负责管理。20 世纪 50 年代以前，美国企业非常重视会计核算，财务管理属于会计机构——会计处的一个科室，会计组织要大于财务组织。20 世纪 50 年代之后，财务管理工作开始受到重视，企业的投资、筹资和资本经营等财务活动开始与企业的生产活动相对独立，于是，会计则成为财务机构——财务部里的一个处室。当然，这只是企业组织结构的内部变化而已。财务和会计仍然具有相对独立性。会计的主要任务，一是利用货币价值形式对企业经营活动进行确认、计量、记录和报告，即会计核算，包括资产、负债、材料、工资、成本、收入和利润的核算；二是定期编制资产负债表、损益表和现金流量表，以及其他内部报表；三是资产清查、税收上交等工作。财务的主要任务，一是考虑资产如何利用最有利，即制定投资决策；二是考虑资产如何取得并且最有利，即制定筹资决策，组织资本供给；三是编制企业财务预算并组织实施；四是财务分析和价值评估，以及跨期均衡配置资本等。可见，财务和会计密切联系。会计主要是记录过去实际发生的经营情况，以货币计价方式综合反映企业的财务状况，为企业高管和投资人提供决策有用信息。财务则是利用会计提供的信息，预测、规划和筹划未来时期的财务活动，跨期配置异质资本，创造价值。显然，20 世纪 80 年代以前，在美国，财务和会计在一个组织里。

从图 12－1 可见，美国 20 世纪 80 年代的企业组织属于职能制企业组织。财务部是企业职能制组织结构中的内容之一。随着企业的发展和企业组织结构的变化，企业中的财务组织也会适当发展和变化。

三、中国企业的财务组织

与欧美企业相似，20 世纪 80 年代之前，我国企业的财务和会计基本属于同一机构。进入 21 世纪之后，我国社会经济进一步改革开放，科学技术和生产力迅速发展，实体经济迅猛发展，资本市场及证券公司和投资公司得到长足发展，财务活动与会计业务开始显著分离。财务学和财务活动实践的快速健康发展，使得财务管理实践对财务组织建设的要求越来越高。例如，上市公司、中央企业和跨国大型公司，其财务和会计机构基本上都是分设，既有财务部，又有会计部。财务机构的具体称谓，有财务处、财务部、财务管理部、计划财务部、资本规划部、资产管理部、资本运营部，以及财务管理中心等多种名称。会计机构的具体称谓，则有会计处、会计部、会计核算中心，以及会计信息部等名称。可见，中国企业的财务组织已开始向规范化和专业化方向发展。

有少量企业，虽然其财务机构和会计机构分别设立，但名称不够规范。如青岛赛轮集团股份有限公司（股票号 601058），其财务机构名字为“资本规划部”，负责制定公司投资决策（含货币资本理财计划）和筹资决策，组织投资项目论证、资本借贷及股票增发，以及股利分配等财务活动。而其会计机构则称为“财务部”，具体负责会计核算，编制财务报告，以及税收缴纳工作。在这里，将纯粹的会计核算组织冠名为“财务部”的企业，虽然不是很多，但却一直存在。也许，这是一个习惯提法。

知名企业——青岛啤酒股份有限公司，其内部设立“财务管理总部”，该总部下设财务部、会计核算部、内控审计部，这种财务组织结构基本上代表了国有企业的做法。其财务业务、会计业务、审计业务相互独立，各司其职，相互联系，同属于企业内部组织结构中的财务管理范围。又例如，中国银行是我国大型国有控股商业银行之一，其业务范围涵盖商业银行、投资银行和保险领域，旗下有中银香港（控股）有限公司、中银国际控股有限公司、中银保险等控股金融机构，中国银行在英国《银行家》杂志的“世界 1000 家大银行”排名中经常位列前十名。该银行的会计结算部和计划财务部分别设立。以中国银行山东省分行为例，其会计结算部的核心业务是承担经营业务货币上的确认、计量、记录和报告等会计核算业务。其会计科目有表内、表外和备查登记等三种类型，表内科目有资产类、负债及权益类、资产负债共同类，科目设置由代码组成。而银行的非资产类、非负债类业务核算及其信息披露，则多在表外科目和备查科目。会计结算部的岗位组织设置，主要由会计制度与出纳管理团队、会计核算与柜员管理团队、检查辅导团队、国内结算业务与产品管理团队、事后监督与档案管理等五个团队所构成，团队是会计结算部的主要工作组织单位。会计结算部是一个信息管理、制度管理很强的专业信息机构，其主要功能是反映和监督。同理，中国银行山东省分行计划财务部的核心业务，则是跨时间配置全省行的资本性资源，承担全省行的资本筹集、资本投放、资本流量控制、资本回收，以及资本配置决策等工作。这与财务管理教科书里的内容基本一致。计划财务部的主要工作是负责制订全省行的资本投入产出业务计划和管理，包括资产业务、负债业务和中间业务的资本规划和管理，安排全省行的财务活动，扮演公司“管家”的角色。与一般工商企业一样，计划财务部中的计划所要达到的目标主要就是市场份额的占有率。计划财务部下设八个团队（科室）：费用团队——负责人财的管理，固定资产与投资管理团队——负责实物的管理，采购评审团队——负责集中采购，财务分析管理团队——负责分析历史财务状况，业务发展与战略规划团队——负责制订未来发展计划，统计与信息团队——负责财务数据整理，资产负债管理团队——负责管理存贷款业务发展，流动性与市场风险管理团队——负责执行和管理利率和市场价格。这八个团队的共同特点即计划财务部的特点，就是从战略的高度看问题分析问题，从整体的角度管理全行财务活动，从未来着眼思考省行如何发展。

可是，小微企业的财务和会计机构是合二为一的。这是企业规模和企业财务管理与会计核算的实际情况所决定的。企业内部组织机构的设置，应服从整个企业组织机构结构设计和成本效益原则。小微企业的财务活动和会计核算业务很少，因而可以合在一个组织机构里进行。究竟企业规模多大，才可以独立设置财务和会计机构呢？一般地，当组织机构所创造的收入大于其成本时，该组织机构的设立就是必要和可行的。

四、企业财务共享服务中心

科学迅速发展和信息技术的广泛应用，诞生了一种共享经济新模式。人们为了开辟新的收益来源，采取整合线下闲散物品或服务者，并以较低的价格提供产品或服务。对于供给方来说，通过在特定时间内让渡物品的使用权或提供服务以获得一定的报酬。对需求方而言，不直接拥有物品所有权，而是通过租借等共享方式使用物品。受到共享服务经济的启发，一些大型企业开始整合其会计业务和报告的管理方式，将不同国家或地区不同地点的实体组织会计业务归纳到一个共享服务中心记账和报告，使会计记录和财务报告信息化更加规范和统一。这就避免了集团内部每个公司和办事处都设会计机构的问题，进而节省了会计信息系统人工成本和管理成本。当然，这种操作应遵守国家法律规定。

财务共享中心作为一种新型财务组织机构，具有一定的组织条件。会计和财务人员素质较高的制造业企业所属各分支机构和办事处，以及跨国公司和大型集团企业，比较适合创建财务共享服务中心。这些分支机构，办事处往往只承担销售任务而无复杂的财务核算需求。适合建立财务共享服务中心的企业主要有：金融企业、服务企业、制造业的销售网点、连锁企业、通信服务业。技术条件下不适合建立财务共享服务中心的企业主要有：制造业的工厂、勘探业、信息化程度较低的企业等。财务共享服务中心实际是企业集中式管理模式在财务管理上的新应用，其目的在于通过一种有效的运作模式来解决大型集团公司财务职能建设中的重复投入和效率低下问题。“财务共享服务”最初源于一个很简单的想法：将集团公司内部各分公司的某些事务性功能，如会计账务处理、员工工资福利分配等集中处理，以达到规模效应，降低运作成本。降低财务管理成本是财务共享中心产生的原因。

与企业财务管理普通模式不同，财务共享服务中心的优势在于其规模效应下的成本降低和财务管理效率提高，以及企业核心竞争力上升。首先，共享服务中心人员每月平均处理凭证数、单位凭证的处理费用，远远低于传统财务管理分散模式。财务共享中心的效益主要通过减少人员数目和减少中间管理层级来实现。通过在共享服务中心建立新型组织结构和制定合理的激励制度，能显著地提高员工的工作效率，并形成不断进取的文化。其次，全部子公司和分支机构采用相同的标准作业流程，废除冗余的步骤和流程，提升了财务数据流动速度和效率。共享财务服务中心拥有相关子公司所有财务数据，数据汇总和分析不再费时费力。最后，财务共享中心有力支持企业集团的发展战略。公司管理人员能够集中精力处理公司核心业务，有关其他辅助功能业务均可由财务共享服务中心完成。共享服务中心将企业管理人员从繁杂的非核心业务工作中解放出来。重要的是，企业财务共享服务中心还可以向外界企业提供商业化服务。有些公司开始利用共享服务中心向其他公司提供有偿服务。

五、财务机构的性质与职权

（一）性质

财务组织机构既是经济组织内部有关财务活动和财务工作的制度安排，又是财务人员的工作场所。从根本上说，财务组织的性质取决于生产经营组织的性质和财务组织在生产过程中的职能。生产过程的性质和特征决定着财务组织的性质和特征。在工业、农业、建筑安装业、科学技术研究开发企业、商场和酒店业、交通运输业、港口码头和物流企业等各类实体企业中，财务活动主要服务生产经营活动。在商业银行、投资公司、证券公司、保险公司和租赁公司中，财务活动则是公司的主营业务，因而财务活动的独立性很强，具有独立创造价值的功能。这说明，财务组织是社会再生产过程的必要环节和经济组织生产经营活动的职能机构之一。虽然财务组织及其经营活动具有相对独立性，但财务组织机构的独立性建立在满足经济组织主营业务或生产过程维护的基础之上。我们已经知道，财务具有发现价值、维护生产经营活动正常运行和创造价值等基本职能，其中，发现价值和维护生产经营活动正常运行均与再生产过程密切相关。所以，现在的财务机构具有服务生产和创造价值的二重性质。明确财务机构二重性质是提高财务机构管理水平的重要前提。从根本上说，在我国，财务机构的性质及其特征是由我国社会主义生产方式及其所有制性质所决定。所以，财务机构虽然属于企业内部组织结构内容，但它的设立、存在和发展与我国的生产力发展水平、所有制性质和实现方式、《公司法》和法制建设水平密切相关，也与企业的性质和公司章程有关。

高效良好的财务管理工作需要科学有效的财务组织给予支撑。一个企业之所以在财务管理上落后，其中的重要原因之一是缺乏支撑财务创新的必要基础——健全的财务机构。古代的创新多来自个人，不论产品创新还是制度创新，主要依赖于某个人。但近现代社会，人类的多数创新行为主要来自组织机构。与世界科技发达国家和经济发达国家比较，我国的技术创新、产品创新和管理制度创新在一定程度上是落后的，实质是组织创新的落后。财务机构建设是企业财务管理实践的重要组成内容。财务机构的设立和建设，应有财务机构的概念、制度和运行规则，将财务机构的运作以概念、规则和组织结构等形式固定下来，从而具备可复制性和预期性，财务机构的工作原理就形成了。

（二）职权

如果把企业的财务机构理解为具有某些特定功能的一台机器设备，那么，财务机构内部各工作单位和岗位就是组成该机器设备的各种零部件。财务机构的结构就是这台机器设备的构造。要使一台机器设备能够运转起来，就必须提供给该机器设备一定量的动力。如何有效地将财务职权与财务人员的职责和激励合理配置在一起，则是财务机构可持续发展的基础。

财务人员的职权（Authority）是企业权力（Power）的一种形式。企业的权力主要包括制度权力又称法定权或法理权、专长权力或专家权、个人影响权、强制权或惩罚权，以及奖励权等。职权从组织机构的大脑——最高管理层出发，途径各个管理层次和工作流程，直到贯穿至管理底层，从而形成一条权力线即指挥链。健全的指挥链的永续存在是企业财务机构高效工作的基本要求。因此，职权的顺利实现需要遵循两个原则，第一是统一指挥原则。财务机构的每个成员必须拥有同一个上司，接受同一个上司的指挥，不可多头领导。如果有两个或两个以上的上级同时对一个下级进行指挥，财务机构的工作就可能出现混乱。第二是连续分级原则。该原则主张从财务机构底层职员到财务机构总经理之间的每一条职权线都应该明确和连贯。职权清晰，职责明确，财务人员沟通有效，财务机构的工作才会有秩序地可持续发展。

财务机构和财务人员的职权来源于财务机构的业务量和财务管理职能。一般地，企业财务机构内部又设有筹资决策团队、投资决策团队、资本市场运营团队、收益分配和激励团队，以及营运资本管理团队等。即企业财务部内部又设有筹资处室、投资处室、资本市场处室、收益分配处室，以及投资者关系管理处室等。当然，不同的企业，其生产过程的性质和特征存在差别，其财务机构内部的处室设立也必然存在一定的差别。企业董事会和总经理团队在明确了财务机构的职责和业务规模之后，就可以确定财务机构和财务人员的职权。

（三）集权与分权

在一个企业内部，如果其财务机构的性质主要是为生产经营活动提供服务，其次是自主地创造价值，那么，该企业财务机构通常属于分权化财务组织。实际上，这就是企业所有者系统地将决策权授予给下层各职能机构和各业务流程环节的过程，即职权的分散。同理，如果财务机构的决策过程是决策权系统地集中到企业最高管理者手中，那么，该企业的财务机构通常属于集权化财务组织。其主要性质可能是自主地创造价值，其次才是为生产经营活动提供服务。分权型财务机构的职权属于一般职能管理机构的职权，而集权型财务机构具有代表企业直接参与资本市场投资和获取巨大收益的职权。

随着信息技术的快速发展和应用，以及企业组织出现扁平化趋势，多数企业开始采取分权型财务体制，即相对地分权制度安排。此时，财务机构的权限更大一些。财务机构职权的分散或集中程度，除了取决于该企业财务机构的主要性质和主要职能外，还受到企业文化、某项财务决策的重要性、企业高管对财务战略的偏好、企业资产规模和组织规模的大小、企业的历史、企业所有者和最高管理者的价值观、财务管理专家队伍，以及外部环境等多种因素影响。

分权型财务机构能够提高决策效率，最大限度地发挥财务专家的专业能力。并且，降低管理成本。分权型财务机构的工作人员主要拥有直线职权、参谋职权和职能职权三种情况，工作中具有上下级监督和命令的职权关系称为直线职权，工作中因决策的复杂程度高而需直线主管与多领域财务专家共同想办法完成的职权关系称为参谋职权，企业的各职能部门所拥有的财务职权即为职能职权。在企业财务机构工作中，三种职权工作人员要处理好岗位和职权关系，从而实现财务机构高效低成本运行。如何处理各种职权关系呢？答案是，直线财务职权人员要勇于担当，全力负责；参谋职权人员积极配合，充分发挥专业特长；职能职权人员应明确自身职责范围和级别，适当限制和约束职能职权的使用。

第三节 财务组织变革与财务人员成长

一、财务组织的稳定性和变革

世间事物每日都处在变化之中。企业财务机构变革是指财务机构面对企业内部业务流程的变化和企业发展战略的变化，以及适应外部市场竞争需要，进行改革和改造的适应过程。财务机构有自身的工作目标。财务机构只有适时调整内部工作人员的岗位和职责，适应企业经营发展和外部市场变化，高质量履行财务职能，才可能实现自身目标。当财务机构内部条件和工作秩序与企业经营发展和外部市场环境发生不和谐时，要么是财务机构的职能尚未完全发挥出来，要么是产生了变革财务机构的需要。

在一定时期，相对地，财务机构应处于稳定状态。只有组织结构和工作机制处于相对稳定状态，财务机构的职能才能充分发挥出来。稳定性是组织变革的基础。每一组织机构的性质在没有改变之前，以及其职能尚没有完全用尽之前，该组织就应处于稳定状态。在一定条件下，财务机构的组织结构模式、内部岗位设置和工作人员及其职权配置越稳定，企业财务活动就越有秩序，财务机构对企业发展的服务质量就越高。财务机构稳定性是企业可持续发展的基础。

同理，财务机构的变化是随着企业成长和发展而发展变化。从历史的视角看，财务机构的变化和革命性改造是一种客观规律。只要政府政策和国家法规发生重大变化、经济发展形势出现重大变化、市场供求状况和科学技术发生重大变化，以及财务机构自身的自然成长和人员变化等，财务机构就会发生组织变革。这说明，财务机构的变革既有外部环境变化动因，也有财务机构自身求变动因。一般地，财务机构变革的领域主要是组织结构变革、财务管理方法变革和财务人员变化。财务机构的组织结构变革内容，主要包括财务职权关系调整、岗位协作机制调整、集权程度、财务活动宽度、财务关系准则等，财务管理方法和技术变革主要包括投资决策和筹资决策的程序改革与完善、先进财务计量经济学方法的运用，以及新的财务工程产品的开发和使用。财务人员的变化主要是人员数量、质量和岗位的调整，以及人员结构的优化等。公司治理结构模式对财务机构设立及其运行具有重要影响。我国多数国有企业设立总会计师职务，全面负责企业财务和会计工作。这与美国企业的总会计师只负责会计核算工作不同。美国企业还设置首席财务师（又称首席财务官），该职务相当于我国企业分管财务工作的副总裁即“财务副总裁”（包含分管会计核算工作）。现在，我国上市公司，一般都设立一名财务副总裁，分管负责和主持企业财务的全面工作，包括分管财务部和会计核算部。同时，一些大型集团公司还设立财务总监职务，分管负责会计和财务工作的监督管理。财务副总裁直接接受企业总裁领导，财务总监主要接受公司董事会领导。财务副总裁、财务总监、企业总裁，均统一接受董事长领导。如果企业财务副总裁的财务专业知识背景很强，那么，财务机构的稳定性程度就会很高，其创新改革也一定会很有秩序和比较顺利。

财务机构变革应与企业发展战略和企业整体组织结构变革相吻合。可能有少量财务人员对财务组织机构变革不感兴趣甚至反对或阻挠，对此，企业高级管理者和财务机构负责人应充分认识部分反对者的真实意图和原因，科学有效解决有关矛盾，从而保证财务机构变革能够顺利完成。

信息技术的迅猛发展和深度应用，使企业生产过程和经营方式发生重大变化。人类进入21世纪以来，全球科技创新进入空前密集活跃时期，新一轮科技革命和产业变革正在重构全球创新版图，重塑全球经济结构。以人工智能、量子通信技术、移动通信、物联网、大数据、区块链为代表的新一代信息技术加速突破应用，以合成生物学、基因编辑、脑科学、再生医学等为代表的生命科学领域孕育新的变革，融合机器人、数字化、新材料的先进制造技术正在加速推进制造业向智能化、服务化、绿色化转型，以清洁高效可持续为目标的能源技术加速发展将引发全球能源变革，空间和海洋技术正在拓展人类生存发展新疆域。科学技术从来没有像今天这样深刻影响着国家前途命运，从来没有像今天这样深刻影响着人民生活福祉。企业财务机构的组织变革成为必然，组织变革的趋势是开放性、个性化服务、标准化和技术化，以及职责权利清晰。

二、财务管理职业岗位与财务管理师

财务管理专业人员及其工作方式有企业内部财务管理人员及其工作和企业外部为社会众多成员及家庭个人服务的财务管理人员及其相关工作。如同工程师是工程技术人员的简称一样，财务管理师则是财务管理专业人员的简称。财务管理师在美国已有100多年的历史。美国的财务管理师执业资格认证工作由不同的社会民间组织开展培训、考试、颁发认证执业证书和承担继续教育，以及监督管理工作。其中，最著名的是北美财务规划及管理协会、美国财务管理协会、美国管理会计学会等三家民间组织开展的财务管理师职业资格认证工作。在我国，中国企业财务管理协会致力于财务管理师的培训、考试、颁发认证执业证书和承担继续教育等工作，我国政府和民间组织均开始重视此项工作。

关于财务管理师的职业结构分类，根据国家资历框架原理和《中华人民共和国职业分类大典》（2015年版），财务管理师依据其专业技术性质，应属于《中华人民共和国职业分类大典》（2015年版）中的“第二大类2（GBM 20000）专业技术人员”类别。根据我国职业调查结果，目前我国现实经济生活中的财务管理职业十分兴旺，其工作内容和分工十分明确。目前，我国财务管理职业的主要工种或岗位有：企业现金司库、财务规划师、投资分析师、财务分析师、财务经理、财务总监、首席财务官、私人财务师等。随着社会经济的发展和社会分工细化，财务管理工作还会出现新的岗位和变化。

（一）企业现金司库

企业现金司库是企业现金收入和支出及其办事人员出纳员的专业管理者，属于企业财务管理专业人员。主要负责企业现金收入和支出、现金流量测算及现金库存量设计与管理工作。现金司库是财务管理初级专业技术工作人员。其主要工作职责如下：

1. 负责组织企业现金收入和支出活动及其管理工作；
2. 主管企业现金收入和支出及其最优库存量设计、计算和管理工作；
3. 负责企业营运资本配置和管理工作；
4. 负责企业流动资产管理工作；

5. 负责短期债务管理工作；

6. 负责跟踪企业财务风险和货币资本周转评估工作；

7. 负责办理和协调企业与银行之间的信贷关系、企业与税务机构之间的财务关系。

（二）财务规划师

企业财务规划师是大中型企业财务计划的制订者。财务计划是财务管理的专业技术方法之一。企业专门的财务规划师的岗位职责主要如下：

1. 根据财务会计信息和管理会计方法，预测企业销售收入、成本和利润，测算企业资产周转情况，掌握企业财务收支和收益基本状况；

2. 分析企业现金收支情况，预测和制订企业现金收支计划；

3. 分析市场和产品销售情况，制订企业全年和各季度销售收入计划；

4. 根据研发、人力和机器设备使用情况，制订企业成本计划和费用总额计划；

5. 根据销售收入和成本，以及公司发展战略执行情况，编制企业年度利润计划；

6. 分析企业财务基本情况和市场变化，以及企业技术创新能力和行业发展情况，制订企业资本配置计划。

（三）投资分析师

投资分析师是大中型企业和投资类公司专门设置的专业财务管理技术人员。投资分析师主要负责分析投资环境、市场和政策，编制投资可行性研究报告，参与投资决策过程。投资分析师的岗位职责主要如下：

1. 负责市场调研和投资环境分析，进行有关投资法规与政策分析；

2. 根据投资项目的技术、资金、人力和市场以及风险等情况，测算投资项目的净现值、内部收益率和投资回收期等财务指标，编制投资可行性研究报告；

3. 根据总经理和董事长或董事会通过的投资可行性报告，制订投资项目实施方案；

4. 跟踪和分析投资项目执行进度，测算和分析投资资本总额执行效果；

5. 分析和协调投资项目前期、中期和后期的资本均衡配置；

6. 分析和评估投资效果及其实际收益率。

（四）财务经理

任何企业不论其经营内容和经营方式有何不同，都有组织财务活动和处理财务关系的机构或人员。财务经理是企业财务管理机构的负责人。其具体负责组织财务活动、处理财务关系，承担筹资、投资、利润分配和企业价值评估等具体的财务管理领导工作。企业不论大小，一般都设立财务经理岗位，如财务处长、财务部长等。一些小企业，财务经理还兼任财务主管、总会计师的职能，既主持财务管理工作，又负责领导企业会计核算工作。财务经理是企业的中层管理者。

财务经理的岗位职责：

1. 根据公司经营战略和规划，具体组织企业财务管理人员编制资本预算和投资计划，测算资本回报率，编制投资可行性报告，起草投资决策方案。参与企业投资决策过程，协助财务总监和企业总经理组织投资活动。

2. 根据公司经营战略和规划，具体组织企业财务管理人员分析资本结构、资产结构、筹资方式和筹资渠道，分析研究资本市场，测算资本成本，编制筹资计划，起草筹资决策方案，负责主持企业筹资活动，保障企业资金供应工作。

3. 负责组织企业财务管理日常工作，组织和协调现金流量，主持营运资金管理。调拨资金和协调资金余缺，优化资本配置和资产结构。

4. 具体负责企业全面预算管理和成本管理工作。主持财务分析和成本分析，协调财务与生产之间的内在关系，负责管理和控制费用支出。

5. 组织企业资金收回和销售收入的管理，以及应收账款和存货管理。

6. 组织企业资产管理和资本资产价值管理，保障企业股东财富最大化和客户价值最大化，降低企业风险。

7. 企业财务管理制度的设计、修订和管理，财务管理模式和财务政策的设计与管理，以及企业税收管理制度设计与管理。

（五）财务分析师

当企业达到一定规模时，主要是大中型企业，在设立财务经理岗位之外，还设立了财务分析师岗位，协助财务经理开展财务管理工作。

财务分析师岗位的主要职责：

1. 承担财务报告的分析工作，为企业投资者、内部高级管理者提供科学的财务信息，包括企业盈利分析、偿债能力分析、资本运营和周转能力分析，以及企业发展能力分析。

2. 企业投资分析，承担投资项目的前期、中期和经营过程的分析。

3. 企业筹资分析，既包括资本成本、财务杠杆、财务结构的分析，又包括筹资方式和筹资渠道分析。

4. 风险分析和控制，包括财务风险和经营风险分析与控制。

5. 成本、费用、收入和利润分析，净资产收益率和总资产收益率分析。

6. 协助财务经理开展重大财务活动和财务战略执行情况分析。

7. 外部财务环境分析、政策分析、资本市场分析，以及利率和汇率等价格分析。

（六）财务总监

当现代企业制度出现所有者与经营者分离时，企业财务总监就诞生了。财务总监是企业所有者和投资人通过董事会任命的、在企业中代表股东利益和监督企业高级管理者依法合规经营的专门技术人员。财务总监也是企业股东和企业客户的总监护人，负责企业的财务监督、审计和依法合规经营工作。根据有关法律法规和现实情况，公司制现代企业，诸如股份有限公司、上市公司、集团公司和大型股份制企业等，必须设立财务总监岗位。一般地，财务总监由企业董事长提出、经董事会讨论后任命，属于代表股东利益的企业高级管理者。

财务总监的岗位职责：

1. 审议和检查公司财务战略是否合法合规和科学有效，是否与企业发展战略和公司章程相一致，保障股东利益最大化，管控股东风险。

2. 审议和检查企业的投资决策或计划、筹资决策或计划，以及企业的利润分配计划，对企业股东的资本产权保值增值负责。

3. 领导和审议企业内部控制工作、内部审计工作，以及全面预算管理工作，依法管理企业资本。

4. 参与企业重大经营战略和决策的制订工作，诸如企业并购重组、海外直接投资、企业分立和兼并等重大财务经济活动。

5. 负责处理投资人经济关系和重大财务关系，诸如大股东之间的关系、大股东与高管之间的关系、企业与政府税收机构之间的关系等。

6. 协助董事长优化和管理公司治理结构，保障股权资本安全和公司依法高效经营。

（七）首席财务官

首席财务官是部分大型企业或跨国公司因其属于资本密集型企业和技术密集型企业而需要更高水平的治理结构所采取的一种新兴管理岗位。首席财务官（Chief Finance Officer，简称 CFO）是上市公司和企业集团的治理结构发展到一个新阶段，财务总监难以适应企业发展需要时的必然产物。首席财务官不仅为股东负责，而且要为整个企业的利益相关者负责。

首席财务官不仅负责组织企业财务活动、处理财务关系，承担筹资、投资、利润分配和企业价值评估等财务管理领导工作，还负责技术研发支出、市场开拓支出、信息网络建设投资等生产经营的资本支出，以及企业价值和企业可持续发展等问题。首席财务官在企业里履行企业总裁职务。

首席财务官岗位的主要职责：

1. 首席财务官既主持企业的财务活动，也主持企业日常生产经营的价值创造、资本运营和战略管理、风险管理等全面工作。

2. 首席财务官既是财务管理者、会计政策制定者，也是企业经营分析者和未来预报者，以及企业战略管理者。

3. 首席财务官将财务管理作为企业管理重心，全面主持企业经营活动，并承担企业"未来的规划者"角色。

4. 承担企业治理结构的总设计师和企业经营活动的总指挥。

（八）私人财务师

私人财务师又称私人专业理财师。私人专业理财师是专门为社会著名财富人士和中产阶层以上富裕家庭服务的财务管理师。诸如著名企业家、著名投资家、著名银行家、著名体育和演艺人士，以及著名实业界财富大家的个人或家庭财务管理师，也有一些不著名的青年企业家、创业者和科学家或工程师，以及年长的财富人士需要私人财务师提供专门财务管理和会计审计税务服务。

私人财务师的岗位主要职责：

1. 财富人士和家庭内部资本规划、财务制度设计，以及财务活动的组织和管理。

2. 财富人士和家庭或家族内部的投资、筹资方案起草，投资和筹资顾问，存款和股票咨询管理，保险业务管理，以及现金流量规划与管理。

3. 财富人士和家庭或家族内部的资产存量管理、股本资本管理和保护，债权债务管理，纳税管理，风险管理，以及财务关系的协调和法规咨询管理。

4. 财富人士和家庭的社会活动开支与管理，个人和家庭成员重大活动的大额费用开支与管理，以及财务咨询工作等。

5. 财富人士和家庭或家族内部的价值创造咨询管理、资本均衡配置，以及养老金和资本保值增值管理。

三、财务人力资源开发和财务人员成长

虽然财务工作的专业性很强，并且企业所招募的财务人员一般都是受过高等教育和专业训练，但财务人员同企业其他员工一样，也需要接受企业的管理和培养。企业财务人员的招

聘、录用培训、业绩评估和激励，都与企业其他人力资源的开发和利用相似。财务机构人力资源管理过程，涉及财务人员的岗位编制和计划、财务人员的选拔和确立工作纪律、岗位技术培训、创新能力的开发，以及工作业绩考评和激励等方面。因此，财务人员开发与专业技术研究和开发有相似之处。从财务专业素质视角出发，财务人员应具备良好的社会科学文化素养、经济学专业理论素养、高等数学知识，以及财务学基础理论知识、财务管理专业知识和财务管理实践能力。

小微企业财务机构可以与会计核算机构合二为一，从而使财务人员可以由会计人员替代。这就要求财务人员具备身兼会计核算工作和财务管理工作的专业能力。大中型企业的财务机构，由于其资产规模和全年销售收入通常均超过亿元、员工人数至少接近千人，因而其财务机构工作人员及其工作岗位编制至少应该达到四人以上（含一位负责人）。选拔财务人员不仅要考虑财务管理专业知识背景和本科毕业学校的基本情况，还要考虑其商业天赋和思想文化素养等因素。财务人员甄选手段包括应聘者填写申请表、笔试、绩效模拟测试、面试、履历调查，以及身体体格检查等。

财务本身是一项专业性很强又非常稳定的职业，如果选择把财务作为职业方向，首选的职业目标是上市公司的高级财务人员。这些财务高管人才都是从企业财务基础工作做起逐步成长起来，并且多数进入企业决策核心层。他们不仅要了解企业的经营运作，还要直接参与投资决策过程。一般地，上市公司财务机构设置财务主管、高级财务经理、财务总监和财务副总裁等管理职位，这是财务人员成长过程中的工作岗位设计。上市公司财务机构的普通财务管理人员也应当是财务专家，掌握财务学原理，有较高的财务管理悟性和财务直觉，以及系统的公司财务和数量财务理论知识，否则就难以胜任财务管理工作。

不仅财务管理专业知识背景的人可以承担公司财务工作，而且会计学专业、经济学专业、企业管理专业、财政学等专业人员经过专业培训后，也可以担任财务工作人员。这些非财务专业人士，只要掌握财务管理基本理念和财务基本假设，娴熟企业财务报告分析，拥有高等数学知识训练，补修必要的财务管理专业知识，通晓财务活动和财务关系的理论与方法，就可以试着从事企业财务管理工作。企业财务人员的学习能力、专业技能、信仰和理念的科学先进性，则是财务人员成长的必备条件。在这里，中华民族的勤俭节约、开源节流、共同富裕、收支平衡等财务理念，以及“亲兄弟明算账”的产权思想，都是一个财务人员必备的基础性专业素质。许多大学尚没有开设财务管理专业，企业财务管理专业人员仍然十分紧缺。这就需要一些相近专业给予补充。

由企业优秀会计人员或会计主管转换到财务机构工作是选拔财务人员的重要途径。一些具有在投资公司、证券公司和会计师事务所工作过的青年会计人员、财务人员和统计师等，也是企业吸收和选拔财务人员的有效目标。当然，企业自主招募名牌大学财务专业优秀毕业生，并自主栽培和训练，舍得人力投资，应是企业优秀高级财务专家成长的最佳道路。

第四节 所有制、产权与财务机构

财务机构的性质和财务制度由所有制的性质及其产权制度所决定。企业的所有制性质在某种程度上决定着企业财务机构的工作目标和性质。财务机构的管理工作主要是资本管理和价值管理，因此，财务机构的管理对象——资本、价值、收益和风险等，其产权及其所有制性质与财务机构的业务活动性质密切相关。中国特色社会主义制度是我国财产所有制的基石。财务专业人员应学习和熟知中国特色社会主义制度的内涵。

一、所有制与财务目标

生产资料所有制决定着一个国家或地区资源归属方式、资本配置结构与生产形态，因此，所有制是一国经济制度的基石。中国选择社会主义制度是中国社会基于天下为公的历史文化、经济和政治发展的必然结果。经济学上的所有制主要是生产资料所有制，它是包含劳动资料和劳动对象在内的生产资料归谁所有的社会经济制度。生产资料所有制形式在不同的经济发展时期具有不同的表述。在1949年之前，我国的生产资料所有制性质属于私有制，主要有劳动者个人所有制、地主阶级所有制和工业资本家所有制等形式，其中，工业资本家所有制又有工业买办资本家所有制和工业民族资本家所有制之分。1949～1957年，我国的所有制开始以公有制和私有制共同存在并对私有制进行改造的经济制度，主要有个体所有制、集体所有制和全民所有制等形式，其中，个体私有制和集体所有制占主要部分，以国营企业为基础的全民所有制仅占国民经济的很少一部分。1957～1978年，我国的生产资料所有制主要实行以全民所有制为主体，集体所有制和个体所有制做补充的公有制，其中，全民所有制占主要成分或主要比例。1979～2009年，我国的所有制形式处于改革探索时期。现在，主要是2010年之后，我国的所有制主要有公有制、私有制和混合所有制之分。公有制是生产资料归全体劳动者共同所有的制度，这是社会主义社会制度诞生之后新产生的一种生产资料所有制。我国的生产资料公有制分为生产资料全民所有制和生产资料集体所有制。其中，生产资料全民所有制又称为国家所有制；生产资料集体所有制是“社会主义劳动群众集体所有制”的简称，它是社会主义中生产资料和劳动成果归部分劳动群众集体共同占有的一种公有制形式。中国最早是在农业、手工业、商业和服务业中实行社会主义改造，而建立起的集体所有制经济。集体所有制指生产资料归一定范围的劳动群众共同所有，它是社会主义公有制形式之一。目前，我国的公有制企业主要是国有独资企业、国有控股企业，以及集体所有制企业。其中，国有独资企业、国有控股企业属于全民所有制企业，集体所有制企业则是以社会主义集体组织为主体出资兴办的地方性集体经济组织。集体所有制企业可能也有少量劳动者个人参股，通常其资产规模比较小。例如，我国的农村信用合作社、农村农业合作银行或地方城市农商银行，以及城市社区的街道小型加工厂等，虽然有部分私人资本参股，但其性质仍然属于集体所有制组织，其产权属于集体产权性质。我国的全民所有制企业实际是20世纪50年代由集体所有制企业改制而产生。

私有制是生产资料归个别私人所有的经济制度。我国的奴隶社会和封建社会，以及当代美欧资本主义社会，都属于私有制经济制度。私有制主要有以劳动者自身劳动为基础的私有制（如农民、手工业者等小生产者）、以实际拥有和控制生产资料为基础的私有制，以及实际拥有和控制生产资料并无偿占有他人劳动为基础的私有制（即劳动成果完全不归或只有部分归直接生产者所有）。目前，我国的私人所有制主要是以私人劳动为基础的小微企业、私人独资企业，以及私人资本股份企业。

混合所有制是生产资料所有者多元化的社会经济制度。混合所有制企业是由公有资本（国有资本和集体资本）与非公有制资本（民营资本和外国资本）共同参股组建并且股本结构分散的新型企业形式。混合所有制企业的出现是伴随着改革开放的深入，现代企业制度的确立以及股份制企业的涌现而出现的新兴的企业组建模式。目前，我国的混合所有制企业主要是股权资本分散的多种不同资本性质的联合企业。生产资料混合所有制实际是公有制和私有制的结合。我国的农村信用合作社、地方性城市农商银行，也可以理解为混合所有制企业。混合所有制有可能是我国社会主义制度初级阶段的主要所有制形式。

公有制和私有制之间的差别产生于一个公有制的所有者不能出售公有财产中属于自己的股份。在我国，每个公民都是公有制的所有者，并拥有公有制产权。并且，不需要申请。当一个人离开我们的祖国，并加入了其他国籍，那么，他或她就不是我国的公有制所有者。

所有制主体是可以独立拥有资源的基本单元。政府是典型的全民所有制主体，即公有制主体。在世界分为不同国家之时，国家是拥有地球资源的基本单位，政府是国家的全权代表，政府代表国家行使资源所有权。在市场经济体制下的市场主体，其实就是所有制的主体。社会成员个人和群体、以企业形式存在的法人、社团组织和由政府代表的国家，都是所有制的主体。从所有制的主体基本构成来看，地球生命系统的生物、社会成员、资产者、劳动者都是有意义的所有制的主体。所有制客体是可以被拥有者拥有的基本要素。它是所有制关系中的重要组成部分，从不同的角度和对应于不同的所有制，也就有了不同的客体，相对于不同的客体就有不同的所有制。例如，财产所有制、生产资料所有制、资源所有制等，财产、生产资料和资源是典型的所有制客体。所有制形式是所有制主体对客体的拥有方式和外在表现。就像所有制是产权关系的反映一样，所有制形式是产权形式的反映。客观存在的产权形式会不断发展，所有制的形式也会随之变化；所有制形式相对稳定了，又会反过来影响和规范产权形式。社会发展是不会停止的，所有制形式也不会是一成不变的。只有这样，随着社会和经济的发展，产权关系才有完善的空间，对所有制形式才有辨析的必要。所有制形式除了私有制、公有制和混合所有制外，也有自有制、他有制和共有制等。资源所有制亦有私有制、公有制和混合所有制之分。

一般认为，所有制理论的基本结构是，确立所有制→明确所有权→确立共同财产→界定产权→选择组织体制。所有制的性质不同，会引发人们在管理方式、管理目标、薪酬和激励机制以及行为等方面的不同。每种制度下的行为是不同的。例如，一个私人商务饭店与一个共有食堂或公有自来水工厂，其管理方式和目标一定会存在差别。因此，财务机构是企业处理生产资料所有制关系的专门机构。公有制企业的财务机构、私有制企业的财务机构和混合所有制企业的财务机构，其工作性质、财务目标和使命等均存在一些差别。根据我国宪法，公有制企业的经营目标和财务目标与社会主义经济发展目标相一致，具体地应表述为国有资本的保值增值和国家、集体、个人收益最大化，亦即国有企业依法实现所有者、经营者和普通员工的收益最大化。私有制企业的经营目标和财务目标与私有制企业的经济性质相符合，其目标是股东财富最大化。混合所有制企业的财务目标是依法兼顾公有制和私有制的相关利益者收益最大化，实际是法人组织混合所有制企业的资产收益最大化。

二、财务公司与财务机构的其他形式

财务公司是普通工商企业与金融企业的交叉组织，具有工商企业和金融企业的共同特征。一般地，投资人首先是产业资本家，在经过市场经济大浪淘沙之后，形成了一定的资本

积累，产业资本家会向商业资本家转变。之后，当商业资本家继续发展，资本积累进一步加深，那么，产业资本家和商业资本家就可能转变为金融资本家。企业组织的发展历程与投资人的成长过程基本上同步。一般企业组织的最初形式是小的生产作坊、小工厂和小货摊，其产品销售通常是沿街零星叫卖；当生产作坊的技术、设备和人力扩大之后，生产规模相对稳定，形成比较完备的工厂时，就开始出现专门的产品销售机构。此时，商店开始逐渐产生。接下来，当商店与生产工厂快速同步发展之后，与工厂并行的专门经营产品收支和货款结算的机构就诞生了。这就是金融机构的雏形及其一般原理。目前，我国商界、政界和学界均把财务公司理解为金融企业。实际上，工商企业内部可设立财务公司，金融企业内部也可以设立财务公司。今天的企业集团财务公司大约诞生于改革开放后的 1987 年至 1990 年期间。集团财务公司是中国经济改革中的新型类金融企业，开创了我国工商企业办金融，实现产业与金融相互结合与促进的新篇章。财务公司诞生之后的三十余年是中国经济迅速崛起的最佳时期，也是企业集团快速发展的顶峰时期。财务公司有力地促进了我国工商企业和商业银行股份公司的快速发展，尤其是推进和保障了企业集团的健康持续快速发展。

财务公司的出现是市场经济发展的客观要求。市场经济的竞争规则和企业生存发展的财务规则是财务公司存在的客观实践基础和基本的理论依据。企业内部资本市场的理论和实践是集团公司设立财务公司的具体理论背景。大企业内部设立控股企业财务公司，实际是工商实业公司内部设立具有金融性质的子公司。内部资本市场理论是研究企业内部资金配置最重要的理论之一，也是企业集团设立财务公司的主要理论依据。当然，节约融资成本和降低交易费用的企业理论，也是重要依据。在特定时期内，集团整体从外部资本市场所能融得的资金总量是一定的，集团内部企业成员之间的投资机会或投资项目往往不同甚至互斥，这时，集团总部就会出于集团整体利益的最大化考虑将内部各成员所占有的剩余资金集中起来，按照集团整体利益最大化原则在各成员之间分配资金。在资金再分配这一过程中，内部成员单位就会为各自的经营和投资机会而在集团有限资本资源上产生竞争，集团内部实际上形成了一个微型资本市场，即内部资本市场。由于企业集团内部的母子公司之间存在委托代理关系，母公司将资产委托给子公司的经营者，进行日常经营管理，但保留最终的奖惩权和控制权。大企业内部信息不对称会影响企业整体优势的发挥以及企业内部资源优化配置，子公司费用支出容易失控并可能造成亏损增加，甚至经营者利用手中权力转移和侵吞公司资产及其收益，子公司会计信息也可能会失真。因此，企业集团内部设立财务公司可以缓解这些矛盾。财务公司有利于解决信贷市场中的信息不对称问题。

与财务公司一样，企业内部具有法人资格的财务管理中心、投资公司、资本管理公司、基金公司、信托公司、保险公司、投资银行等，都是企业内部财务机构的不同形式。当然，企业内部设立基金公司、信托公司、保险公司、投资银行等机构，需要办理严格的政府审批手续和经营资质申请。在某种程度上，政府的批文和企业财务公司资质，都是企业的无形资产。这些批文和资质可以为企业带来收益。

投资银行、投资公司和财务顾问公司的含义很接近。一般地，投资银行是与商业银行相对应的一类财务机构，主要从事证券发行、承销、交易、企业重组、兼并与收购、投资分析和投资顾问、风险投资，以及项目融资等业务的非银行财务机构。投资银行是美国和欧洲大陆的称谓，英国称之为商人银行，日本则指证券公司。投资银行的组织形态主要有：独立的专业投资银行，比如美国的高盛公司和摩根士丹利公司；商业银行拥有的投资银行，如汇丰集团和瑞银集团等；全能型银行直接经营投资银行业务，如德意志银行；以及一些大型跨国公司兴办的财务公司。我国的投资银行主要有中国国际金融有限公司和中信证券等。投资银行或投资公司与商业银行的主要区别，在于它的业务主要限于服务财务中介和服务资本市场。

三、产权制度与财务制度

产权是在既定所有制情况下对所有权的法律确定。所有制决定产权制度存在和调整变化的领域；产权制度在现实经济过程中实现着所有制。一定所有制经济成分中能够采用什么样的产权制度、不能采用什么样的产权制度，是由所有制决定的。产权制度被引入经济学理论研究始于科斯定理的提出，其核心范畴是产权和交易费用。

除科斯外，阿尔钦、威廉姆森、德姆塞茨、巴泽尔等经济学家也为产权理论研究做出了重要贡献。科斯始终未给出产权的确切含义，阿尔钦（1965）指出，产权是一个社会中强制实施的有关经济物品使用的权利。该权利具有可交换性和分割性。同一资源的不同使用权可以临时或永久性被不同人所占有，这种占有可以通过出租或租赁契约加以规范和约束。阿尔钦把资源稀缺归结为资源背后的权利稀缺。人们拥有某一资源不是这一资源本身被占有，而是使用资源的一组或一部分权利被拥有，市场经济竞争实质上是一种配置稀缺权利的制度安排。产权的分割与重组有利于促进专业化，并且重新确定更有效的资源使用方式，提升原制度安排的经济效率。阿尔钦将产权划分为私有产权、公有产权和共有产权，私有产权是对必然发生的不相容的使用权进行选择的排他分配，其最终将产权分配给一个特定的人；公有产权指社会成员共同拥有、所有者无须购买也不能自由转让的权利；共有产权则是特定群体共同所有的产权，其遵循“先来先用”的原则，且只有取得其他成员的许可才能转让。德姆塞茨（1967）认为，产权是一种界定人们如何受益和受损、因而谁必须向谁提供补偿的社会工具，它能帮助人们在交易过程中对自身行为即将产生的结果进行合理预期（通过习俗、法律而实现），从而修正人们所采取的行动。产权的基本功能是引导人们在经济活动中实现外部性的内部化，但其条件是内部化的收益大于费用。

产权制度是现代企业制度和企业财务制度的基础。一般地，人们创立一个新企业，首先要准备该企业经营所需的货币资本、技术、厂房和设备，以及人力资源，然后是规划设计公司章程和注册资本、成立董事会和总经理阶层、制订现金收支制度和会计核算制度，以及内部控制和审计方法等。这里的注册资本安排、董事会股本结构制度安排、现金收支管理办法、会计核算制度和内部控制制度等，都属于企业财务制度。企业购买原材料和销售产品、对外直接投资、股利分配等，都以产权制度为依据。

产权是资产转变为资本的财务基础。在市场经济里，虽然企业技术研发深受不同的企业制度、市场制度和司法制度的影响，但产权制度是关键。投资者之所以选择科学的财务决策，在于投资者手中的资本产权清晰而确定。近半个多世纪以来，绝大多数的革命性技术创新和原始发明创造，几乎都产生于风险资本资助的创新性企业。这些创新性企业的主要财务特征是产权清晰而确定。产权制度的进步是经济发展的一个重要原因。当然，企业风险资本的自主投入又依赖于发达的金融市场制度和发达的司法制度。制度安排是人们在共识基础上形成的多人或多组织多次重复的情境中的人或组织的行为规范。合约是制度安排的本质。规范是保证不侵犯他人利益的约束。产权制度是一种基础性的经济制度。产权具有激励和约束功能、外部性内在化功能和资源配置功能，而且具有排他性、可分割性、可转让性和永久性等属性，因此，它不仅独自对经济效率产生影响，而且是财务制度的基础。

由于所有制有公有制、私有制、混合所有制之分，所以产权有公有产权、私有产权和共有产权之分。公有制又有全民所有制和集体所有制之分，因而公有产权主要来自全民所有制组织，共有产权则主要产生于集体所有制和混合所有制。目前，我国的公有产权主要由国家政府拥有，因此，公有产权又称国有产权。

公有制的产权性质和特征，一般包含公有制企业的产权性质和特征、公有制下国家或政府的产权性质和特征，以及公有制下的个人产权特征。在计划经济体制下，公有制的本质特征在于产权属于各个成员的社团，而不属于该社团的各个成员，在理论层面使公有制经济的所有者不能出售公有财产中属于其自身的份额。公有产权在运作过程中具有"不可分性"和"外在性"的特征。在市场经济体制下，只要法制和会计核算制度健全，公有制经济活动中的产权就可以自由交易和流动。社会主义社会的法制及其相对独立性，对于社会主义市场经济的良好运行至关重要。当然，从经济学视角看，虽然不完备合同、不完备法制的经济理论已经比较有效地规范着人们的市场行为，但是市场并非完备。不完备市场是社会主义制度的重要经济理论。发展社会主义制度，不能仅靠经济工作，而应该在许多方面发挥政治、文化、科技和教育的作用，经济与政治或者经济与科技具有一定的替代性。不完备市场理论使公有制经济的产权理论更加科学和开放。这是公有制经济产权理论的本质特征。

企业财务机构在处理财务关系时，其理论依据就是产权制度和财务理论。有效率的产权制度将使财务机构成本降低和财务规则简化。所以，产权制度保护得越好，财务关系就会处理得越好，财务机构也就越有效率。产权清晰、权责严明、制度健全、独立核算，是企业财务管理制度得以实施的前提。

思考与练习题

一、名词解释

1. 企业组织　账房　财务机构　财务组织变革　财务职能　财务机构性质　产权
2. 所有制　所有权　公有产权　私有产权　共有产权　混合所有制　集体所有制

二、思考题

1. 我国古代账房研究文献述评。
2. 中美企业财务组织比较。
3. 财务机构的性质和特征，什么是财务机构二重性质？
4. 财务组织变革的演进及其与企业组织变革的联系。
5. 财务人员成长方式和途径。
6. 所有制、产权、科学技术与财务机构的联系。

三、练习题

1. 刚毕业两年的大学生都本虎先生因家庭原因，辞去了在跨国公司的财务工作，创办了一个小微企业，专门生产智能家用吸尘器关键零件。其资产总额 100 万元人民币，雇员 8 人，生产厂房和办公室均为其住宅楼的负一楼车库。请对该企业的财务机构提出设计方案。

2. 我国的中央国有企业都是著名的大型公司，请同学们对我国中央国有企业的财务机构进行分析，并对其进行财务学原理的分析。

参考文献

[1] 中国工业科技管理大连培训中心：《财务管理》，企业管理出版社 1981 年版。
[2] 郭道扬：《会计史研究》（第一卷），中国财政经济出版社 2004 年版。
[3] 斯蒂芬・P. 罗宾斯等：《管理学》（第十三版），中国人民大学出版社 2017 年版。
[4] 杨文士、焦叔斌等：《管理学》（第四版），中国人民大学出版社 2014 年版。
[5] 罗福凯：《财务学的边界》（第二版），经济管理出版社 2017 年版。
[6] 薛澜：《中国科技发展与政策》，社会科学文献出版社 2018 年版。

第十三章

财务生学习什么

财务学是财务经济学和财务管理学的合一。财务学专业在我国多被称之财务管理专业。人们为什么要学习财务学，财务学专业本科生需要学习哪些财务课程？换言之，财务本科生除了学习财务学原理课程外，还应学习什么？本章内容给出解答。

第一节　买彩票的故事

一、人们购买彩票的财务故事

中国福利彩票的买卖发生了许许多多财务故事。中国福彩网2018年2月24日报道数则中彩故事，这里讲述三则如下。

故事1：最神奇的故事——电动车爆胎值多少钱，1000万元！

电动车是城镇居民颇为普及的交通工具。它介于自行车和轿车之间，物美价廉，使用便利。可是，偶尔也有爆胎之苦。武汉市小伙姜先生因电动车爆胎，偶进彩票店中大奖，一时被传为美谈。2017年12月28日，小姜骑电动车外出办事，当途经宜昌市献福路路段时，车胎突然爆裂。小姜在推着车去车铺请修车师傅补胎时，刚好车铺旁边有一家福彩站点。于是，小姜就进去随意机选了10块钱双色球彩票。

岂料，小姜第二天起床后，拿出手机查看开奖情况。他发现机选的5注彩票中的第二注与手机里的开奖号码一模一样，定睛一看，竟有1000万元！激动的小姜忍不住大喊："我买的彩票中大奖了！"一次爆胎，带来千万奖金。

小姜的父母与小姜一起享受这一特大喜讯。其母亲甚至声称，这是电动车带来的大奖，应当把电动车供养起来。显然，中彩票大奖是一种偶然事件。几天后，当街坊邻居询问小姜如何花费这笔巨款时，小姜显得比较平静：奖金交给父母，由父母管理。

故事2："中国好亲戚"——男子中体彩2.67亿元奖金分亲戚

华声在线网2015年1月22日报道，当月19日晚，大乐透第15008期开出头奖54注，单注奖金高达535万元，来自湖北武汉的钱先生独揽50注头奖，总奖金高达2.67亿元，创造了中国体彩历史第二巨奖、湖北省彩票历史第一巨奖！

"今天早上，我召集了所有亲戚开会，商讨分多少钱给亲戚以帮助他们改善生活。"钱先生话音刚落，现场众人直赞他是"中国好亲戚"。20日下午，钱先生携家人来到湖北省体育彩票管理中心兑奖。在兑奖现场，钱先生和记者分享了自己的中奖经历。前一天下午，他下班路过体彩03127销售点，想起当天晚上即将开奖的大乐透还没有购买，就进店把一个月前机选的号码再次进行了50倍投。当晚9点多钟，钱先生习惯性打开体彩官方网站查询开奖号码，看着自己彩票上的号码与当天开奖号码一模一样，不由得笑了。家人看着钱先生的笑容，连忙问他是否中奖。“100万？200万？”钱先生家人开始猜测起了中奖金额。当他告诉家人是2个多亿时，家人第一反应是钱先生在开玩笑。在家人亲自核对后，才相信天上掉下了一个大馅儿饼。20日一早，钱先生向单位请假后，将所有亲戚召集到家中开家庭会，与大家共同分享这份喜悦，并准备分一部分钱给亲友，帮助他们改善生活。“后期还会拿出一部分资金，为慈善事业尽一份力。”钱先生平淡地说。

根据现场银行工作人员透露，钱先生中奖总金额为2.67亿元，税后所得2.14亿元，如果以每张面额100元计算，需要两个标准集装箱来装。该银行工作人员还说，如果将这些钱存在银行，一天的利息就有2万元左右。在兑奖现场，工作人员告诉钱先生，如果每注多花1元进行追加，将可多中至少1.5亿元奖金。“要那么多钱干吗？够用就行。”听着工作人员遗憾的话，钱先生很知足地说。

钱先生表示，以后还会购买体彩大乐透，但是仍然会保持目前的投注金额。曾无数次幻想自己中大奖后会干什么，而现在真正中奖后，倒觉得没什么特别感觉，也没有什么特别的计划。当记者笑着说“可以每天在家数钱数到手抽筋”时，钱先生笑着回应：“不上班多无聊啊，还是会去正常上班。”

钱先生最担心的还是怕外界知道自己真实身份，而对自己的生活造成影响。对此，湖北省体彩中心主任马剑平表示，根据钱先生的意愿，其个人信息不予公开。体彩中心将严格按照《彩票管理条例》，要求该中心、投注站，以及其他因职务或业务便利知晓彩票中奖者个人信息的人员，对彩票中奖者个人信息严格保密。此前，每一位采访的媒体记者都和省体彩中心签订了保密协议，以保护钱先生的个人隐私不被外泄。

故事3：喜获大奖，夫妻分道扬镳

新文化报2008年4月4日报道，吉林省延吉市一男子买彩票中了500万元大奖，这对于任何一个家庭来说，无疑是天大的好事。可是，这对相濡以沫的夫妻中奖后因如何花钱产生了矛盾，最终分道扬镳。

金光先生（化名）和美花女士（化名）原是延吉市的一对普通夫妻。十年前，28岁的金光先生与23岁的美花小姐在一家中介公司打工相识，经过一年多的恋爱后步入婚姻殿堂。婚后第二年儿子金明出生。金先生从艰苦创业到创办公司，家庭经济情况逐渐好转，夫妻俩先后在延吉市购买了3套小户型住宅，出租赚钱。2007年春节期间，金光在长春市购买的福利彩票中了500万元大奖，扣掉税金，夫妇俩拿到400万元现金。大奖领回家之后，夫妻俩先用20万元买了一辆轿车，然后把剩余的钱存到了银行里开始筹划未来的生活。但是，在巨款如何分配、如何花费的问题上，夫妻俩出现了严重分歧。妻子认为应该移民到韩国做生意，对孩子成长也有益。丈夫则坚持留在延吉，继续过舒心日子，并准备给年迈父母和兄弟分一些钱。夫妻俩经过几个月的争吵，终未达成共识，感情开始淡薄。2007年4月18日，妻子美花瞒着丈夫，将存在银行的380万元存款中的300万元转到自己名下。2007年4月24日，美花偷偷把这300万元全都取出来，转移到别处。同一天，她到自己的娘家图们市法院起诉，要求和丈夫金光离婚。

此时，金光急忙到银行查存款，发现存款已被转移。经过思想斗争，他向图们法院提出了管辖异议，认为两人都在延吉市居住，应该由延吉市法院审理。美花于2007年6月11日撤诉，此后，她就带着3岁儿子离家出走，300万元存款也随之无影无踪。

两个月之后，金光既找不到妻儿，也拿不到存款，无奈地向延吉市法院提出离婚诉讼，要求和美花离婚，并要回属于自己的那部分财产。法院受理了此案，并依法查明案情，认定美花非法转移夫妻共有财产。2007年10月20日，延吉市法院判决金光和美花离婚，儿子归丈夫金光抚养；按照法律规定，被美花转移的300万元共有财产可少分或者不分给她。所以，共同存款300万元中，金光分得240万元，美花分得60万元。其余共同财产80万元由双方各分得40万元。两人所有的房产和轿车均由双方平分。判决生效后，为防止美花出国转移财产，法院对美花实行限制出境措施。2008年3月初，美花在沈阳市海关出国到韩国时，被警方扣留，并被送回延吉法院。经过大半年的分别，夫妻俩终于在法院里见面。美花表示，她要儿子，可以返还转移的大部分钱。金光最终考虑到夫妻多年感情，放弃了部分钱，愿意多分给妻子一些钱。对于儿子，经过双方协商，抚养权归丈夫，由于孩子还小，暂时由母亲抚养。日前，夫妻在执行和解协议上签了字。多年夫妻，因金钱劳燕分飞。

2017年8月31日，新华网报道了欧美国家20个中彩票大奖的案例，多个结局令人唏嘘。请阅读下列实例两则。

欧美国家实例1：1988年，在美国的宾夕法尼亚州，波斯特先生通过买彩票赢得了1620万美元的奖金。令人意想不到的是，在接下来的一年内，他的债务达到了100万美元。波斯特说："我希望这件事永远没有发生过，这完全是一场噩梦。"一名前女友向他发起诉讼并取得胜诉，最后分走了他1/3的奖金；而他的兄弟为了获得一部分奖金，竟然雇用一个杀手去刺杀波特斯，最终他的兄弟被逮捕。在把钱投进家族企业后，波斯特陷入债务纠纷，并因为开枪击中一名收款人的头部而被关进了监狱。据《华盛顿邮报》报道，波斯特表示："当我破产的时候，我反而更加高兴了。"后来，波斯特靠着每个月450美元的救济和食物救济券平静地生活着，直到去世。

欧美国家实例2：1998年，在加拿大渥太华市，杰拉尔德·穆斯瓦根先生赢得了1000万美元的Super 7 jackpot超级大奖。根据加拿大《环球邮报》的报道，他无法处理获得大奖后的"名声大噪"。《环球邮报》报道说："杰拉尔德为自己和朋友买了几辆新车，买了一所房子。在夜晚，这座房子俨然成为一个派对盛地。杰拉尔德甚至经常用大量的毒品和酒精来庆祝新的生活方式。他曾在一天之内为朋友买了8台大屏幕电视。"据《环球邮报》报道，杰拉尔德还把钱投入伐木业，因为销售低迷，这桩生意最终失败。后来他被迫在一个朋友的农场里从事繁重的工作，以维持生计。2005年，杰拉尔德在父母的家里抑郁而亡。

二、彩票的性质

在我国，国家发行的彩票有两种，分别是中国福利彩票和中国体育彩票。前者从1987年开始由中国福利彩票发行中心发行，2012年初，财政部、民政部和国家体育总局联合颁布《中国彩票管理条例细则》，2018年8月重新修订并于同年10月1日实施。后者由国家体育总局体育彩票管理中心发行。彩票市场产生于16世纪的意大利，从古罗马、古希腊开始即有彩票开始发行。发展到今天，世界上已经有139个国家和地区发行彩票。发行彩票集资是现代彩票的共同目的。各国、各地区的集资目的多种多样，社会福利、公共卫生、教育、体育、文化是主要目标。以合法形式、公平原则，重新分配社会的闲散资金，协调社会的矛盾和关系，使彩票具有了一种特殊的地位和价值。我国的彩票发行和投资具有显著的公益性和商品性两种性质。

我国的福利彩票和体育彩票所筹货币资本都是用于公益性事业的彩票，其所得资金约有50%用于发奖，约35%用于公益事业开支，15%用于彩票经营的自身费用支出。对于彩票的购买者而言，大多数人是亏损的，仅有极小数购买者有回报。虽然彩票买卖具有一定的赌博成分，但因我国内地不允许赌博行为发生，所以，我国的彩票属于制度安排十分严谨的公益性彩票。中国福利彩票和中国体育彩票是不同于我国香港、澳门和台湾地区的博彩业务。

一个人既是自然人也是社会人。尽管人的需要有理性和非理性、必要和非必要以及道德和非道德之分，但人的需要以及由此产生的需求是社会不断发展和创新的恒久动力。博彩活动就是为满足人的诸多需要和需求产生的一种特殊活动。一方面，彩票源于游戏，游戏的本质就是一种出于人的生理需要而产生的玩乐活动。作为游戏的延伸，彩票将游戏、竞争、投机有机地结合起来，更增强游戏的特殊魅力。另一方面，彩票符合个体追求经济的动机。亚当·斯密曾指出，一个自利者在追求利益时，他盘算的只是他自己的安全和他自己的收获。在这种场合，他受到一只看不见的手的指导，通过追求自身的利益，他经常促进社会的利益，而且比他真正有意去促进社会利益来得更加有效。此为“经济人”假设理论。事实上，群体需要是个体需要的集合体。中产阶层或富裕阶层往往对竞猜型彩票感兴趣。亦有调查显示，除贫困群体外，许多平民百姓买彩票的热情远高于富裕阶层人士的购买热情。

三、学会如何花钱

如果彩票购买者具备一些财务学理论知识，可能就不会发生一些常识性错误。根据财务学原理，个人和家庭突然收获一笔数额较大的资金，花费和分配原则是均衡地配置到多种资产上。

对于工薪阶层人士及其普通家庭而言，首先应偿还债务或者解决长期严重困扰一家人正常生活的衣食住行问题。然后，再考虑适当改善膳食质量、方式和结构以增加人力资源投资，适当增加已有的银行存款额，适当添置和更换家具、服装和交通工具等物质资产，以及安排少量资金用于文化生活和购买书籍开支。与此同时，必须适当考虑资本的空间均衡配置，增加用于父母和长辈养老金的支出以及对兄弟姐妹和部分亲戚的生活接济。勤俭持家、节约和持续地努力奋斗工作是中国人生活富足的财务基础。如果一笔大额资本仅投资于一种资产或用于一个方面，那么，该大额资本的效益和效率就会大打折扣甚至造成巨大浪费。

对于中产阶级人士及其富裕家庭而言，一笔突然获得的大额资本，应在有形资产和无形资产均衡配置方面多做文章。如果准备投资一个新领域——创办一个新企业，那么，也应该是一个与原有家族企业或家族资产存在互补关系的企业。并且在家庭科学技术和知识等无形资产投资方面有显著增长。同时，考虑适当增加资本积累。十分福气用五分，留下五分给子孙，这是中国传统经济思想的重要内容。花天酒地、挥霍和奢侈，必然自取灭亡。

同公司财务合理均衡配置要素资本一样，家庭和个人的货币资本也需要合理均衡地配置到生活的各个方面。既有家庭生活物质财产的配置，也有家庭生活中的家教和家风等无形资产支出的资本配置。衣食住行的均衡支出和改善是基础，科学技术和文化方面的学习与消费也是家庭的必要支出。

四、为什么要学习和研究财务学

“财者为国之命，而万世之本。国之所以存亡，事之所以成败，常必由之。”① 学习财务学，不仅是为了更会赚钱，以安身立命；也是为了学会如何更好地花钱。可是，很多人只想着赚钱，实际上是不会花钱的，如上述买彩票中大奖却失去了工厂和家庭的实例。当然，除了学会如何花钱以避免不必要的烦恼和失败外，还有以下理由：

（1）有效地使用和管理个人已有的财富和资源，物尽其用；

（2）增加经济科学知识并有效处理经济领域的各种问题；

（3）寻求令人感兴趣的职业和回报率较高的投资项目；

（4）根据自身经济情况做出合理的公共选择；

（5）改进思维方式以拓宽思路和增加选项；

（6）可以成为财务管理专家甚至财务思想家。

………

第二节 财务学专业的课程设置

教育是人类社会实践活动之一，也是推动社会进步的重要力量之一。大约 200 万年以前，人类音节清晰的言语沟通产生时，人类告别哑语世界的有声婴幼和童年教育就形成了。教育逐渐成为人类活动的一个专门方面。教育是衡量人的文明程度的重要尺度。在我国民间，如果某个孩子过于顽劣，人们会说“缺少教育”。教育对人的作用，一点也不亚于政治、经济、科学、技术、宗教和艺术等文明对人的作用，在人类文明史里，教育对人类发展的作用是难以替代和不可缺失。同政治、经济、国防军事、科学文化一样，教育也应该与社会各项事业均衡发展。

同基础教育和职业教育一样，高等教育的目的也是为了人的全面发展，其核心是为了学生能够全面发展。为了完成教育的目的和专业培养目标，就需要设置一些课程。财务学专业的课程设置主要由以下五类课程构成：

- 通识教育课程
- 基础理论课程
- 专业主干课程
- 专业选修课程
- 专业实践课程

一、财务学专业的通识课程

通识课程主要根据经济管理类专业的知识性质和培养目标要求，以及教育者对大学教育的理解进行设计。如果将大学本科生的基本培养目标视为先进的思想道德、科学的逻辑思维和独

① 出自苏辙《上皇帝书》（《苏辙集》），中华书局 1990 年版，第 368 页。

到的专业科学技术知识，那么，只有开设一些包含自然科学与社会科学的通识课程，本科学生经过四年大学学习，才可能具有科学精神、文化素养、优良思想品德，以及法律意识。财务学专业学生的通识课程应包括基础社会科学类课程、高等数学类课程、外国语言类课程、计算机科学类课程，以及军事与体育类课程。重点是哲学、本国传统文化和科学技术知识。哲学是人们关于世界观的学说，也是人类对自然、社会和思维等整个世界根本观点的知识体系。科学的形成和发展受哲学思想的支配和制约。中国传统文化倡导天下为公，这与社会主义制度的思想一脉相承。千百年来，我国文化繁荣而科技相对落后，增加科学素养教育符合国情。

具体地，可以有选择性地开设下列课程：

- 中国哲学思想史
- 中国科学技术史
- 毛泽东思想与中国特色社会主义

应说明，中国哲学思想史是我国科技、文化、经济和军事发展的思想基础，也是中国共产党党章和毛泽东思想的重要来源之一。道家学派的《道德经》、儒家学派的《论语》和墨家学派的《墨经》等重要经典文献，是大学生应当学习和熟悉的思想学说。

毛泽东思想是中国哲学思想史和中国科学技术史以及马克思主义在我国社会历史发展中形成的重要社会科学。自1840年至1949年的109年里，中国人民开展了各种各样反对帝国主义、殖民主义和封建主义的艰苦卓绝斗争，只有毛泽东领导的中国共产党经过28年的艰苦奋斗，才取得了伟大胜利，使中国人民重新站了起来。马克思列宁主义、毛泽东思想是每个中国青年人的必修课。

中国特色社会主义思想是马克思主义哲学、政治经济学和科学社会主义及其在中国社会发展中的具体应用和发展所形成的思想成果，该思想由我国进入社会主义社会初级发展阶段的中国共产党第二代领导人邓小平提出，在中国共产党内形成了“邓小平理论”，后经江泽民提出的代表先进生产力、代表广大人民群众利益和代表先进文化的“三个代表”重要思想、胡锦涛提出的“科学发展观”思想，至习近平提出的新时代中国特色社会主义思想，使中国特色社会主义思想日趋成熟。由此，现代中国经历了站起来、富起来和强起来的发展历程，我国特色社会主义制度进入了习近平全面改革新时代。毛泽东思想与中国特色社会主义课程是中国人民在中国共产党领导下，将马克思主义基本原理同中国革命与建设相结合的中国社会科学发展史。为了学好《毛泽东思想与中国特色社会主义》课程，学生有必要阅读《毛泽东选集》（一至五卷，1991年第二版）、《周恩来选集》（上下册，1997年）、《邓小平文选》（一至三卷，1993年）、《江泽民文选》（2006年）、《胡锦涛文选》（2016年）和《习近平谈治国理政》（2017年）等重要著作，了解中国现代社会发展脉络。

- 大学数学（第一册微积分，第二册线性代数，第三册概率论）
- 计算机原理与信息技术
- 英语阅读与写作
- 宪法与经济法学

许多学校倡导通识为体和专业为用的本科教育理念。通识课程对于本科生尤为重要。数学、计算机科学与技术、外国语和法学理论对财务管理专业学生十分重要，阅读和写作是学习通识课程的主要方式。“读书百遍，其义自见”特别适合通识课程的学习。

二、基础理论课程

我们知道，财务学者习惯于或倾向于将财务称之为“财务学”或“财务经济学”，企业家和政界习惯于或倾向于称之为“财务管理”或“财务管理学”。实际上，财务学是财务经济学和财务管理学的合一。众所周知，科学是关于自然、社会和思维活动等客观规律的知识体系，经济管理属于自然科学和社会科学相结合的综合科学。所以，财务学或财务管理专业的基础理论应是经济管理科学理论。因此，财务学专业本科生的基础理论课程，应包括经济学、管理学，以及相关知识的基础课程。具体地，可主要由下列课程组成：

- 经济学原理
- 管理学原理
- 中国经济思想史
- 数学与统计学
- 会计学
- 财政学
- 金融学

显然，财务学的基础理论及其课程既含有自然科学理论，又含有社会科学理论。在这里，学生既要研读教材，也要至少阅读一本相关著作，并且适当做一些练习题。

三、专业主干课程

财务学或财务管理专业应该开设哪些主干课程或核心课程，主要取决于财务学教授对财务学理论及其科学发展规律的理解把握程度①，以及大学教授和社会成员对教育学理论及其科学发展规律的理解把握程度；其次取决于大学教师队伍的资源力量、学生的学习能力和社会需求等因素。一般地，优秀大学的财务学专业应开设如下七门主干课程：

- 财务学原理
- 公司财务（第一册普通公司财务，第二册高级公司财务）
- 财务分析
- 财务计量经济学
- 数量财务
- 财务工程
- 资产价值评估

其中，“财务学原理”课主要讲授财务学的基本思想。“财务学原理”课程的设置和教材编写是财务学专业建设与发展最紧迫的教学工作。目前，许多大学财务学专业的“财务学原理”课多由“财务管理基础”或“财务学基础”等课程替代，一方面，这些课程及其教材没有系统全面阐述财务学的基础范畴，如资本、价值、不确定性、套利、期权和跨时间

① 一所大学的财务学专业，如果缺少优秀的财务学教师，就很难开设高质量的财务学专业主干课程。只有那些深谙财务学理论发展史及其演进规律，长期潜心深入研究财务理论的教师，才可能讲授科学先进的财务管理专业课程。从这一视角出发，评估一所大学财务管理专业的质量如何，主要看这所大学讲授“财务学原理”“公司财务”“财务分析”“财务计量经济学”“数量财务”“财务工程”和“资产价值评估”等课程的教师学术水平或质量。

等基础概念均未给出原理性解释，也没有解释财务学的各种理论渊源及其基本定理，甚至无风险套利原理、一价定律、费雪分离定理等也未阐述。另一方面，“财务管理基础”与“公司财务”等课程存在较多内容重叠等问题。实际上，“财务管理基础”或“财务学基础”是“公司财务”或“中级财务管理”课的简易版。如果教师未将专业基本原理讲透彻，后续主干课程就很难学好。如会计学专业第一门课是“会计学原理”，工商管理类非会计学专业，可以开设“会计学基础”或“基础会计”课程。在欧美商学院，其 Principles of Accounting 与 Foundations for Accounting 课程的含义完全不同。“财务学原理”课及其质量是衡量财务学专业教学水平的重要标志。

对于“公司财务（普通公司财务、高级公司财务）”“财务分析”和“资产价值评估”这三门课程，我国有财务管理专业的大学基本都开设，也基本成熟。其中，“公司财务”课程主要讲授财务学原理在公司制企业中的应用、各种财务定理的实证分析和财务决策实务分析，例如普通公司财务部分主要讲授企业投资业务及其决策、筹资业务及其决策、资产价值评估、资本收益管理，以及资本配置等内容。美国 MIT 斯隆管理学院教授斯蒂芬·A. 罗斯先生等编著的 *Corporate Finance*（9th ed.）是目前我国许多大学财务学专业喜欢选择的“公司财务”课程教材。高级公司财务部分主要讲授比较复杂和深入的公司财务理论与方法，亦即融入了现代科学的高等公司财务学，但它不是公司财务的特殊业务。

“财务分析”课主要讲授财务报告分析和财务活动分析的理论与方法。该课程包括财务会计里的财务报告内容及其分析、成本管理会计部分内容分析，以及企业筹资、投资、资本配置、收益分配等财务活动的预测、分析和决策。“资产价值评估”课程主要讲授资本资产的价值发现和资本资产的市场定价理论与技术。资本资产估值是财务管理的核心工作之一。对于“公司财务”“财务分析”和“资产价值评估”这三门课程的设置，我国大学财务学专业的教授们基本达成共识。此处不再赘述。

“财务计量经济学（Financial Econometric）”或“财务计量学”课程，主要讲授内容是阐述时间序列趋势分析、回归分析，以及统计学方法在财务活动中的应用等。其具体方法有离散时间财务方法，单方程回归方法与联立方程模型，面板数据分析，处理衡量偏误的可替代性方法，时间序列分析以及频谱分析，连续时间财务计量经济学的 MCMC 方法等。显然，该课程主要陈述财务活动的计量方法或预测方法，其重心是方法。这是一门财务方法论课程。

“数量财务（Quantitative Finance）”是一门讲授财务理论模型的课程。该课程主要讲解一些著名的财务模型及其理论、如何创建财务模型、单因素模型、多因素资产定价模型、投资模型与算式、金融衍生工具的价值估算等。“数量财务”主要解释财务模型的来历和应用问题，其重心是财务理论模型。因此，“数量财务”是重点讲解财务模型的一门财务理论课。

“财务工程（Finance Engineering）”是专门讲授财务产品的开发和应用的课程。其主要内容是债券、股票和货币等财务产品的生产和应用，现金流量与现货、远期、期货和期权的关系，财务产品的生成、投资组合产品的构建以及策略的发展，以及量化风险、分配风险和管理风险，市场环境（税收，法律和监管，投资者）等内容。财务工程是关于将财务计量经济学和数量财务模型应用于具体财务产品开发而形成的一门学问，其重心是财务产品的开发和使用。我国很多大学都开设了该课程，只是名字叫作“金融工程”。这里的问题症结在于对财务学性质的理解。本教材将 finance 理解为财务学。我国台湾和香港的一些老牌著名大学，如台湾清华大学和政治大学，以及香港中文大学等，都是这样理解和称谓的。大陆、台湾、香港地区的某些新办大学，多将 finance 译成“财务金融”，采取了折中态度。

不论何种性质和水平的大学，只要其设置了财务管理专业，就应该开设上述七门核心课程。大学教师学术研究水平的提升，是高质量讲授这七门主干课程的基本保障。因材施教，以学生学习为中心，始终是大学教育的重要理念。所不同的是，一流大学因师资雄厚和学生学习能力强，应适当增加这七门课程内容的深度和广度，而一般大学因师资和学生原因，可以适当根据自身实际情况调整这些核心课程的授课内容深浅程度；对于我们的一些职业技术学院等学校，可以多讲授一些基本概念、基本方法和基本技能等基础性技术知识和现象，但七门核心课程不能省略。应注意，即使是一流大学，这七门主干核心课程的任何一门课程也不能仅由一位老师长期讲授。大学专业教师的适当轮岗和学术培训是保障提高教学质量的重要举措。虽然每位财务学专业教师都应该能够胜任讲授“财务学原理”“公司财务”和“财务计量经济学”这三门具有基础知识性质的主干课程，但是也绝不能因人设岗或者教师私自开设非财务专业课程。

四、专业选修课程

财务学专业选修课程，属于财务学专业的相关专业课程。该类课程是财务学专业知识体系的重要补充部分。财务管理专业学生在保证学好专业主干课程的前提下，如果有能力，还可以根据自身对专业的理解和需要选修一些课程。财务学专业的选修课程或相关知识课程如下：

- 风险管理
- 财务管理案例分析
- 管理信息系统
- 企业财务信息化
- 会计信息系统（旧称“计算机会计”或“电算化会计”）
- 成本管理会计
- 审计学
- 税法

在这里“风险管理”“财务管理案例分析”课程也可以视为财务管理专业的主干课程，这与学校的教师偏好与学生的学习能力有关。

五、专业实践课程

财务学专业本科生在学习了专业主干课程之后，应开始学习一些实践和应用课程。具体地，这些课程可以包括：

- 公司财务实习与模拟试验
- 资本市场证券投资调查与研究报告
- 企业财务报表分析与战略发展
- 企业并购和重组调查与研究报告
- 科技科研财务调查与研究报告

专业理论的实践是学习的重要方式。“纸上得来终觉浅，绝知此事要躬行。”从书本上得到的知识终归是浅显的，如果要想认识事物的根本或道理的本质，就得用自己亲身的实践去探索发现。因此，同学们应经常利用各种机会，深入工商实体企业和资本市场观察财务业务，开展专业理论实践活动，提高学习效率和质量。“实践是检验真理的唯一标准”这一基本命题，证明了学习过程中实践活动的重要性。

六、财务学的科学技术知识体系

科学学告诉我们，任何科学均有逻辑自洽的理论体系。某一科学理论系统及其构成主要由三个基本单元组成：基础范畴；联系这些概念范畴的判断和基本原理或定律；由这些原理和定律推演或衍生出来的逻辑结论、程序和操作方法等。简言之，科学理论的内容主要由该科学的基础范畴、基础范畴产生的机制原理和定理，以及由这些机制原理和定理衍生的规则和操作方法所构成。财务学家如果提出一种新的理论，一定要有自己的新概念，由概念引出新的财务定理或财务规则，以及按定理和规则形成的操作方法。“经济学原理”课程的实质是阐述经济学理论的一般性、经济思想和理念。同理，“财务学原理”的实质是阐述财务学理论的一般性、财务思想及其理念，目的是培养学生财务管理的基本直觉。“财务学原理”是财务管理专业的第一门专业课，财务专业的其他主干课程均以“财务学原理”课程为理论基础。根据财务学专业课程设置及其课程内容体系，我们将财务学的专业理论知识体系总结如下，见图 13－1 所示。该财务学的科学技术知识理论体系，实际是一张财务学的学习地图。

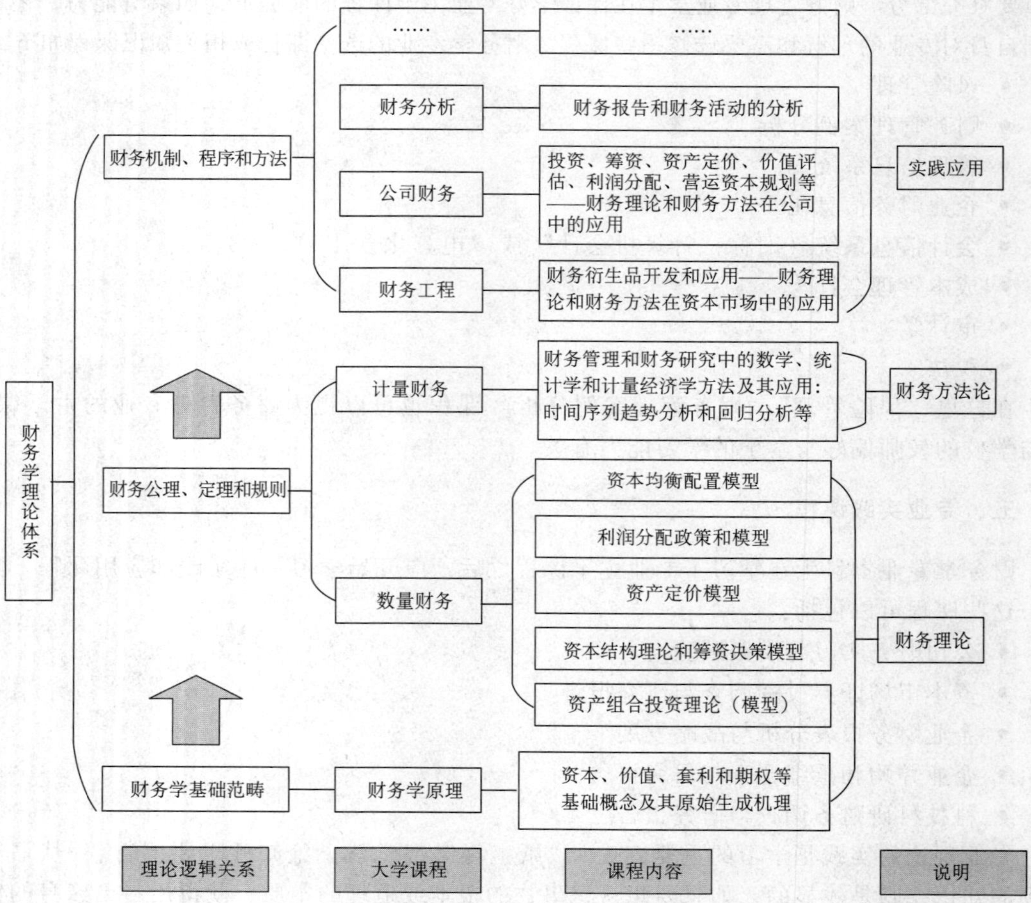

图 13－1 财务学理论知识地图

第三节　财务学的教案与学习方案

教学相长是大学教育基本规律之一。师生之间的沟通交流是提升教学质量和效率的前提。在世界经济全球一体化和信息技术新时代，教师与学生之间的信息对称尤为重要。学生了解和熟悉老师编制的专业培养方案，是学习好专业理论的必要充分条件。

一、专业人才培养方案

每个专业都要制订专业人才培养方案（又称教学计划、教学标准）。同数学、物理、化学、财政学和会计学等其他专业一样，财务管理专业本科生教学的专业人才培养方案，其主要内容也包括专业培养目标、课程设置、培养模式和途径，以及毕业要求等。根据专业人才培养方案，任课教师要制订课程教案。学生要制订课程学习方案。

财务学专业的本科生培养目标，主要由财务学专业发展规律、教学规律、生源和学生情况、师资队伍水平，以及国家和社会市场需求等因素所决定。一般地，一流大学财务管理专业的培养目标主要是中国特色社会主义经济社会发展需要的财务管理专业人才，经过大学四年学习，能够在企业和政府机构及非营利组织等事业单位，成为胜任财务管理专业工作的应用型创新人才。

财务课程设置，前已述及，主要由通识课程、基础理论课程、专业主干课程、专业选修课程，以及专业实践课程组成。

专业培养模式和途径，则是规划学生完成合理的知识学习、能力提高和素质结构改善的一种发展线路或路径，选择不同的培养模式或主线设计培养方案，会得到不同的培养结果。理科专业和社会科学专业的培养模式，可能与工科专业的培养模式有所不同。一个专业的培养模式是侧重于知识理论的深入理解，还是主要侧重于实践能力的训练和提升，还是知识、能力和素质共同发展，其教育思想和教育方式是有差别的。

专业学习的毕业要求，因学校整体实力和特色的不同（教学型、研究型或世界一流大学），以及专业培养目标、课程设置、培养模式和途径的不同，其毕业要求必然存在差别。专业的毕业要求通常由学分体现出来。一般地，普通高校本科专业学生，学习四年需要完成140 学分才能达到毕业要求。通常，一个学分由 18 学时组成。

二、教案

每个专业的教学活动需要开设众多课程，每一门课程均需预先编制教案。教案是一门课程的教学方案。教案是因材施教的方案。

（一）什么是课程

课程是教师和学生授课学习一个课本的教学进程。在古代，课程有“跑道”、“履历”和“秩序”等含义，西方人称课程（curriculue）为学习课本的进程。我国唐宋时期，人们称课程为功课及其课本教学进程。唐代孔颖达先生在《诗经·小雅》中“奕奕寝庙，君子作之”一句作疏时提到：“维护课程，必君子监之，乃依法制。”这里的课程就是秩序。宋代朱熹在《朱子全书·论学》中，多次讲到课程，如“宽着期限，紧着课程”，“小立课程，大作功夫”等。这里的课程就是功课及其进程。在现代社会，课程已成为教育学的基础范畴，其主要含义是指一门学科及其教学进程。学科是指科学技术和知识中的某一方面和某一领域的分支知识体系。学科主要是科学知识体系中的一个概念。在大学里，一门课程实际就是专业里的一个学科。因此，课程是根据专业理论发展状况和教学目标，针对学生的智力水平和师资情况所设计的一个知识体系。课程的质量代表着课程所在专业的科学理论发展水平。课程的内容性质由专业的科学技术发展水平所决定。课程设计是在研究专业科学理论发展水平基础上计划或预期学生需要获得的经验和知识。研究专业科学发展水平和专业史是教师设计课程的基本功课。一门专业如果缺少其历史发展的研究，那么这一专业就是一个不成熟的专业。同理，一位知识渊博的财务学教授，一定对一些财务理论渊源和演进有深刻透彻的洞察和见解。就像一个真正的考古学家必是一个博学的历史学家一样。优秀的大学教授一定是科学的专业课程设计专家。课程的基本要素至少包括课程教案、课程标准（课程教学大纲）和课本（课程教科书）等。这三个基本要素相互联系和制约，缺一不可。

（二）课程教案的主要内容

一门课程的教案至少应包括课程所在专业的科学理论发展水平分析和判断、学生生源分析报告、教学目标、授课方式、课程章节安排和确定教材、授课与学习进度，以及作业和考试设计等内容。

对于课程所在专业的科学理论发展水平和判断，首先应明确专业科学的世界发展水平和发展趋势，以及我国该专业的基本发展水平和趋势。然后，分析该课程在专业科学理论知识体系里的基本位置及其与专业发展的关系。

对于学生来源和学生智力水平的分析，应通过面试、笔试以及问题解决方案的编写等若干环节，对每位学生进行智力考察、学习能力考察和德育情况分析，综合班级学生的一般水平，对全班级学生的学习能力给出基本判断。

在研究专业发展水平和学生学习能力的基础上，制定课程教学目标，包括明确教学重点、难点和关键点，以及学习效果。根据教学目标，选择教学方式，设计课程章节和选择教材，编写授课日历和安排授课进度时间。课程章节内容设计和安排，应明确每一章的题目、该章题目下设置几节内容、每一节讲几个知识点和理论与方法问题，同时应明确每一章的课外阅读目录和参考文献。

课程标准又称课程教学大纲是教师授课的指导性基本文件。一般地，课程教学大纲是教研室老师一起讨论和商量编写的课程内容纲领性文件。著名大学和一般大学的差别经常可以由专业课程的教学大纲体现出来。大学教材通常由专业领域内的资深教授或专业理论学术研究成就卓著和教学经验丰富的教授承担编写工作。

教师编写作业和练习题、学生做作业和练习题的质量情况，以及月末、学期中、学期末的考试，都是教案的重要内容。有时候，有的教师所编写的作业和练习题质量已远远超过了其教材质量。这表明该教师是一位理论基础扎实、专业技术精湛的优秀教师。好的作业和练习题，其作用甚至胜过教材。一份高质量的考试题和作业的编写，其劳动量有时甚至不亚于一篇学术论文的撰写。考试内容主要包括基本理论、基本方法和技能，以及学以致用即应用能力等。

三、学习方案

（一）学习是一门科学

学习科学是现代科学发展的新领域，它主要由生物科学和教育科学交叉形成，旨在建立心智、脑与教育之间的桥梁，并试图将生物科学最新成果应用于教学过程。学习科学主要研究如何支持和促进人类在整个生命历程中的学习活动。人们通过教学理论、科技技术应用和社会政策等方面的创新，促进教育事业的进步。学习科学整合心理学关于认知和学习的心理过程研究、课程和教学论关于教材组织及教学过程研究，以及教育技术学关于如何建立动态系统支持学习的研究。同时，综合社会学、文化人类学、知识论等其他相关学科，全面研究学习活动的认知过程、社会情境和设计方式，从而给学生学习、教师教学以及教育政策制定者提供科学的指导。

由于受人类记忆力和理解力的限制，一个人即使花费毕生时间和精力也不可能把人类的知识全部学到手。因此，人类社会不得不在获取知识、转让和流通知识时实行分工。又因为知识与知识之间总是按照一定的逻辑关系联系在一起，高深先进知识是建立在初级基础知识之上。人们不能撇开初级的基础知识直接获取先进的专业知识。一般地，学生学习只能按照知识的逻辑关系循序渐进地展开。人类获取知识的社会分工只能沿着广度方向展开，并且是有限度地不完全社会分工。完全以知识作为工作内容的学校和研究机构的设置及其运行，基本上是遵循知识获取、传播、应用和创造的逻辑分工规律。学校分为小学、中学和大学，研究机构分为研究课题组、研究室、研究所和研究院，这些都是现实知识传播运行载体的事实。所以，先进知识要比初级基础知识深奥得多、复杂得多，获取先进知识的成本要比初级基础知识成本大得多。知识成本的高低，不仅受知识逻辑分工的影响，而且还受学习组织的工作效率、质量、内部成员天赋，以及知识积累程度的影响。人们获取先进知识的成本，会因个人学习和感悟能力不同以及学习条件的差别而存在很大的差异。高深学问总是被少数社会成员所掌握，多数社会成员学习高深先进知识会因为学习成本高而放弃或调整学习对象——只能重新做出别的选择。人们获取和应用高级先进知识比应用一般普通知识更能提高效率和获得事业成就，也能降低成本和增加收益。只要天资条件和能力许可，人们都愿意学习先进知识。因而，社会发展过程中始终存在先进知识的稀缺性问题。

（二）学生制订学习方案

学习过程是人们对未知进行思考、观察、收听、观看和记忆，然后理解、练习和应用，以及分析和创新的过程。课堂听课环节主要完成记忆、理解和练习，之后课外完成应用、分析和创新。因此，课堂记笔记和理解是关键。课堂和课外练习是重点，应用、分析和创新是学习目的。既然学习是一门新兴科学，那么，学生在学校里就应适当学习和掌握一些学习理论，尤其是脑科学、认知科学、基因科学等有关知识。学生在了解和掌握了专业人才培养方案、课程设置和学习科学，以及专业和课程情况之后，就应制订自身的学习方案。学习方案的基本内容至少应包括学生自身学习能力评估、学习目标的确定、学习方式的选择，以及学习时间的安排和学习效果自我评估等。

对于自身学习能力评估，主要是对自己以往学习方法和学习效果的回顾与评价，包括班级名次、年级名次、学校名次和省级名次，以及自身对科学知识的应用情况。学生的学习目标主要是学生自己制订的有关专业理论理解程度、专业方法和技能掌握程度，以及该课程内容的应用能力和学习成绩预期。学生的学习时间安排，就是除了按照课程表正常上课之外，自己在课外时间如何规划和利用时间学习。针对一个学期的校历安排，学生应制定自己的每日学习时间、体育活动时间和其他文娱及休息时间表。学生对自己学习效果的自我评估是学生除了参加老师组织的各种考试之外，还应自己对专业理论理解程度、知识结构、综合能力和技能进行测试和评估。

学习方案应遵循科学精神。由于学习是一项复杂的脑力劳动，受人类自身体力和生理能力限制，一个学生一天的深度学习时间不宜超过 10 小时。一般地，每周五天的学习时间总时数不能超过 50 小时，在课堂里所学课程门数一般不超过五门课程。

第四节　财务学与数学的天然联系

一、数学是自然科学和社会科学的共同语言

人们对于钱财，总是认为多多益善。财务学是实用之学，人们在生产过程中的资本筹集、投入、均衡配置和成本补偿等简单的财务活动，依靠经验和观察就可以有效地组织起来。可是，如果遇到资本维持与价值创造孰重孰轻、收益与风险均衡、增量现金流量效率低下等复杂财务活动问题时，财务经理不能仅依靠经验和观察得出财务决策，此时，基于财务理论的专业抽象思考就是解决问题的根本方式。经验、观察和感觉不一定都是正确的，相对地，财务管理者使用财务学中的公理、定理和规则解决复杂问题，可能更加可靠。财务学上的公理、定理和规则，多数是借用数学概念和数学思想表达出来的。我们知道，公理是人们对客观世界规律性的认识。一般地，一门学问只有形成了公理，才可能成为一门科学。财务公理既是财务实务人员工作经验的总结和升华，也是财务学者对财务学研究对象的性质的约定。只有符合财务公理的财务定理才是科学有效的。当然，在多数情况下，人们的日常经济行为和财务管理者的日常工作仅凭简单的财务规则就可以完成。

世间的万事万物都有数与形这两个侧面，数学作为研究现实世界中的数量关系和结构关系及其空间形式的科学，是剔除了物质的其他具体特性，仅仅从数和形及其结构的角度来研究整个世界的。数学理论是自然科学和社会科学共同的基础科学理论。数学的结论一般具有永恒意义。伽利略曾说过："大自然这本书是用数学语言写成的。……除非你首先学懂了它的语言，……否则这本书是无法读懂的。"加减乘除、乘方开方、指数对数、微分积分、常数等，这些数学语言和符号一开始虽然可能五花八门、各有千秋，但早已统一为一个固定的样式，世界各地通用，对我们的掌握和使用是十分方便的。"鸡兔同笼"是民间流传的一个难题，即将一些鸡和兔放在一个笼子里，例如说已知头数 = 10，足数 = 28，问鸡多少只，兔多少只。由于鸡只有两只脚，而兔有四只脚，问题就复杂了，而且算术课的要求是要一步写出答案来，那就难上加难。中学生学了代数，只要设鸡为 x 只，兔为 y 只，根据题意列出一个二元一次联立方程式，一下子就可求得问题的答案。在医院里看到的 CT 这一先进的技术就是一个突出的例子。它的本质，是利用 X 光从各个不同角度所拍摄的众多平面照片，恢复出体内物体（如肿瘤）的立体形状，这完全是一个数学问题。这样，数学的内涵物化为计算机的软件及硬件，就成为技术的一个重要组成部分与关键，从而可以直接地转化为生产

力。当代许多高新技术本质上是一种数学技术。计算机技术、航空航天科学、海洋科学、新能源科学等，都需要以数学理论为基础。所以，数学既是一种思维方式和工具方法，也是一种世界性科学语言。数学思想和方法与高度发展的计算技术的结合形成了独立的可实现的数学技术。

财务管理专业本科生的“财务计量经济学”“数量财务”和“财务工程”等课程，都需要拥有良好的数学基础。财务学基本范畴，诸如资本、价值、跨时期、风险、收益和套利，以及资本均衡配置等，都与数量和数学有关。许多财务理论需要使用数学模型表述，多数财务方法需要借助数学方法才能完成。“数学”是财务学专业的必要通识课程。财务学专业中的“财务计量经济学”“数量财务”和“财务工程”等主干课程，均需以数学为主要基础知识。

二、财务学与数学的联系

财务管理者不仅要有解决实际问题的能力，也要有抽象思考的能力。现金流量的连续性、资本的跨时间配置、收益的增长速度和物质资本的工作效率等财务问题，都与数学紧密相关。连续性、时间、增减变化速度和数额的一般性，以及各种事物的结构问题，都是数学研究的内容。例如，两个朋友数十天不见，偶然在街上碰到，马上互相打了招呼。相互能认出并打了招呼，这是很平常的事情。可是仔细追究起来，会觉得很奇怪。数十天之内，两个人的模样变了没有呢？当然变了。既然变了，又为什么能认出来？只能说，变化很小。变化小到什么程度，就只能依靠数学给出答案。在财务学上，连续货币时间价值不同于离散货币时间价值的根本原因，在于时间的变化是连续的。资本跨期配置的时间如果是某一段时间或某一时刻，通常可使用离散时间方法计算其现值和终值，但如果是更短时间内的某一瞬间，就只能使用连续时间价值规则进行计算。现金流动的快慢，包含数量和速度两方面。资本投入生产过程走过一些环节或一段距离，必然要耗费一些时间。资本运动过程的距离与时间之比就是速度。当某一资本资产项目的现金流量间断了，不连续了，就表明该资本资产项目结束了。不同的资本资产项目，其现金流量的数额和连续性不同，这是区分不同资本资产的财务标准。

企业成长各阶段的连续性程度取决于企业资本配置结构的均衡性程度及其质量。连续性既是企业成长的目标，也是资本均衡配置的期望值。企业成长如果不能连续，就面临着存亡问题。如果企业不连续了，我们说企业已消亡。企业成长的目的就是企业在盈利情况下使所有者的财富能够长时间增长。资本活动具有时间上的继起性和空间上的并存性特征，增值和运动是资本的秉性。资本配置是资本在连续生产过程中的多要素跨期分布和运动，如果资本配置不能连续就面临着资本活动的中断。所以，企业成长的性质和特征完全由其资本配置均衡的性质和特征所决定。企业成长与资本配置之间存在某种共同的结构，犹如时间流动和日记、地图和实际地貌一样存在某种相似的结构。企业成长的过程就是资本运动时时刻刻对应的无穷多配置状态的总和，企业资本收益是企业成长状态及其对资本均衡配置依赖性的映射，而企业资本时刻变化的范围（时间区间）和企业成长对资本配置依赖性的大小，就是企业的寿命。

诚然，资本配置作为财务管理的重心，也必然遵循财务学上的有限理性经济人、风险中性、股东财富最大化和市场有效性等财务假设，在此基础上，运用数学思维可以发现，资本配置实质是一个财务结构问题。以往，财务结构主要由资产结构（资产负债表左侧内容）和资本结构（资产负债表右侧内容）所组成。财务管理的重心，不再仅仅聚焦于固定资产和流动资产结构优化、有形资产与无形资产结构调整，以及权益资本和债务资本结构的改进，更主要是优化多要素异质资本在生产过程和生产部门等方面有效均衡配置与跨期配置。可见，财务学专业学生学习数学，不仅是为了获得财务问题的一般计算方法，更主要的是获得数学的精确理念和数学思想。数学的优点常被人们称道：概念准确、论证过程严格、理论的确定性和普遍性较高，是一门讲究严谨的科学。数学描述和数学推理具有唯一性，即人们通常说的 1 是 1，2 是 2。例如，我们班级上学期数学分析课程考试最高分是身高 1.88 米的丁大海同学——得了满分——100 分，这里的身高 1.88 米就是唯一性。不过，虽然数学不是一门普通的科学，但其作用仍然是有限的。数学方法很难计算和证实财务学直觉。满意、高兴和盛赞的细微区别很难使用数量计算区分开来，羡慕和仰慕的细微区别难以使用数学表述；两块浅红色布料缝在一起并不等于一块深红色布料。大的量可以由小的量相加而成，较强的质却不是由较弱的质相加而成。有时候可以说“父母对我们的爱是 100%”这句话，但是不能说“我们对父母的爱是父母对我们的爱的 79%”。许多事情不能使用数字精确量化。

可是，为什么法国人说“很多个平庸的数学家聚在一起不会等于一个拉格朗日”，而我国百姓却说“三个臭皮匠顶个诸葛亮”？在这里，法国人将数学理解为一门科学，我国百姓将数学理解为一项技术。实际上，数量的可比性较强，质量的可比性较弱。人们为了计算方便，可以将质的强度转换为数的大小。虽然两个较热加在一起不等于更热，但人们可以想办法把不同的质转换为可以换算的量，如把红黄这些颜色转换为波长。理性经济人讲究成本收益匹配原则，不会硬要把具体经营境况通过数学测量媒介翻译成数字。

我们知道，现代财务学内容主要由财务学基础范畴和资本均衡配置原理等基础理论、筹资决策和投资决策及资产定价和收益分配等应用理论，以及股权债权和期货期权交易规则等实验开发性理论组成。这些财务理论和技术规则无不与数学紧密联系。但是，在历史上，财务学研究方法从单纯地使用人类自然语言进行理论描述，到运用高等数学进行财务研究时，已是 19 世纪 20 年代之后的事情。法国著名经济学家古诺在 1838 年出版的《财富原理的数学原理研究》著作中最早运用微积分研究经济学问题。可是，直到 19 世纪 70 年代，英国的杰文斯、瑞士的瓦尔拉斯和奥地利的门格尔等经济学家在西方经济思想领域发起“边际革命”之后，数学在经济学中的应用才得到足够重视。欧美国家经济学的“边际革命”强化了“经济人”理念，并提出了边际效用递减律：某一物品的等量递增对消费者的效用递增呈递减趋势。一个消费者在购买力确定的情况下，总是选择不同的商品组合来实现最大效用；最大效用对应的无数商品组合点的集合就是在该购买力下的无差异曲线。财务管理中的边际分析同经济学中其他经济管理问题的边际分析一样，其基本实行含义是自变量发生微小变化时，引起的因变量变化的变化率。在财务管理的筹资、投资和成本控制中运用最多的是简单的一阶导数计算分析。以一阶导数为基础，许多相关的两个财务变量的变化趋势都可以用二维函数图形作形象的描述，这对理解财务学的专业概念和理论模型很有帮助。边际分析方法的产生，孕育了财务管理中若干财务数量模型，如经济订货量模型、现金持有量模型、固定资产经济寿命期模型等。财务学运用变量数学知识使财务管理由简单的经验管理进入定量方法与定性方法相结合的科学管理阶段。财务学引入数学方法和定理，不仅有助于理解财务概念，求解财务管理问题，而且还可以发现新的财务定理，开发出新的管理技术，创立新的财务理论。随着人类物质文明的大幅度提高和科学技术的迅猛发展，社会生产与经济发展对财务管理方法数学化、科技化的要求也越来越高。财务经济活动的日益复杂化也要求财务研究方法具有更高的科技含量。

例如，金融衍生资产的形成及其价值确认，就需对货币资本时间价值离散复利计算方法进行修正，引入变量数学中的极限和微分概念，使之改进为连续复利时间价值计算方法。当一笔货币资本 P 投入生产过程，在其利率为 i 情况下经过 n 年之后，该笔资本的离散性本利和 F 为：$F=P(1+I)^n$。若每年分为 m 期计算货币资本时间价值，m 期之间连续不断，则 n 年内计息次数为（m×n）次，于是则有：

$$F=P\times\left(1+\frac{i}{m}\right)^{mn}=P\left[\left(1+\frac{1}{\frac{m}{i}}\right)^{\frac{m}{i}}\right]^{ni}$$

当 $m\to+\infty$ 时，则$\left(1+\frac{1}{\frac{m}{i}}\right)^{\frac{m}{i}}\to e$，$(e=2.71828\cdots)$

因此，当 $m\to+\infty$ 时，可得到连续一般性复利资本终值：

$$F=P\cdot e^{in}$$

同理，在资本流量连续折现条件下，可得到连续一般性复利资本现值：

$$P=F\cdot e^{-in}$$

如果资本流量是等额序列连续复利循环周转，这种均匀流动的完全收入或支出的终值 F，其循环时间从零开始，在 n 期内每期都产生一个均匀流动的固定数值 A，则在从时间 t 到（$t+\Delta t$）的一段极短时间间隔 Δt 内，资本增值为 $A\Delta t$，因此，$\Delta F=A\Delta te^{i(n-t)}$，并有：

$$F=\int_0^n A\Delta te^{i(n-t)}dt=\frac{A}{i}(e^{in}-1)$$

同理，该资本流量在时间 Δt 内的资本现值增量为 $\Delta P=A\Delta te^{-in}$，并且，

$$P=\int_0^n Ae^{-in}dt=\frac{A}{i}(1-e^{-in})$$

此处的资本流量连续时间价值计算公式既是重要的财务定理和计算方法，也是理解期权定价模型 Black－Scholes 公式的钥匙。瞬时速度和连续性也是数学家十分感兴趣的问题。如果资本价格的计算和确认不引入高等数学概念，我们就无法进行或非常困难地进行金融衍生资产的投资管理。面对世界经济全球一体化进程的加快，信息经济时代货币光速般地运行，财务管理手段必须科技化、先进化、现代化。社会和自然界的许多事物仅靠人的生理器官的观察、感触是不易确知的。同人们必须借助先进的科学器械才能看到电子流动、必须使用高等数学才能计算出导弹前进的速度和轨迹一样，许多复杂财务经济活动的预期、控制和分析仅靠人的一般专业管理知识及社会生活常识是不易完成的，必须由财务专业人员运用科学的财务定理和先进的财务数学计量方法等手段才能完成。计算机在财务管理中的重要作用并不亚于其在航海和找矿中的作用。财务数学方法在财务研究中的运用，对于财务理论发现和创新具有极为重要的作用。

财务学计量方法许多内容属于财务管理引入数学知识。财务管理所涉及的统计学方法、条件期望和市场效率、条件方差和波动、连续时间价值扩散模型等，以及资产价值评估等，

都需要引入数学知识才能解决问题并使财务理论具有自洽逻辑。目前，在我国财务管理实务和财务研究领域，既有财务数学模型的应用研究和推广，如可能资产组合集合、有效资产组合集合的应用问题，最优生产组合与最小成本模型的应用问题，资本资产定价模型 CAPM、套利定价理论 APT 的应用，资本有效市场的应用等。也有研制、开发新财务数学模型的研究问题，如企业总体风险与财务风险的数学模型创建，信息经济下财务结构模型的建立、技术创新下资本流量模型的建立，本金与基金财务数学模型的建立，经济发展中国有资本定量模型的建立等，都是制约当代财务学发展的瓶颈，财务理论界应予以足够重视。

财务管理实务工作和财务研究工作引入数学方法的观点可延伸并总结为三个方面：

1. 财务研究从定性方法到定量方法的过渡、循环是科学研究发展的一般过程，财务研究数学方法的运用体现了这一过程。定性研究是定量研究的基础，定量研究则是定性研究的精确化、数字化。一般自然科学的研究和发展，如物理、生物、采矿等学科都经历了这样一个过程。目前的财务管理研究吸收数学知识的程度在 20 世纪 50 年代前是不可想象的。整个 20 世纪，科学技术发展的突出特点是快速化、交叉化、综合化（科学技术化、技术科学化），以及社会科学运用数学程度的显著增加，经济学尤为突出。在我国，有许多经济学家主要从事数量经济和技术经济研究，在美国，有许多研究数学前沿问题的数学家从事建立经济数学模型的工作。这说明数量分析和数学方法在经济学中的至关重要性和有效性。

2. 同其他学科研究一样，财务管理工作和财务研究的方法也是多种方法的统一。这是各门科学研究的一般规律。财务研究吸收数学方法是财务学进步的表现。数学方法是财务研究方法之一，但不是财务研究方法的全部。财务研究既有适合自身的合二为一对立统一研究方法，又有从哲学、数学、物理、政治、历史等科学吸收的多种其他研究方法。

3. 财务管理工作和财务研究过程中的不同研究方法是互补的，而非相互排斥。财务研究所运用的各种方法都各有合理的一面和互补的一面。不同的专家、学者研究不同的财务问题对研究工具和方法会有不同的选择。诚然，财务研究方法的形成是经过实践、认识、检验、修正、再实践、再认识的过程的。财务研究数学方法是反复被实践证明行之有效的一种先进方法。财务学理论研究及其实践的创新，离不开数学与财务学的结合。

我国是世界上拥有高尖端科技的少数国家之一，但我国的一般科学技术及其应用水平落后于发达国家。我国公司财务学研究与发达国家差别不是很大，而经济学前沿财务理论、财务管理科学技术化、复杂财务经济数学模型的建设等方面则较为落后。在我国，运用数学方法发展财务学任重、道远、紧迫。学习、研究和创新是我国财务学发展的基本途径。

思考与练习题

一、名词解释

1. 财务学　专业　学科　财务学科学发展规律　专业人才培养方案　教学大纲
2. 课程　通识课程　基础理论课程　专业主干课程　选修课程　专业实践课程
3. 科学　数学　结构　理论　财务理论知识地图

二、思考题

1. 编写学习方案需要考虑哪些因素？
2. 财务管理专业的主干课程是什么？
3. 财务管理专业的基础理论课程是什么？
4. 财务管理专业的通识课程有哪些？
5. 学习财务管理专业的原因有哪些？
6. 财务学主要有哪些原理和定理需要学习？
7. 财务学与数学有何联系？

三、练习题

1. 根据本章学习内容，试编写“公司财务”课程学习方案。
2. 研究报告写作练习：《生活中的财务学》。
3. 理论学习和写作：《一则有趣的财务故事及其理论启发》。
4. 财务学的理论知识主要包括哪些方面？试写题为《关于财务学的理解》一文。
5. 财务学专业开设七门主干课程的主要依据是什么。
6. 撰写一篇某上市公司财务年报分析报告。
7. 整理 1948 年至今，中央政府已发行的各套人民币特征。

参考文献

[1] 张楚廷：《高等教育学导论》，人民教育出版社 2010 年版。

[2] 王道俊、扈中平：《教育学原理》（第三版），福建教育出版社 2013 年版。

[3] 钱颖一：《大学的改革》（第一卷），中信出版社 2016 年版。

[4] 罗福凯：《财务学的边界》（第二版），经济管理出版社 2017 年版。

[5] 理查德·A. 布雷利、斯图尔特·C. 迈尔斯：《公司财务原理》（英文版），机械工业出版社 2007 年版。

[6] 习近平：《习近平谈治国理政》（第二卷），外文出版社 2017 年版。

[7] 中国海洋大学教务处：中国海洋大学财务管理专业本科专业人才培养方案，2019 年。

[8] 罗福凯：《财务学原理》（第一版），中国财政经济出版社 2018 年版。